U0541440

本书获中国社会科学院老年科研基金资助

中国工业化的初战
——新中国工业化回望录
（1949–1957）

马泉山 著

中国社会科学出版社

图书在版编目（CIP）数据

中国工业化的初战：新中国工业化回望录（1949—1957）／马泉山著.—北京：中国社会科学出版社，2015.5

ISBN 978 - 7 - 5161 - 5877 - 7

Ⅰ.①中… Ⅱ.①马… Ⅲ.①工业化—研究—中国—1953～1957 Ⅳ.①F424

中国版本图书馆 CIP 数据核字（2015）第 069616 号

出版人	赵剑英
责任编辑	张　林
特约编辑	吴连生
责任校对	周　昊
责任印制	戴　宽

出　版	中国社会科学出版社
社　址	北京鼓楼西大街甲 158 号（邮编 100720）
网　址	http://www.csspw.cn
发行部	010 - 84083685
门市部	010 - 84029450
经　销	新华书店及其他书店
印　刷	北京市大兴区新魏印刷厂
装　订	廊坊市广阳区广增装订厂
版　次	2015 年 5 月第 1 版
印　次	2015 年 5 月第 1 次印刷
开　本	710×1000　1/16
印　张	21.5
插　页	2
字　数	363 千字
定　价	66.00 元

凡购买中国社会科学出版社图书，如有质量问题请与本社联系调换
电话：010 - 84083683
版权所有　侵权必究

目 录

前言 …………………………………………………………………… (1)

绪论 …………………………………………………………………… (1)
  第一节 中国的发展曾领先世界 ………………………………… (1)
  第二节 鸦片战争惊醒了中国人 ………………………………… (7)
  第三节 毛泽东对中国工业化"史前时期"的总结 ……………… (10)
  第四节 历史新页：人民共和国的诞生 ………………………… (12)

第一章 必要社会政治条件的塑造 ……………………………… (15)
  第一节 构筑独特的政治体制和政治结构 ……………………… (16)
  第二节 完成祖国大陆的空前统一和实现民族的大团结 ……… (17)
  第三节 剿匪打黑，安定社会 …………………………………… (17)
  第四节 涤荡污泥浊水，树立新风 ……………………………… (18)
  第五节 发动"三反""五反"斗争，整饬吏治 …………………… (18)

第二章 技术资金的筹划 ………………………………………… (25)
  第一节 新发展经济学关于工业化发动因素的观点 …………… (25)
  第二节 打开引进性技术创新新渠道 …………………………… (26)
  第三节 社会变革性的制度创新 ………………………………… (37)

第三章 率先启动的先行部门和地区 …………………………… (50)
  第一节 农业和交通运输先行 …………………………………… (51)

第二节　东北的先行建设与鞍钢的恢复发展 …………………… (62)
　　第三节　156项先行开工项目建设 ………………………………… (64)

第四章　工业化范式选择及目标任务 ……………………………… (70)
　　第一节　世界工业化经验与中国的可能选择 …………………… (70)
　　第二节　以速度为中心的工业化战略 …………………………… (78)
　　第三节　第一个五年的奋斗目标和任务 ………………………… (81)
　　第四节　环绕主要指标的经济关系安排 ………………………… (83)

第五章　摸着石头过河的三年 ……………………………………… (93)
　　第一节　大规模建设的开局 ……………………………………… (93)
　　第二节　建设规模的收缩与"紧张平衡"思想 …………………… (111)
　　第三节　五年计划出台以及前三年的实绩 ……………………… (121)
　　第四节　症结在于重工业高强度发展与农业发展滞后 ………… (130)

第六章　"主体"矛盾传导下"两翼"的提前 …………………… (138)
　　第一节　毛泽东对资产阶级工业革命经验的总结 ……………… (138)
　　第二节　合作化速度之争与社会主义群众运动高潮 …………… (139)
　　第三节　资本主义工商业全行业公私合营高潮 ………………… (159)
　　第四节　手工业社会主义改造高潮 ……………………………… (178)
　　第五节　社会主义基本经济制度的确立 ………………………… (184)

第七章　计划经济体制的形成及改革设想 ………………………… (187)
　　第一节　形成原因简析 …………………………………………… (187)
　　第二节　基本特征及内涵 ………………………………………… (189)
　　第三节　弊病的显露与初步改革设想 …………………………… (191)

第八章　探索加快发展的中国工业化道路 ………………………… (195)
　　第一节　加快发展问题的提出 …………………………………… (195)
　　第二节　加快发展的两重含义 …………………………………… (198)
　　第三节　独辟蹊径的探索 ………………………………………… (200)

第四节　向科学进军的两大举措 …………………………… (217)

第九章　跃进预演的曲折 ………………………………………… (223)
第一节　安排1956年国民经济计划的苦衷 ………………… (223)
第二节　从农村开始的生产建设高潮 ……………………… (225)
第三节　由"打招呼"到一线领导反冒进 …………………… (230)
第四节　"慢一点"思想的提出 ……………………………… (236)
第五节　年度计划执行结果 ………………………………… (240)

第十章　经济收缩及国内政治 ………………………………… (244)
第一节　波匈事件的讨论与经济问题决策 ………………… (244)
第二节　被称为政治思想战线决胜负的一仗 ……………… (251)
第三节　农村社会主义教育 ………………………………… (263)
第四节　国民经济成功的主动调节 ………………………… (267)

第十一章　1956和1957两年实践的认识价值 ……………… (272)
第一节　周恩来的新认识：1956年"跃进的发展" ………… (272)
第二节　还是要具体问题具体分析 ………………………… (276)
第三节　互补的两种经济思想 ……………………………… (279)

第十二章　辉煌的156项重点工程建设 ……………………… (284)
第一节　156项工程的立项 ………………………………… (284)
第二节　156项工程的建设 ………………………………… (287)
第三节　156项工程建设的技术经济意义 ………………… (294)
第四节　并非多余的分析 …………………………………… (295)

第十三章　第一个五年计划巡礼 ……………………………… (299)

结语 ……………………………………………………………… (312)

附录一　156个重点项目中民用项目建设情况 ……………… (314)

附录二 156个重点项目中军工项目建设情况 ……………………（323）

参引文献 ………………………………………………………（325）

后记 ……………………………………………………………（330）

附表目录

表 3-1[①] 1950—1952 年财政用于经济建设和国防支出比较 …… (56)
表 3-2 1950—1952 年基建投资按主管部门分类比较 ……… (56)
表 3-3 1949—1952 年粮食生产发展情况 ……………… (58)
表 3-4 1949—1952 年棉花生产发展情况 ……………… (59)
表 3-5 1949—1952 年油料生产发展情况 ……………… (59)
表 3-6 1952 年主要农产品产量同新中国成立前最高年产量比较 … (59)
表 3-7 1949—1952 年几种主要轻工业产品生产情况 ……… (60)
表 3-8 1950—1952 年主要工业产品生产情况 ……………… (62)
表 3-9 1950—1952 年先行施工的 156 项重点工程建设情况 …… (64)
表 3-10 1949—1952 年国家财政收入构成 ……………… (66)
表 3-11 1949—1952 年国民收入构成 …………………… (66)
表 3-12 1949—1952 年国民收入情况 …………………… (67)
表 3-13 1952 年按人口平均的主要农产品产量 ……………… (68)
表 4-1 "一五"计划几项主要指标变动情况 ………………… (84)
表 5-1 1952—1954 年国民收入部门构成 ……………… (123)
表 5-2 1953—1955 年工农业总产值指数 ……………… (130)
表 6-1 农业合作化前后农村情况（一） ………………… (156)
表 6-2 农村合作化前后农村情况（二） ………………… (156)
表 6-3 1950—1957 年间自然灾害受灾和成灾面积 ………… (157)
表 8-1 几种主要工业产品产量 1949 年、1957 年在世界的位次 … (199)
表 8-2 1952—1955 年农轻重投资比重 ………………… (202)

---

① 3-1 序号依次表示第三章第一表。以下类推。

表9-1	1956年指标调整情况	(227)
表9-2	1956年农业生产实绩比较	(241)
表10-1	1957年主要工业产品产量增长情况	(271)
表11-1	1953—1957年工业基本建设投资完成情况	(282)
表11-2	1953—1957年农轻重产值增长速度和比重的变化	(283)
表13-1	"一五"期间各年工农业总产值指数	(300)
表13-2	"一五"期间各年工农业总产值构成	(301)
表13-3	1952—1957年沿海和内地工业总产值变化情况	(301)
表13-4	"一五"基本建设新增固定资产及交付使用率	(303)
表13-5	"一五"期间主要工业产品产量增长情况	(304)
表13-6	"一五"期间中国工业总产值增长速度与主要国家比较	(305)
表13-7	1949—1957年中国钢产量等世界位次变化	(305)
表13-8	1952—1957年农业机械拥有量增长情况（一）	(307)
表13-9	1952—1957年农业机械拥有量增长情况（二）	(308)
表13-10	1952—1957年全民所有制单位职工平均工资增长情况	(309)

前　言

本书是《新中国工业化回望录》的第一卷（1949—1957），以共和国第一个五年计划时期为主要内容。

实现国家的工业化，是近代以来中华民族几代人历经磨难而终无所获的美好愿望，在毛泽东的领导下，新中国用不到30年的时间，就把一个贫弱的农业国建设成为一个具有独立的比较完整的工业体系和国民经济体系的社会主义的工农业国，把"两弹一星"送上天，以它辉煌的光焰屹立于世界。

新中国的工业化有着时代的特点以及特定的制度内涵。它同现今西方发达国家与资本主义化相结合的情况不同，是与社会主义相结合的模式。依靠社会主义制度的优越性，极大地激发了人民群众的首创精神和工作积极性。这是它能够战胜各种困难，赢得高速度发展的根本原因。

新中国前30年的发展充满坎坷。有来自外部设置的障碍，也有自己的失误。有成功，也有挫折，甚至是严重的挫折。但是，无论什么情况，都没有能够阻挡它前进。回望过去，放眼未来，不禁使我们倍感自信。

根据中国共产党关于过渡时期总路线制定的，涵盖1953—1957年的发展国民经济第一个五年计划（以下简称"一五"计划或"一五"时期），迄今恰是一个甲子。它的实施，开启了中华民族实现百年工业化和现代化梦想的大幕，奠定了国家现代化的制度基础和物质技术的最初基础，即基础工业和国防工业体系的最初基础。

18世纪发生在英国的产业革命（又称工业革命），揭开了人类历史由手工生产向机器生产、农业社会向工业社会转变的新篇章。这是每个国家、每个民族或迟或早都要经历的过程。

中古以前，中国的发展曾经领先世界，只是到了近代落伍了。鸦片战争以前，中国社会内部已经孕育着资本主义的幼芽。资本帝国主义的侵入，一方面给中国社会注入了近代元素，加速着它的自然经济的解体过程；另一方面，又同历届腐败政府沆瀣一气，阻挠中国进步，打压中国民族工业的发展，一步步把中国变为他们的殖民地半殖民地，成为其工业原料的产地和产品的销售市场。日本就高唱"工业日本、农业中国"的殖民地论调。直到人民大革命取得胜利，中华人民共和国建立，才争得了重新发动自己的工业化和现代化的基本政治前提。

本书绪论部分，简要回溯这一过程，作为全书的背景。

"一五"计划的制定和执行，是共和国在社会主义初步工业化和现代化的道路上，迈出的具有决定性的步骤，是六亿人民一次重大的社会经济实践。它包含丰富的历史信息。

在原有工业基础十分落后而又面临严峻外部环境的情况下，"一五"计划选择了重工业高强度发展的战略。从主要方面说，它加速了国家的工业化进程；不可否认的是，各种比例关系往往绷得过紧，国民经济经常处在紧运行状态，加剧了年度间的波动，反过来又给予发展速度以负面影响。

尤为重要的是，经济关系的紧张，在很大程度上被传导到社会变革的方面。长期以来，非议甚多的对农业、手工业和对资本主义工商业社会主义改造任务的提前完成，同它有很大的关系。在这过程中，中共中央决策层不免发生摩擦和争论。后来的许多问题，大都可以从这里找到源头，发现其端倪。

我们的讨论，不完全限于纯经济的范围（尽管它是主要的）。经济总是社会的经济。完全离开上层建筑的活动，不容易看清楚问题的本质。在这个意义上，追索前人决策的轨迹，揭示当年工业化战略特定的历史背景和条件，在观察是非与得失的时候，可能会增加我们的历史感。

还有一层，我们的研究，不完全限于"一五"计划期内的五年。以笔者的理解，这里有狭义和广义的分别。因为从实际上看，构成"一五"计划核心部分的156个重大工业项目，1950年就先后动工；大量的项目则是在"一五"的后续期建成投产。作为计划重要组成部分的社会主义改造任务，也早已经开始。通常说，"一五"计划奠定了国家基础工业和国防工业体系的最初基础或初步基础，应该说，主要是指这一批现代化的大型重工业骨干项目的建成投产；而这在事实上跨越了狭义的"一五"

计划期。

　　经济现象的继承性和延续性，是其固有的属性。老一辈经济学家和经济史学家许涤新、吴承明，曾根据恩格斯的思想，对此有所阐发。他们说："一切经济现象都是一个过程，有它的继承性和延续性；它不是一个事件，不会突然发生，也不会蓦然消失。""在政治史上有些突发事件，如异族入侵、宫廷政变，即可招致政权更替，另起一章。经济史却不是这样。任何重要变动，无论是田制、税制的改革，或是新生产方式的建立，都非一纸命令朝夕可至，也非一场群众运动所能蹴就。经济现象的继承性和延续性不容忽视，否则就会割断历史。"[①] 这一方法论的启示，有助于拓展我们的视野，增进我们的认识。

　　正是着眼于经济发展的继承性和延续性，我们把研究上限提至新中国成立之初的三年，视为准备阶段，或序幕；下限延至"二五"前期，即156项重点工程基本结项。

　　本书结构，除绪论外，分十三章。以"主体"（社会主义工业化）与"两翼"（对农业、手工业和对资本主义工商业的社会主义改造）的互动关系为主线，展开叙述和讨论。

　　如上所说，把新中国成立后最初的三年作为实施"一五"计划的准备阶段或序幕，分三章：

　　第一章，以必要社会政治条件的缔造为内容。国家的统一，人民的团结，社会的和睦，是发展经济不可或缺的必要的社会政治条件。这些条件是否具备和具备的程度，在很大程度上将给予经济发展以正面或负面的影响。

　　第二章，运用新发展经济学方法，论列如何通过工业化两大发动因素，即引进性技术创新和社会变革性制度创新，开掘"一五"计划的技术和资金来源。

　　第三章，叙述先行产业部门和地区的建设。新中国建立初的三年，在恢复国民经济和进行抗美援朝战争的同时，力争先行开始的局部计划经济建设，带有积累经验和创设条件的双重考虑。它也昭示：在一定意义上，中国工业化始于农业部门的恢复与初步的发展。

[①] 许涤新、吴承明主编：《中国资本主义发展史》第2卷，人民出版社1990年版，第1—2页。

一般中国当代史或当代中国经济史，对于"一五"计划的制订，多从过渡时期总路线讲起。本书第四章，则从中国工业化的范式选择和以速度为中心的战略安排切入，在揭示其历史与现实根据的基础上，说明第一个五年承担的任务。

由于"一五"计划在1955年7月才最后确定，公布实施。将1953—1955年放在一起，作为第五章"摸着石头过河的三年"，反映边建设、边编制计划、边积累经验，充实修改计划的情况。

1953—1955年的三年间，经济运行表现出增长波动与波动增长的特点，增长率递减。计划指标由高到低，几次修订。其症结在于：受重工业高强度发展和农业发展滞后的制约。由此引发的资金供给与原材料供应等一系列的问题，难以协调。

"主体"矛盾的传导，促使"两翼"的提速与提前完成。第六章，对这一过程展开叙述。

第七章，叙述计划经济体制的最后形成。

"两翼"的提前完成，又反作用于"主体"。加快发展，势在必然。以下用三章论列：

第八章，探索加快发展的中国工业化道路。

第九章，跃进预演的曲折。主要讲1956年的较快发展与一线领导人的反冒进，进而在波匈事件背景下提出了"慢一点"发展的思想。

这里把1956年的大发展（周恩来后来称为"跃进的发展"）视为1958年"大跃进"的"预演"，并且与下一章1957年经济的适当收缩联系起来研究，引出一些新的认识。

第十章，讲1957年的经济收缩及政治思想战线上的革命。笔者是在同经济问题有所关联的意义上，对这一时期的国内政治予以适当关注。因为经济生活不可能与政治生活完全脱离。

第十一章，1956年和1957年两年实践的认识价值。这是前两章研究的继续，也是它们的逻辑结论。

这里，笔者在已有研究成果的基础上，做了新的研究，认为：对于1956年和1957年两年的评价，都要具体问题具体分析。如对1957年，不能离开1956年大发展这一前提，仅以当年部分经济效益指标为参照。一般说来，经济调整年份的经济效益指标，往往好于经济扩张的年份；这同经济扩张期，数量化指标往往好于调整年份的情况一样，都是经济规律使然，不能割裂，更不应该对立起来。

  在中国工业化的历史进程中，1956年和1957年两年各具特点的发展实践，具有不应忽视的认识价值和研究价值。遗憾的是，这个有益的经验，在后来的大跃进年代没有很好汲取。

  "一五"时期的经济实践，显示一个重要事实：在决策层中存在两种经济思想。1956年和1957年的情况，初步证明了它们具有互补的作用。发展下去，可能形成更为完整的科学认识和指导思想。尽管在后来正反两方面经验的积累中，相互补充，很难说已经达到满意的程度。这是值得研究的。

  第十二、十三两章，分别讲156项重点工程建设和"一五"时期的总体建设成就。

  最后，是几点结语。

  本书研究内容，不包括台湾和港澳地区。

绪 论

第一个五年计划在它的绪言里指出：

"中华人民共和国于1953年开始伟大的发展国民经济的第一个五年计划。

"以工人阶级为领导的中华人民共和国的成立和经济命脉归国家掌握，就使得我们有可能根据建设社会主义的目标，来有计划地发展和改造国民经济，以便逐步地把我国由落后的农业国变成先进的社会主义的工业国。"[①]

这就表明了，"一五"计划得以实施的政治经济前提。

第一节 中国的发展曾领先世界

一 中国的辉煌

中国有着悠久的历史，灿烂的文化。它是世界上为数不多的古老文明之一。同巴比伦文明、埃及文明、印度文明、古希腊罗马文明相比，毫不逊色。其他几大文明多已先后衰落，中华文明从未中断，绵延不绝。当欧洲还处在蛮荒之际，公元前221年，秦王朝已在中国建立起大一统的封建专制国家。它推行的一系列旨在加强中央权力的政策措施，所形成的中央集权型的政治经济体制，尽管后世多有反复，终于沿袭下来，奠定了中华民族统一国家的最初基础。

汉承秦制。汉族、汉字、汉学的称谓远播海外。及于隋（581—

[①]《中华人民共和国发展国民经济的第一个五年计划（1953—1957）》，人民出版社1955年版，第13页。

618)、唐（618—907）两代，进一步完善和强化中央集权的政治制度，政治经济文化繁荣。隋朝大规模修建的大运河和其他多条运河，对沟通南北交通，巩固国家政治经济的统一，发展经济文化，具有深远影响。唐朝尤以文治著称。在沟通中西经济文化交流方面，展现出宽阔的胸怀。首都长安荟萃东西方众多文明成果，成为国际性的大都会。"唐人街"至今犹存欧美诸国。欧洲 11 世纪进入封建社会。欧洲的中世纪深受神学思想羁绊，被称为"黑暗的中世纪"（一个时期以来已有史家对此提出异议），中国封建社会则由成熟达到它的鼎盛。两宋经济文化是又一新高峰。指南针、活字印刷的开发和应用凸显它在科学技术上的突出成就，同之前的火药、造纸术一起，被世界公认为四大发明。传至欧洲，对它的崛起，对整个近代社会经济发展，产生了难以估量的影响。

明（1368—1644）、清（1644—1911）之际，商品货币关系进一步发展，加上技术的进步，对农业和手工业都是一种新的有力刺激。按说，中国资本主义的萌芽并不比欧洲晚多少。明朝中叶，大约 16 世纪中期以后，在商品经济比较发达的地区，特别是东南沿海一带，在丝织业、棉纺织业、制瓷业、冶铁业等手工业中，明显地出现了资本主义萌芽。17 世纪初，更出现了资本主义手工业工场。《农政全书》（徐光启）、《天工开物》（宋应星）、《通雅》和《物理小识》（方以智）、《奇器图说》和《储器图说》（王徵）、《陶瓷图说》（项子京）等科学著述纷纷面世。作为西方近代科学研究成果的天文、地理、历算、物理、哲学等相继传入。黄宗羲、王锡阐、刘廷献、张尔岐等一批文人开始面向西方，研究和介绍西方的科学文化，补充中国传统文化的不足。

随着资本主义的萌芽，反映新兴市民阶层民主意识的新的文化思想也开始发展，中国传统文化中比较保守的儒学受到冲击。明嘉靖时的王守仁、万历时的李贽，抨击程朱理学，震动了思想界和政治界。王学传入日本，成为明治维新的一支力量。明末清初的黄宗羲、唐甄、王夫之的民主思想更进一步，对后来康有为、梁启超等都有影响。继明之后，满洲少数民族入主中原，究竟摧毁不了近代资本主义萌发的进程。如果没有西方列强的侵入，资本主义生产方式即使是缓慢地，也会在中国发展起来。

也就是在此后，中国封建社会开始了由盛到衰的转变。此时的欧洲，经过文艺复兴的洗礼，渐渐崛起，东西方经历着一个换位的过程。清朝自乾隆帝以后，由盛而衰。晚清统治者对外部世界发生的变化，麻木不仁，除了防备他人觊觎最高权柄，可能就是自己的骄奢淫逸了。直到英国人用大炮轰开中国的大门，从此西方列强纷纷侵入，中国一步一步地沦为半殖民地半封建社会，出现了历史的大曲折，从根本上阻碍了中国的近现代化。

二 近代欧美的飞跃

公元11世纪，欧洲封建社会的形成，同时也是它的解体过程的开始。商品关系的发展，向资本主义的过渡，还是经历了几个世纪。

地中海沿岸的威尼斯、热那亚、佛罗伦萨和米兰等城市，走在最前面。13—14世纪，这里的商业、金融业已很繁盛，到15世纪已有零星的资本主义关系的幼芽。所谓"地理大发现"，1487年巴托罗缪·迪亚士绕航好望角，1492年克里斯托弗·哥伦布发现美洲，1498年瓦斯科·达·伽马绕过非洲抵达印度，通过贸易和掠夺聚敛巨额财富，加速了这一过程。"根据官方统计数字，1521—1600年间从美洲运到西班牙的白银有18000吨、黄金200吨，而其他人的估计则是此数的2倍。克·哥伦布说：'谁有了黄金，谁就可以在这个世界上为所欲为；有了黄金，甚至可以使灵魂上天堂。'只不过一个世纪稍多一点的时间，墨西哥的印第安人口就减少了90%（从2500万人下降到150万人），在秘鲁则减少了95%。"[①]"拉斯·卡萨斯估计，1495—1503年新大陆的群岛上消失了300多万人，他们或死于战争，或被送到卡斯提尔当奴隶，或被矿井、其他苦役所吞噬。'……下辈子出生的人谁会相信这种事？正在写这种书，并曾亲身目睹从而最清楚地知道这种事的我本人，也几乎不敢相信这种事会真的发生。'"[②]

征服、掠夺、杀绝，构成16世纪一幅惨绝人寰的图景。被奴役的拉丁美洲，在早期资产阶级的财富积累中起了决定性的作用。

继葡萄牙、西班牙、荷兰之后，英国通过16世纪对西班牙、17世纪对荷兰和18世纪对法国的争夺，确立了它在海上的霸权和殖民强国的地

[①] [法]米歇尔·博德：《资本主义史（1500—1980）》，吴艾美等译，东方出版社1986年版，第7页。

[②] 参见[法]米歇尔·博德《资本主义史（1500—1980）》，吴艾美等译，东方出版社1986年版，第7页。拉斯·卡萨斯（1474—1565），多米尼克派修士，著有《印度被毁灭的梗概》，记录了西班牙征服者在古巴、墨西哥和秘鲁等地的暴行。

位。1610—1640年间对外贸易额增长了10倍，1640年几处煤矿的年产量达到10000吨—25000吨，而16世纪时仅为几百吨。设有鼓风炉和大水力锤锻炉的铁工厂，生产纸张和明矾的手工工场，雇佣着几百名工人。商人和纺织品生产商往往支配几百甚至几千名家庭织工和缝纫工。对外贸易与国内生产互相促进，资本主义生产方式开始占据统治地位。

新生的、日益壮大起来的资产阶级力量，不仅破坏了一切封建的、宗法的关系，而且打破了过去那种地方和民族的自给自足和闭关自守的状态，按照自己的面貌改造整个世界。始于18世纪60年代的英国工业革命，揭开了人类历史的新篇章。

工业革命首先在英国发生，而不是发生在资本主义发育更早的地中海沿岸和葡萄牙、西班牙、荷兰几个国家，这不是偶然的。在英国，资产阶级革命早在17世纪80年代就已经完成。这个发生在1688年到1689年的革命，常常被英国史学家描绘为"光荣革命"。它标志着英国封建专制政体的最后解体。资产阶级革命的完成，为资本主义生产方式的最终确立扫除了障碍，为生产力的发展、为工业革命开辟了道路。资产阶级利用自己的政治统治，一方面推进工业革命，确立现代工厂制度；另一方面加紧剥夺小农，在农业中推进资本主义关系的发展。早期资本主义经济是建立在简单协作和工场手工业的基础上的，就协作和分工的意义上，扩大了生产的规模，提高了劳动的生产率；但在主要以手工劳动为特征这一点上，还不能说完全脱离了中世纪。真正使资本主义生产方式显示出自己的崭新面貌，根本不同于先前任何一种生产方式的，应归功于工业革命，即机器的发明和应用，特别是工具机的发明和应用。马克思认为，所有发达的机器即所有称得起机器的装置，都由发动机构、传动机构和工具机构或叫做工作机构的三部分组成。前两个部分的作用，是把运动传给整个机器赖以运转的动力部分，它或者产生自己的动力，如蒸汽机、电磁机等，或者接受某种现成自然力如水、风等的推动；工具机则完成过去手工工人用类似工具所完成的那些操作，用机器代替单纯的工具。所以，机器的发明和应用，在人类发展史上的意义，绝不亚于铁犁的发明和应用。它克服了人自身身体器官（人手）数量的极限，能够极大地提高劳动生产率。机器生产以远比手工生产先进的优势，一旦代替它而占据社会生产的主要地位，便促成了农业文明向现代工业文明的转变。

从18世纪60年代到19世纪中期，英国工业革命经历了大半个世纪的时间。这是人类第一次从手工生产向机器生产的过渡，是当年的经济现代化过程。作为工业革命的产物，资本主义的现代工厂制度确立起来了。在这里，在机器生产中，资本主义生产方式找到了它的典型形态。与此同时，1760年到1850年这段时间，英国农村的"圈地"过程进行得也很迅速。在这90年间，被圈的土地达到了700多万英亩。国家用合法的形式，把小农赶出领地，对小农进行最后的剥夺。剥夺小农，不但是资本主义在农业中的胜利，形成了大地主、大租佃农场主、农业工人三个阶级；而且也为现代工厂制度提供了大量的雇佣劳动者，为它的发展创造了必要条件。到1848年《共产党宣言》问世的时候，大工业在生产中占了绝对的优势，用机器生产机器成为它的主要特点，煤炭、钢铁和机器制造等重工业部门上升到重要地位，英国成了一座"世界工厂"。

1850年，英国在世界工业总产值中占39％，在世界贸易总额中占21％。英伦三岛成了世界各国工业品的主要供应者，许多国家成了它的原料供应地。1750年英国的人口大约有770万人，到了1850年增加到2750万人，城市化率达到50％。马克思说："大工业必须掌握它特有的生产资料，即机器本身，必须用机器来生产机器。这样，大工业才建立起与自己相适应的技术基础，才得以自立。"[①]"各种经济时代的区别，不在于生产什么，而在于怎样生产，用什么劳动资料生产。劳动资料不仅是人劳动力发展的测量器，而且是劳动借以进行的社会关系的指示器。"[②] 在这个意义上，可以说，英国工业革命具有划时期的意义，它吹响了人类由农业社会向工业社会进军的号角。这是每个国家和民族迟早都将面对的历史任务，必须经历的转变过程。

英国成了世界上第一个完成初步工业化的国家。资本主义与工业大生产的结合，确立了比先前任何时代更为优胜的社会生产形式，为人类提供了资本主义工业化的最初范式。英国工业革命很快产生了扩散效应。

从18世纪后半期到19世纪，由英国带头，世界兴起第一次工业化浪潮。它波及的地区主要在欧洲和北美。紧步英国后尘的是法国。法国的资产阶级革命，是在18世纪末叶取得胜利的，19世纪初进入工业革命时期。法国的资产阶级大革命比较彻底，较少同封建势力妥协，这成为工业

---

① 《马克思恩格斯全集》第23卷，人民出版社1972年版，第431—432页。
② 同上书，第204页。

革命的有利条件。

美国继法国之后，奋起追赶。美国原来是英国的殖民地。它通过战争手段战胜了它的宗主国英国，赢得独立，于1776年7月4日发表独立宣言，建立独立的美利坚合众国，走上自主发展道路。美国这个"飞地式"的国家，无历史的因袭与封建传统的束缚，比较开放，且独占地利，资源禀赋极好，在很大程度上成就了它后来居上的先天优势。1860年，它的工业生产已经超过德、法两国。又过20年，可与英国比肩；再过10年的1890年，竟把大英帝国远远抛在后面。它的工业生产在全世界工业生产中的比重达到31%，英国则降为22%。

德国的工业革命晚一些，是在19世纪30年代以后开始的。这归因于封建割据的困扰，阻碍了资本主义的发展。1834年德意志"关税同盟"的成立，推动了德国的统一。经过1848年的资产阶级革命，城乡封建势力受到削弱，为工业革命创设了条件。以后又在1870年的普法战争中获得胜利，夺取了资源丰富的阿尔萨斯、洛林地区，更加促进了工业特别是重工业的迅速发展。

法、美、德国相继在19世纪先后完成各自的工业革命。日本是世界第一次工业化浪潮中唯一例外的亚洲国家，勉强赶上末班车。在此之前，它并不比中国优胜多少。端赖1868年成功的"明治维新"，学习西方，走上资本主义发展道路。直到19世纪80年代，它仍停留在工场手工业阶段。1894年，这个既缺乏资金又罕有自然资源的岛国，依靠中日甲午战争从中国的割地赔款，解决了它工业革命急需的资金掣肘：从清政府索取相当于它当时两年岁入的两亿两白银战争赔款，侵占了中国的固有领土台湾和澎湖列岛，也独霸了朝鲜，加快了以军事工业为中心的重化工业的发展步伐，20世纪初完成了它的工业革命，挤进工业强国之列。

世界第一次工业化浪潮，英国是工业革命的发祥地，主要依靠市场的力量，自下而上的推动，没有可资借鉴的样板，前后用了逾半个世纪的时间。

其他几个国家，利用已有的技术成就和经验，都比英国快。这些国家的情况，虽不完全相同，但大致都是以"赶超"为自己的目标。除依靠市场的力量，政府在工业革命中扮演着重要的角色，把自下而上的推动与自上而下的工作互相结合在一起。一般说，资本主义国家的工业化，往往从发展轻工业开始。这是市场作用下的必然选择。但同时，由于"赶超"

目标的驱使，政府力量的介入以及"强兵"的需要，发展重工业愈来愈被关注而为国家所倚重。德国和日本因此发展速度更快，特别是日本，在这方面的表现最为突出，在上述国家赶超比赛中名列前茅。

随着以英国为首，包括美、法、德、日、俄等国先行工业化国家陆续登上世界舞台，揭开了荼毒人类的强权政治时代。

纵观世界历史，人类开发最早的两河流域、尼罗河流域、恒河流域和黄河流域的伟大文明，较早的到了中古时期，晚近的迟至近代，都已辉煌不再。原来较为落后的欧洲，在漫漫长夜之后，终于突破封建贵族领主经济的牢笼，新的资本主义经济关系茁壮成长起来。他们汲取东方的文明成果，发展了近代科学，进而率先完成工业革命，站在世界的最前列。

后进转化为先进，先进转化为后进，相互易位，这是合乎辩证法则的。一个民族，不论是多么伟大的民族，不可能永远是先进的；相对后进的民族，赶上并超过曾经是先进的民族，在历史上屡见不鲜。"江山代有才人出，各领风骚几十年。"一个人是这样，一个民族、一个国家，也是这样。如果总是一个民族、一个国家居于世界历史的中心，人类的进步恐怕就会成为问题。先进的民族以自己的文明成果贡献给人类，落后的民族学习、吸收先进民族的文明成果并奋发努力追赶他们，这会推动历史的车轮更快地前进。遗憾的是，近代殖民主义者和它的后继者们演出的，却是掠夺、枪杀和奴役其他民族的历史。

第二节　鸦片战争惊醒了中国人

工业革命赋予资本主义巨大的创造力，它也因此获得过去不可比拟的破坏力。资本主义的扩张本性，促使它加紧了对海外殖民地的争夺。争夺原料产地和投资场所，争夺商品销售市场。拉丁美洲和非洲早已被它们瓜分完毕，现在把触角伸向了东方的广袤地区，伸向垂涎已久的古老帝国中国。中华民族即将面临空前的危机而依然沉醉在天朝大国的自满自足当中，这是它的悲哀，也是它真正的危险。

18世纪五六十年代，是已确立了资本主义制度的英国开始由手工生产向机器大生产过渡的年代，即工业革命的年代。在古老的中国，也是伟大作家曹雪芹披阅十载，完成他的不朽著作《红楼梦》（前八十回）的时候。稍早一些时候，原本不如中国的那个北方大国，罗曼诺夫王朝第四代沙皇彼得·阿列克谢维奇·罗曼诺夫（1672—1725），被称为彼得大帝的，意识到国家的落后，亲自到西方"取经"，锐意革新，兴办近代工业，奠定了后来进入强国行列的基础，给近代中国造成莫大的祸害。稍晚的清王朝第六位帝王爱新觉罗·弘历乾隆帝（1711—1799），却陶醉在山呼万岁声中，由辉煌向它的尽头走去。这是整个中国封建社会的衰败与没落。然而，这并不意味着它甘愿退出历史舞台。

清王朝是继元朝之后，又一个由少数民族建立的全国性政权。它对居于人口大多数的汉人、汉族官僚和知识分子始终高度警觉，唯独对儒家经典和儒学道统尊崇有加，奉为圭臬。中国自秦汉以来，封建社会历经逾两千年的跌宕锤炼，完善了一套远比欧洲精致的政治、经济制度和思想文化体系。它的小农经济与家庭手工业紧密结合的自给自足的自然经济模式，构成了以皇权为代表的官僚地主阶级统治的深厚基础，成为抗拒商品货币关系的顽强力量。"内霸外王"的历代统治者，总是娴熟地运用欺骗与镇压两手，维护着它的统治秩序。以保守为基本取向的孔孟儒家学说，被历代官方学者或守旧文人不断诠释、引申，添加更为消极的成分，直至发展为宋明理学，成为束缚人们思想特别是知识界思想，阻碍社会进步的无形锁链。

同是少数民族政权，清王朝再无元朝那样走出国门的勇气，更缺少大唐开放的气度，甚至没有了明成祖派遣郑和下西洋的锐气。它的内向政策取向，使它在世界面临近代化的重要时刻，陷入自我封闭状态，妄自尊大。初则以"天朝大国"自居，一战失利，遂向反面转化。在中外矛盾交织的情况下，到晚清竟一步一步走上卖国以求自保的道路，即使光绪本人赞同的君主立宪式的维新，也被掐死在摇篮里。这场企图复制日本明治维新的"戊戌变法"，不是失败在晚了30年，而主要是它的对象和环境不同。腐败的封建统治是导致近代中国落后的内在原因。

19世纪中叶，英国人用大炮轰开了中国的大门。这是中国历史的一个转折点。从此西方列强纷纷侵入，从根本上阻碍了中国的近代化进程。中英鸦片战争以前的1821—1840年，主要由于老殖民主义者的鸦片贸易，中国流失的白银在1亿两以上，平均每年流出500万两，相当于清政府岁入的1/10。1840年的鸦片战争，更打断了中华民族历史发展的正常进程。列强们强迫中国历届政府签订各种不平等条约，控制中国的经济命脉，从中国掠夺走大量财富。仅以对西方列强赔款一项，自1840—1911年累计将近13亿两白银。"资本—帝国主义对中国的侵略，是近代中国蒙受灾难和屈辱的重要原因。发动战争，是资本—帝国主义最常用的侵略手段。在这近80年中，资本—帝国主义的军事侵略，仅大的战争，就有1840年至1842年英国的侵略，即第一次鸦片战争；1856年至1860年的英国、法国的联合侵略，即第二次鸦片战争；1883年至1885年法国的侵略，即中法战争；1894年至1895年日本的侵略，即中日甲午战争；1900年英国、德国、沙俄、法国、美国、日本、意大利、奥匈帝国（今奥地利和匈牙利）的联合侵略，即八国联军入侵；1903年至1905年英国侵略西藏的战争；还有1904年至1905年日本、俄国为争夺中国东北，在中国领土上进行的日俄战争。每次战争都是对中国人民的血腥屠杀，有数以十万、百万计的中国人被直接杀害或死于颠沛流离。每次战争，都是对中国人民财产和国家财富的疯狂洗劫。每次战争，都强迫中国签订不平等条约。凭借这些条约，资本—帝国主义侵吞了中国大片领土，还在大小城市设立近30个租界。每次战争，都是对中国的强盗式勒索，从《南京条约》到《辛丑条约》的主要赔款就有八次之多，数额高达10亿两白银。"1901年9月，英国、德国、俄国、法国、美国、日本、意大利、奥匈帝国、西班牙、比利时、荷兰等11个国家与清政府签订了《辛丑条约》，中国赔款白银4.5亿两，加上利息共9.82多亿两，还有各地方赔款2000万两，分39年还清，相当于清政府当年全国财政收入的12倍。条约规定，永远禁止中国人成立和参加反帝组织，违者处死；地方官员对各地人民的反帝事件"必须立时强压惩办"。这表明，清政府已经完全变成帝国主义的驯服工具，彻底沦为"洋人的朝廷"。帝国主义也感到，保留一个傀儡政权对自己更有利，于是下决心扶持慈禧太后为首的清政府。①

还要特别指出的是，日本军国主义对中国的掠夺。1931年，它侵占了中国领土1/10的富饶的东北三省，在这里开矿，办厂，征粮，征税，把大量的煤炭、钢铁、粮食和棉花等运往国内。1937年，进而发动独吞中国的全面战争，迫使中国进行了长达八年的全面抗战，付出了3000万人的生命，大约5000亿元的财产损失。

战后，美国新殖民主义者又取代了它的位置，继续推行侵华政策，出

---

① 当代中国研究所：《中华人民共和国史稿》（简称《国史稿》）序卷，人民出版社、当代中国出版社2012年版，第36、42页。

钱出枪，支持国民党蒋介石政府发动了三年内战。自近代以来，所有外国侵略势力，总是同中国内部的腐朽势力相结合，阻止历史的前进，破坏生产力的发展。在1840—1949年将近一百年里，包括外国在华企业在内，中国几种主要工业品的最高年产量是：钢92万吨，煤6187.5万吨，棉纱244.7万吨，棉布4500.8万匹。新中国成立前的几种主要工业产品和世界几个主要国家同期相比，中国的年产量相当于外国年产量的比率是：电力相当于美国的1/35、英国的1/6、日本的1/6；煤炭相当于美国的1/9、英国的1/3，与日本略同；钢相当于美国的1/87、英国的1/14、日本的1/8。这是一二百年形成的差距。"落后就要挨打"，这是近现代世界的逻辑。

第三节　毛泽东对中国工业化"史前时期"的总结

近代中国，从19世纪60年代清政府洋务派官僚办洋务，兴办近代工业主要是兴办近代军事工业，70年代出现民族资本的近代工业，到新中国建立的将近一个世纪里，尽管其间有过小小的发展高潮和难得的黄金时期，例如，中日1894年甲午战争后，在国人民族精神激愤下，民族工业为之一振。又例如，第一次世界大战期间，帝国主义列强无暇东顾，民族工业一度获得较大发展。但总体上终究没有汇合成为国家工业化的持续进程。也因此，我们把它视为中国工业化的"史前时期"。

一部中国近代史，既是资本帝国主义勾结封建买办势力，变中国为半殖民地半封建社会的侵华史；也是中国各族人民奋起反抗，争取民族独立解放和民主自由的历史。先有1851年洪秀全领导的太平天国起义，它摧毁了清王朝的半壁江山。由于复杂的原因，在清政府利用洋人的洋枪洋炮的夹击下，归于失败。清王朝从"师夷力以助剿"太平天国起义的经验中，开始了兴办军事工业为主旨的洋务运动。但对于先进的中国人，爱国的仁人志士，则不同。

中国人最初认识工业化，始于1840年鸦片战争中英国人的船坚炮利。一些人以为，只要把西方的工业技术搬过来，就不会再受欺负，矢志于工业强国、工业救国的理想；一些人更进一步，希望搬用西方资本主义的政治经济模式，改造中国，民主革命的伟大先行者孙中山先生，在比较完全的意义上代表了这种愿望。他领导的辛亥革命，推翻了几千年的封建帝制，却没有带来他理想的资产阶级共和国，更没有开始自己的工业化。取而代之的，是长期的实际上是为不同列强支持的军阀混战。背叛孙中山"联俄、联共、扶助农工"三大政策的蒋介石，反而向人民挥起屠刀。十年剿共，剿来了日本帝国主义1937年全面侵华战争的爆发，中华民族陷入空前的民族危机。

总结这一历史经验，毛泽东得出结论："必须发展现代工业，完成自己的工业化。"

他说："中国落后的原因，主要是没有新式工业。日本帝国主义为什么敢于这样地欺负中国，就是因为中国没有强大的工业，它欺侮我们的落后。因此，消灭这种落后，是我们全民族的任务。"他强调："要打倒日本帝国主义，必需有工业；要中国的民族独立有巩固的保障，就必需工业化。我们共产党是要努力于中国的工业化的。"[①]

而要实现国家工业化，首要的政治前提，是必须实现中华民族的独立和国家的统一，给人民自由、民主的权利。否则，中国不可能有希望。

他说："没有工业，便没有巩固的国防，便没有人民的福利，便没有国家的富强。1840年鸦片战争以来的105年的历史，特别是国民党当政以来18年的历史，清楚地把这个要点告诉了中国人民。一个不是贫弱的而是富强的中国，是和一个不是殖民地半殖民地而是独立的，不是半封建的而是自由的、民主的，不是分裂的而是统一的中国，相联系的。在一个半殖民地的、半封建的、分裂的中国里，要想发展工业，建设国防，福利人民，求得国家的富强，多少年来多少人做过这种梦，但是一概幻灭了。许多好心的教育家、科学家和学生们，他们埋头于自己的工作或学习，不问政治，自以为可以所学为国家服务，结果也化成了梦，一概幻灭了。这是好消息，这种幼稚的梦的幻灭，正是中国富强的起点。中国人民在抗日战争中学得了许多东西，知道在日本侵略者被打败以后，有建立一个新民主主义的独立、自由、民主、统一、富强的中国之必要，而这些条件是互相关联的，不可缺一的。果然如此，中国就有希望了。解放中国人民的生产力，使之获得充分发展的可能性，有待于新民主主义的政治条件在全中国境内的实现。这一点，懂得的人已一天一天地多起来了。"[②]

[①] 《毛泽东文集》第三卷，人民出版社1996年版，第146—147页。
[②] 《毛泽东选集》第三卷，人民出版社1960年版，第1081页。

第四节　历史新页：人民共和国的诞生

1949年10月1日，中国人民的伟大领袖毛泽东，以他浓重的湖南口音在北京天安门城楼庄严宣告：中华人民共和国中央人民政府今天成立了！

一个崭新的中国犹如朝阳，升起在东方。近百年来备受帝国主义列强侵略、凌辱和盘剥的中国人从此站起来了，真正能够主宰自己的命运。

这不是历史上那种改朝换代。它是翻天覆地的大变化。处在社会最底层的被压迫的劳动人民，第一次成为国家的主人。

中华民族的历史翻开了全新的一页。

这是人民大革命的胜利成果，是自1840年中英鸦片战争以来几代人前仆后继、英勇斗争、流血牺牲换来的。它为中国人民实现梦寐以求的工业化理想，创设了最基本的政治前提。

就在人民解放军浩浩荡荡的进军中，伴随各个城市尤其是各大中城市的解放和接收工作的进行，以蒋（介石）、宋（子文）、孔（祥熙）、陈（立夫）四大家族为代表的官僚买办资本，被陆续收归人民的国家所有，迅速建立起掌握国民经济命脉的强大的国营经济，成为重新启动国家工业化的重要经济前提。

这是国家工业化赖以重新启动的必要条件，但还不是充分条件。在此后的三年时间里，中国共产党和中央人民政府领导它的人民，在内政、外交方面继续作出巨大努力，进行了捍卫共和国的抗美援朝战争和一系列民主改革运动，在稳定和恢复被破坏的国民经济的同时，为计划经济建设多方面进行准备。从1953年开始第一个五年计划，重新启动了自己的工业化进程。

工业化既是历史的概念，也是动态的概念。20世纪的英国工业，不会停止在18世纪工业革命时期的水平原地不动。没有人会认为，毛泽东重新发动的工业化，会像复制古董一样，从头去走200年前的技术路线。相反，它将竭尽可能地迎头赶上，用当代新的工业技术完成近代没能完成的任务。在这个意义上，工业化的概念与现代化的概念就连接了起来。本书所指工业化及后来出现的现代化的提法，其政策含义与实践要求，主要是从对历史与现实的经验性分析判断中，加以提炼概括的结果。

中国的工业化，是在新的社会历史条件下重新启动的。中国的工业化，只能是社会主义类型的工业化，不可能采取英美资本主义工业化模式。其理由，毛泽东下面的一段话说得很清楚。他说：

"自从1840年鸦片战争失败那时起，先进的中国人，经过千辛万苦，向西方国家寻找真理。洪秀全、康有为、严复和孙中山，代表了在中国共产党出世以前向西方寻找真理的一派人物。那时，求进步的中国人，只要是西方的新道理，什么书也看。向日本、英国、美国、法国、德国派遣留学生之多，达到了惊人的程度。国内废科举，兴学校，好像雨后春笋，努力学习西方。我自己在青年时期，学的也是这些东西。这些是西方资产阶级民主主义的文化，即所谓新学，包括那时的社会学说和自然科学，和中国封建主义的文化即所谓旧学是对立的。学了这些新学的人们，在很长的时期内产生了一种信心，认为这些很可以救中国，除了旧学派，新学派自己表示怀疑的很少。要救国，只有维新，要维新，只有学外国。那时的外国只有西方资本主义国家是进步的，他们成功地建设了资产阶级的现代国家。日本人向西方学习有成效，中国人也想向日本人学。在那时的中国人看来，俄国是落后的，很少人想学俄国。这就是十九世纪四十年代至二十世纪初期中国人学习外国人的情形。

"帝国主义的侵略打破了中国人学西方的迷梦。很奇怪，为什么先生老是侵略学生呢？中国人向西方学得很不少，但是行不通，理想总是不能实现。多次奋斗，包括辛亥革命那样全国规模的运动，都失败了。国家的情况一天一天坏，环境迫使人们活不下去。怀疑产生了，增长了，发展了。第一次世界大战震动了全世界。俄国人举行了十月革命，创立了世界上第一个社会主义国家。"

"十月革命一声炮响，给我们送来了马克思列宁主义。十月革命帮助了全世界的也帮助了中国的先进分子，用无产阶级的宇宙观作为观察国家命运的工具，重新考虑自己的问题。走俄国人的路——这就是结论。"

"就是这样，西方资产阶级的文明，资产阶级的民主主义，资产阶级共和国的方案，在中国人民的心目中，一齐破了产。资产阶级的民主主义让位给工人阶级领导的人民民主主义，资产阶级共和国让位给人民共和国。这样就造成了一种可能性：经过人民共和国到达社会主义和共产主义，到达阶级的消灭和世界的大同。康有为写了《大同书》，他没有也不可能找到一条到达大同的路。资产阶级的共和国，外国有过的，中国不能有,因为中国是受帝国主义压迫的国家。唯一的路是经过工人阶级领导的人民共和国。"①

　　这是历史的选择,不以人们的意志为转移。

---

① 《毛泽东选集》第四卷,人民出版社1960年版,第1474—1475、1476页。

第 一 章

必要社会政治条件的塑造

　　1955年7月，国务院副总理兼国家计划委员会主任李富春，代表国务院就第一个五年计划的制定情况和内容，向全国人民代表大会第一届第二次会议作说明时，曾讲到：我国曾经是一个在帝国主义统治下的殖民地、半殖民地和半封建的国家，经济是很落后的。"以蒋介石为首的国民党反动派统治中国二十多年，极大地加深了我国这种落后状况。他们只顾穷凶极恶地掠夺人民，没有建立起什么工业。他们在一个很长的时间内曾经大肆吹嘘要建立一个什么年产十万吨的钢铁厂，一年又一年地过去了，他们的家族越来越惊人地富了，但是结果连一个这样小规模的钢铁厂也建立不起来。直到抗日战争爆发以前，全国除东北外每年只生产钢4万吨左右，而且都是清朝末年和北洋军阀统治时代所建立的钢铁厂的产品。日本帝国主义在侵占了我国的东北以后，特别是在1939年到1943年，为了掠夺资源，扩大侵略战争，曾经在那里扩建了一些钢铁工业，那些当然是附属于日本本国工业系统的纯粹殖民地式的工业，而且许多工厂和矿山在以后又被国民党反动派所严重地破坏了。事实正如毛泽东主席在1945年《论联合政府》一书中所说的：'没有一个独立、自由、民主和统一的中国，不可能发展工业。'全国解放以后，人民掌握了政权，这样一个独立、自由、民主和统一的新中国出现了，一个工业化的新中国也就在望。"[①]

　　新中国刚成立时，还有部分地区尚待解放，历史遗留的匪患有待解决。经过1950年一年的努力，除台湾和沿海个别岛屿，大陆已全部解放。

---

　　① 李富春：《关于发展国民经济的第一个五年计划的报告》，《中华人民共和国发展国民经济的第一个五年计划（1953—1957）》，人民出版社1955年版，第163—164页。

近代以来列强强加给中国人民的在华驻军、设立兵营、开辟租界、把持海关等特权,均予以取缔。自辛亥革命以来,军阀割据,战争不断,人民流离失所。蒋介石的中央政府实际只能控制六个行省。中华人民共和国的成立,真正实现了除台湾和沿海个别岛屿以外整个大陆的独立与统一,并缔造了国内和平及各民族之间亲密团结的兴旺局面。这就为万众一心致力于国家的工业化创设了最根本的先决条件。新中国成立后最初的三年准备,主要就是利用已经掌握的国家政权,从内政和外交诸多方面,为此所做的繁重而艰巨的工作,包括在十分困难的情况下又进行的一场局部性的国际战争——抗美援朝战争。本章主要叙述社会政治条件的塑造。优越的政治运作体制,安定的社会环境,良好的风尚,是保证经济发展的必要条件。

第一节 构筑独特的政治体制和政治结构

毛泽东总结国内外历史经验,为中国设计了一套独特的政治体制。既根本不同于资本主义的政治制度,也与苏联的政治体制有很大区别,具有鲜明的中国特色。毛泽东早在1940年的《新民主主义论》和1945年的《论联合政府》里,就提出在打败日本帝国主义,取得第二次世界大战胜利后,中国将要建立一个独立、统一、民主、自由的新国家,即新民主主义的中国。它的国体是各革命阶级的联合专政,政体是民主集中制。此后,他概括为:无产阶级领导的、以工农联盟为基础的、人民民主专政的国家形态;政权的组织形式是民主集中制的人民代表大会制度,而不是资产阶级的议会制和"三权鼎立";实行少数民族区域自治的单一制的国家结构,不搞联邦制。这种适合中国国情的独特的国家理论和实践形式,有利于巩固国家的统一,民族的团结;有利于发扬人民民主,加强人民民主专政;也有利于提高国家机构的效率,克服官僚主义,防止腐败的滋生。

中国人民政治协商会议第一届全体会议接受这一思想,载入《共同纲领》。区别于1945年旧政协的新政协在中国的政治实践中,证明是中国共产党领导下的多党合作制度的有效形式,构成中国独特政治体制的组成部分。它最初曾代行全国人民代表大会职权。1954年全国人民代表大会正式召开,制定了中华人民共和国宪法,确立起适合中国国情的人民代表大会制度和民主集中制的原则。人民政协作为全国各民族、各民主阶级、各民主党派、各人民团体、国外华侨和其他爱国民主人士的统一战线组织被保留下来，继续发挥政治协商的作用。这种以中国共产党为全国人民领导核心的政治体制的运作，具有很高的效率和效能，能最大限度地整合全国资源，尽快建立起自己的独立完整的工业体系和国民经济体系，保障共和国的经济独立和国家安全。

第二节　完成祖国大陆的空前统一和实现民族的大团结

新中国成立后，人民解放军继续作战，直到大陆全境和海南岛的解放。这里要特别指出西藏和平解放的意义，它挫败了美国、英国和印度政府妄想干涉中国内政，企图分裂中国，策划西藏独立的阴谋，实现了这个多民族国家除台湾和沿海一些小岛以及香港、澳门以外历史上空前的大统一，结束了近代以来国家分裂割据的混乱局面。

按照《共同纲领》的规定，各民族一律平等，在少数民族地区实行民族区域自治，尊重宗教信仰自由，在国家统一的基础上，进一步实现了全民族的大团结。中华56个民族像一个和睦的大家庭一样，共同谱写历史的新篇章。

在华北人民政府的基础上组建起来的中央人民政府机构，迅速展开工作。新解放地区则经过军管会分别过渡到各该地方人民政府的建立。这有利于尽快恢复秩序，恢复生产，把新政权代替旧政权可能引起的破坏和损失降至最低。

第三节　剿匪打黑，安定社会

匪患，在中国有着久远的历史和深刻的社会根源，历代政府苦无良策。新中国成立初期，全国有200万土匪，杀人放火，为非作歹；城市里的黑社会势力，往往称霸一方，鱼肉百姓；加上国民党遗留的残余势力、特务、政治土匪和其他反革命分子的破坏活动，严重威胁人民生命财产安全，直接影响社会的安定和经济的恢复工作。新解放的地区和城市，人民解放军或地方人民武装同人民群众结合，普遍开展了清匪反霸斗争。

抗美援朝战争爆发后，针对反革命势力更为猖獗的情况，毛泽东亲自领导了一场大张旗鼓地镇压反革命的运动。"杀、关、管"了一批匪首、惯匪、恶霸、特务、反动会道门头子，基本肃清了国民党反动派在大陆的残余势力，剪除了历史遗留的匪患和黑社会势力，大得民心，大快人心。它不但为当时正在进行的抗美援朝和国民经济恢复工作缔造了良好的社会政治环境，对于巩固人民政权，进行大规模经济建设，也有巨大而深远的意义。

历史证明，不杀一批像"南霸天""北霸天"那样骑在人民头上作威作福、危害一方的分子，人民就翻不了身，抬不起头。两广（广东、广西）都曾因宽大无边，人民受害很大，尤其是广西匪祸猖獗，土匪越剿越多，引起群众不满。"不杀匪首和惯匪，则匪剿不净，且越剿越多。不杀恶霸，则农会不能组成，农民不敢分田。不杀重要的特务，则破坏、暗杀层出不穷。总之，对匪首、恶霸、特务（重要的）必须采取坚决镇压的政策，群众才能翻身，人民政权才能巩固。"① 但对于那些虽然犯有可杀之罪，还不是民愤极大的分子，毛泽东提出可以实行判处死刑缓期执行的政策，即现在所说的"死缓"。这是古今中外法典里没有的为毛泽东所独创的一种刑名。它已列入中国的法律制度。

第四节　涤荡污泥浊水，树立新风

取缔娼妓，禁绝吸食贩卖毒品，关闭赌场，涤荡千百年来毒化人民心灵，污染社会，造成诸多不良后果的污泥浊水，树立社会新风尚，是解放初期人民政府进行的又一项大得民心的举措。妓院、烟馆、赌场，历来是藏垢纳污的场所，又多为地方黑恶势力把持。予以禁绝关闭，打击少数把持者和操纵者，带有一定的民主改革性质。经过几年努力，曾被认为是不治之症的娼、毒、赌，竟在新中国奇迹般基本消失。社会风气，人的精神面貌，显著改观。

第五节　发动"三反""五反"斗争，整饬吏治

中华人民共和国建立前后，能否保持共产党和人民政权根本不同于历代统治者的清廉本色，自觉抵制资产阶级及传统习惯势力的腐蚀，一直是

---

① 《毛泽东文集》第六卷，人民出版社1996年版，第141页。

毛泽东高度关注的问题。在进北京前，1949年3月5日，在中共七届二中全会上，他曾向全党发出过警告。他说："我们很快就要在全国胜利了。这个胜利将冲破帝国主义的东方战线，具有伟大的国际意义。夺取这个胜利，已经是不要很久的时间和不要花费很大的气力了；巩固这个胜利，则是需要很久的时间和要花费很大的气力的事情。资产阶级怀疑我们的建设能力。帝国主义者估计我们终久会要向他们讨乞才能活下去。因为胜利，党内的骄傲情绪，以功臣自居的情绪，停顿起来不求进步的情绪，贪图享乐不愿再过艰苦生活的情绪，可能生长。因为胜利，人民感谢我们，资产阶级也会出来捧场。敌人的武力是不能征服我们的，这点已经得到证明了。资产阶级的捧场则可能征服我们队伍中的意志薄弱者。可能有这样一些共产党人，他们是不曾被拿枪的敌人征服过的，他们在这些敌人面前不愧英雄的称号；但是经不起人们用糖衣裹着的炮弹的攻击，他们在糖弹面前要打败仗。我们必须预防这种情况。"[①] 为预防他担心的情况发生，在他看来，共产党和人民政府除依靠自身的教育和铁的纪律，人民群众对国家事务的广泛参与和自下而上的监督，至关重要。1952年他所发动的"三反""五反"斗争，就是一次成功的实践。

　　反贪污、反浪费、反官僚主义的"三反"斗争，是在为实施"边打、边稳、边建"方针而开展的增产节约运动中，发现贪污浪费的严重现象提出来的。毛泽东以很大的魄力发动和直接领导了这场新中国反腐倡廉的重大战役。

　　1949年进城后，也抓过反对贪污、浪费的问题，但他认为都比较零碎，扫得不够，一定要来个运动。他说，贪污腐化，谁不知道不对，不必学习，就是要有声势，有压力。要搬石头，搞大的，越大越好，震动大。不要怕。整了人，无非报复你，准备报复；再就是丢选票，不投票没有关系。震惊全党、全国的刘青山、张子善腐化变质、严重贪污犯罪案件的严厉惩治，突出表明了他的决心，至今仍为人们所称道。

　　刘青山、张子善分别是1931年和1933年入党，经历过土地革命、抗日战争和解放战争严峻考验的老干部。刘青山参加过1932年高阳、蠡县的农民暴动，曾被国民党逮捕，在敌人的严刑逼供下，坚贞不屈。张子善1934年被国民党逮捕入狱，曾参加狱中绝食斗争，在敌人面前表现了一

---

① 《毛泽东选集》第四卷，人民出版社1960年版，第1439页。

个共产党人的崇高品格。他们就是毛泽东说的那种不曾被拿枪的敌人征服过的共产党人，在这些敌人面前不愧英雄的称号；但是，进城后，在糖弹面前打了败仗，堕落成了人民的罪人。他们利用职权，盗用飞机场建设款、灾区救济贷款，克扣地方粮、干部家属救济粮、民工供应粮等共计171亿元（旧币①。"三反""五反"时，所指均系旧币），用于他们秘密掌握的所谓"机关生产"；他们非法从事倒买倒卖活动，勾结奸商张文义等，倒卖钢材，国家蒙受21亿元损失。挪用4亿元灾民救灾款，从东北盗购木材，冒充部队干部倒买倒卖；他们无视国家政策，高薪利诱国营企业31名工程技术人员，非法设立建筑公司，从事投机活动；他们在兴建朝白、永定、大清、龙凤、海河等工程中，盘剥民工，把国家发给民工的好粮换成坏粮，抬高卖价，从中渔利22亿元。他们从盗窃的国家资财中贪污、挥霍3.7亿元，其中刘青山1.8亿元，张子善1.9亿元。刘青山吸毒成瘾。张子善与奸商张文义合作，拿着专员公署和军分区司令部开出的印信到处活动。张子善为逃避罪责，一次焚毁单据300多张。刘、张二人为非作歹，不能及时得到惩治，案发后阻力又很大，同上面（省一级）的根子有关系。

　　当年受命具体主持"三反"运动具体工作，参与处理这个案件的薄一波后来回忆："刘、张的罪行，早在'三反'前就激起了干部和党员的不满，但在他们上欺下压的家长式的统治下，一直未能公开揭露。这说明，没有一定的气候，这类问题是不容易解决的。"他还说：党中央和毛主席在考虑对他们的量刑时，是十分慎重的。事先曾征求天津地委及所属部门对刘、张两犯量刑的意见。地委在家的8个委员的一致意见是处以死刑。地区参加讨论的552名党员干部的意见是：对刘青山同意判处死刑的535人，判处死缓的8人，判处无期徒刑的3人，判处有期徒刑的6人；对张子善同意判处死刑的536人，判处死缓的7人，判处无期徒刑的3人，判处有期徒刑的6人。与此同时，在请党外民主人士传阅并听取他们对量刑的意见后，决定同意河北省委的建议，由河北省人民法院宣判，经最高人民法院核准，对大贪污犯刘青山、张子善处以死刑，立即执行。这里还有一个插曲。在公审大会召开之前，曾经是刘、张过去老领导的天津市委书记黄敬，通过薄一波向毛泽东反映，能否考虑他们在战争年代出生

---

① 1954年旧币换算新币的比例为10000∶1。

入死，有过功劳，在干部中影响较大，不要枪毙，给他们一个改造的机会。毛泽东说，正因为他们两人的地位高，功劳大，影响大，所以才要下决心处决他们。只有处决他们，才可能挽救二十个、二百个、两千个、两万个犯有各种不同程度错误的干部。黄敬同志应该懂这个道理。

2月10日，在保定市举行了河北省公审刘、张二犯大会，刘青山、张子善受到法律的严厉制裁。河北省委常委也同时进行了调整。① 中国共产党用自己的行动表明：决不作李自成！决不放任腐败现象的滋长，使党和国家改变颜色！

按照毛泽东关于"三反"运动"必须抓得很紧，才能产生实效"的指示，中央党政军各部门、各中央局和大军区、各省市，都是首长负责，亲自动手，以身作则，带头作检查，发动群众，造成声势；实行检举和坦白相结合，内查与外调相结合的方法，收到良好的效果。全国县以上参加"三反"运动的总人数为383万多人（不包括军队）。最后定案贪污1000万元以上的共10万余人，贪污总金额6万亿元。其中，判处有期徒刑的9942人，判处无期徒刑的67人，判处死缓的9人，判处死刑的42人。有效遏制住了腐败现象的滋长。

"五反"运动是"三反"运动发展的必然。1951年11月1日，中共中央东北局在写给中央的《关于开展增产节约运动进一步深入反贪污、反浪费、反官僚主义斗争的报告》中说："从两个月来所揭发的许多贪污材料中还可看出：一切重大贪污案件的共同特点是私商和蜕化分子相勾结，共同盗窃国家财产。如东北人民政府卫生部医政处长李廷琳勾结私商光明药行经理丛志丰共同作弊，高价卖给公家，低价从公家买出，投机倒把，伪造发票、偷税、报假账，总计使国家损失人民币约61.3亿余元；该药行因此从三年前一个很小的行商一跃而为巨贾，并在天津、上海、广州等地均设有分店。丛对李则逢迎奉承，送礼、请客、代找舞女、代雇厨师，甚至令其姨太太陪李跳舞。本溪市还发现投机奸商先以请客、施贿引诱我工作人员上钩，而后则以告发威胁其与之继续合伙盗窃国家资财。这充分说明，资产阶级、私商对我们干部的引诱、侵袭几乎无孔不入。"

同年12月20日，中共中央华东局送呈中央的《关于展开反贪污、反

---

① 参见薄一波《若干重大决策与事件的回顾》（修订本）上卷，人民出版社1997年版，第155—156、158页。

浪费、反官僚主义斗争的报告》中，也提出了这个问题："鉴于党政内部的贪污往往是由于非法商人从外部勾结而来的，因此，必须注意调查奸商并发动群众检查控告不法商人的运动，对证据确凿的罪大不法商人，亦应严加惩处，以便内外配合，彻底肃清贪污分子。"

资产阶级唯利是图的本性，驱使他们中越来越多的人从事违法犯罪活动。私营工商业界偷税漏税现象相当普遍。在承建国家工程、完成加工订货任务中想方设法偷工减料、弄虚作假、营私舞弊，严重地损害国家和人民的利益。在运往抗美援朝前线的军需物资里，竟发现不法厂商制造和贩卖的变质罐头食品、伪劣药品、带菌急救包，造成战士致病、致残，甚至断送了生命。被他们收买的国家干部从他们那里领取干薪、干股，或者收受回扣、佣金，充当坐探、代理，同他们合伙进行违法犯罪活动。1950年8月京、津糖价暴涨，1951年北京碱价波动，就是不法资本家从他们安插在国家机关的坐探那里，窃取到经济情报有意制造的。

不仅如此，随着经济的逐渐恢复，民族资产阶级的胃口也膨胀起来。民族资本中，中小资产阶级的一部分、大资产阶级的大部分，向来是有野心的。特别是在抗美援朝战争中，他们感到国家需要他们，政治上有了地位，经济上又大赚了一笔钱。据统计，1951年资本家纯利22万亿元，加漏税部分26万亿元，比全国公粮还多。扣除税收和捐献净赚12万亿元，折合120亿斤小米。于是，尾巴翘起来了。他们的头面人物要求：国家搞重工业，他们搞轻工业；国家搞原料，由他们办工业。他们还酝酿把非政党的组织改组为政党组织，多发展进步成员，但不要共产党员参加，不能接受共产党的领导，要提出独立政治主张。

"五反"运动就是在这样的政治经济背景下展开的。毛泽东在谈到中央为什么作出这一决策时曾说：进城时，大家对资产阶级都很警惕，为什么现在有这样的变化？在这一年多时间内，大家对资产阶级不够警惕了。资产阶级过去虽然挨过一板子，但并不痛，在调整工商业中又嚣张起来了。特别是在抗美援朝加工订货中赚了一大笔钱，政治上也有了一定地位，因而盛气凌人，向我们猖狂进攻起来。现在已到时候了，要抓住资产阶级的"小辫子"，把他们的气焰整下去。如果不把他们整得灰溜溜、臭烘烘的，社会上就都要倒向资产阶级方面去。他还说，现在出现了一种严重的情况。一部分人，人家打进来；一部分人，叫人家拉出去。1950年自发地搞社会主义，想搞垮资产阶级，是不对的；后来，又自发地搞资本主义，资本家向我们大举进攻，也不允许。要整党内的"资本家"，整那些买房置地、入股、当董事经理的人；同时也要搞不法的资本家。这是一场恶战。

1952年1月26日，毛泽东为中央起草《关于在城市中限期展开大规模的坚决彻底的"五反"斗争的指示》，号召展开击退资产阶级猖狂进攻的"五反"斗争。他指出："在全国一些城市，首先在大城市和中等城市中，依靠工人阶级，团结守法的资产阶级及其他市民，向着违法的资产阶级展开一个大规模的坚决的彻底的反对行贿、反对偷税漏税、反对盗骗国家财产、反对偷工减料和反对盗窃经济情报的斗争，以配合党政军民内部的反对贪污、反对浪费、反对官僚主义的斗争，现在是极为必要和极为适时的。"

"五反"并不是要消灭资产阶级。毛泽东规定了一条重要的政治界限和政策界限，这就是违法与不违法的界限。强调斗争要有理有利有节，打击面要小。当时理论界有人写文章，论证资产阶级已经没有两面性的观点。他及时给予纠正。上海的运动一度失控，有一位市财经负责人圈1000多个资本家在那里斗。因压力过大有人轻生。毛泽东迅即制止。

在运动的部署上，分步骤进行，时间不宜过长。大城市四五个月即结束了运动。在定案阶段，他要求像"三反"运动一样，坚持批判从严、处理从宽的方针。偷漏税额的计算要实事求是，补缴要合情合理。既要达到教育资本家的目的，又要照顾到经济发展的要求。"生产要发展，工人不失业。"

入秋，各项工作收尾。1952年10月25日，中央批转中央政治研究室关于结束"五反"问题的报告。报告根据华东、华北、东北、中南、西北5大区67个城市和西南全区的统计，参加"五反"运动的工商户共计999707户，除极少数尚未定案者外，受到刑事处分的1509人，仅占工商户总数的1.5‰；上海、北京、天津、武汉、重庆、广州、西安、济南等八大城市定为守法户、基本守法户和半守法半违法户的，三类合计占工商户总数的97%以上，体现了党和人民政府对民族资产阶级的通过斗争达到新的团结的方针，和对不法资本家严肃与宽大相结合的处理原则。在此基础上，采取措施，及时调整公私关系和劳资关系，降低银行利率，放松银根，扩大加工订货，增加产品收购，使受到一定影响的私营工商业较快地恢复正常的经营活动，照样有利可图。

薄一波回忆，毛泽东那时把"三反"和"五反"看得很重，抓得很紧。有一段时间，每天晚上都要听取关于运动情况的汇报，作出指示。毛泽东认为，"三反""五反"是关系党和国家命运和前途的一场政治斗争，是无产阶级和资产阶级的一场恶仗。"三反"实质上是一次整党。过去整党没有具体办法，有些人很神气，这一次整住了。他说，不能不整，放高利贷，做生意，入股，资产阶级化了，富农化了，还成什么党？他用一个被认为已经起了变化的执政党和它所领导的国家来比喻，说那就是资产阶级跑到共产党内，跑到政府机关。今天大势已定，但如不注意，很危险。毛泽东这样看待"三反""五反"，说不搞"三反""五反"我们就要失败，接着便决意向全党和全国人民提出过渡时期总路线，把对资本主义工商业的社会主义改造同农业和手工业的社会主义改造一并提上日程，看来是有深远考虑的。[①]

[①] 本节参引了薄一波在华北局研究"三反""五反"会议上，就毛泽东部署开展"三反""五反"运动的意图和有关指示的吹风，见华北局会议记录（1951年11月27日至1952年5月20日）。

第 二 章

技术资金的筹划

在实施第一个五年计划经济建设中，除社会政治条件的创设，技术、资金的筹划是一个极端重要而又艰巨的任务。在这一问题上，新发展经济学关于工业化发动因素的观点的阐述，有可借鉴之处。

技术资金的筹划，主要是引进性的技术创新和社会变革性的制度创新。两者带有较大的包容性。包括技术、制度、资金、人才和人力资源的准备。而技术又需要人去掌握。在这个意义上，技术也就包括了具有一定科学技术水平的人才和一定素质的人力资源；现代技术设备不过是现代技术的物化即载体。其中，制度因素，制度创新，尤为重要。

第一节　新发展经济学关于工业化发动因素的观点

在新发展经济学里，把技术和制度表述为技术创新和制度创新，一起被视为工业化的发动因素。而这也要互相结合。它们同资金比较，更为重要。因为资金积累只有与技术进步和制度变革结合起来，才能促进一国的工业化和社会生产力的发展。"一国工业化的深度和广度，就取决于该国所拥有的工业化发动因素的强弱程度。"它能够直接促使社会生产力发生变革，促使社会经济结构发生根本性转变，从而深刻改变国民经济面貌。

值得注意的是，他们所谓的"制度"，不仅包括社会制度，而且包括生产组织和经济体制。技术创新是指科学技术和生产技术的根本性变革。制度创新是指对传统社会的经济制度和经济管理体制的根本性变革。制度创新必将调动工业化过程中的行为主体——人和组织的主动性和创造性。

人的积极性、企业的活力是工业化和经济发展的源泉。①

第二节　打开引进性技术创新新渠道

严格地说，中国的工业化是在新中国成立后才真正启动的。自19世纪60年代洋务派开始创办近代工业，70年代出现被称为民族资本的商办近代工业，中国开启了自己的近代化过程。但历届政府少有建树；一些爱国实业家尽管有志于此，困难重重，也难有作为。将近一个世纪，到新中国建立，一般估计现代工业产值在工农业总产值中仅占10%左右，而且主要是轻工业；少量的重工业多是为外国企业提供原料或进行原料加工，机器修理及装配，基本没有独立的制造能力。占90%的农业经济，耕作技术落后，同中古时期没有多大区别。全国农村绝大部分地区，依然是封建地主土地所有制，大多数贫苦农户维持简单再生产都很困难，更难以扩大再生产。

1949年11月至1950年2月，有关部门曾进行一次国情调查，所得资料引述于下：

中国号称农业大国，粮食却不够吃，棉花不够用。总产和单产都很低。主要原因是：首先，土地荒芜，弃耕地一项就达9.33亿亩。其次，抵御自然能力差。旱地占耕地面积的73%，风调雨顺可望丰收，一遇大旱赤地千里。江岸河堤年久失修，水害频仍。年产农药（DDT）仅有704吨，农民还缺钱购买不起，病虫灾害严重，危害收成。再次，缺少肥料，地力枯竭。1949年化肥（硫酸铵）产量8929吨，平均每亩0.12斤。猪、羊和牲畜锐减，农家肥也不多。种子退化，农具不足。更为重要的是，在封建土地制度下，农民缺乏生产积极性，多种因素叠加，农业经济效益极低，粮食单产仅140斤左右，每亩产皮棉只21斤。

关于工业，大部分是帝国主义或仰赖帝国主义资本创立起来，既落后又呈畸形发展。1949年全国公营及公私合营企业3326家，其中50.1%从事消费资料生产、49.9%从事生产资料生产。机械行业主要是修配性质。新增生产能力薄弱，生产力积累缓慢。在3326家企业

---

① 参见张培刚主编《新发展经济学》，河南人民出版社1993年版，第九章第一节至第三节。

中：大型企业 2947 家，占 88.6%；小型企业 379 家，占 11.4%。大、小企业划分的标准是，有动力设备，职工人数不少于 16 人；无动力设备，职工人数不少于 31 人；发电能力在 15 千瓦以上的电厂、独立变电所及输配电网，符合这些条件的都是大型企业；上述条件以下的，都属于小型企业。所谓"大"，不过如此。从设备状况看，主要有：锅炉 4567 座，加热面 61.38 万平方米；原动机 6538 座，总能力 1794 千瓦；发电机 2393 台，总能力 1572 千瓦；电动机 127293 部；高炉、平炉、电炉，分别为 69 座、28 座和 42 座；压延机 84 部；造纸机 105 部；各种机床 4.15 万部；纺织机 4.83 万台。这些设备大都陈旧，事故不断发生。如东北地区的煤矿，原煤产量占全国产量的 57.7%，但煤井大部分是斜坑，没有竖井，笨重劳动全用人力，平均出两万吨煤就有一名工人死于事故。再从产品品种和数量看，主要工业产品品种包括砖、瓦、铁钉、面粉等在内，不到 150 种。产量更是少得可怜：原煤 2187.8 万吨，发电量 27.43 亿千瓦时，铁 22.6 万吨，钢 14.07 万吨，钢材 11.92 万吨，原油 12.18 万吨，铝 0.5 万吨，锡 0.38 万吨，硫酸 0.89 万吨，硝酸 0.23 万吨，盐酸 0.31 万吨，水泥 48.82 万吨，棉纱 89.79 万件，棉布 16064 匹。作为工业心脏的机械制造业，年生产蒸汽机 19 部、柴油机 77 部（0.22 千瓦）、瓦斯内燃机 7 部（314 瓦）、各种切削机床 0.11 万台、造纸机械 6 部。基础工业大都集中在东北，轻纺工业主要分布在华东和沿海，西北、中南腹地寥寥无几。企业内部结构互不配套：铁只有 1/3 能炼成钢，轧钢能力仅为铁产量的 1/2。全国产业工人大约 300 万人，技术人员和管理人员约 30 万人。

上述调查资料，足以说明中国经济的严重落后状况。经济落后，同文化教育和科学技术的落后分不开。新中国建立时，文盲占全国人口的大多数，城市学龄儿童的入学率也只有 20%。知识分子数量很少，科学技术人员奇缺。据统计，全国科技、文教和卫生界的知识分子总共 200 万人左右，仅占总人口的 0.37%。科技人员不超过 5 万人，其中，自然科学研究人员不超过 500 人，专门研究机构 30 多个，有的还名存实亡。[1]

---

[1] 当代中国研究所：《中华人民共和国史稿》（简称《国史稿》）第 1 卷，人民出版社、当代中国出版社 2012 年版，第 256 页。

这就是中国工业化起步时的基础。在世界上,中国的工业发展历史和工业基础,比欧美国家和日本落后一二百年。即使到1952年,经济得到恢复并有所发展,仍然不具有设计和制造大型的复杂的现代化工业设备的能力。1954年6月14日,毛泽东在中央人民政府委员会第30次会议上讲话时,还曾说:"现在我们能造什么?能造桌子椅子,能造茶碗茶壶,能种粮食,还能磨成面粉,还能造纸,但是,一辆汽车、一架飞机、一辆坦克、一辆拖拉机都不能造。"①

这当然不是说依靠自己的努力,就不能克服这个困难。但这无疑需要时间。通过国际经济技术交流,从国外引进自己暂时还不能掌握的先进技术和不能制造的先进技术设备,有助于加快工业化进程。早期工业化国家中,继英国以后的几个国家,都是利用英国工业革命的成果,发展得更快,美国甚至后来居上,超过英国。20世纪30年代,苏联也曾利用资本主义经济大萧条,从西方引进一批先进技术和设备,加快了自己的发展。

抗日战争胜利的第二年,1946年,美国派它的五星将军马歇尔使华,调停国共两党内战。据胡乔木回忆,毛泽东曾要周恩来带话给他说:"我要出国首先去美国。"尽管有策略的考虑,摆出一个姿态;当时,确实想争取美国的援助。②

新中国成立时,情况不同了。以美国为首的帝国主义阵营的反华政策,堵死了这扇大门。毛泽东把眼光主要转向了苏联。他提出的"一边倒"的对外战略,包含了双重考虑。一是为国家建设缔造和平环境,二是开拓引进现代工业技术的新渠道。这是他洞察第二次世界大战后国际形势的发展变化,基于中华民族最大利益的考量作出的富有远见的抉择。

最初,在民主党派和民主人士中间,曾有人建言,主张在苏美之间不偏不倚,走中间路线,两不开罪,从两面捞取实惠。毛泽东认为,这是一厢情愿的天真想法,被他否定。他说:"一边倒,是孙中山的四十年经验和共产党的二十八年经验教给我们的,深知欲达到胜利和巩固胜利,必须一边倒。积四十年和二十八年的经验,中国人不是倒向帝国主义一边,就是倒向社会主义一边,绝无例外。骑墙是不行的,第三条道路是没有的。

---

① 《毛泽东著作选读》下册,人民出版社1986年版,第712页。
② 《胡乔木回忆毛泽东》,人民出版社1994年版,第88页。

我们反对倒向帝国主义一边的蒋介石反动派,我们也反对第三条道路的幻想。"① 此后,中国人民政治协商会议接受这一主张,写进《共同纲领》。

就新中国而言,在两大阵营严重对立,美国继续支持盘踞台湾的蒋介石集团,与中国人民为敌的情况下,中苏站在一起,无疑是最有利的选项。而对于苏联的好处,并不逊于中国。它东西战线很长,在亚洲长期处于孤立状态,第二次世界大战前后一直是它的后顾之忧。在战后,考虑到两大阵营对立的基本态势和相互争夺的重点又是在西欧的情况,更加重了东部的分量。斯大林在雅尔塔会议上同美国做交易,此后在国共双方之间纵横捭阖,都着眼于此。中国革命的胜利,一个向着社会主义目标前进并同它并肩屹立的新中国,将不仅结束它在亚洲的孤立存在,而且将极大地改变两大阵营对立的战略态势,使力量对比向着有利于苏联的方向发展。在两极对立格局中,苏联20世纪90年代最终败北,撇开其他因素,赫鲁晓夫及其后继者走上反华道路,是一个不可忽视的因素。如果这一分析成立,就从反面证明了中国在苏联外交天平上具有怎样的位置。一如20世纪40年代以后的长时期里,美国从支持蒋介石打内战,到敌视新中国,以致在美苏力量对比上一度处于相对不利地位一样。在当今世界,谁同站起来的中国人民为敌,其结果都不会美妙。这可能是规律性现象。

1949年12月16日,新中国甫一成立,毛泽东采取的第一个重大外交行动,就是他的苏联之行。这是一次极不寻常的外交行动,被视为正式启动了他的"一边倒"对外战略格局的缔造。

在此之前,新中国建立前夕,刘少奇曾先期于1949年6月秘密前往莫斯科。访苏期间,斯大林曾就中国革命问题委婉地承认了他的错误;还表示将承认未来的新中国,向其提供经济技术援助,并就双方关心的问题交换意见。

斯大林的表态尽管显示出积极的信号,毛泽东访苏的过程仍一波三折。最后,接受中方方案,废除它与国民党政府签订的旧约,重新缔结《中苏友好互助同盟条约》,放弃在中国东北的权益,构筑起平等互利基础上的新型国家关系。双方商定:一俟对日和约缔结或不迟于1952年,将中苏共管的中长铁路和共同使用的旅顺军港以及大连港的有关事宜处理

---

① 《毛泽东选集》第四卷,人民出版社1960年版,第1477—1478页。

完毕，并撤退在旅顺的苏联驻军。对于中国来说，它为自己的工业化营造了有利的国际环境，打开了利用世界技术经济资源的新渠道。如同毛泽东所说："条约定下来比不定好。定下来，就有了靠，可以放手做别的事。不然人家干我们，给我们增加困难。现在把两国的友谊在条约上固定下来，我们可以放手搞经济建设。外交上也有利。为建设，也为外交，而外交也是为建设。我们是新起的国家，困难多，万一有事，有个帮手，这样可以减少战争的可能性。"①

近代以来，西方列强在中国除了倾销商品，还输出资本，兴办新式工业，但从来没有也不可能帮助中国建立自己的机器制造工业。新中国更不可能指靠从它们那里获得工业化需要的成套的先进技术。相反，它们还进行军事和经济封锁。毛泽东确立"一边倒"，倒向以苏联为首的社会主义阵营一边，它的历史必要性和重要性，经历了实践的检验。当年的南斯拉夫，最后仍然不能幸免被美国肢解的命运。20世纪50年代，一个早于中国获得独立的前殖民地大国印度，拥有比旧中国较好的现代工业基础和交通运输条件，美国声称要帮助它建成亚洲的"橱窗"，以抵消新中国的影响。到头来，不过是空洞的许诺。中国执行第一个五年计划的结果，反而把它抛在了后面。

构成"一五"计划工业化建设主体的，苏方帮助中国建设156个大型工业骨干工程项目，其中的第一批50个项目，就是在毛泽东访苏的当年确定下来的。斯大林答应给予中国3亿美元优惠贷款，用来支付设备价款。鉴于在中国革命的问题上，毛泽东曾经对于斯大林的某些意见有所抵制，尽管他事实上承认了自己的错误，仍担心毛泽东会不会成为走另一条道路的又一个铁托。他还要看一看。所以，在援助的问题上，有所保留。只是在抗美援朝战争爆发后，才得以解决。

1950年6月25日，朝鲜战争爆发。最初，斯大林并不支持金日成采取战争行动去实现国家统一，深恐引起美国干涉，祸及自身。据一位美国人研究，一系列外部事件的发展，推动他改变了态度。其中，包括1949年初，美国国务卿艾奇逊在华盛顿发表的一篇演说，似乎在暗示朝鲜已经不在美国的亚洲防御范围之内。他据此判断，金日成如果采取行动，美国

---

① 毛泽东在第一届全国政治协商会议常务委员会第三次会议上的讲话记录，1950年4月10日。

可能不会轻易介入。1950年初,《中苏友好互助同盟条约》的签订,很可能加强了他对于金日成的支持。他想以朝鲜的优良海港来代替即将失去的在中国东北的出海口。

毛泽东对朝鲜问题的看法不同。他的感觉,金日成显然高估了自己的力量。在莫斯科时,他曾对斯大林说,打起来不是一个南朝鲜能不能得到的问题,有一个北朝鲜能不能保住的问题。① 毛泽东有此表示,说明斯大林谈到了这件事。1950年4月金日成造访中国,毛泽东也当面提醒他,要严重地注意外国反动派侵略朝鲜的可能性。这显然与斯大林和金日成的乐观估计,美国不会插手朝鲜的判断迥异。在毛泽东看来,金日成统一国家的愿望尽管可以理解,但条件并不成熟,轻率行动未必有利。鉴于人家国家的内部事务,毛泽东自然不便深说,更不可能出面阻止。他所能做的,除了同志式的建议,就是密切注视事态发展,预谋中国的必要防范准备。毛泽东得到消息时,战争已经打起来。朝鲜战局的发展,验证了毛泽东的判断。美国在仁川港的登陆,置朝鲜首尾不能相顾,元气大伤。美国侵略军迅速越过三八线,占领朝鲜首都平壤,继续向鸭绿江方向推进,叫嚣圣诞节结束战争。

老谋深算的斯大林这一次失了手,处于两难的尴尬:眼睁睁看着朝鲜统一于南部,出海口得不到,东部战线又将直接暴露在美国威胁之下。这对于美苏都视为战略重点的西线的争夺分外不利,将重现希特勒侵苏战争前夜东西两面受敌的不利形势;出兵援朝,无异于同美国对决,又断不可行。后来中国出兵,斯大林出枪炮子弹都可以,唯独不肯出一兵一卒,甚至在不得已同意派遣空军帮助维护志愿军的运输线时,也有严格限制。足见斯大林是一种怎样的心态。无独有偶的是,美国人似乎也有这种心理。它明知有苏联飞行员参战,佯装不知;吃了亏,也不说,力避美苏交手的印象。危急时刻,斯大林和金日成都想到了毛泽东,请求中国施以援手。斯大林深知,坐视美国得手,对中国同样危害很大,这也是他把希望寄托在毛泽东身上的重要原因。

中国是在一无空军、二武器装备和后勤补给根本不能与美国相比的难以想象的困难条件下,毅然决定独立承担起抗美援朝的历史重任的。按毛

---

① 参见彭真1960年7月5日在北戴河中央工作会议上的插话和周恩来7月14日在这次会议上的报告。

泽东的说法，采取积极政策，对中国、对朝鲜、对东方、对世界都极为有利；而我们不出兵让敌人压至鸭绿江边，国内国际反动气焰增高，则对各方都不利，首先是对东北更不利，整个东北边防军将被吸住，南满电力将被控制。总之，"应当参战，必须参战。参战利益极大，不参战损害极大"。①

志愿军入朝几天后，他在回答他的故友周世钊的疑问时，又说："不错，我们急切需要和平建设，如果要我写出和平建设的理由，可以写有百条千条，但这百条千条的理由不能敌住六个大字，就是'不能置之不理'。现在美帝的侵略矛头直指我国的东北，假如它真的把朝鲜搞垮了，纵不过鸭绿江，我们的东北也时常在它的威胁下过日子，要进行和平建设也会有困难。所以，我们对朝鲜问题，如果置之不理，美帝必然得寸进尺，走日本侵略中国的老路，甚至比日本搞得更凶，它要把三把尖刀插在中国的身上，从朝鲜一把刀插在我国的头上，以台湾一把刀插在我国的腰上，把越南一把刀插在我们的脚上。天下有变，它就从三方面向我进攻，那我们就被动了。我们抗美援朝就是不许它的如意算盘得逞。打得一拳开，免得百拳来。我们抗美援朝，就是保家卫国。"②

这并不意味着毛泽东不顾及敌我力量对比。但他的看法，与众不同。他从本质上分析敌我双方的长短优劣，建立自己的战略战术思想。他说：美国军队有"一长三短"。它的钢铁多、飞机大炮多，是它唯一的优势。但它在世界上的军事基地多，到处树敌，到处布防，兵源不足，是第一短；远隔重洋，是它的第二短；为侵略而战，师出无名，士气十分低落是它的致命伤。虽有一长，不能敌这三短。我们则为抗美援朝而战，为保家卫国而战，士气高，兵员又足。我们并不希望速战速决，我们要进行持久战，一步一步消灭它的有生力量，使它每天都有伤亡，它一天不撤退，我们就打它一天，一年不撤退，就打它一年，十年不撤退，就打它十年。这样一来，它就伤亡多，受不了，到那时，它就只好心甘情愿进行和平解决。只要它愿意和平解决，我们就可结束战争，我们原来是要和平的。

当时，有人担心，美国会不会把战争扩大到中国，甚至不在朝鲜打，

---

① 《毛泽东文集》第六卷，人民出版社1999年版，第103—104页。
② 周彦瑜、吴美潮编著：《毛泽东与周世钊》，吉林人民出版社1993年版，第120—121页。

移师直接在中国海岸登陆。周世钊就提出了这个问题。毛泽东回答:"那它不敢。这样做,我们也不怕它。并且我们有中苏友好同盟条约,它如果向我国进攻,就会引起苏联的参与。苏联参与,不一定派兵东来,它可以在几天之间用兵西向,席卷欧洲,欧洲是美国必争之地,它要照顾欧洲,自然也就无力入侵我国了。"[1]

所以,毛泽东估计,朝鲜战争有可能限制在一定范围,打一场有限战争,把对国内的负面影响减少到较低程度。

不出毛泽东所料,中国人民志愿军自1950年10月25日入朝到1951年6月,经过五次战役,就把战线稳定在三八线附近。美国在付出8.8万余人伤亡(相当于第二次世界大战期间美军伤亡人数的近1/3)的代价后,不得不中途易帅,撤换了它的"二战"英雄、五星上将麦克阿瑟的联合国军总司令职务。

十个月的战斗,积累了同这个新敌人作战的直接经验。实战进一步证明,必须着眼于长期消耗敌人的持久作战,才能最终解决问题。在这种情况下,毛泽东调整战略部署,采取了"边打、边稳、边建"的方针,既有利于支撑这场战争,又能保障国内社会政治的稳定和经济建设的进行。

中国人民反抗帝国主义的坚定决心,志愿军指战员在前方的英勇作战,迫使美国不得不坐下来谈判,罢战言和。美国方面在侵朝战争中,动用了陆军总兵力的1/3,空军总兵力的1/5,海军总兵力的1/2,仍感兵力不足。美国的战略预备队只剩下国内的六个半师和在日本的两个师,已无兵可调。它在战场上的物资消耗平均每月高达85万吨,相当于当时美国援助北大西洋公约组织一年半物资的总和。下这样大的赌注,却得不到想要得到的东西。旷日持久,不仅损害在欧洲的战略利益,而且将影响它与同盟国的关系。权衡利害,终于在1953年7月27日在《朝鲜停战协定》上签字。

美国人说,这是它历史上不曾有过的接受一次没有胜利的战争结局。[2]

---

[1] 周彦瑜、吴美潮编著:《毛泽东与周世钊》,吉林人民出版社1993年版,第122页。

[2] 在《朝鲜停战协定》上签字的时任"联合国军总司令"的美国将军克拉克后来说:"在执行我政府的训令中,我获得了一项不值得羡慕的荣誉:那就是我成了历史上签订没有胜利的停战条约的第一位美国陆军司令官。我感到一种失望的痛苦,我想,我的前任,麦克阿瑟与李奇微两位将军一定具有同感。"[美]克拉克:《从多瑙河到鸭绿江》,英国哈拉普公司1954年版,第11页,转引自中共中央文献研究室编《毛泽东传(1949—1976)》(上),中央文献出版社2003年版,第186页。

这是近代以来，傲慢的西方人在东方人面前难以接受失败惯用的一种遁词，十足表现出"绅士风度"的虚伪。抗美援朝这场国际性的局部战争，以中国人民的伟大胜利和美帝国主义的惨痛失败而告终，已是不争的铁案。

这场战争具有多方面的意义，对中、美、苏三方和全世界都产生了深刻而持久的影响。

首先，它最直接的结果，是教训了美国，使它真正认识到"中国人民不是好惹的"。1950年，美国钢产量8772万吨，工农业总产值2800亿美元。而当年中国的钢产量只有60万吨，工农业总产值100亿美元。美国还拥有原子弹和世界上最先进的武器装备。中国的武器装备明显处于劣势。在战争中双方的总兵力最高时达到300多万人，中国人民志愿军投入的兵力为130余万人。美国使用了除原子武器以外的各种最新式武器，包括细菌战武器，仅美军消耗的各种作战物资就高达7300多万吨，支出战费830亿美元，包括美军在内共付出了1474269人伤亡，[①]仍然不能改变它最终失败的命运。直到20世纪60年代美国发动侵略越南的战争，它所以不敢轻易深入越南北方越南民主主义人民共和国，也缘于侵朝战争的教训。足见朝鲜战争失败的阴影，对于美国白宫和五角大楼的持久影响。

其次，是释去了斯大林对以毛泽东为首的中国共产党尤其是对毛泽东的疑虑，从而增进了中苏两党、两国的友谊和团结。此后维系了多年的中苏之间的亲密关系，苏联慷慨帮助中国建设156个大型工业项目，多半要归功于这次战争。

1953年4月，苏共中央和苏联部长会议主要负责人之一的米高扬，正式向李富春通报苏共中央、苏联国家计委和经济专家对中国"一五"

---

① 1953年10月23日美联社公布的数字；南朝鲜国防部战史编写委员会1976年编写出版的《韩国战争史》的数字为1168160人，都高于中方掌握的数字。转引自孙瑞鸢、滕文藻、席宣、郭德宏《新中国史略》，陕西人民出版社1991年版，第51页。另据《军事史林》2011年9月18日登载：联合国通过美联社于1956年公布的数据，美军伤亡失踪被俘总计172847人，加"联合国军"共计伤亡失踪被俘19万人，韩军伤亡失踪被俘1312836人，两项合计1502836人。中国人民志愿军方面伤亡失踪被俘等366100人；北朝鲜方面伤亡失踪被俘260000人，两项合计626600人。1988年出版的《中国人民志愿军抗美援朝战史》统计数字为，中朝军队共歼敌109万余人（含朝鲜人民军独立作战歼敌13.6万余人），其中美军39万余人、韩军66万余人、其他仆从军2万余人。志愿军战斗伤亡36万人、非战斗伤亡41万人。朝鲜人民军作战伤亡26万人，中朝方面共损失100万人。中国有14万英雄儿女长眠在异国他乡。

计划轮廓草案的意见。李富春是 1952 年 10 月随周恩来和陈云一道率领中国政府代表团到莫斯科，就中方初步编制的"一五"计划轮廓草案征询苏方意见，并同苏联政府进一步商谈有关援助的问题。在同斯大林的会见中，斯大林感到"轮廓草案"拟定工业平均每年 20% 的增长速度偏高。他认为，随着基数一年比一年大，增长速度也会慢一些。他建议降至 15% 或 14%。他倾向于中长期计划指标宽松些，年度指标不妨积极些，宁可在执行中去超过，影响比较好。后周、陈先期回国，李富春留下来，继续同有关部门接触，征求意见，洽谈苏联援助的具体问题。

米高扬对中国"一五"计划轮廓草案通报的意见，主要有以下内容：

（1）从中国的利益和社会主义阵营的利益考虑，"一五"计划基础是工业化，首先建设重工业，这个方针任务是正确的。

（2）从政治上、舆论上、人民情绪上考虑，五年计划不仅要保证完成，而且一定要超额完成。因此，建设规模不能太大，项目不能太多，排列的进度不能太紧，要有重点，有轻重缓急，不能什么都要；工业的年平均增长速度不能过高，以调低到 14%—15% 为宜。

（3）要注意培养自己的专家。

（4）加强地质勘探等发展经济的基础工作。

（5）大力发展手工业和小工业，以补充大工业的不足。

（6）要十分注意农业的发展，不仅要大量生产质量好、价格低的农具和肥料，还要保证工业品对农村的供应，发展城乡物资交流。

（7）巩固人民币，扩大购买力，发展商品流通。

（8）工业总产值的增长速度要大于职工人数的增长速度，以保证劳动生产率的提高。劳动生产率的提高速度要大于工资的增长速度，以保证国家的积累。技术人员的增长速度要大于工人的增长速度，以保证技术水平的提高。

（9）充分利用原有工业基础。调整、改建旧厂，为新建企业配套，投资少，见效快，容易掌握。[1]

可以看出，这些意见渗透着包括斯大林在内的苏联领导人和专家们，

---

[1] 李富春关于我国五年计划的方针任务的意见——在苏联商谈五年计划问题的几点体会（提纲草案的第一部分），1953 年 6 月 23 日（？），见《党的文献》（北京）1989 年第 4 期；刘国光主编，张卓元、董志凯、武力副主编：《中国十个五年计划研究报告》，人民出版社 2006 年版，第 56—57 页。

对他们走过的道路的反思。包含苏联社会主义建设正反两方面的部分经验。李富春如实地向国内作了汇报，并结合中国情况谈了自己的体会。此后，中国修改了原来的一些设想。所以，在一定意义上可以说，中国的第一个五年计划是苏联经验的"修正版"。

1953年5月，苏方最后敲定156个工业骨干单位中的主要部分——第二批91个项目。第一个五年计划从1951年开始编制，到1954年7月提交全国人民代表大会审议，历时愈三年，这也是其中原因之一。

总之，156项工程总体上是斯大林时期做出的决定。它的全部建成投产，中国一系列过去没有的工业部门建立了起来，重要工业部门的技术水平一下提高到20世纪40年代的水平，向前跃进了几十年。通过156项工程的建设，锻炼和培养了自己的技术力量。由引进、消化、吸收到独立设计和制造，再到创新，又是几大步。"一五"时期，中国工程技术人员一般还不能设计大型的复杂的工业工程项目；"二五"时期，他们就独立承担起这项工作。1956年开始兴建的浙江新安江大型水力发电工程，就是中国自行设计，自己制造设备建设起来的。这证明毛泽东当年"一边倒"和出兵抗美援朝的决策，对于"一五"时期取得令世人称道的成就所发挥的作用是巨大的。毛泽东办经济，不完全是就经济论经济。应当说，这不是一般经济专家都能做到的。

156个项目的引进，是按照商业原则进行的。从援助的意义上，也不是单方面的行为。姑不论中国供应了苏联当时亟需而又缺乏的若干种战略物资和美元现汇。就苏联的整体战略态势而言，中国因素，中国承担的抗美援朝战争的巨大作用，是很难估量的。前面说到，斯大林最初支持金日成谋求国家统一的战争，谋划以朝鲜的优良港口代替到期将要放弃的中国旅顺和大连港湾，不仅未能如愿以偿，反而面临美国独霸朝鲜的局面，进而使苏联东部防线直接暴露在美国威胁之下。东部战线增大的压力势必影响在欧洲战略方向上与西方的力量对比。抗美援朝战争的胜利，把美国从鸭绿江边重新压回到三八线附近，不仅保卫了朝鲜，维护了中国的安全，也拱卫了苏联的安全。苏联自十月革命以来，在亚洲长期面临孤立的态势，现在它确信亚洲的格局和世界的力量对比根本改观，这是斯大林求之不得的结果。在这个意义上，他晚年拍板援助中国建设百余项目，未尝不带补偿的性质。没有理由认为他是单方面的恩赐。中国人民以流血牺牲援助了苏联人民。友谊和援助总是相互的。

再次，这场不对称的严峻战争，对于新中国领导人不啻是又一次地尖锐刺激，加重了必须尽快建立自己独立的比较完整的工业体系和国防工业体系，并力争掌握国防尖端武器的紧迫感。这里不仅有美国的因素，也许还有苏联的因素。从此前为准备解放台湾，争取苏联提供海军装备，到中国出兵交涉空军支援等等问题，无不说明依靠别人终归不如靠自己。它也促使毛泽东不能不考虑抓紧争得的时间，尽快完成对个体农业、手工业和资本主义工商业的社会主义改造的任务。到那时，再打起仗来，依靠巩固的社会主义制度和强大的国防力量，就会更有本钱。

　　原来预计，开始有计划经济建设可能需要三到五年的准备时间，现在缩短了。毛泽东提出"三年准备，十年计划经济建设"，1951年即着手编制第一个五年计划；1952年酝酿制定过渡时期总路线，把社会变革的问题同工业化的问题一并提上日程。从这种"只争朝夕"的部署里，不难窥视出他的迫切心情。五年计划选择重工业高强度发展战略，很难说同这一系列考虑没有关系。抗美援朝战争对中国社会主义革命和社会主义建设的深刻影响这一点，在当代史和当代经济史的研究中，不可忽视或轻视。

　　抗美援朝战争也深深教育了中国人民，特别是它的知识界和广大青年学子。一扫崇美、媚美、恐美心理，极大地提高了爱国主义觉悟，增强了民族自信心和自豪感，增进了中华民族的凝聚力。这不仅直接推动了当时国民经济的恢复工作，也成为推进工业化的强大力量。

　　抗美援朝战争是美国强加给中国的一场它并不希望发生的战争。对于这个初生的婴儿，战争给它带来的负面影响是显而易见的。中国在战争中付出了包括伤亡、非战斗减员、失踪等在内将近40万人的宝贵生命。他们都是中华民族的优秀儿女，国家的精英；消耗各种物资560多万吨，这对于亟待医治日本帝国主义侵华以来造成的战争创伤的国家，该是多么地珍贵！

第三节　社会变革性的制度创新

　　工业化需要的资金量十分巨大。最后确定的"一五"计划的建设规模，五年内国家用于经济事业和文化教育事业的支出总数为766.4亿元，折合黄金7万万两以上。用这样大量的资金来进行国家建设，这在过去中国的历史上，完全是不可想象的。在五年经济事业和文化教育事业的支出总数中，属于基本建设投资的为427.4亿元，占支出总数的55.8%。其中，工业部门为248.5亿元，占58.2%；农业、水利和林业部门为32.6亿元，占7.6%；运输和邮电部门为82.1亿元，占19.2%；贸易、银行和物资储备部门为12.8亿元，占3%；文化、教育和卫生部门为30.8亿元，占7.2%；城市公用事业建设为16亿元，占3.7%；其他为4.6亿元，占1.1%。五年内，全部限额以上[①]的基本建设单位共有1600个。其中，工业部门包括苏联援建的项目在内共为694个，农业、水利和林业部门为252个，运输和邮电方面220个。此外，还有限额以下的建设单位6000多个。其中，工业方面约有2300个。[②] 这笔巨量的资金从哪里筹集？苏联的贷款同实际需要相比，不过是一个小数，而且毛泽东也不赞成再多借款，主张自力更生。中国革命的性质和社会制度的性质，决定它又不可能走早期资本主义工业化国家那种靠战争和掠夺解决原始积累的道路。可能和可行的办法，只能是眼睛向内，通过制度创新，发展经济，开掘资金来源。

制度创新主要经历了两个阶段。第一个阶段，结合完成民主革命遗留任务进行的制度创新。这是"一五"计划正式实施以前就在做的。

首先，人民政府宣布废除近代以来外国侵略者强迫中国历届政府签订的各种不平等条约，取消它们在政治经济等各个领域的特权，它不可能再像过去那样掠夺中国人民的大量财富，从而成为建设资金积累的一个重要来源。

近代以来，帝国主义为了对外倾销商品、输出资本和掠夺廉价资源，总是想方设法控制一国的海关和对外贸易，获取在该国开矿设厂的政治经济特权。自鸦片战争英国帝国主义强迫清朝政府签订丧权辱国的《南京

[①] 国家为了便于管理和掌握重大的基本建设单位，按照我国的具体情况，规定出各类基本建设单位的投资限额。凡一个建设单位，不论其为新建、改建或恢复，它的全部投资额大于限额者，即是限额以上的建设单位；小于限额者，即是限额以下的建设单位。例如，在工业中，各类工业基本建设单位的投资限额规定如下：钢铁工业、汽车制造工业、拖拉机制造工业、船舶制造工业、机车车辆制造工业的投资限额为1000万元；有色金属工业、化学工业、水泥工业的投资限额为600万元；电站、输电线路和变电所、煤炭采掘工业、石油开采工业、石油加工工业、除交通机械以外的机器制造工业、汽车和船舶的修配工业、纺织（包括印染）工业的投资限额为500万元；橡胶工业、造纸工业、制糖工业、卷烟工业、医药工业的投资限额为400万元；陶瓷工业、除制糖以外的食品工业，其他各项轻工业的投资限额为300万元。

[②] 《中华人民共和国发展国民经济的第一个五年计划》，人民出版社1955年版，第169—171页。

条约》起，西方列强通过一系列不平等条约，控制中国的海关和对外贸易，并依靠其攫取的特权开矿设厂，形成实力雄厚的帝国主义在华资本。帝国主义的经济侵略是造成中国贫困落后的一个重要原因。仅以93家在华外商企业的公开账面利润平均率为例，1934年13.2%，1937年18.4%，1938年20%。据估计，1894—1937年，帝国主义国家输入中国的企业资本合10.35亿美元，输入的政府借款合7亿美元；同一时期，自中国汇回去的企业利润合20.08亿美元，汇回去的借款本息合14.29亿美元。[①] 1821—1840年，主要由于老殖民主义者的鸦片贸易，中国流失的白银折合1亿元以上，平均每年流出500万元，约相当于清政府岁入的1/10。另据计算，1840—1911年仅中国对西方列强赔款一项，累计将近13万万两白银。1931年日本军国主义侵占中国领土1/10的富饶的东北三省，在这里开矿、办厂、征粮、征税，把大量的煤炭、钢铁、粮食、棉花等运往国内。1937年，进而发动独吞中国的全面战争，造成中国3000亿美元的财产损失，其中政府损失1200亿美元、民间损失1800亿美元；人员死伤3000万人。战后，美国又取代它的位置，继续推行侵华政策，出钱出枪，支持国民党蒋介石政府发动了三年内战。自近代以来，所有外国侵略势力，总是同中国内部的腐朽势力相结合，阻止历史的前进，破坏生产力的发展。新中国的成立，这种状况得以改变，并采取措施逐步清理帝国主义在华企业。到1952年年底，人民政府通过管制、征用、代管、转让等方式，有关国计民生或具有垄断性的石油、煤炭、机械等外资企业全部转归国家所有，内河航运设备全部收回。占外资70%以上的金融、商贸、交通运输企业等则停业清理。彻底地肃清帝国主义在华经济侵略势力，不仅维护了新中国的独立和主权，而且它不可能继续掠夺中国人民的财富，从而有利于建设资金的积累。

其次，人民政府把以国民党蒋介石政府为代表的庞大的官僚买办资本收归国家所有，建立起属于全民所有制的国营经济。这是伴随着城市的解放和接管同时进行的。

国民党执政时期以蒋（介石）、宋（子文）、孔（祥熙）、陈（立夫）四大家族为代表的官僚买办，依靠搜刮民脂民膏起家，抗战胜利后又接收

---

① 中央工商行政管理局、中国科学院经济研究所资本主义经济改造研究室：《中国资本主义工商业的社会主义改造》，人民出版社1962年版，第8页。

了敌伪的庞大资产，聚敛起高达 100 亿美元到 200 亿美元的巨额财富。1949 年解放前夕，官僚买办资本拥有全国工矿和交通运输业固定资产的 80%，垄断了有色金属和石油产量的 100%，钢产量的 90%，电力的 67%，煤炭产量的 33%，水泥产量的 45%，还控制了全国的金融机构和铁路、公路、邮电、航空运输和对外贸易；轻纺工业中，全国纺锭设备的 38%、织布机设备的 60%、糖产量的 90% 则为四大家族的其他机构垄断。总之，它们操纵了整个中国经济。例如，被四大家族把持的中央银行、中国银行、交通银行、中国农民银行、中央信托局、邮政储金汇业局，以及合作金库，形成对金融业的垄断；交通运输、工矿实业、兵工系统甚至中国石油、中国盐业、中国茶叶、中国蚕丝、中国进出口等垄断性贸易公司，也无不在他们掌控之下。据统计，各解放城市先后接受的官僚买办企业仅金融和工业企业就有 5000 多家，其中工业企业 2858 户，拥有职工 129 万人；还有 10 多个垄断性的贸易公司，以及国民党政府所控制的全部铁路、机车、客车、货车和一部分船舶，以及铁路车辆修造厂、船舶修造厂 30 多个，加上各解放区原有的公营企业，新中国迅速建立起全民所有制的国营经济。据 1949 年统计，全民所有制工业固定资产占全国工业固定资产的 80.7%；工业总产值占全国大型工业总产值的 41.3%；在全国主要工业产品产量中所占的比重为：电力产量的 58%、原煤产量的 68%、生铁产量的 92%、钢产量的 97%、机器及机器零件产量的 48%、水泥产量的 68%、棉纱产量的 49%。全国的铁路和其他大部分现代化运输工具，绝大部分银行和对外贸易的经营都转归国家。这些企业由为官僚资本赚取利润到为国家和人民创造财富，它缴纳的税收和上缴的利润，逐渐成为积累的主要来源。

再次，人民政府依法进行的土地制度改革，既为国家工业化清除障碍，也为它开辟了一条重要的积累渠道。

土改前，占农村人口 4.75% 的地主，占有 38.26% 的土地；而占农村人口 52.37% 的贫农、雇农，却只占农村土地的 14.28%；其余占农村人口 33.13% 的中农，占有 30.94% 的土地。在土地高度集中的四川省西南部，85% 以上的土地集中在占人口 2.4% 的地主手中。土地肥沃的成都县，90% 以上的土地为占人口 1.1% 的地主所有。大邑县 30 多万人，共有土地 50 多万亩，刘文彩家族的 14 户地主就占有 30 多万亩。封建地主阶级凭借占有的大量土地，通过名目繁多的地租（定租、包租、预租、分租、平分等），残酷剥削无地少地的农民。一般情况下，农民向地主交纳的地租占到租种土地产量的50%，有的高达70%—80%。在重庆市郊的歇马场，"每收谷一石，主得七五，佃得二五"。万县一带，"主九佃一者有之，主八佃二者有之，主七佃三者有之……以主八佃二者为普遍"。另外地主还用"减扣"、"虚佃实租"、"大斗大称"、"献新"、"送礼"以及强制佃户为地主无偿服劳役等等手段，对农民额外盘剥。不仅占有他们的全部剩余劳动，而且还占有他们一部分必要劳动。据估计，解放前农民每年要向地主缴纳大约600亿斤至700亿斤粮食的地租。此外，封建地主阶级还控制了农村的借贷关系，通过高利贷榨取农民的血汗，花样多，手段残酷。主要形式有"大加一"、"九出十三归"、"连根倒"、"驴打滚"、"对本利"、"放青苗"等，一般利息均在20%以上，高者30%—50%，最高可达100%或200%。在封建土地制度下，贫苦农民过着食不果腹、衣不遮体的生活，没有力量也没有兴趣去扩大生产，这是中国社会长期陷于停滞状态，经济不能发展，政治不能进步的一个根本原因。①

新中国成立时，华北、东北等老解放区和半老解放区已有1.19亿农业人口完成了土地改革；2.9亿人口的华东、中南、西南、西北等新解放地区的土地改革，到1952年年底，除新疆、西藏和少数边远的少数民族地区以外，都基本完成。包括新、老解放区在内全国有3亿无地、少地的农民分得了7亿亩土地，新解放区无地、少地的农民还分得一部分生产和生活资料。经过土地改革，贫雇农的土地增加了32.82%，土地占有量大体上相当于当地的平均占有量；中农的土地增加3.36%，它们和富农的土地略高于平均数；地主的土地减少36.06%，土地占有量下降为相当或略低于平均数，真正实现了"耕者有其田"的理想。把地主的土地所有制变成农民的土地所有制，农民过去要向地主交纳的高额地租，现在不再缴纳；种种超经济的盘剥得以免除。他们除改善自己的生活，其余一分为二：一部分用于自己的积累，一部分将通过不同的途径转化为国家的积累。

政治上获得解放，经济上彻底翻身的工人、农民，听从党和政府的号

---

① 林蕴晖、范守信、张弓：《凯歌行进的时期》，河南人民出版社1989年版，第119—120页。

召,积极投身国家建设,这是资金积累的深厚源泉。私营企业职工创造的利润,最终也将有利于国家和人民。

经济实践表明,国家来自这几方面的积累不是没有限度的。取得的方式,积累在国家与创造者之间的分割比例,都是关系极大的问题。它可以是涵养式的获得,也可以是"杀鸡取卵"那样的索取,其效果大不相同。在这一问题上,有些做法将在后面探讨。

此外,文教事业的革故鼎新,实际上也是社会变革性的制度创新。它所要解决的是人才资源和人力资源的开发。

技术资源和资本资源等物质资源固然重要,但都是潜在的生产力要素。要使它们结合起来才能成为现实的生产力。而推动这种结合,起纽带作用的,是人,是科学家、工程技术人员和具有一定科学文化素质的劳动者。加紧人才资源和人力资源的开发,是三年准备工作的重要组成部分。为此采取的主要措施包括:

(1) 对从旧社会过来的知识分子"包下来",实行"团结、教育、改造"的政策。

旧中国遗留下来的知识分子队伍,情况比较复杂,许多人抱有浓厚的个人主义观点和自由主义思想,轻视劳动和劳动人民,不能适应新社会的需要。党和政府先后举办军政大学、革命大学以及各种短训班,吸收一部分人在那里学习时事政治、社会发展史和新民主主义论等课程;还推动他们参加抗美援朝、土地改革和镇压反革命运动,在实践中接受教育。从1951年秋到1952年秋,首先从教育界开始,逐渐扩大到整个知识界,形成了一个全国范围的知识分子思想改造运动,历时两年。全国高等学校教职员的91%,大学生的80%,中小学教师的75%参加了学习。运动中虽然有简单粗暴的缺点,总体上是很成功的,对根本改变旧知识分子队伍的面貌具有奠基性的作用。

(2) 号召并推动当年到西方国家求学或讲学,仍滞留海外的中国科学家回国参加祖国建设。

新中国成立前后到1955年年底,由西方国家归来的留学生和专家学者多达2000多人。他们中包括李四光、华罗庚、钱学森、邓稼先、吴阶平、姜德昭、赵忠尧、王淦昌、郭永怀、吴仲华等许多著名科学家,成为重要学科领域的开拓者和重大科研项目的组织者。钱学森、邓稼先、王淦昌、郭永怀等为突破国防尖端——"两弹一星"的研制做出了卓越贡献。

（3）建立面向工农、服务人民、适应经济建设需要的教育体系，培养自己的知识分子和工业化需要的人才。

1949年12月，第一次全国教育工作会议确定了逐步改革旧教育的方针步骤和发展新教育的方向。强调教育必须为国家建设服务，为工农服务，普及与提高相结合，在相当长的时期内以普及为主的方针。一方面是对旧教育体系的改造改组，另一方面是发展切合实际需要的多种办学形式。改造改组旧教育体系，首先是把过去掌握在少数人手里的教育资源转归到人民的手里。其次是改革教学内容，改变过去脱离实际的办学方式和教学方法。例如，高等教育的主办权原来大多受帝国主义直接或间接控制，解决这一问题后，按经济建设要求进行了院系调整。在办学形式方面，中国有许多自己的创造。例如：在发展正规的小学和中学，各类中等专业学校、技工学校的同时，用很大的力量在城市和农村兴办形式多样的非正规教育：冬学，夜校，扫盲班，业余学校，补习学校，技术夜校，技术培训班，工农速成中学，工农干部文化补习班和专修班，等等。使一大批工人、农民、工农干部和解放军指战员在较短时间内，分别达到粗通文字、初级或中等文化技术水平。其中成绩优秀的，还被保送到大专院校深造。马恒昌、苏长有、赵桂兰、郝建秀等一批全国劳动模范，就是经过工农速成中学短期基础文化的学习和补习，然后进入高等院校，后来成为工作中的骨干或领导干部的。1949年到1952年，普通高等学校毕业生由2.1万人增至3.2万人，中等技术学校毕业生由2.4万人增至4.1万人。

"一五"计划开始后，建设人才和管理干部不敷应用成为很大的困难，国家为此又采取了以下措施：

（1）"请进来，派出去"，以应急需。截至1956年年底，从苏联延聘专家，最高时达到3113人；向苏联派遣公费留学生前后多达9300人，公派技术人员约8000人；通过科技合作形式，还有1500名中国工程师、技术人员和学者到苏联访问和工作，了解他们的科学技术成就和生产经验；他们还接受中国派去实习的一部分干部、技术人员和操作工人。

（2）号召由于种种原因从事了其他工作的技术人员归队，从地方抽调一批具有一定文化水平的各级干部转工业。仅抽调到重工业部门的省、地、县三级干部就有8743名之多。其中，省级干部54名，地委级（司局级）干部1822名，县（处）级干部6867名。[①] 要求他们在新的岗位上"钻进去"，变成内行。

（3）重视在有实践经验或有技术革新精神的工人中，培养选拔工程技术人员和管理干部。

（4）最重要的是，号召和组织在职学习和岗位培训，边干边学，互教互学。

制度创新的第二个阶段，是对农业、手工业和资本主义工商业的社会主义改造。这是根本变革私有产权的制度创新。内容更深刻，意义更重大，是社会生产力的进一步解放。三年准备时期，土地改革后趁热打铁开展的农村互助合作运动，在私营工商业中逐步推行的加工订货、代购代销以及私营金融业由国家参股到公私合营等形式，实际上已经是社会主义改造的起步。

农村互助合作运动的起步，一度遇到不小阻力，中共党内发生两场争论。一场是1950年春，围绕对待新富农政策的问题展开的，关于东北发展农业生产的道路之争；一场是1951年春夏之交，围绕山西发展农业生产合作社的问题，展开的争论。

1950年春的争论，最先由中共中央东北局内部的分歧引起。东北大部分农村1948年完成土改。土改后大部分农民生活上升，各地区上升的比例一般在60%左右。有的添车马，有的雇长工，还有的买进或租进了土地，扩大生产规模。另有一部分农户，由于种种原因（如缺乏劳动力和必要的生产资料，或为疾病困扰等）生产情况不好，生活下降。其中，困难较大的户不得不出卖、出租土地，或借粮借款。上升的农户中不少是乡村干部和共产党员，他们也有雇工、放账的。有些党员听了党课，知道党员不应有剥削行为后，解雇长工，表示改正错误。也有的认为，党外群众也不允许这样做。说组织起来是"国策"，单干不合法，强迫农民参加互助组。在县区干部中，一些人对于土改后的农村工作应该怎么办，感到困惑。面对这种新情况，时任东北局常委、辽宁省委书记的张闻天与东北局书记高岗之间，产生了分歧。

1949年5月，张闻天三次打电报给东北局并转呈毛泽东，分别就农

[①] 转引自刘国光主编，张卓元、董志凯、武力副主编《中国十个五年计划研究报告》，人民出版社2006年版，第91页。

村的阶级分化问题、互助合作问题和富农党员问题，陈述自己的观点。他说，东北农村土改后，阶级分化趋势已经开始，农业人口向城市转移，土地的所有与使用有更趋于合理的新调整，这是农村生产力与社会生产力要求向上发展的不同表现，既不要粗心大意，熟视无睹；也不要过分夸大它的危险而表现恐慌，或采取不必要的行政手段加以限制。他认为，凡有利于土地的合理使用、工矿事业和农村副业的发展，有利于社会分业分工的租佃、买卖及移居，我们不应反对；但要发展供销合作与劳动互助，从各方面帮助贫雇农，解决其生产中的困难，使之免受新富农过分的剥削。在发展互助合作的问题上，要反对强迫命令和急性病，反对那种一味要农村不走资本主义道路，就必须把所有的农民都依照我们的愿望组织在生产互助组内的"左"的观点。他主张先搞供销合作，然后才是生产合作，供销合作是当前农业集体化的中心环节。要教育农村党员为农村合作化的方向奋斗，有向富农转化趋势时，要给事前警告，使其转变；如不可能，允许自由退党或开除其党籍。不难看出，三份电报的基本精神，在于坚持现阶段的新民主主义政策，矛头所向是防止和反对"左"的偏向。

高岗的观点，反映在他同年12月10日在东北农村工作座谈会上的总结发言里。他说：我们农村发展的方向是使绝大多数农民上升为丰衣足食的农民。而要做到这一点，则又必须使绝大多数农民"由个体逐步地向集体方面发展"。组织起来发展生产，乃是我们农村领导的基本方向。高岗也讲到允许单干，允许雇工、借贷，原则上也允许土地买卖、出租，但重点是强调要加强领导，通过组织起来，对上述现象加以限制。他说，现时的互助合作，在获得生产工具的改进之后，还可以进一步提高与发展；以小型为主的变工互助组，根据当地农业与副业生产的需要，根据群众要求与干部强弱等条件，逐步地提高为联组。他要求在农贷和供应新式农具、优良品种等方面，优先考虑互助合作组织的需要，对生产有困难的变工组要给予帮助。高岗认为，原则上党员是不允许剥削人的，对要雇工的党员要说服；党员不参加变工组是不对的，但这些问题主要是采用教育的方法解决，非在必要时，不采用组织手段。高岗的讲话同张闻天的三封电报适成对照。他立足于土改后立即开展互助合作运动，向社会主义前进。这正符合毛泽东土改后"趁热打铁"，搞合作化的主张。

1950年1月4日，《东北日报》发表高岗的总结发言。高岗的观点，也反映在《东北局1950年1月份向中央的综合报告》①里。与此同时，东北局就有关党员雇工问题请示中央。1月23日，经刘少奇签发，中央组织部复信东北局，作出答复说："党员雇工与否、参加变工与否，应有完全的自由，党组织不得强制，其党籍亦不得因此而停止或开除。""在今天农村个体经济基础上，农村资本主义的一定限度的发展是不可避免的，一部分党员向富农发展，并不是可怕的事情，党员变成富农怎么办的提法，是过早的，因而也是错误的。"

刘少奇在签发中组部复信的当晚，还同中组部副部长安子文等人，谈了如下意见：

东北土改后农村经济开始向上发展了。有三匹马一副犁一挂大车的农民，不是富农，而是中农。今天东北的变工互助是建筑在破产、贫苦的个体经济基础上的，这是一个不好的基础。将来70%的农民有了三匹马，互助组就会缩小，因为中农更多了，他们能够单干了。这是好现象。现在的变工互助能否发展成为将来的集体农庄？我认为是不可能的。这是两个不同的阶段。不能把新民主主义阶段同社会主义阶段混为一谈。由个体生产到集体农庄，这是生产方式上的革命。没有机器工具的集体农庄是巩固不了的。……现在对富农雇人买马不要限制，三五年之后再限制，用国家颁布劳动法，把雇农组织起来，提高雇农的待遇，征土地税，多累进一些，多加公粮等办法予以限制。党员成为富农其党籍怎么办？这个问题提得过早了。有剥削也还是可以做社会主义者的，圣西门是一个资本家，但他也是一个社会主义者，虽然当时是空想的。现在是私有制社会。党员生产发家了，要将财产交公也交不出去，将来在实行集体（化）时，将自己的财产交公，这种富农党员也是好党员。因此，即使东北将来有1万富农党员也不可怕，因为过几年，东北可能会有100万党员，这1万人若都不好，被开除也不要紧。认为（当）党员便不能有剥削，是一种教条主义。

刘少奇这份谈话记录，高岗得到后，交给了毛泽东。据说，毛泽东看后甚为不满。②

---

① 参见中华人民共和国国家农业委员会办公厅编《集体化重要文件汇编（1949—1957）》上册，中共中央党校出版社1981年版，第8—13页。

② 参见薄一波《若干重大决策与事件的回顾》（修订本）上卷，人民出版社1997年版，第201—207页。

另一场争论，起因于山西省委的一份报告。山西是老解放区，互助合作已有一定的基础。但随着农业生产的发展，由于两极分化，一部分互助组呈现出日渐涣散的状态。省委在研究这一新情况和新问题的基础上，提出应及时把互助组提高一步，举办农业生产合作社。

　　1951年4月17日，山西省委向党中央和中共中央华北局提交了关于《把老区互助组织提高一步》的报告。报告说：在山西老区，由于农村经济的恢复和发展，战争时期的劳、畜力的困难，已不再是严重的问题，一部分农民已达到富裕中农的程度，加以战争转向和平，就使某些互助组织中发生了涣散的情形。实践证明：随着农村经济的恢复和发展，农民的自发力量是发展了的，它不是向着我们所要求的现代化和集体化的方向发展，而是向着富农方向发展。这就是互助组发生涣散现象最根本的原因。如搞不好，会有两个结果：一个是互助组涣散解体；一个是互助组变成富农的"庄园"。这是一方面的情况。但是，在另一方面，也有不少互助组产生了新的因素。老区互助组的发展，已经到了一个转折点，使得互助组必须提高，否则就会后退。针对这一情况，山西省委提出的意见是：扶植与增强互助组内"公共积累"和"按劳分配"两个新的因素，以逐步战胜农民的自发趋势，引导互助组走向更高一些的形式。他们认为：增强公共积累，按成员享用，这一原则虽然没有根本改变私有基础，但对私有基础是一个否定的因素。对于私有基础，不应该是巩固的方针，而应当是逐步地动摇它、削弱它，直至否定它，所以公积金应当是出组不带。关于农业生产合作社的分红问题，他们主张按劳力和土地两个分配标准，按土地分配的比例不能大于按劳力分配的比例，并要随着生产的发展，逐步地加大按劳分配的比例。这两个进步的因素逐步地增强，将使老区互助组织大大地前进一步。

　　对于山西省委的主张，华北局主要负责人表示异议。在请示刘少奇以后，5月4日批复山西省委并报告中央。华北局的批语认为："用积累公积金和按劳分配办法来逐渐动摇、削弱私有基础直至否定私有基础是和党的新民主主义时期的政策及共同纲领的精神不相符合的，因而是错误的。新民主主义革命时期，革命任务只动摇封建私有，帝国主义在华特权和官僚资本主义私有；一般地动摇私有财产是社会主义革命时期的任务。"华北局重申：农业生产合作社，全省只能试办几个作为研究、展览和教育农民之用。不宜推广。

此后，刘少奇对山西省委的观点一再提出批评。7月3日，他在批印山西省委报告时，写了以下批语：

"在土地改革以后的农村中，在经济发展中，农民的自发势力和阶级分化已开始表现出来了。党内已经有一些同志对这种自发势力和阶级分化表示害怕，并且企图去加以阻止和避免。他们幻想用劳动互助组和供销合作社的办法去达到阻止或避免此种趋势的目的。已有人提出了这样的意见：应该逐步地动摇、削弱直至否定私有基础，把农业生产互助组织提高到农业生产合作社，以此作为新因素，去'战胜农民的自发因素'。这是一种错误的、危险的、空想的农业社会主义思想。山西省委的这个文件，就是表现这种思想的一个例子，特印发给各负责同志一阅。"[1]

毛泽东十分重视关于山西合作社问题的争论。薄一波回忆说："毛主席（为此）找少奇同志、刘澜涛同志和我谈话，明确表示他不能支持我们，而支持山西省委的意见。同时，他指示陈伯达召开互助合作会议。毛主席批评了互助组不能生长为农业生产合作社的观点和现阶段不能动摇私有基础的观点。他说：既然西方资本主义在其发展过程中有一个工场手工业阶段，即尚未采用蒸汽动力机械、而依靠工场分工以形成新生产力的阶段，则中国的合作社，依靠统一经营形成新生产力，去动摇私有基础，也是可行的。他讲的道理把我们说服了。""这以后，毛主席针对少奇同志和我们华北局的观点，采取了一系列的措施。"[2]

为统一党内在合作化问题上的认识，在毛泽东倡议下，中共中央同年9月召开第一次农村互助合作会议，通过了《关于农业生产互助合作的决议（草案）》，12月15日颁发试行。互助合作从此列入各级党委的议事日程。

农村互助合作运动得到新的支持，终于迈出了重要的一步。1950年全国农村有互助组272.4万多个，参加农户1131.3万多户；1951年发展到467.5万多个，参加农户2100万户，增加将近1倍。农业生产合作社

---

[1] 中华人民共和国国家农业委员会办公室编：《农业集体化重要文件汇编1949—1957》上册，中共中央党校出版社1987年版，第33—36页。
[2] 薄一波：《若干重大决策与事件的回顾（修订本）》上卷，人民出版社1997年版，第197—198页。

也从1950年的19个增加到130个。1952年，土地改革在全国绝大部分地区基本完成，到年底，组织起来的农户，老解放区占65%以上，新解放区占25%左右，全国还成立了4000多个初级农业生产合作社，试办了几十个高级社（当时称集体农庄）。这一年，粮食总产达到3200多亿斤，比上年增产400亿斤。[①]

[①] 《中国农业年鉴》编辑委员会编：《中国农业年鉴（1980）》，农业出版社1981年版，第4、34页。

第三章

率先启动的先行部门和地区

准备阶段另一方面的工作,是在恢复经济的过程中,业已开始的局部建设。这里,顺带讨论一个并非毫无意义的问题,即新中国建立后,重新启动的国家工业化起于何时,又从哪个产业部门和哪个地区首先开始?

毛泽东提出的过渡时期总路线,认为中华人民共和国的成立,标志着革命性质的转变和过渡时期的开始,中国革命从此转入社会主义革命阶段。但在最初的几年,呈现一种前后两个阶段的某些任务互相交错的情况。他说:"我们说标志着革命性质的转变、标志着新民主主义革命阶段的基本结束和社会主义革命阶段的开始的东西是政权的转变,是国民党反革命政权的灭亡和中华人民共和国的成立,并不是说社会主义改造这样一个伟大的任务,在人民共和国成立以后就可以立即在全国一切方面着手施行了。不是的,那时,我们还须在广大的农村中解决封建主义与民主主义即地主与农民之间的矛盾。那时在农村中的主要矛盾是封建主义与民主主义之间的矛盾,而不是资本主义与社会主义之间的矛盾,因此需要有两年至三年时间在农村实行土地改革。那时我们一方面在农村实行民主主义的土地改革,一方面在城市立即着手接收官僚资本主义企业使之变为社会主义的企业,建立社会主义的国家银行,同时在全国范围内着手建立社会主义的国营商业和合作社商业,并已在过去几年中对私人资本主义企业开始实行了国家资本主义的措施。所有这些显示着我国过渡时期头几年中的错综复杂的形象。"[①]

经济的恢复和建设,同样存在这样的情况。三年内,有恢复,同时有

[①] 《毛泽东文集》第六卷,人民出版社1999年版,第315—316页。

新建和改扩建；恢复中也往往包含了部分新生产要素的加入，具有新建的内容。不是像修复古代建筑那样，"修旧如旧"。改扩建工程也力求保存和利用既有生产要素，不是弃如敝屣。国民经济基础产业农业生产的恢复与制度变革，水患治理和水利建设等举措互相结合；被视为重要基础设施的原有铁路线路的修复和新线路的修筑几乎同时进行，并行不悖；在国家工业化进程中做出重要贡献的鞍山钢铁公司的恢复和建设，整个东北重工业基地的恢复和建设，更是恢复与改扩建和新建工程犬牙交错进行的典型例证。

有理由认为，工业化大业的重新启动，计划经济建设序幕的拉开，几与共和国的诞生相伴，早于"一五"计划期。

1949年10月1日，统一领导全国财经工作的机构，中央人民政府政务院财政经济委员会（简称中财委）成立，中央财经计划局也在同一天成立。当时，编制全国国民经济计划的条件尚不具备，东北已经开始编制地区生产建设计划，中央各部开始编制本部门的生产建设计划。全国经济建设投资由中财委统一分配，建设项目则分别由中央各部提出，报中财委审批。[①]

可见，一定范围、一定程度上的计划经济建设，事实上已经展开。从产业部门说，首先抓农业和铁路运输部门；从地区说，首先抓东北地区，构成中国重启国家工业化的序曲。

第一节　农业和交通运输先行

三年来，国家恢复发展经济，同时以有限的资金进行建设，有一个以农业部门和交通运输部门特别是铁路部门为重点，逐步向工业首先是重工业的转换过程；国家财政资金的分配顺序，则有一个经济—国防—经济的转换过程。这是与抗美援朝战争密切相联系的。在这个意义上，中国工业化的率先启动部门，当属农业部门和铁路交通部门；在地区上，则是东北几省。

---

① 《当代中国的计划工作》办公室编：《中华人民共和国国民经济和社会发展计划大事辑要（1949—1985）》，红旗出版社1987年版，第1页。

一 恢复发展农业的紧迫意义

中国作为人口大国，吃饭是第一件大事。1949 年，农业生产水平较历史最高的战前下降了 1/4 左右，老解放区经过几年恢复仍比那时低 15% 左右。缺吃少穿成为严重问题。国家外汇储备仅几千万美元，还要拿出一部分进口粮食和棉花来弥补。当时的财政收入，也主要依靠公粮。农业不能迅速恢复和发展，其他的一切都无从谈起。

同年 12 月 8 日，农业部召开农业生产会议，要求 1950 年增产粮食 100.8 亿斤、皮棉 477 万担。燃料工业部和重工业部也先后召开专业会议，安排煤炭、钢铁、化工、电力和机械等生产资料生产的恢复与发展问题，其中，特别将新建太原硫酸铵（化肥）厂列入计划。在战争仍在进行的同时，着手了水患的治理。

1950 年，在平抑物价，制止旧中国遗留下来的恶性通货膨胀的基础上，3 月 3 日，政务院发布《关于统一国家财政经济工作的决定》，结束了此前各解放区财经工作各搞一套的做法，开始建立起集中统一的计划经济体制的框架，并试编出《1950 年国民经济计划概要》（以下简称《概要》）。《概要》安排经济建设投资总额为 154.6 亿斤米（另有 4 亿斤米农贷）。其中，东北地区投资 79.9 亿斤米，占 51.7%；关内投资 74.7 亿斤米，占 48.3%。东北地区投资中：铁路投资占 19.7%；重工业和水利分别占 12% 与 10.3%。关内投资又划分为中央投资与地方投资两部分。其中，中央投资占 57%。

《概要》执行结果，生产计划部分除钢、钢材和机制纸以外，都完成和超额完成计划。粮食增产 330 亿斤，超过计划两倍多。棉花增产 496 万担，超过计划 11%。基本建设投资计划安排 15 亿元，完成 10.4 亿元，完成计划的 2/3 多一点。主要原因是缺乏经验，事先竟然没有设计和施工计划。财政收入超额完成计划，赤字 2.9 亿元，为收入的 4.4%，好于上年。金融、物价趋向稳定，银行存款由上年的 1 亿元增至 19 亿元。旧中国物价飞腾的局面得到初步扭转。

二 国防开支被重新置于首位

1951 年，经济的恢复和发展增加了新的变数。1950 年入冬，有一个意外的情况发生，就是中国被迫接受美国帝国主义者强加的一场抗美援朝战争。原定的经济恢复与发展计划必须重新调整，重新把国防开支置于首位。按照国防第一、维持市场第二、带投资性的支出第三的排序重新部署。经中共中央批准的按照新情况制定的1951年度财政总概算，预计财政收入62亿元，其中各项税收43.8亿元、国营企业收入10.5亿元、其他收入7.8亿元。总支出69.5亿元。其中，国防费33.4亿元，经济建设费11.8亿元，其他支出16.2亿元，赤字7.3亿元。经济建设支出除直接与战争有关的军工投资以及对稳定市场有密切关系的投资尽量满足外，其他都予以削减。

中央财经计划局据此精神，试编出1951年国民经济计划要点。确定1951年经济建设的方针，是在国防第一、稳定市场第二、其他第三的前提下，进行恢复与调整及必要的重点新建。而恢复、调整、新建的重点，应当是铁道、水利与重工业。1951年计划主要指标是：国营主要工业部门生产总值为31.7亿元，比1950年增长23%。其中，生产资料增长34%，生活资料增长9%。主要工业产品产量指标为：发电量38.8亿度、原煤2925万吨、生铁116万吨、钢材59.9万吨、棉布2375万匹，分别比上年增长22%、11%、36%、46%、1%；棉纱107万吨，因原料不足仅为上年的93%。主要农产品产量指标为：粮食2642亿斤，比上年增加8.36%；棉花2017万担，比上年增加48.3%。基本建设投资为14.8亿元，其中，铁路运输占25.5%，重工业占17.5%，水利占16.5%。工业投资的重点地区仍为东北。

这一年，为稳定市场，政府于1月4日采取了一项重要举措，实行棉纱统购。中财委发布的《关于统购棉纱的决定》指出，"在抗美援朝的形势下要保持市场稳定，在城市，中心是粮食；在农村，主要是纱布。1951年纱布的供应将是紧张的。尽管1950年秋季全国纱锭开动数已达92%，纱布产量已接近战前较高水平，但因社会经济情况开始好转，纱布消费量大为增加，各城市消费量皆超过预定计划。为此，中财委决定对棉纱采取统购的办法，把纱布集中起来，再适当分配。"

纱布的销售市场，主要是购买力有所提高的农村。国家通过纱布等工业品下乡，交换农民手里的粮食和棉花等轻纺工业原料，同时又刺激他们增产粮食和棉花等轻纺工业原料的积极性。之后，3月6日，国家还调高了棉粮比价，鼓励植棉积极性。为提高农业产量，在抓紧完成新解放区土地改革的基础上，趁热打铁，展开第二步的制度创新——农村互助合作运动。9月9日，中共中央召开第一次互助合作会议，12月15日颁发试行会议通过的《中共中央关于农业生产互助合作决议（草案）》。与此同时，以防止水旱灾害为中心的水利建设，被列为1951年国家经济建设投资的重点，全年投资21.2亿斤小米，主要用于治理淮河水系及华北地区的永定河、潮白河、大清河，以减轻这些地区严重的洪水威胁。

1951年，在抗美援朝战争的情况下，计划执行情况超出预期。工农业总产值达到684亿元，比上年增长19%。其中：工业总产值为264亿元，比上年增长38.2%；农业总产值420亿元，比上年增长9.4%。主要工农业产品产量为：生铁145万吨、钢90万吨、原煤5300万吨、发电量57亿度、棉纱268万件、棉布30.6亿米、粮食2874亿斤、棉花2062万担。除原煤外，主要工农业产品都已经接近或超过战前最高水平。与试编的1951年计划比较，都超额完成。其中，棉纱原估计原料不足，产量将低于1950年，棉布只能比1950年增加1%。由于棉花增产较多，实际上棉纱和棉布产量分别比上年增长了11.2%与21.4%。

全年完成基本建设投资18.8亿元，比计划增加27%。一些重要建设工程，如治理淮河第一期工程胜利完工；新建铁路742.6公里。

同上年相比，财政总收入为133.1亿元，增加1倍多；财政支出为122.5亿元，除满足抗美援朝所需费用以外，经济建设费用也比计划增加，收支相抵结余10.6亿元，为新中国成立后国家财政首次实现收支平衡、略有结余的可喜局面。国内市场进一步扩大，购销两旺。据上海、天津、汉口、广州、重庆、西安六大城市32种主要商品批发价格的统计，全年上涨约13.8%，基本上实现了稳定市场的要求。

三 经济建设的归位

1952年，是三年准备的最后一年。根据毛泽东关于财经工作要转向抓经济的指示，确定财经工作重点是不放松财政，逐渐转向抓经济，即转向工业、农业和贸易；在不放松收入的前提下，逐渐转向支出。毛泽东的转向抓经济的指示，其实质是着眼于发展的观点。同他历来的"发展生产，保障供给"的思想一脉相承。当年国家财政预算的编制，转变为建设第一、军事第二、行政第三的排序。预算收入和支出均为158.8亿元，与1951年实际比较，收入增加41.7%，支出增加55.5%，收支平衡。在预算收入中，城市税收占44.3%，国营企业收入占23.3%，农业税占12.3%。在预算支出中，国家建设费占49.3%，国防费占27.9%，行政管理费占14.3%，经济建设支出首次超过国防支出提升至第一位。

国民经济计划控制数字为：主要工业产品总产值预计达到74亿元，届时将超过历史最高年份27.9%。同上年相比，产量指标为：钢106.6万吨，增长29%；铁152.4万吨，增长31.1%；煤5896万吨，增长31%；发电量71.4亿度，增长26.5%；棉纱333.4万件，增长31%；棉布4743万匹，增长37%。计划进口钢材55万吨、石油74万吨、化肥20万吨。

基本建设投资控制数字为20.5亿元（不包括自筹），比1951年预计17.6亿元增加16%。投资重点第一是重工业（包括燃料工业），第二是铁路，第三是水利。重工业投资为6.3亿元，其中：钢铁工业占16%，用于鞍钢恢复薄板厂、第一第二炼钢厂，改造一初轧，建设大型压延和无缝钢管厂以及太原钢铁厂的恢复工程等项目。

1952年计划执行结果，国民经济全面恢复并超过抗日战争前1936年的历史最高水平。工农业总产值达到810亿元，其中，农业总产值461亿元，比上年增长15%；工业总产值349亿元，比解放前最高的1936年增长22.3%。1949年工业产值在工农业总产值中占30%，1952年占41.5%，比重大幅上升11.5个百分点。

主要农产品产量：粮食3278亿斤、棉花2607万担、烤烟433万担、花生4632万担、油菜籽1864万担、大牲畜7617万头，分别相当于1949年的144%、293%、516%、182%、127%和127%。除油料作物外，都超过解放前最高水平。

主要工业产品产量：原煤6649万吨、发电量73亿度、钢135万吨、棉纱362万件，分别相当于原定控制数字的112.8%、102.2%、127%、108%；棉布38.3亿米，未完成计划。与解放前最高水平比较，分别超过7.4%、21.8%、46.2%、47.8%和37.3%。轻、重工业比重1949年为73.6∶26.4，1952年改变为64.5∶35.5，重工业上升9.1个百分点。

基本建设投资完成43.6亿元，其中，国家投资完成37.1亿元，为计划的180%，比上年增加98%。苏联援建的156项工程中的第一批项目，部分项目陆续开工。

财政收大于支，结余7.7亿元。①

几年来，抗美援朝战争军事开支占了国家财政支出的较大部分，经济建设不可能具有全国规模。即使如此，从1951年起，用于经济建设的投资额"就超过历史上清朝、北洋军阀、蒋介石三个时期任何一年的建设投资"②。这说明党和政府在可能的条件下，一刻也不放松国家建设。详见表3－1：

表3－1   1950—1952年财政用于经济建设和国防支出比较

年份	财政支出总计（亿元）	经济建设费（亿元）	基本建设拨款（亿元）	国防费用（亿元）	以财政支出为100	经济建设费比重:%	基本建设拨款比重:%	国防费用比重:%
1950	68.10	17.36	12.50	28.01	100.00	25.50	18.36	41.10
1951	122.50	35.11	27.03	52.64	100.00	28.70	22.07	43.00
1952	176.00	73.23	46.68	57.84	100.00	41.60	26.50	32.86
合计	366.60	125.70	86.21	138.49	100.00	34.29	23.52	37.78

资料来源：《中国统计年鉴（1992）》，第215、220、221页。

上表3－1所列数字说明，国家的经济建设支出和基本建设拨款的绝对量和相对量，都是逐年增加的。在基建拨款中，农业和交通运输业占有突出地位。尤其是农业，始终占有较大的比重。详见表3－2：

表3－2   1950—1952年基建投资按主管部门分类比较

	基建投资总额	工业	农林水利	运输邮电	贸易采购
投资额（亿元）					
1950年	11.30	4.20	1.30	3.40	0.60
1951年	23.50	7.00	2.60	6.30	0.90
1952年	43.60	18.90	6.40	8.00	1.20
三年合计	78.40	30.10	10.30	17.70	2.70

① 《当代中国的计划工作》办公室编：《中华人民共和国国民经济和社会发展计划大事辑要（1949—1985）》，红旗出版社1987年版，第33—34页。
② 陈云：《1951年财经工作要点》（1951年4月4日）。

续表

	基建投资总额	工业	农林水利	运输邮电	贸易采购
	投资比重（%）				
1950年	100.00	37.20	11.50	30.10	5.30
1951年	100.00	29.80	11.10	26.80	3.80
1952年	100.00	43.30	14.70	18.30	2.80
三年合计	100.00	38.30	13.10	22.60	3.40

资料来源：国家统计局《十年建设成就统计提要》（1959年10月23日）有关资料，比重据此计算。转引自中国社会科学院、中央档案馆编《中华人民共和国档案资料选编（1949—1952）》基本建设投资和建筑业卷，中国城市经济社会出版社1989年版，第254页。以下简称《基建卷》。

应该说，农业（水利）是属于重点部门，不能以工业和交通运输业的绝对额和相对额远比它高，而看不到这一点。如果加上三年来的农业贷款、救济粮、救济款、以工代赈，农业占有的国家资源比重更高。1950—1952年农业贷款共计16.3亿元；1950年国家发放救济粮11亿多斤，1951年和1952年合计发放救济款1.7亿元。而更重要的是，党和政府以极大的努力推进了农村和农业的制度创新和技术创新，它所激活的农业自身的潜力和积累能力，是巨大的。这些措施包括制度创新和技术创新两方面。

制度创新方面：

（1）土地制度的改革，免除了封建地主和高利贷者一年600亿—700亿斤粮食的高额地租和高利贷者的盘剥。

（2）号召"组织起来"，开展互助合作运动，发挥简单协作优势，解决生产生活中的困难。

（3）改革农业税征收办法，减轻税负。同时，适当缩小工农业产品交换价格剪刀差，给农民以实惠。同1950年相比，1952年这种剪刀差缩小9.7%。

（4）发展规模经营。互助合作既是涉及产权的生产关系的变革，也是生产组织和耕作方式的变革。由分散的小生产，向大生产的方向转变，发挥规模经营的优势。

技术创新方面，主要是改革落后的耕作方式和耕作技术。包括：

(1) 采取选种育种，改良土壤，防治病虫害等一系列科学种田方法。从上到下建立各级农业技术研究、推广机构，农业病虫害防治机构，培训人员，向广大农民普及有关知识。1952年全国半数以上的棉田选用了从国外引进的岱字棉15号优良品种，加上其他措施，当年单位面积产量由上年的25斤（皮棉，下同）提高到31斤，增加将近两成半。又据统计，三年内，共动员1200万农民在5400多万亩耕地上防治病虫害，估计减少损失折合粮食300亿斤。

(2) 在增加耕畜和旧式农具，重点推广改良农具的同时，有条件地发展现代农业机械。1952年大牲畜由1949年的6002万头增加到7646万头，增加27.4%，超过历史上最高年份7151万头的6.9%。三年内，新建大型农具厂18家、小型农具厂100多家，共推广新式步犁等农具43.9万张（件）、铁轮水车29.3万部、农用拖拉机2006台、农用排灌机械11.75万马力。新式农具耕地深、效率高，有利于消灭杂草和病虫害，具有保持和形成土壤团粒结构，增进肥力的特点。据东北6个农业试验场和60多个互助组的典型材料，使用新式农具平均增产25%左右。[①]

新中国的最初几年，农村、农业、农民"三农"问题，始终是党和政府议事日程上的重要问题，各级领导的一把手往往亲自抓。这是农业得以迅速恢复和发展的组织保证。1949—1952年，农业总产值的年递增速度高达15.4%，农作物产量除油料作物以外，都超过历史最高水平。农业扩大再生产能力和农民生活水平，是过去不可能达到的。详见下列表3-3至表3-6[②]：

表3-3　　　　　　　1949—1952年粮食生产发展情况

	1949年	1950年	1951年	1952年
播种面积（万亩）	164938	171609	176653	185968
亩产量（斤）	137	154	163	176
总产量（亿斤）	2263.6	2642.5	2873.7	3278.3

[①] 转引自董志凯主编《1949—1952年中国经济分析》，中国社会科学出版社1996年版，第271、277、275页。

[②] 表3—3至表3—5有关数据转引自同上书第266—267页表4.1、表4.2、表4.4。

表 3-4　　　　　　　　1949—1952 年棉花生产发展情况

	1949 年	1950 年	1951 年	1952 年
播种面积（万亩）	4155.0	5679.0	8227.0	8364.0
亩产量（斤）	22.0	24.0	25.0	31.0
总产量（万担）	888.8	1384.9	2061.1	2607.4

表 3-5　　　　　　　　1949—1952 年油料生产发展情况

	1949 年	1950 年	1951 年	1952 年
播种面积（万亩）	6342.0	6265.0	7718.0	8571.0
亩产量（斤）	81.0	95.0	94.0	98.0
总产量（万担）	5127.0	5944.0	7240.0	8386.3

表 3-6　　1952 年主要农产品产量同新中国成立前最高年产量比较

产品名称	单位	新中国成立前最高年 年份	新中国成立前最高年 产量	指数（以新中国成立前最高年为 100） 1949 年	指数（以新中国成立前最高年为 100） 1952 年
粮食	万吨	1936	15000.00	75.45	109.28
稻谷	万吨	1936	5735.00	84.83	119.32
小麦	万吨	1936	2330.00	59.27	77.81
棉花	万吨	1936	84.90	52.30	153.59
花生	万吨	1933	317.10	39.99	73.04
油菜子	万吨	1934	190.70	38.49	48.87
芝麻	万吨	1933	99.10	32.90	48.54
黄红麻	万吨	1945	5.50	34.55	278.18
茶叶	万吨	1932	22.50	18.22	36.44
甘蔗	万吨	1940	565.20	46.74	125.90
甜菜	万吨	1939	32.90	58.05	145.59
烤烟	万吨	1948	17.90	24.02	124.02
大牲畜年底头数	万头	1935	7151.00	83.93	106.92
猪年底头数	万头	1934	7853.00	73.54	114.31

资料来源：国家统计局编：《中国统计年鉴（1992）》，中国统计出版社 1992 年版，第 383 页。

1949—1952年间，主要农业产品总产和单产均保持着较高的增长率。粮、棉、油总产量同1949年总产水平相比，分别增长44.8%、193.4%和63.6%，平均每年分别增长14.9%、64.5%和21.2%。

同解放前最高纪录相比，除油料和茶叶以外，粮、棉、黄红麻、甘蔗、甜菜、烤烟和大牲畜、猪等，分别增长9.3%、53.6%、178.2%、25.9%、45.6%、24.0%和6.9%、14.3%。

农业的迅速恢复，促进了轻工业。当时轻工业原料将近90%来自农业，主要农产品产量的大幅度增产，在一定程度上缓解了轻工原料不足的困境。1949年纺织业的棉花缺口1000万担，大部分依靠进口；1952年棉花产量由1949年的888.8万担增加到2607.4万担，收购量达到2000.1万担，基本满足需要。1950年进口棉花13.39万吨，折合267.8万担，1951年和1952年的棉花进口量分别减少54.2%和42.6%；粮食1950年进口13380万斤，此后两年基本没有再进口，节省的外汇，增加了化肥和钢材的进口。1952年轻工业产值由1949年的103亿元（当年价，下同）增加到225亿元，翻一番还多。几种主要轻工业产品增长情况如表3-7：

表3-7　　　　　1949—1952年几种主要轻工业产品生产情况

年份	棉纱 产量（万吨）	棉纱 比上年增（%）	棉布 产量（亿米）	棉布 比上年增（%）	糖 产量（万吨）	糖 比上年增（%）	卷烟 产量（万箱）	卷烟 比上年增（%）
1949	32.7	—	18.9	—	20.0	—	160.0	—
1950	43.7	33.6	25.2	33.3	24.0	20.0	185.0	15.6
1951	48.7	11.4	30.6	21.4	30.0	25.0	200.0	8.1
1952	65.6	34.7	38.3	25.2	45.0	50.0	265.0	32.5

资料来源：国家统计局：《中国统计年鉴（1984）》，中国统计出版社1984年版，第220、223页，增长率据此计算。

这期间，农村居民收入显著提高。除了改善生活，也增加了生产性投入。据测算，仅土地改革所免除的沉重地租负担一项，贫苦农民平均每人每年可多收入200—300斤粮食，加上党和政府一系列支农惠农措施的成效，1952年农民收入比1949年约增长30%，人均消费水平约增长20%。1950—1952年间，农民实现对农业生产资料的购买力分别为：1950年72626.2万元，1951年103047.7万元；1952年140960.8万元。1952年为1950年的194%。[①] 1952年农民人年均消费：粮食383斤，食油3.4斤，肉11斤，棉布13.7尺，比1949年普遍增长50%左右。过去农民买不起的搪瓷面盆、口杯、暖水瓶等工业品，已普遍开始购用。

农民购买力的提高，为工业品开辟了前景广阔的市场。它不仅繁荣城乡经济，增加就业，而且保障着国家的粮食安全，在资金积累方面做出了重要贡献。解放前，国内市场购买力不足，一部分轻工业产品要依靠外销；新中国建立后，随着城乡人民购买力的提高，特别是农村购买力的提高，大众消费品很快出现旺销局面，有些产品已经供不应求，国家不得不首先对棉纱实行统购，优先供应农村增加的购买力。

铁路运输部门一度位列基本建设投资首位。京广、京沪、陇海等主要干线和支线铁路的修复，天兰、成渝、宝成、兰新等新干线的建成和部分建成通车，具有军事和经济的双重意义。特别是及早修通联系内地与新疆的铁路大通道，决策层实有前瞻性的筹划。意欲利用新疆的天然优势，发展棉花生产，既缓解内地由于耕地不足粮、棉争地的矛盾，又实现粮、棉不再依赖进口的要求，把外汇主要用在进口经济建设更急需的机器设备和材料上。

1950—1952年，工业基本建设投资经历了一个由降转升的过程。1950年它在基本建设投资中占比为37.2%；1951年为29.8%，下降7.4个百分点；1952年为43.3%，飙升13.5个百分点，超过1950年的水平。这预示国家投资重点开始向工业转移。1950—1952年，工业生产建设逐年加快，已大大超过历史最高水平。详见表3-8：

---

① 董志凯主编：《1949~1952年中国经济分析》，中国社会科学出版社1996年版，第273页。

表 3-8　　　　　　1950—1952 年主要工业产品生产情况

产品名称	单位	1950 年	1951 年	1952 年	1952 年分别为 1949 年（%）	1952 年分别为解放前最高年（%）
纱	万吨	43.7	48.7	65.6	200.6	147.40
布	亿米	25.2	30.6	38.3	202.6	137.30
糖	万吨	24.0	30.0	45.0	225.0	109.80
卷烟	万箱	185.0	200.0	265.0	165.6	112.30
原煤	亿吨	0.43	0.53	0.66	206.2	106.50
原油	万吨	20.0	31.0	44.0	366.7	137.50
发电量	亿度	46.0	57.0	73.0	169.8	121.70
钢	万吨	61.0	90.0	135.0	854.0	146.30
生铁	万吨	98.0	145.0	193.0	772.0	107.20
硫酸	万吨	6.9	14.9	19.0	475.0	105.60
纯碱	万吨	16.0	18.5	19.2	218.2	186.40
烧碱	万吨	2.3	4.8	7.9	526.7	658.30
切削机床	万台	0.33	0.59	1.37	856.3	253.70

资料来源：国家统计局《中国统计年鉴（1984）》，中国统计出版社 1984 年版，第 220—228、249 页有关资料。

从表 3-8 中可以看出，重化工业产品增幅一般高于轻工产品。这是很值得注意的。

第二节　东北的先行建设与鞍钢的恢复发展

旧中国仅有的重化工业，主要集中在东北地区，特别是辽宁省。日本企图占领全中国，称霸亚洲，把这里当作掠夺钢铁、煤炭、石油、轻金属和一些非金属等战略物资的重要基地。这些物资年产量最高的 1943 年，生铁、钢和钢材产量分别达到 170 万吨、87 万吨和 52 万吨，电解铜、电解铝、电解铅产量分别达到 2160 吨、8556 吨、6800 吨，煤炭和石油产量分别达到 1378 万吨和 25.5 万吨，水泥产量达到 67 万吨。据粗略统计，煤炭、生铁、钢材产量和发电量分别占全国生产的 49%、87%、93% 和 78%。东北铁路成网，约占全国铁路线的 42%。仅就东北地区说，工业在国民经济中的比重已经达到 56%，居于主要地位。

日本投降后,辽宁工业受到严重破坏。设备被拆卸,图纸资料遗失,生产无法进行。国民党统治时期,工厂大部分停产,设备被盗卖,有些工厂杂草丛生,有的车间变成马棚,整个辽宁工业处于瘫痪状态。1948年11月辽宁解放前夕,全省工业设备生产总能力只剩下日伪时期的20%,机械工业固定资产仅为1亿元,有90%以上的工人失业。

新中国建立后,把建设资金重点用于恢复发展东北的重工业。毛泽东要求东北人民政府"把东北建设为全国工业化的出发点和重大基地,准备将来为全国供应机器和专家"。为此,中央人民政府在方针政策上,在具体措施上给予东北以大力支持,"除了具体适时的方针政策的指示外并在财政方面、货币方面、技术人员分配等各个方面,都给了东北以具体的帮助"。[①] 1950年,东北占全国投资总额的51.66%,其中,工业投资占全国投资总额的38.8%;1951年,按工业基本建设工作量计算,东北又占全国的40.3%,其中,重工业占全国的44.6%;1952年,全国基本建设投资总额43.56亿元,东北仍占24.8%,为10.8亿元,超过其他地区一倍以上。[②]

1950—1952年间,东北又把重工业高度集中的辽宁省及鞍钢作为恢复和发展的重点。例如,鞍钢的生铁、钢和钢材的生产能力,1949年分别下降到50万吨、58万吨和7万吨,比历史最高水平的1943年下降74.4%、56.4%和84.5%。除了国家投资,在工矿企业里,还开展献工、献纳器材、创造生产新纪录和增产节约运动。许多工人把珍藏多年的工具、器材献给国家。鞍山市在为恢复鞍钢生产发起的献纳器材运动中,共收到各种器材1123种、150232件,各种零件62442件,价值约1082604万元(东北币,下同)。沈阳市截至1949年6月,全市共奉献器材达7.3万多件,价值18亿元。大批工厂迅速恢复了生产。在开展增产节约和创造生产新纪录运动中,全省各行各业涌现了一批像马恒昌小组、孟泰、李绍奎、赵国有等闻名全国的先进集体和先进个人。

1952年,辽宁工业生产达到并超过了日伪时期的最高水平。全省工

[①] 高岗:《为完成1950年东北经济建设计划而奋斗》(1950年3月20日),中国社会科学院、中央档案馆编《中华人民共和国档案资料选编(1949—1952)》基本建设投资和建筑业卷,中国城市经济社会出版社1989年版,第968—969页。

[②] 中国社会科学院、中央档案馆编:《中华人民共和国档案资料选编(1949—1952)》基本建设投资和建筑业卷,中国城市经济社会出版社1989年版,第257、262—264页。

业总产值达45.25亿元（按1952年不变价格计算），比解放前最高水平的1943年高40%，比1949年增长3倍。1952年主要产品产量同1943年相比：钢达到94万吨，增长8.2%；钢材达到58.9万吨，增长13.3%；机床达到4430台，增长5.6倍；化肥达到11.9万吨，增长27.6%；水泥达到112.8万吨，增长68.4%；平板玻璃达到117万标箱，增长29.1%。[①]

第三节 156项先行开工项目建设

156项重点工程中，第一批50项在1950年确定后即开始设计，做施工准备。其中条件比较成熟，于1950—1952年间先后施工建设的有17项。除4项分别在河南郑州、四川重庆（今重庆市）、陕西西安和新疆乌鲁木齐以外，其他都在东北。17个项目中，能源工业项目最多。电力8项，煤炭5项，共13项。它们是工业的食粮，为工业提供动力，具有先行的性质。其余4项中，有色金属2项，钢铁和机械各占1项。详见表3-9：

表3-9　　1950—1952年先行施工的156项重点工程建设情况

项目名称	建设地址	开始建设年月	全部建成投产年月	建成投资额（万元）	新增生产能力		
					名称	单位	数量
煤炭工业							
辽源中央立井	辽源	1950	1955	5770	采煤	万吨	90
阜新平安立井	阜新	1952	1957	8334	采煤	万吨	150
阜新海州露天矿	阜新	1950	1957	19472	采煤	万吨	300
东山1号立井	鹤岗	1950	1955	6512	采煤	万吨	90
兴安台10号立井	鹤岗	1950	1956	7178	采煤	万吨	150
电力工业							
阜新热电站	阜新	1951	1958	7450	发电机组容量	万千瓦	15
抚顺电站	抚顺	1952	1957	8734	同上	同上	15
丰满水电站	吉林	1951	1959	9634	同上	同上	42.25

[①]《当代中国》丛书编辑部编：《当代中国的辽宁》上册，当代中国出版社1994年版，第50、292页。本节有关辽宁资料参引自该书。

续表 3-9

项目名称	建设地址	开始建设年月	全部建成投产年月	建成投资额（万元）	新增生产能力 名称	单位	数量
富拉尔基热电站	富拉尔基	1952	1955	6870	同上	同上	5.0
郑州第二热电站	郑州	1952	1953	1971	同上	同上	1.2
重庆电站	重庆	1952	1954	3561	同上	同上	2.4
西安热电站	西安	1952	1957	6449	同上	同上	4.8
乌鲁木齐热电站	乌鲁木齐	1952	1959	3275	同上	同上	1.9
钢铁工业							
鞍山钢铁公司	鞍山	1952	1960	268500	生铁	万吨	250
					钢	万吨	320
					钢材	万吨	250
有色金属工业							
抚顺铝厂（一、二期）	抚顺	1952	1957	15619	铝锭	万吨	3.9
					镁	万吨	0.12
哈尔滨铝加工厂（一、二期）	哈尔滨	1952	1958	32681	铝材	万吨	3.0
机械工业							
沈阳风动工具厂	沈阳	1952	1954	1893	工具	万台/吨	2/554

资料来源：中国社会科学院、中央档案馆编《中华人民共和国档案资料选编（1949—1952）》基本建设投资和建筑业卷，中国城市经济社会出版社1989年版，第270页。本表不包括军工项目。

上述情况说明，"一五"准备阶段即新中国成立之后头三年经济恢复时期的工作，是很有成效的。世界上很少有哪个国家，一面同强大的敌人作战，一面能够在恢复经济的同时又进行局部经济建设。新中国做到了，而且是与世界头号帝国主义国家美国为首的所谓联合国军进行的国际性的局部战争。在这一过程中，它恢复发展经济的势头非但没有被遏止，反而更加强劲；国家的经济实力不是被削弱，而是得以加强。截至1952年年底，以1949年为基期，社会总产值增长82.2%（按当年价计算，下同）国民收入增长64.5%。国家财政收入由1950年的65.2亿元增加到183.7亿元，增长1.8倍。资金积累能力显著增强，表现出在积累中建设、在建设中扩大积累的良性循环。值得指出的是，农业在这一时期的积累中占有重要地位；工业的贡献虽然比重不高，却呈现快速增长态势。参看表3-10：

表 3-10　　　　　　1949—1952 年国家财政收入构成
（以国家财政收入总计为 100）　　　　　单位：%

年份	企业收入 合计	其中 工业收入	各项税收 合计	其中 工商税	农业税	债务收入	其他收入
1950	13.4	6.8	75.1	36.2	29.3	4.6	6.9
1951	22.9	9.1	60.9	35.6	16.3	6.2	10.0
1952	31.2	11.7	53.2	33.5	14.7	5.3	10.3

资料来源：国家统计局《中国统计年鉴（1984）》，中国统计出版社 1984 年版，第 419 页。

农业的贡献实际上远不止这些。1949 年农业在整个国民收入中的比重高达 68.4%（按当年价计算，下同），1952 年虽然降低到 57.7%，绝对额仍有大幅增长（详见表 3-11、表 3-12）。同期，工业、建筑业、运输业和商业合计在国民收入中的比重分别不过 31.6% 和 42.3%，其中，工业分别为 12.6% 和 19.5%。很明显，农民所创造的一部分财富（国民收入）通过工农业产品交换价格比价差额，转化为工商企业利润，最后到了国库（作为财政收入）。迂回曲折的现象形式掩盖了问题的实质，缩小了农民的贡献。如果把这一部分价值计算进去，农民对积累的贡献要大得多。这在很大程度上也是农民当前利益与长远利益的关系的问题。三年内，包括工业在内的企业收入增长很快，农业税占比相对下降。这是经济发展工业化逐步推进的必然。这种可喜的变化刚刚开始，还将继续下去。

表 3-11　　1949—1952 年国民收入构成（以国民收入总额为 100）　单位（%）

年份	农业	工业	建筑业	运输业	商业
1949	68.4	12.6	0.3	3.3	15.4
1950	67.4	14.1	1.1	3.3	14.1
1951	63.6	16.9	1.8	3.6	14.1
1952	57.7	19.5	3.6	4.3	14.9
1952 为 1949	84	155	120	130	97

资料来源：国家统计局《中国统计年鉴（1984）》，中国统计出版社 1984 年版，第 31 页。1952 年为 1949 年 % 系根据表中资料计算。

表 3-12　　　　　　　　1949—1952 年国民收入情况

年份	国民收入总额（亿元）	农业（亿元）	工业（亿元）	建筑业（亿元）	运输业（亿元）	商业（亿元）	人均国民收入（元）
1949	358	245	45	1	12	55	66
1950	426	287	60	5	14	60	77
1951	497	316	84	9	18	70	88
1952	589	340	115	21	25	88	104
1952 为 1949%	164.5	138.7	255.5	2100.0	208.0	160.0	157.5

资料来源：根据国家统计局《中国统计年鉴（1984）》（中国统计出版社 1984 年版）第 29 页资料补充计算。

1949—1952 年的经济恢复与先行建设，显示出以下特点：

首先，从恢复和发展农业入手，振兴农村经济。中国人口众多，吃饭穿衣，是第一件大事。不能维持生计，工业化无从谈起。这是比技术和资金更为重要的前提条件。

中国号称以农立国，解放前却不能养活自己。美国政府预言新中国也未必能够解决这个问题。它的国务卿艾奇逊说："中国人口在十八、十九两个世纪里增加了一倍，因此使土地受到不堪重负的压力。人民的吃饭问题是每个中国政府必然碰到的第一个问题。一直到现在没有一个政府使这个问题得到了解决。国民党在法典里写上了许多土地改革法令，想这样来解决这个问题。这些法令有的失败了，有的被忽视。国民党政府之所以有今天的窘况，很大的一个原因是它没有使中国有足够的东西吃。中共宣传的内容，一大部分是他们决心解决土地问题的诺言。"

毛泽东批驳了这种谰言。其一，革命的发生不是因为"人口过剩"，而是源于帝国主义的压迫；其二，革命加生产就能解决人民的吃饭问题。他说："世间一切事物中，人是第一个可宝贵的。在共产党领导下，只要有了人，什么人间奇迹也可以造出来。我们是艾奇逊反革命理论的驳斥者，我们相信革命能改变一切。一个人口众多、物产丰盛、生活优裕、文化昌盛的新中国,不要很久就可以到来,一切悲观论调是完全没有根据的。"①

几年来的情况表明,中国人民主要依靠自力更生,不但能够解决自己的吃饭问题,而且能够支持工业化建设。以1949年为基期,1952年全国按总人口平均的占有量:粮食增加了158斤,达到576斤;棉花增加了3斤,达到4.6斤;油料增加了5.2斤,达到14.7斤。详见表3-13:

表3-13　　　　　　1952年按人口平均的主要农产品产量

年份	粮食 (斤/人)	棉花 (斤/人)	油料 (斤/人)	肉猪 (头/人)	猪牛羊肉 (斤/人)	水产品 (斤/人)
1949	418	1.6	9.5	—	—	1.7
1952	576	4.6	14.7	0.12	11.9	5.9

资料来源:国家统计局《中国统计年鉴(1984)》,中国统计出版社1984年版,第167页。

其次,以社会政治经济文化各领域的改革为内容的制度创新,构成这一时期的主旋律,加上有效的政治动员,极大地激发起全国各族人民的劳动热情和工作积极性。广大工农群众从新旧社会两重天的切身感受中,由衷地信赖党和政府的政策措施,响应号召;对国民党时代腐败无能失掉信心的大多数知识分子,从共产党和人民政府廉洁而富有效率的工作精神中,重新焕发起民族的希望,勤奋努力,报效国家。这是一切因素中最根本的因素。

再次,关外先行工业建设,关内先恢复发展农业和交通运输,各有所重,互为条件,相互促进,是这一时期建设工作部署的又一重要特色。

这一时期,农业作为重启国家工业化的先行产业,表现不俗。但是,没有理由过于乐观。

其一,油料生产并没有恢复到历史最高水平。

其二,粮食产量按人均计算,还未能达到抗日战争以前1936年最高时的水平。1936年粮食产量为3000亿斤,据民国内务部统计,当年全国总人口为46100万人。按此计算,人均粮食616斤;1952年人均粮食为

---

① 《毛泽东选集》第四卷,人民出版社1960年版,第1514、1516页。

576 斤。① 这表明，粮食生产增长速度还没有完全达到快于人口增长速度的程度，这是很值得注意的问题。需要说明，人均粮食生产水平，并不等于人均粮食实际消费水平，更不是一般劳动者的粮食实际消费水平。这是两种性质的问题，尽管不无一定的联系。在不同社会制度下，情况是很不相同的。新中国成立后，城乡劳动者的实际粮食消费水平显著高于解放以前的事实，有目共睹。

其三，农业连续几年赢得的较高的增长速度，不纯粹是人为因素，自然因素也是其中不可忽视的原因。1949 年水灾较为严重，成灾面积 12795 万亩；其余几年成灾面积分别为：1950 年 7680 万亩，1951 年 5670 万亩，1952 年 6645 万亩，除 1970 年以外，是截至 20 世纪 70 年代末自然灾害相对较轻的年份。就是说，气象条件比较有利。② 有关经济领导人是否意识到了这一点，我们不得而知。"一五"计划实施的头几年，以 1950—1952 年为参照系，先后拟定的农业发展速度和主要农产品增产指标，都因自然灾害搁浅，以致造成被动。这也许说明，对前三年农业状况的分析判断存在某种失真的因素。

---

① 1936 年全国总人口数转引自《中国历朝人口数量》，载"铁血论坛" http：//BBS.TIEXUE.NET/BBS73 - 0 - 1.HTML。1936 年粮食产量见前引国家统计局《中国统计年鉴（1984）》，中国统计出版社 1984 年版，第 168 页。
② 参见国家统计局《中国统计年鉴（1984）》，中国统计出版社 1984 年版，第 190 页。

第四章

工业化范式选择及目标任务

1953年，中国开始大规模经济建设，正式实施第一个五年计划，得以集中主要力量（此前的三年只能是一部分力量）致力于国家工业化。

当时，国民经济存在五种经济成分，即国营经济、合作社经济、农民和手工业者个体经济、国家资本主义经济和私人资本主义经济。这是中国民主革命胜利后，建立起来的新民主主义社会的重要特征。此前，经毛泽东提出，中共中央在同年正式公布了关于过渡时期的总路线。这条总路线指出，新民主主义社会是过渡性质的社会，中国革命不能停止在这个阶段而不前进，工业化不可能建立在这样的基础上，它只能是建立在生产资料公有制基础上的社会主义类型的工业化。总路线为此确定，要用大约15年左右的时间，逐步实现国家的社会主义工业化，并逐步实现国家对农业、对手工业和对资本主义工商业的社会主义改造。从1953年算起，到1967年、再加上前三年共18年，把中国基本上建成一个伟大的社会主义国家。

这条总路线指出，第一个五年计划对于实现过渡时期总路线具有决定性意义。而这时，第一个五年计划尚在编制过程中，中共中央关于过渡时期总路线的公布，为它指示了方向，规定了明确的奋斗目标和任务。计划（草案）据此重新进行重大修改补充，完善了社会主义工业化的型式及其内容。

第一节 世界工业化经验与中国的可能选择

一般说来，工业化范式包括两方面的内容。一方面是具有阶级属性的部分，另一方面则不具有这种性质。

一 历史必然性与多样性的统一

发端于18世纪产业革命的人类经济社会的工业化现代化过程，揭开了世界历史的新篇章。这是每个国家和民族或迟或早都要经历的一场深刻的生产技术革命和社会组织变革。它的主要内容和特点是以机器代替人畜力，社会化大生产方式取代分散的小生产方式。不管人们是否意识到这一点，从这时起也只有从这时起，各个国家和民族都成了世界的一部分，人类的历史才真正成为世界的历史。这是历史发展的共同性和普遍性，是客观规律使然，是历史的必然性，不以人们的主观意志为转移。但是，就某一个特定的国家和民族而言，其工业化过程将具有怎样的型式和特点，以何种途径和方法促成它的实现，则是千姿百态，显示出很不相同的个性。这不仅是由于社会历史条件、人文地理条件和国家、民族的一系列政治经济以及文化等方面的诸多差异所决定；而且也与在其中活动着的人们尤其是他们的政治领袖们基于对上述种种条件的不同审视而相应作出的政策选择，有着很大的关系。后一种情况，在现今发展中国家的工业化过程中每每出现，构成了与早期工业化过程的显著区别之一。体现着历史的必然性与多样性的统一。

二 工业化的两种基本范式

就阶级属性而言，迄今为止，人类社会的工业化过程，主要有两大类基本范式或型式，即一种类型是工业化和资本主义政治变革与经济改造相结合的资本主义工业化，另一种是工业化和社会主义政治经济革命相结合的社会主义工业化。前者是首先发轫于英国、而后扩散到欧美及日本的情况，后者则是十月革命后的苏联走的道路。就其根本内容说，它们所要解决的生产技术革命的课题是一样的，但具有不同的制度构造。

三 中国的选择

新中国的工业化不是沿袭西方发达国家当年工业化的路径，而是采取苏联社会主义工业化的型式。它是中国近代历史发展和中国人民大革命胜利的共同作用下的必然选择。

在中国的社会历史条件下，资本主义的道路走不通，近代历史已经作了结论。中国共产党领导的新民主主义性质的人民大革命，在推翻国民党反动派所代表的帝国主义、封建主义和官僚资本主义的统治的过程中，赢得了包括民族资产阶级及其政治代表各民主党派和爱国民主人士的支持与拥护。作为这一革命的胜利成果，建立了有民族资产阶级及其政治代表各民主党派和爱国民主人士参政的新中国。这既为向社会主义前进扫除了障碍，也意味着为发展资本主义创造了有利条件。在这种情况下，中国的前途又一次面临选择。

民族资本中，小资产阶级的一部分、资产阶级的大部分，是有野心的。他们中的右翼，早在国共两党胜负尚待分晓的时候，就标榜第三条道路，幻想获取国外势力的支持。美国在对华政策白皮书里，也对这些所谓"民主个人主义者"寄予期望。一旦有机会，他们总是要顽强地表现自己。天津工商界头面人物中，新中国建国初期就有人提出：将来不要搞社会主义，说新民主主义社会好，他们完全拥护。经过调整工商业，特别是在抗美援朝战争中，他们感到国家需要他们，政治上有了地位，经济上壮大了力量，自以为具备了争取更大更多政治经济利益的资本，进而提出自己的政策主张，即国家搞重工业，他们搞轻工业；国家搞原料，支持他们办加工工业。这实际上是要把西方发达国家的经济模式搬过来，以牺牲广大人民的利益为代价，满足民族资产阶级一己的私利。

中国革命主要是依靠工农群众（人民军队就是穿军装的工人和农民，特别是农民）才获得胜利的。如果依了这些资产阶级人物的主张，则无异于要中国共产党扮演18世纪法国大革命中雅各宾派①的角色。一旦革命胜利，便背弃自己的依靠力量，去满足资产阶级的要求。毛泽东和中共中央予以拒绝，适时提出过渡时期的总路线，是顺理成章的。

关于过渡时期的总路线，毛泽东作了如下表述：

"从中华人民共和国成立，到社会主义改造基本完成，这是一个过渡时期。党在这个过渡时期的总路线和总任务，是要在一个相当长的时期

---

① 雅各宾派，18世纪法国大革命时期最大的政治组织，代表新兴资产阶级的利益。因会址设在巴黎雅各宾修道院而得名。大革命前的法国，仍是君主制的封建国家。分属第一、第二等级的僧侣和贵族居于统治地位；资产阶级和其他阶层则属于第三等级，处于被统治地位。在第三等级中，资产阶级凭借其经济实力、政治才能和文化知识处于领导地位，但农民和城市平民是革命的主力，依靠他们一步步把革命推向前进。1793年6月巴黎人民举行第三次起义，建立起符合资产阶级利益的革命民主专政即雅各宾专政。它不仅不满足城乡群众的进一步要求，反而继续保留损害他们根本利益的法令《农业工人强迫劳动法》等，并先后镇压了代表下层人民利益的派别，从而削弱了革命政府的基本支持力量，最后导致雅各宾专政的失败。

内，逐步实现国家的社会主义工业化，并逐步实现国家对农业、对手工业和对资本主义工商业的社会主义改造。这条总路线是照耀我们各项工作的灯塔，各项工作离开它，就要犯右倾或'左'倾的错误。"①

这是一条社会主义工业化和社会主义改造同时并举的总路线，它们互相联系，相辅相成。这条总路线的形成和提出，改变了最初的设想。

中国革命包括民主革命和社会主义革命两个截然不同的革命阶段。中华人民共和国的成立，标志着中国革命第一阶段即民主革命阶段任务的基本完成。但是，直到 1953 年才把社会主义革命的任务正式提上日程。这里有客观原因。新中国成立的头几年，国内面临着继续完成繁重的民主革命遗留任务和艰巨的经济恢复工作，不久又进行抗美援朝战争，没有可能提出这一问题；同时，也不能否认有主观方面的原因，即原来对于民主革命胜利后，关于过渡问题的认识和设想，在缺乏实践根据的情况下，不能不囿于苏联的经验而受到某种束缚。例如，新中国建立时，中共中央主持拟定，为中国人民政治协商会议接受，起临时宪法作用的《共同纲领》，就不曾把社会主义写进去。当时，党外有人询问毛泽东，要多长时间才过渡到社会主义去。毛泽东回答：大概二三十年吧。那时的估计是，经过一个相当长的时间，工业发展了，国营经济壮大了，才能具备采取"严重的社会主义步骤"的条件，实行私人资本的国有化和小农经济的集体化。

刘少奇 1951 年 7 月 5 日的春藕斋谈话，是较为完整地阐发。在这次谈话里，他强调采取社会主义的严重步骤，要经过相当长的时间的准备，具备必要的条件。这就是：工业大大发展，农业也有大发展，国营经济树立起绝对领导地位，工农联盟更加巩固，经济管理干部比较成熟和培养了自己的技术干部。他把这个时期定格为新民主主义阶段，估计至少 10 年，多则 15 年至 20 年。他提出，进入社会主义的步骤分两步走。第一步实行工业国有化，性质是开始破坏资本主义的私有制。实行的时间和方式取决于当时的情况和资产阶级的态度。在这一步以后，国家就可能加速社会主义建设，经过一个时期的巩固和发展，进入第二步，实行农业集体化，在农村普遍组织集体农庄。农业集体化要依靠城市工人阶级、乡村贫雇农。离开城市工人阶级，离开强大的国有工业，不能有农村集体化。单纯依靠农民来实行农业集体化是幻想。农业集体化要经过一个大运动来达到，不

---

① 《毛泽东文集》第六卷，人民出版社 1999 年版，第 316 页。

是零星地慢慢地一个一个地来建立。很显然，这种看法同列宁关于农业合作化必须在机械化的基础上进行的观点是一脉相承的。刘少奇把新民主主义当作一个阶段，大约需要15年到20年。此后不久，他关于"巩固新民主主义制度"的提法，则是上述思想的概括。他认为，在这个阶段上，中心任务就是要努力发展经济，发展国家经济，也发展私人经济，而不是一般地破坏私有财产制度。应该说，这是因袭苏联当年做法的必然结论。

1952年，随着经济恢复时期各项任务的陆续完成，实践也提供了解决这一问题的新经验，提出过渡时期总路线的主客观条件才臻于成熟。在情况的发展变化中，抗美援朝战争和"三反""五反"运动，在私人工商业中已经出现的国家资本主义的不同形式，以及在农村开展的互助合作运动，应该说具有决定性作用。

1965年12月30日，薄一波应毛泽东的秘书田家英的要求，整理了一份记录毛泽东当年提出过渡时期总路线的有关情况（以下简称"记录"）。新中国成立后头几年，中央书记处（实际上是中央政治局的常委会）开会没有正式记录。当时奉命列席书记处会议的薄一波，经周恩来提议可作简要记录，以备查用。他整理的这份材料，就是从他的记录里摘录出来的，是研究这一问题的直接的重要的文献根据。现抄录如下：

> 过渡时期总路线。主席是从1952年9月以后经常讲的。但开始未形成一个完整的辞。例如1952年9月24日书记处会上，主席就讲了：十年到十五年基本上完成社会主义，不是十年以后才过渡到社会主义。二中全会提出限制和反限制，现在这个内容就更丰富了。工业，私营占32.7%，国营占67.3%，是三七开；商业零售是倒四、六开。再发展五年比例会更小（资小我大），但绝对数字（指资）仍会有些发展，这还不是社会主义。五年以后如此，十年以后会怎么样，十五年以后会怎么样，要想一想……
>
> 性质也变了，是新式的资本主义；公私合营，加工订货，工人监督，资本公开，技术公开，财政公开……他们已经挂在共产党的车头上，离不开共产党了。
>
> 空前绝后，他们的子女们也将接近共产党了。
>
> 农村也是向合作互助发展，前五年不准地主、富农参加，后五年可以让其参加。

（下面讲了一段战争形势）

争取15年不打仗（是）可能的。

以后几个月不断地、但是零星地讲要消灭资产阶级，消灭资本主义工商业，但是要有步骤：一要消灭；一还要扶持一下。（1952年11月3日书记处会）

到1953年春就讲得更多。说对资产阶级，还有几个问题，没有彻底解决：一、税收……二、劳资……三、商业调整……四、资金短绌……要解决。（1953年1月31日会议）

又说："社会经济结构已经大规模地改组"（有个文件上这样讲，主席不赞成）只是国营工业、运输业、批发商已经改组了；其他并没有改组呀！农业、手工业、资本主义商业、资本主义工业才刚开始改组，工业还远未完成，商业零售面逐渐扩大（指我）。农业说农民从地主方面拿到土地、从封建所有制变为个人所有制是改组；但从个人所有制变成小集体所有制，则正在开始。（1953年2月1日会议）

以后又讲过几次。

直到1953年2月27日书记处会议上形成一句完整的话。这次会议主席讲了几个问题，其中有一段话说：

什么叫过渡时期？过渡时期的步骤……走向社会主义，走就向……我给他们（指孝感等地委）用扳指头的办法解释，类如过桥，走一步算过渡了一年（主席扳着指头讲），两步两年，三步三年，四步四年，五步五年，六步六年……十年到十五年走完了。我让他们传到县委书记、县长。在十年到十五年或者还多一些的时间内，基本上完成国家工业化及对农业、手工业、资本主义工商业的社会主义改造。要防止急躁情绪。基本上是什么倾向？是盲目积极性，太急了。斯大林讲的政权到了我们手里不要急。现在要泼半瓢冷水，不要一瓢。

在此以前（1952年9月前）主要议论战争打起打不起来。结论大体是十年到十五年打不起来，再加七年（指1945年到1952年）二十三年。要打，是资本主义内部打……等等。由此议论到我们社会主义革命和建设的任务、时间等等。[①]

[①] 薄一波就毛泽东关于党在过渡时期的总路线问题的几次讲话记录写给田家英的一封信（1965年12月30日）。

这份"记录"表明，毛泽东通过对几年来经济关系和阶级关系的变化的思考和总结，找到了不同于苏联的"逐步过渡"的方式；他要把社会主义工业化和社会主义革命作为党的主要任务提上日程。战争因素是毛泽东不可能忽视的。搞社会主义，原本就是中国共产党的既定目标。但毛泽东在此时此刻正式提出这个问题，不是更早也不能再晚，是从国内外的形势的分析估量中作出的抉择。"记录"所载内容，充分反映了这一点。

第二次世界大战后，不断有第三次世界大战要爆发的喧嚣。抗美援朝战争初期，又曾叫喊一阵。这次局部战争的结局，有利于推迟世界大战，争得一个较长的和平时期，10年到15年的时间。毛泽东正是要抓住这个宝贵的时间，实现中国的初步工业化和社会主义改造任务，解决向社会主义过渡的问题。那时，帝国主义要打仗，中国就有了更多的主动权。

就国内说，几年来阶级关系出现的新情况，也不能不引起毛泽东的高度警觉。

新中国成立前后，通过没收官僚资本，大工业、大银行、大批发商收归国有，中国资产阶级的主要部分已经被消灭。它一方面壮大了社会主义国营经济，同时也为民族资本的发展拓展了空间。早在1948年9月的政治局会议和七届二中全会上，毛泽东就明确肯定，中国革命在全国胜利，并且解决了土地问题以后，工人阶级和资产阶级的矛盾将成为国内的基本矛盾。就其实质说，没收官僚资本，大工业、大银行、大批发商收归国有的过程，就意味着向社会主义过渡的开篇。只是没有公开这样去讲。1952年6月6日，在中共中央统战部的一份文件上，毛泽东进一步指出："在打倒地主阶级和官僚资产阶级以后，中国内部的主要矛盾即是工人阶级与民资产阶级的矛盾，故不应再将民族资产阶级称为中间阶级。"[①] 这不是上述提法的简单重复，它包含对新中国成立后几年来阶级和阶级关系作出的新的观察和思考，预示着在解决中国资产阶级的主要部分即官僚资产阶级之后，解决剩下的被称为民资产阶级的任务，将要提上日程。

[①] 《毛泽东选集》第五卷，人民出版社1977年版，第65页。

不久前的"三反""五反"运动,特别是"五反"运动的经验,在毛泽东的思考中占有十分重要的地位。薄一波曾回忆,"五反"运动期间,有一天,毛泽东听取他汇报运动情况时,突然说,苏联对中国的"五反"很重视,比对"三反"的反响强烈。"三反""五反"运动是毛泽东在新中国成立后亲自发动的工人阶级与民族资产阶级的第一场较量。形容为一场阶级搏斗,未必过分。敏感的苏联人对于这场斗争密切关注,不难理解。斗争的经验启示人们,希望这两个阶级在政治上和经济上长期保持"井水不犯河水,河水不犯井水"那样的关系,是不现实的。前面曾提到,民族资产阶级和它的政治代表一有机会和条件,就会提出自己的政治要求和政治主张,而且不择手段地腐蚀干部,首先是腐蚀领导干部。采取"拉出去、打进来"的办法,在党和政府里安插"坐探",寻找代理人。联系到土地改革以后,党内在互助合作问题上的不同看法,关于发展农业生产中诸如"四大自由"的主张,不少人的认识仍然停留在原有阶段,热衷于巩固新民主主义的一套做法,有的大区书记甚至公开写文章说,今后国内没有什么大的阶级矛盾了,一个新的唯一的矛盾就是先进与落后的矛盾。固守关于革命转变的传统模式,先工业化,后国有化和集体化,在一个相当长的时期里任由城乡私人资本主义势力发展而不必加以改造。鉴于党的队伍中有相当一部分人,他们的思想不能随变化了的客观情况而前进,毛泽东从1952年9月前后到1953年春这段时间,在不同的场合,不厌其烦地阐述他关于过渡时期总路线的思想。这既是他的思考不断深化的过程,也是在党内不断地下"毛毛雨",统一大家的认识的过程。正是这些周到的考虑和耐心的工作,包括刘少奇和周恩来等都放弃了曾经的主张,在过渡的问题上达成新的共识。李富春有一段话,印证了决策层获得的这一重要结论。他列举"有人希望社会主义经济和资本主义经济长时期地在一个国家里并存,希望对资本主义工商业不要实行社会主义改造,或者现在还不要实行社会主义改造",认为这种想法是错误的。他说:"社会主义和资本主义这两种相反的生产关系,在一个国家里互不干扰地平行发展是不可能的。不走社会主义的路,就要走资本主义的路,而后面这条路,是中国人民所决不允许可的。走社会主义的路,是我国历史发展的必然规律。"[①]

---

① 《中华人民共和国发展国民经济的第一个五年计划(1953—1957)》,人民出版社1955年版,第166页。

第二节　以速度为中心的工业化战略

一　工业化速度取决于对重工业的认识

在致力于发展经济，实现本国工业化的过程中，追求尽量高一些的速度的愿望，应该说，不论任何国家和民族都是共同的；而能否如愿以偿，则是另一回事。这里撇开社会制度的因素，就看采取怎样的政策取向有助于达到这一目的。过渡时期总路线把发展重工业作为实现国家工业化的中心环节，规定第一个五年计划的基本任务是集中主要力量发展重工业，建立国家工业化和国防现代化的基础。中共中央在一项指示中特别指出：工业化的速度首先决定于重工业的发展，因此我们必须以发展重工业为大规模建设的重点。要以有限的资金和建设力量（特别是地质勘探、设计和施工的力量），首先保证重工业和国防工业的基本建设，特别是确保那些对国家起决定作用的、能迅速增强国家工业基础与国防力量的主要工程的完成。[①]

这一认识的根据是："资本主义国家从发展轻工业开始，一般是花了50年到100年的时间才能实现工业化，而苏联采用了社会主义工业化的方针，从重工业建设开始，在十多年中（从1921年开始到1932年第一个五年计划完成）就实现了国家的工业化。苏联过去所走的道路正是我们今天要学习的榜样。苏联因为采取了社会主义工业化的方针，从建立重工业开始，所以在1941年到1945年的卫国战争中，能够击败德日法西斯主义的侵略，成为世界上第一个强大的社会主义国家。苏联因为建立了重工业，就有了机器制造工业，有了汽车、飞机、拖拉机等工业，就有了现代国防工业，就能使交通运输业、轻工业获得不断的有力的发展，就能使农业获得各种新式机器和化学肥料，迅速地实现农业的集体化。我国实现国家的社会主义工业化，正是依据苏联的经验从建立重工业开始。"[②]

一般说来，这是历史的实际。然而，并不完全，更不是绝对的。所以有这种认识，在20世纪50年代同斯大林下面的一段话不无联系。斯大林

[①]《中共中央关于编制1953年计划及长期计划纲要的指示》（1952年12月22日）。
[②]《为动员一切力量把我国建设成为一个伟大的社会主义国家而斗争（中共中央宣传部关于党在过渡时期总路线的学习和宣传提纲）》，《社会主义教育课程的阅读文件汇编》（第一编），人民出版社1958年版，第351、352页。

说:"在资本主义国家,工业化通常是从轻工业开始。由于轻工业同重工业比较起来,需要的投资少,资本周转快,获得利润也较容易,所以在那里,轻工业成了工业化的头一个对象。只有经过一个长时期,轻工业积累了利润并且把这些利润集中于银行,这才轮到重工业,积累才逐渐转到重工业中去,造成重工业发展的条件。但这是需要数十年之久的长期过程,在一个时期内只能等待轻工业发展并在没有重工业的情形下勉强过活。"[1] 把工业化从轻工业开始抑或从重工业开始,与工业化型式的阶级属性直接相联系,似过于简单。其实,不仅有资金的问题,还有市场需求的问题,以及社会经济条件和科学技术发展状况等问题。后者还是相当重要的因素。著名经济学家王梦奎在研究英国以及美、德、法等国产业革命的历史后指出,纺织工业部门最先广泛使用机器,这是由于当时的社会经济条件所决定的。他说:"纺线织布有着古老的历史,几乎在所有的国家都是传统的家庭手工业。在资本主义的童年时期,即简单协作和工场手工业时期,仍然是以这种手工劳动为基础的。在产业革命开始的时候,所面临的就是这样的现实,也只能从这个基地上起步。"他又说:"当时,煤炭工业和炼铁工业尚不发达,技术上还有不少课题需要解决;炼钢方法则尚未被人们所发现;真正的机器制造工业,只是从18世纪末叶起才开始发展起来;资本积累的数量也还不足以满足重工业大规模发展的需要。因此,不仅在产业革命的开始阶段,甚至在产业革命基本完成以后的若干年内,轻工业在整个工业生产中所占的比重,还是高于重工业的。"[2] 日本开始工业化比较晚,主要是在19世纪60年代明治维新以后。这时,钢铁冶炼、机器制造、化学工业在上述几国都有了一定的基础。它能够利用这些科学技术成果,加上从中日甲午战争中掠夺的巨额战争赔款,直接以发展它的军事工业为重心,以比英、法、美、德等国都更快的速度,完成了自己的产业革命,挤进资本主义列强的行列。

二 不能忽视特定的客观背景

历史地看,斯大林强调社会主义工业化从发展重工业开始,实施重工业高强度发展战略,不能忽视有着被资本主义包围的特殊环境和曾经遭受

---

[1] 《斯大林文集》,人民出版社1973年版,第449页。
[2] 王梦奎:《两大部类对比关系研究》,中国财政经济出版社1983年版,第118页。

外国武装干涉的痛苦感受。他期望以重工业投资的叠加效应换取工业化时间的节约,进而赢得生存空间。确实如《学习和宣传提纲》所说,苏联当年的做法,在战争前完成了自己的工业化,所以在1941年到1945年的卫国战争中,能够击败德日法西斯主义的侵略,成为世界上第一个强大的社会主义国家。但同样不可否认的事实是,不论斯大林的逻辑可能有怎样合理的解释,他的这种重工业过度投资的政策,诱导他依旧走上被他自己否定的损害农业的道路,苏联农民为此付出了巨大代价。这也是他后来建议中国的"一五"计划应当注意这一问题的原因。

中国重启工业化时的国际环境,虽然不像苏联当年那样恶劣,强烈的忧患意识和危机感,仍使党的决策层萦怀于心,效仿苏联经验,采取重工业超常发展的投资政策;况且苏联经验中有它合乎真理性的部分。这个自1840年中英鸦片战争以来,历经百年沧桑才摆脱了殖民地半殖民地地位,在刚刚浴火重生又被迫卷入一场抗美援朝战争的民族,把自己的发展首先同迅速建立重工业和国防工业体系联系起来,以便维护新生国家的政治独立和经济独立,是很自然的。

一般说来,选择社会主义工业化型式,同资本主义工业化型式比较,具有一个显著优势,就是它拥有巨大的资源动员能力。它在一定时期里,有必要也有可能将有限的分散的资源吸纳到一个漏斗里,按照国家计划,集中投向迫切需要发展的主要工业部门,变后发工业化的劣势为比较优势,如同军事学上将战略上的暂时劣势转变为战役战斗上的显著优势一样,从而在与比自己远为强大的对手的对抗中,争得时间与主动,显示出市场自发力量所不具备的优越性。当然,这里也隐含着犯错误的可能性。事物总是成双成对。没有万无一失的、十全十美的体制和办法。在以后的实践中,我们就会看到它实施的一系列举措,确实赢得了工业化的高效率。但不管它有着怎样的历史必要性,依然有着不可回避的负面影响。例如,经济运行过程中建设与生产、工业与农业、财政的收与支一系列经济关系不容易协调,影响农业和轻工业的发展等问题,就是证明。

较早对此持有疑问的毛泽东,1956年把目光从社会主义革命移向经济建设,拨冗研究怎样加快发展。历史经验与现实思考的撞击,促使他形成"以苏为鉴"的理性认识,提出必须正确处理重工业与农业、轻工业的发展关系问题,走独辟蹊径的中国工业化道路。从20世纪50年代初提"学习苏联"到"以苏为鉴",其中包含怎样丰富的历史内涵啊!也由此可见，经济发展中的问题，像有关速度的问题，未必都能用"求成过急"的主观偏好所能解释。从主观上说，对于社会主义建设规律的认识需要一个过程；从客观上说，无不同严峻国际环境下为加快工业化进程而实施的重工业高强度增长战略高度相关。在当今世界上，要对付霸权政治，提供给前人的选择空间和回旋余地有限，这是研究历史问题不可不察的。

第三节　第一个五年的奋斗目标和任务

根据过渡时期总路线最后编定的"一五"计划，虽然名为发展国民经济的计划，社会经济关系的变革也是其中的重要组成部分，实际是国民经济与社会发展全面兼顾的中长期规划。它的基本任务，是建立三个初步基础。其正式表述是："第一个五年计划的基本任务，概括地说来就是：集中主要力量进行以苏联帮助我国设计的 156 个建设单位为中心的、由限额以上的 694 个建设单位组成的工业建设，建立我国的社会主义工业化的初步基础；① 发展部分集体所有制的农业生产合作社，并发展手工业生产合作社，建立对于农业和手工业的社会主义改造的初步基础；基本上把资本主义工商业分别地纳入各种形式的国家资本主义的轨道，建立对于私营工商业的社会主义改造的基础。这是中国共产党和中华人民共和国国家机关领导全国人民为实现过渡时期总任务而奋斗的带有决定意义的纲领。"②

一　建立社会主义工业化的初步基础

为此确定，以重工业为主的工业基本建设计划为五年计划的中心，首先建立由现代技术装备起来的新的工业，同时要用现代先进技术改造原有的工业。而苏联援助的 156 个单位的建设，又是工业基本建设计划这个中心的中心。五年内，工业基本建设新建、改建单位包括苏联援建的 156 个大型骨干项目在内，在限额以上有 694 个，限额以下的约 2300 个。限额以上的单位，能够在五年内建设完成的有 455 个；限额以下的单位，绝大多数可以在五年内完成。这些项目的建成投产，新增加的生产能力特别是

---

① 第一个五年计划"建立我国的社会主义工业化的初步基础"的提法，只能从一般意义上理解，实际上不够确切。"前言"已提到，以后的章节还会涉及。
② 《中华人民共和国发展国民经济的第一个五年计划（1953—1957）》，人民出版社 1955 年版，第 18—19 页。

主要重工业品的建设规模和五年内增加的年生产能力如下：

铁：全部建成后增加的年产能力将为 575 万吨，五年内增加的年产能力为 280 万吨。

钢：全部建成后增加的年产能力将为 610 万吨，五年内增加的年产能力为 253 万吨。

电：全部建成后增加的发电能力将为 406 万千瓦，五年内增加的发电能力为 205 万千瓦。

原煤：全部建成后增加的年产能力将为 9310 万吨，五年内增加的年产能力为 5385 万吨。

冶金机械和矿山机械：全部建成后增加的年产能力将为 19 万吨，五年内增加的年产能力为 7 万吨。

发电设备：全部建成后增加的年产能力将为 80 万千瓦，五年内建成。

载重汽车：全部建成后增加的年产能力将为 9 万辆，五年内达到的年产能力为 3 万辆。

拖拉机：全部建成后增加的年产能力将为 15000 辆，1959 年建成。

化学肥料：全部建成后增加的年产能力将为 91 万吨，五年内增加的年产能力为 28 万吨。

水泥：全部建成后增加的年产能力将为 360 万吨，五年内增加的年产能力为 236 万吨。[1]

五年计划时期结束时，中国将建立起自己的机器制造业，为形成以重工业为基础的独立工业体系打下基础，为国家工业化打下初步基础。

二 建立对个体农业、手工业的社会主义改造的初步基础

就一般意义说，任何一种型式的工业化，都不可能建立在分散、落后的小农经济的基础上。所不同的是，资本主义工业化往往以大量农村居民的破产为代价，实现农业的规模经济。这是 18 世纪的英国开创的农业资本主义的改革道路；社会主义工业化则是通过集体化，在避免两极分化的前提下，实现农业规模经济。"一五"计划规定，到 1957 年，参加到半社会主义性质的初级农业生产合作社的农户，在全国 1 亿 1000 万个农户

---

[1] 《中华人民共和国发展国民经济的第一个五年计划（1953—1957）》，人民出版社 1955 年版，第 171—172 页。

中的比重将达到1/3左右。手工业也将纳入不同形式的合作小组或生产合作社。

三 建立对私营工商业的社会主义改造的初步基础

如前所说，对私营工商业实行社会主义改造的必要性，是基于社会主义经济和资本主义经济这两种经济成分，不可能长期和平共存地平行地发展，私营工商业的存在必将同社会主义计划经济产生难以调和的矛盾。同时，由于这一部分民族工商业家具有两面性的阶级属性，在中国的条件下，有可能接受党和国家的利用、限制和改造的政策，即通过与社会主义国营经济的不同程度、不同形式的合作生产、合作经营的国家资本主义道路，最后走向社会主义。五年计划规定，到1957年年底，它们将被纳入各种形式的国家资本主义轨道，为转变到社会主义打下基础。

第四节 环绕主要指标的经济关系安排

一 关于建设规模和经济发展速度的安排

（一）综合指标

国家建设规模直接关系工业化进程的快慢；而建设规模的确定又在很大程度上取决于经济发展的速度以及投资率的高低（投资率是投资额与GDP的比例，中国那时没有GDP统计指标，使用的是积累率所表示的投资额与国民收入使用额的比例）。编制"一五"计划正值抗美援朝的大背景下，在党的高级干部中乃至领导层中，要求加快建设自己的重工业和国防工业的呼声很高。直到1954年，陈云根据毛泽东的指示，召集政治局扩大会议听取大家对"一五"计划（草案）的意见时，军队元老朱德和时任总参谋长的粟裕，在会上仍强烈表达这一愿望。加之以新中国成立最初几年经济恢复发展的实绩作为参照系，所以，最初试编计划概要的建设规模比较大，对于速度的要求也比较高。例如，工业年均递增速度为25%，农业为7%。在征求斯大林和苏联政府的意见时，他们感到定高了，不可能有恢复经济时期那样高的增长率。1954年6月，陈云就计划编制情况向毛泽东和中共中央提交报告，速度指标有所降低。工业平均每年递增速度为15.5%，农业为5%。建设规模的压缩有些困难，主要是苏联援助建设的141项大型项目已经确定下来，其中国防工业项目的比重又较多的缘故。他说:"关于工业投资,过去曾研究过三个方案。一个是265万亿元①,按照这个方案,141个项目(后为156项——引者注)要推迟很多。另一个是328万亿元,这样就要求财政收入再增加几十万亿元,这很难做到。因此,较适当的是现在的292万亿元的方案。"②

最后编定的计划再次调低了有关计划指标。这就是正式审查通过公布的,五年用于经济建设和文化教育建设的支出总额为776.4亿元,用于基本建设的投资为427.4亿元,占55.8%。其中,工业基本建设投资为248.5亿元,占基本建设投资总规模的58.2%,比上述292亿元的方案调减43.5亿元。五年内安排的新建、改建单位,限额以上的1600个,限额以下的6000多个。其中工业方面,包括苏联援助的建设单位在内,限额以上的694个,限额以下的约有2300个。

工农业总产值计划由1952年的827.1亿元增加到1957年的1249.9亿元,增长51.1%,平均每年递增8.6%。其中:工业总产值计划由1952年的270.1亿元增加到1957年的535.6亿元,增长98.3%,平均每年递增14.7%,较15.5%又下调0.8个百分点;农业及其副业总产值计划由1952年的483.9亿元增加到1957年的596.6亿元,增长23.3%,平均每年递增4.3%,较5%又下调0.7个百分点。计划指标经历了一个多次降低的过程。这反映了对自己国情的不断认识,也说明对苏联经验了解的程度在逐步加深。详见表4-1:

表4-1　　　　　　"一五"计划几项主要指标变动情况

	工业基本建设投资额(亿元)	工业总产值年均递增速度(%)	农业总产值年均递增速度(%)
计划概要指标	—	25.0	7.0
1954年指标	292	15.5	5.0
正式计划指标	248.5	14.7	4.3

(二)新增生产能力指标

第一个五年计划以工业基本建设为中心,其中,苏联帮助设计的单位

---

① 陈云所指系旧币,新旧币比值为10000∶1。本书凡未特别说明的,都指新币。
② 《陈云文选(1949—1956)》,人民出版社1984年版,第234、235、241—242页。

在五年内的投资是 110 亿元，占工业部门基本建设投资 248.5 亿元的 44.3%。同时，直接配合这些建设单位的，还有 143 个限额以上的建设单位，五年内对这些建设单位的投资是 18 亿元，占工业部门基本建设投资 248.5 亿元的 7.2%。两项合计共占 51.5%。这就是说，在第一个五年计划内是集中主要的投资来保证苏联帮助设计的重点工程及其直接配合的工程的建设的。[①] 它们又是工业基本建设的重点。

限额以上的建设单位，能够在五年内建设完成的，工业方面有 455 个，加上其他方面共有 1271 个；限额以下的建设单位，绝大多数可以完成。这些建设单位的完成，就将大大地提高我国的工业生产力，推动农业的发展，增长运输能力，扩大文化教育事业。

工业方面，包括限额以上和限额以下的建设单位在内，其主要工业品的建设规模和五年内增加的年产能力为：

铁、钢、电、原煤、冶金机械和矿山机械、发电设备、载重汽车、拖拉机、化学肥料、水泥等，参见上节第一点。

棉纺锭：全部建成后增加的纺锭将为 189 万锭，五年内投入生产的纺锭为 165 万锭。

机制纸：全部建成后增加的年产能力将为 18.6 万吨，五年内增加的年产能力为 9.5 万吨。

机制糖：全部建成后增加的年产能力将为 56 万吨，五年内增加的年产能力为 42.8 万吨。

运输业方面，五年内新建成的铁路干线和支线共 4000 公里以上，加上恢复铁路、改建铁路、新建复线、延长车站站线、修建工业和其他的专用线，则增加的铁路总长度约为 10000 公里。五年内由中央投资修建的公路共 10000 公里以上，新增加的通车里程为 7000 公里以上。五年内新增轮船 40 万载重吨。

农业和水利方面，五年内将新建限额以上和限额以下的国营机械化农场 91 个、拖拉机站 194 个。五年内除建设 13 个大型水库外，修濬河道的土石方工程 13 亿立方米，并将开始进行黄河的治本工程。

五年内，包括工厂厂房、工人职员宿舍、学校、医院等在内的房屋建

---

① 《中华人民共和国发展国民经济的第一个五年计划（1953—1957）》，人民出版社 1955 年版，第 31 页。

筑面积，约有 1.5 亿平方米。

工业建设是第一个五年计划的中心，而在苏联援助下的 156 个工业单位的建设，又是工业建设的中心。156 个单位中，五年内开始施工的为 145 个，都是规模大、技术新，许多是中国工业史上的创举。许多铁路、公路、水利等等的建设工程的规模，也是很巨大的。[①]

(三) 产量指标

五年内，主要工农业产品在 1957 年的计划产量，比 1952 年的增长情况如下：

钢：从 135 万吨增加到 412 万吨，增长 2.1 倍。

发电量：从 72.6 亿度增加到 159 亿度，增长 1.2 倍。

原煤：从 6353 万吨增加到 1.13 亿吨，增长 0.8 倍。

发电机：从 3 万千瓦增加到 22.7 万千瓦，增长 6.7 倍。

电动机：从 64 万千瓦增加到 105 万千瓦，增长 0.6 倍。

载重汽车：达到 4000 辆（1952 年还不能制造）。

水泥：从 286 万吨增加到 600 万吨，增长 1.1 倍。

机制纸：从 37 万吨增加到 65 万吨，增长 0.8 倍。

棉布：从 1.1163 亿匹增加到 1.6372 亿匹，增长 0.5 倍。

机制糖：从 24.9 万吨增加到 68.6 万吨，增长 1.8 倍。

粮食：达到 3856 亿斤，增长 17.6%。

棉花：达到 3270 万担，增长 25.4%。

黄麻、洋麻：达到 730 万担，增长 19.7%。

烤烟：达到 780 万担，增长 76.6%。

甘蔗：达到 263 亿斤，增长 85.1%。

甜菜：达到 42.7 亿斤，增长 346.4%。

油料作物：以播种面积计算达到 1.18 亿亩，增长 37.8%。

二 关于几个主要经济关系和经济比例关系的安排

(一) 关于建设规模与国力的相互关照问题

建设规模必须与国力相适应，这是经济计划工作的一条重要原则。所

[①]《中华人民共和国发展国民经济的第一个五年计划（1953—1957）》，人民出版社 1955 年版，第 171—173 页。

谓国力，笼统说，当然是指财力、物力和人力。问题是，两者的适应，不能仅限于总量的大体适应，其中结构问题的重要性并不逊于总量。例如说，"有多少钱办多少事"。实际经验证明还不够，还必须要看有没有相应的建设物资的支持。因为一定量的货币（不是纯粹财政性发行的货币）所代表的物力（物资），并不一定适合基本建设的需要。在经济实践中，每当有较多的新开工项目，基本建设规模有所扩大，建筑材料尤其是合用的钢材、木材和水泥这几种材料就异常紧张，并同即期生产发生矛盾，互相争夺材料。不仅如此，人力资源同样有一个结构的问题。中国有丰富的劳动人口，但是，建设急需的工程技术人员和管理人员严重不足，是又一个重要制约因素。

所以，李富春专门就建设规模的问题进行说明。他列举了四个方面的积累来源，论述关于建设规模的安排具有资金保证。他说："我国并不是没有建设资金，而是以前大量资金都装进了帝国主义者、地主、资产阶级的腰包，只有人民革命胜利以后，我国人民才有可能把自己劳动所创造的资金用于国家建设，为我们自己和我们的后代创造美好的将来。我们应该及时地和好好地利用这种资金。"同时，他也说明，建设规模不可能再扩大，其中就说到了技术人员不足的限制，即使财力和物力，也并不宽松。

国力的问题，归根到底要看工农业生产的发展速度。

原来设想的经济发展速度指标比较高，主要是寄托在新建项目投产增加的生产能力上，而对新建项目的投产又往往预计过早。后来测算，即期生产的增加，70%要依靠现有企业挖掘潜力，新项目的贡献只占30%。李富春说："五年内工业生产计划的完成，主要地依靠我国原有的企业。按照全国的工业总产值大体计算，1957年比1952年新增加的产值中，由原有企业所增产的约占70%左右，由新建和重大改建的企业所增产的还只占30%左右。原有企业除供应新建企业以设备、材料和满足人民所需要的日用品外，还担负着为国家积累资金和培养干部等重大任务。因此，除了新建和扩建的企业应该在保证工程质量的前提下，争取提早投入生产外，必须重视现有企业的生产工作，充分发挥现有企业的潜在力量，争取超额完成生产计划。"[①]可见，建设规模问题的实质，在很大程度上又表

[①]《中华人民共和国发展国民经济的第一个五年计划（1953—1957）》，人民出版社1955年版，第184、190—191页。

现为基建与生产的关系的问题。这种关系不仅是总量的问题，而且也有结构的问题。

（二）关于经济发展速度与重、轻、农的比例关系问题

根据计划安排，以1952年为基期，1957年工业总产值增长98.3%，其中：生产资料的产值增长126.5%，消费资料的产值增长79.7%，整个工业平均每年递增速度为14.7%；农业及其副业总产值增长23.3%，平均每年递增4.3%。不同的增长速度所表现的相互关系，在经济管理中表现为重工业同轻工业和农业的关系。实际上就是马克思所说的两大部类的关系问题。[①]再生产能否顺利进行，取决于它们在价值上和实物形态上能不能相互得到足够的补偿。列宁在引入技术进步的因素后，对这一原理作补充认为，其中还存在一个生产资料生产比消费资料生产增长更快的规律。斯大林开始实施的优先发展重工业的方针和政策，就是由此而来。姑不论经济理论界现今对这一问题有哪些不同看法，重工业优先的数量界限是一个很难把握的问题。

1952年工农业总产值中，重工业占15.3%、轻工业（27.8）、农业（56.9%）合计占84.7%；在工业产值中，重工业占39.7%，很明显，重工业过于落后。计划安排工业投资占整个基本建设投资的58.2%，重工业投资又占整个工业基本建设投资的88.8%。到1957年，重工业产值在工业产值中的比重将达到45.4%，提升5.7个百分点。重工业较快地发展，有它迫切的需要。中国原有的工业基础，主要是一些轻工业。重工业则不同，原有基础特别薄弱，需要积极地长期地扩大重工业的基础，需要较多的资金投入。但是，1953年和1954年两年的情况，也显示出轻工业和农业发展不足，特别是农业的滞后对整个国民经济的拖累很大。五年计划制定过程中，考虑到农业的不稳定性，主要从计划指标上作了一些调整，其他方面看不出有什么举措。

关于轻工业的问题，李富春在回答轻工业的投资是否适当的问题时

[①] 把工业区分为生产资料工业和消费资料工业，同区分为重工业和轻工业，并不完全是一回事，它们只是近似。一般说，重工业主要是生产资料生产，轻工业主要是消费资料生产，但不是绝对的。农业产品的很大一部分是消费资料，也有一部分是生产资料。马克思在《资本论》中把社会生产划分为两大部类，这是一种理论的抽象（真实的抽象）。在现实的经济实践中，很难按此清晰区分复杂的经济部门，实施相应管理。然而，这并不妨害它对于观察和分析重工业与农业和轻工业的关系问题的方法论意义。

说:"大家知道,轻重工业的投资的比例关系,必须根据生产资料优先增长的原理来决定。而在每个发展时期中,这种比例关系的具体规定,又应该照顾到当时的具体条件。我国现在的情况是:原有的重工业的基础特别薄弱,需要我们积极地长期地去扩大重工业的基础以促进国民经济的全面发展。同时,国营和私营的轻工业还有相当大的一部分没有使用的潜在力量,并且还有广大的手工业可以做重要的补充。在我国,一方面许多轻工业品不能充分满足人民日益增长的需要,另一方面许多轻工业设备还有空闲,原因就在于缺少原料。所以说,我国目前发展轻工业的问题,主要不是增加投资的问题,而是增加原料生产的问题。在轻工业的一些原料还不能大量地增产以前,增加轻工业的投资,是不能发挥投资效果的,因为原料供不上,即使工厂建成也不能开工生产。但如果农业丰收,轻工业原料有很大的增产,在现有的轻工业设备不足的时候,我们可以在年度计划中考虑增加一些轻工业工厂的建设。因为轻工业工厂的建设比较容易,建设时间比较短,也就不至于拖延建设进度。"[1]

这里掩盖着一个问题,即投资结构中的问题。轻工业农业原料不足,增产的难度又大,能不能把眼光多一些放在开辟工业原料方面,适当增加这方面的投资,农业原料和工业原料并举。在这方面,不是没有可议之处,也不是没有可做的文章。例如,化纤工业虽属幼稚产业,但旧中国已有两个老厂作基础,应该充分利用,在可能条件下加以改、扩建,尽快一些增加生产能力。当时轻工业的原料除薄板、铝、化学产品等约30%来自工业部门以外,其余如棉花、油料、甜菜、甘蔗等约70%的原料来自农业。所以,当时轻工业的问题,很大程度上又是农业问题。在计划编制者看来,农业上不去,原料的问题不能解决,再增加投资也无助于问题的解决。目光仍主要寄希望于农业原料的增产。怎样拓展工业原料渠道,计划中未见多大注意。

农业轻工原料的增产,又主要依靠合作化,对于发展化肥、农药等支农工业的关注程度不足。旧中国化肥工业的基础更好一些,具备加以充分利用和扩充的条件。

关于农业问题。粮食和经济作物(大部分是轻工业原料)生产,在

---

[1] 《中华人民共和国发展国民经济的第一个五年计划(1953—1957)》,人民出版社1955年版,第186页。

"一五"计划的前几年问题比较大。陈云认为，"一五"计划中最薄弱的部分，是农业生产。他说：农业生产同工业建设和人民生活的需要相比，即使完成计划，也是很紧张的。他曾就粮、棉、油算了一笔账：粮食生产如按计划完成，五年内能增加的库存，也只有255亿斤，如加上1953年6月底的库存195亿斤，到1957年年底库存粮总共也只有450亿斤。这还是包括周转粮在内的。今（1954）年5月份1个月就卖了80亿斤，按此计算，如果遇到灾荒，库存粮只能应付五六个月。油料五年内增加不了多少。如果每人每年的供应增加1斤，全国就要6亿斤，需要增加2000万亩的油料作物，这是很难办到的。棉花平均亩产必须达到38斤，才能完成计划所规定的任务。现在全国平均亩产仅30斤，要提高到38斤是不容易的。如果棉花的生产不能按计划完成，则棉花的供应就会发生更大的问题[①]。他虽然表示争取在年度计划中增加农业投资，但主要是寄希望于通过农业合作化保证农业的增产，认为这是投资少、见效快的途径，其他诸如垦荒和兴修水利等措施"远水不解近渴"，而且需较多财力，尚难承受。最后确定的计划，农业、水利和林业部门合计投资为32.6亿元，占整个基建投资的7.6％。

李富春解释说："我国第一个五年计划农业方面国家投资的比例不算大，这是因为五年内农业还不可能广泛地实现机械化，更大规模的水利建设和林业建设也还不可能全面展开；同时，农业、水利和林业部门的基本建设投资额并没有包括农村救灾费、农业贷款等项，更没有包括农民自己投入生产的资金。如果把这几笔钱都算进去，则五年内为发展农业的资金总数将接近于工业的投资数字。"[②] 所以，他在专门讲到农业生产的问题时，同陈云一样，把重点放在农业的合作化即制度创新方面。这无疑问是切实可行的实现农业增产的根本性措施，也是实行农业技术改造的制度性基础。问题是，这还不够。

农业技术改造不仅是实行机械化耕作，增施化学肥料和使用化学农药防治病虫害，越来越成为保证农业增产的重要举措。国外提供了大量经验，经济恢复时期也有了自己的经验：农民看到使用一种名为肥田粉的化

---

① 《陈云文选（1949—1956）》，人民出版社1984年版，第238—239页。
② 《中华人民共和国发展国民经济的第一个五年计划（1953—1957）》，人民出版社1955年版，第170页。

学肥料，增产效果显著，急切盼望国家能够增加供应。当时，数量稀少，有的地方把它作为对农业劳动模范的奖励品。然而，列入"一五"计划的化学肥料工业项目，全部建成后增加的年生产能力仅为 91 万吨，五年内实际增加的生产能力更少，只有 28 万吨。

三　国家建设和人民生活的统筹安排问题

这是又一个既统一又矛盾的问题。解决这一矛盾的基本途径，是发展生产，提高劳动生产率。五年计划把提高劳动生产率和降低成本单独列为一章，表明对这一问题的重视程度。

五年计划规定：五年内，国营工业劳动生产率提高 64%，平均每年约提高 10%；工业基本建设单位建筑安装的劳动生产率提高 72%，平均每年约提高 11%。还将指标分解到各个部门，要求"必须保证完成并争取超过"。

产品的成本是表现企业工作质量的基本指标。五年内，规定中央各工业部产品成本（按可比部分计算）约降低 22%，地方国营工业约降低 28%，运输部门成本约降低 24%，国营贸易商品流通费约降低 33%。这些指标也都分解到各个部门。在基本建设方面，要求五年计划的后三年，生产性建设建筑安装造价比原计划至少节约 10%，非生产性建设至少节约 15%；在此基础上，每年再力争把成本降低 2%—3%。①

五年计划关于人民生活的安排是：就业人数净增加 422 万人，职工平均货币工资约增长 33%；国营企业和国家机关劳动保险金、医药费、福利费和文化教育费支出将共达 50 亿元以上；国家拨款建筑的职工住宅约达 4600 万平方米，职工居住条件将有适当改善。

五年内，农副业产值按全国农民每人平均计算，将比 1952 年增长 12.2% 的基础上，1957 年农村人民的购买力比 1952 年将提高近一倍。②

处理好国家建设和人民生活的关系的问题，是计划制定过程中很费斟酌的。李富春在对计划作说明的时候，多次讲到。他说："五年计划所规定的关于提高人民物质生活和文化生活的水平的指标，是我国目前可能实

---

①《中华人民共和国发展国民经济的第一个五年计划（1953—1957）》，人民出版社 1955 年版，第 115—118 页。

② 同上书，第 133—134 页。

现的限度。我们不否认，我国人民目前的生活水平还是比较低的。但是，人民需要的满足决定于生产力的水平，决定于社会所拥有的现有物质资源，人民生活水平的提高必须建立在生产发展和劳动生产率提高的基础上。我国工业农业的生产是逐年发展的，但目前生产的水平还是很低的；我国工业和运输业中的劳动生产率逐年都有提高，但劳动生产率的水平也还是不高的。我们要发展生产，并使生产的发展保持经常的高速度，为改善人民生活建立物质基础，就必须扩大重工业和其他各种事业的建设，这就不能把生产发展和劳动生产率提高的果实都用来改善生活，而必须把适当的部分作为资金，用来满足国家建设的需要。放在我们面前的是这样一个问题：用必要的财力来保证国家建设，以便建立人民生活改善的物质基础好呢？还是减少和推迟建设，而不合理地随便增加工资或者随意开销好呢？我们认为，从全国人民整体的长远的利益来考虑，应该首先用必要的财力来保证国家的建设，同时按照五年计划规定的指标来提高生活水平。因为建设的目的就是为了将来能够提高生活水平；没有今天的刻苦建设，就不可能有将来更加幸福的生活。那种认为可以不经过刻苦的建设而希望一下子把人民生活提得很高的想法和做法，是纯粹的幻想，是错误的。"他还解释说："人民生活水平的提高只能是一种稳步渐进的提高，人民的幸福要靠人民自己的辛勤劳动去取得。我们完全可以相信，经过六万万人克勤克俭的劳动，在进行几个五年计划大大地提高我国的生产力之后，就有可能大大地提高人民的物资生活和文化生活的水平。这是我国人民提高生活水平的唯一的康庄大道，其他的捷径是没有的。"①

　　这就说明，第一个五年计划，必然是一个艰苦奋斗的计划。"一五"时期甚至更长的一个时期，是那一代人克勤克俭创业的时期，奉献远多于享用的时期。

---

　　① 《中华人民共和国发展国民经济的第一个五年计划（1953—1957）》，人民出版社1955年版，第216—217、218页。

第 五 章

摸着石头过河的三年

1953年，中国人民在完成了计划经建设的必要准备和赢得抗美援朝战争的决定性胜利的基础上，迎来了大规模经济建设的新时期（之前是局部的小规模的经济建设），开始执行旨在推进国家工业化的第一个五年计划。这时，五年计划还在制订过程中，1955年2月才最后完成，同年7月经全国人民代表大会审议通过，正式公布。1953年、1954年甚至1955年这三年，是五年计划一面编制、一面执行，在执行中不断完善的过程。最初计划的编制，主要围绕苏联援助建设的项目展开工作，着重在国民经济发展方面，而对于社会经济的改造与改组的方面较少考虑。过渡时期总路线的提出，从指导思想上为五年计划的制订确立了明确的方向和目标。五年计划从此纳入过渡时期总路线的轨道，成为实现过渡时期总路线的重要步骤。

第一节 大规模建设的开局

1953年是第一个五年计划的开局年。《人民日报》在《迎接1953年的伟大任务》的元旦社论中特别指出：使中国由落后的农业国逐步变为强大工业国的工业化，这是我国人民百年来梦寐以求的理想，是我国人民不再受帝国主义欺侮不再过穷困生活的基本保证，是全国人民的最高利益，全国人民应当同心同德，为这个最高利益而积极奋斗。社论宣称："在过去三年多的短短时期中，我们曾经解决了过去千百年所不能解决的问题，使我们的祖国从悲惨的黑暗地狱中顿然走到充满阳光和希望的人间世界。可以预期，四万万七千五百万人民的正义事业将无往而不胜。"

在党和政府的号召下，各条战线都发动群众讨论完成国家计划的措施,一片热气腾腾。

　　土地改革后的农村,亿万农民生产热情高涨,用增产的实际行动支援国家建设,涌现出一批创造粮、棉高产纪录的劳动模范和生产能手。他们带头打井、积肥,学习先进耕作技术,取得明显成效。中共中央《关于农业生产互助合作的决议》公布后,进一步调动了农民集体和个人两个生产积极性。

　　工业战线更是反响热烈。为适应大规模经济建设和"一五"计划展开的需要,中共中央决定撤销大行政区建制,加强中央的集中统一领导,同时把各大区工业部的领导骨干和技术骨干充实到中央各个工业部门,还调集大批干部转到工业战线。在全国范围内形成积极参加和支援国家工业化的热潮。在早已开工的鞍山钢铁基地,全国共有55个城市、199个企业,从人力、物力、设备等各方面前来支援大型轧钢厂、无缝钢管厂、七号炼铁炉三大工程的建设。一方面推广苏联的快速施工经验;一方面发动中国工程技术人员和广大工人群众献计献策,力争缩短工期。同年7月15日,中国第一汽车制造厂在吉林长春举行奠基典礼。苏联援建的一批大型项目先后开工建设。

　　然而,透过这轰轰烈烈的场面,就会发现,1953年在很大程度上具有实施"一五"计划的组织动员和实战演练的成分。

　　在此之前,撤销了大区建制,东北、西南、中南、华东、西北几个大区的主要负责人进京任职,加强中央权力。在中央,又采取措施,撤销政府总党组,加强党中央的一元化领导。与此同时,鉴于党内一部分人的思想还停留在新民主主义阶段上,第一个五年计划开始执行了,有些人却对于优先发展重工业的指导方针有不同看法,毛泽东提出了反对党内的资本主义思想,在党内外广泛展开过渡时期总路线的学习和宣传的要求。把思想首先是党的中上层的思想统一到党的过渡时期总路线上来,以保证过渡时期党的总任务的实现和第一个五年计划的完成。

　　这一年,财经工作出现了一个常识性的然而却是不算小的漏洞。把上年的30亿元财政结余款当做收入,造成基本建设的"小冒",从而导致一系列经济关系的紧张。通过总结经验,厉行增产节约,得到解决。此后再没有发成过这样的情况。下半年的粮食危机,促成持续以后几十年的主要农产品的统购统销。

一　意义重大的两项措施

新年伊始，毛泽东先后采取了两项影响深远的重大措施。一项是加强对于国家机构的集中统一领导，一项是通过批评与自我批评把高层的思想统一到党的过渡时期总路线上来。这既是完成第一个五年计划的组织思想保证，也具有长远意义。

采取这两项举措，不是偶然的。但都同新税制有直接关系。1952年12月31日，《人民日报》公布《关于税制若干修正及实行日期的通告》，并发表题为《努力推行修正了的税制》的社论和《全国工商联筹委会拥护修正税制》的报道。修正税制方案，是由财政部提出，中央财经委员会讨论通过，经政务院12月26日第164次政务会议批准的。它遵循的一条基本原则是：不论企业性质，实行同样的税负。这就是社论中"公私一律平等纳税"的提法。新税制公布前，曾征求工商联负责人和工商界人士的意见，他们深表赞成。12月30日，中华全国工商业联合会筹备委员会特地发表声明："热烈的欢迎中央人民政府政务院财政经济委员会公布的税制修正的通告。"

修正税制通告的发布，引起轩然大波。中共中央山东分局向明等3人和北京市委分别于1953年1月9日和11日写信给中共中央，反映执行新税制引起了物价波动，出现抢购商品和私商观望等情况。各大区和各省市财委也纷纷写信或打电报给中财委，反映执行中的问题和困难。

对新税制的强烈反应，引起了毛泽东的注意。1月15日，他在写给周恩来、邓小平、陈云、薄一波的信里说：

新税制事，中央既未讨论，对各中央局、分局、省市委亦未下达通知，匆卒发表，毫无准备。此事似已在全国引起波动，不但上海、北京两处而已，究应如何处理，请你们研究告我。

"此事我看报始知，我看了亦不大懂，无怪向明等人不大懂。究竟新税制与旧税制比较利害各如何？何以因税制引起物价如此波动？请令主管机关条举告我。"[①]

2月10日，财政部吴波、商业部姚依林、粮食部陈希云3人联名写

[①] 中共中央文献研究室编：《毛泽东年谱（1949—1976）》第二卷，中央文献出版社2013年版，第11—12页。

信给毛泽东和中共中央,就修正税制的目的、新税制对物价的影响和在执行过程中发生的问题等,作了说明。接着,财政部又向毛泽东和中央政治局作了一次汇报,由吴波把税制修正了哪些地方,实行中出现了哪些问题,如何解决的,一一作出说明。

毛泽东尖锐地批评:"'公私一律平等纳税'等口号违背了七届二中全会的决议;修正税制事先没有报告中央,可是找资本家商量了,把资本家看得比党中央还重;这个新税制得到资本家叫好,是'右倾机会主义'的错误。"①

在毛泽东看来,新税制的问题,反映了两个问题。一是决策权的多元,除党以外,政府也独自决定重大问题;二是同过渡时期总路线的精神背道而驰。

毛泽东关于政府工作存在分散主义的看法,实际上委婉地表达了对周恩来的批评。1953年2月19日,周恩来根据毛泽东的意见,主持召开关于加强政府各部门向党中央请示报告和作好分工的座谈会。与会的有邓小平、李维汉、董必武、彭真、薄一波、曾山、贾拓夫、安子文、习仲勋等。随后,根据会议确定的原则,主持起草并于3月10日形成中共中央《关于加强中央人民政府系统各部门向中央请示报告制度及加强中央对于政府工作领导的决定(草案)》。"决定(草案)"规定:"今后政府工作中一切主要的和重要的方针、政策、计划和重大事项,均须事先请示中央,并经过中央讨论和决定或批准以后,始得执行。"对执行情况和工作中的重大问题,也须"定期地和及时地向中央报告或请示,以便能取得中央经常的、直接的领导"。为了更好地使政府各主要领导人"直接向中央负责,并加重其责任",确定高岗负责国家计划工作,董必武、彭真、罗瑞卿负责政法工作,陈云、薄一波、邓子恢、李富春、曾山、贾拓夫、叶季壮负责财经工作,习仲勋负责文教工作,周恩来除主管全面工作外,还负责外交、对外贸易等工作,邓小平负责监察、民族、人事等工作。

3月7日,周恩来率中国代表团赴莫斯科参加斯大林葬礼。之后,又赴捷克参加其总统哥特瓦尔德葬礼。3月26日返回北京后,随即发出《关于撤销政府党组干事会的通知》。

---

① 薄一波:《若干重大决策与事件的回顾》(修订本)上卷,人民出版社1997年版,第242—243页。

要撤销的政府党组干事会，它的前身是政务院党组，是经中共中央政治局 1949 年 11 月 2 日讨论通过组成的。周恩来任书记；政务院所属部、委、会、院、署、行设分党组。同年 11 月 7 日，周恩来还审改了《关于在中央人民政府内组织党委会的决定（草案）》，经中共中央政治局 11 月 9 日会议通过。1952 年 8 月 10 日，周恩来又以政务院党组干事会书记的名义，向毛泽东和中共中央书记处提请扩大原有政务院党组的范围，更名为中央人民政府党组干事会，直属中共中央政治局及中央书记处领导，以便照顾整个政府部门的工作。新的政府党组干事会成员 24 人，拟以周恩来任政府党组书记；陈云、邓小平，分任第一、第二副书记。三天后，8 月 13 日，毛泽东批示同意这一报告。

1953 年 3 月 26 日发出的《关于撤销政府党组干事会的通知》的内容是："（一）政府党组干事会自即日起正式撤销，今后各党组及党组小组均由中央直接领导。（二）凡有关各委及各部门党组的人员变动及其他有关组织问题的各项事宜，自即日起应直接向中央组织部请示和报告。"

同年 4 月 28 日，中共中央作出《关于加强对中央人民政府财政经济部门工作领导的决定》。该决定对 3 月 10 日中共中央《关于加强中央人民政府系统各部门向中央请示报告制度及加强中央对于政府工作领导的决定（草案）》所确定的政府领导人的分工，作出部分调整。决定：高岗、李富春、贾拓夫负责国家计划、工业工作，陈云、薄一波、曾山、叶季壮负责财政、金融、贸易工作，邓小平负责铁道、交通、邮电工作，邓子恢负责农业、林业、水利供销工作，饶漱石负责劳动工作和工资工作。[①]

上述措施所体现的这次变动，即取消领导中央各部门党组的所谓政府总党组（政府党组干事会），确定中央政府各个部、委、行、办的党组直接对党中央负责，受中共中央领导的组织原则，有助于决策权集中于党中央。它至今仍是处理中国共产党同政府的关系的准则。这也就是毛泽东后来说的，政治设计院只能有一个，就是中共中央政治局。党政军民学，党是领导核心。实践证明中国政治运作的快捷与高效，"一五"时期能够整合全国有限资源建立起工业化的最初基础，这是重要的组织和政治保证。

同年 6 月 13 日，全国财经会议在北京举行。参加会议的有各大区和

[①] 中共中央文献研究室编：《周恩来年谱（1949—1976）》上卷，中央文献出版社 1997 版，第 9、254、285、290—291、297 页。

各省市委及财委负责人,中央各部门负责人等,共163人。议题是:财政问题、第一个五年计划问题和资本主义工商业改造问题。会议主要由周恩来、高岗、邓小平主持,历时两个月,8月13日结束。这是中共七届二中全会后的一次极为重要的会议。会议期间,毛泽东多次召开政治局会议,指导会议的进行。

开幕的第三天,6月15日,毛泽东召集中央政治局会议。他在这一天的会议上讲话,着重批判了违背总路线的右倾观点。他首先指出:党在过渡时期的总路线和总任务,是要在十年到十五年或者更多一些时间内,基本上完成国家工业化和对农业、手工业、资本主义工商业的社会主义改造。这条总路线是照耀我们各项工作的灯塔。不要脱离这条总路线,脱离了就要发生"左"倾或右倾的错误。他说:"有人在民主革命成功以后,仍然停留在原来的地方。他们没有懂得革命性质的转变,还在继续搞他们的'新民主主义',不去搞社会主义改造。这就要犯右倾的错误。就农业来说,社会主义道路是我国农业唯一的道路。发展互助合作运动,不断地提高农业生产力,这是党在农村中工作的中心。"

毛泽东批评右倾的表现有这样三句话:"确立新民主主义社会秩序""由新民主主义走向社会主义""确保私有财产"。他在批评了这几种提法后,结论说:"我们提出逐步过渡到社会主义,这比较好。所谓逐步者,共分十五年,一年又有十二个月。走得太快,'左'了;不走,太右了。要反'左'反右,逐步过渡,最后全部过渡完。"[①]

毛泽东的讲话,为财经会议奠定了思想基础。

会议开始,对新税制的批评成为焦点,有的上纲到路线错误。在陈云和邓小平发言后,过激的发言才平静下来。关于新税制的错误,陈云在另一次会议上曾有过如下的剖析。

他说:解放以后,到去年为止,加工订货、代购代销的比重逐渐增加。这样一来,就相对地减少了买卖关系,税收也随之减少,需要想办法来补救。在这种情况下提出修正税制是有理由的。但是采取什么办法应该考虑。按照修正税制,就是不按加工订货、代购代销纳税,而是按买卖关系纳一道营业税,说这样办就"公私一律"了。所谓"公私一律",实际上是给国营商业和合作社加一道税。由此推论下去,又提出批发营业税移

---

① 《毛泽东选集》第五卷,人民出版社1977年版,第81—82页。

到工厂缴纳，大批发商不纳税，这样就变更了纳税环节。因此，修正税制的错误，归纳起来主要有两个：一个是"公私一律"，一个是变更了纳税环节。

公私可以不可以一律？不可以。"公私一律"的提法是错误的。因为国营商业和私营商业是不同性质的。首先，国营商业的全部利润要上缴，私营商业只向国家缴所得税。另外，私营商业和国营商业对国家担负的责任不同。私营商业就是做买卖，赚钱，当然它也供应市场的需要。国营商业不仅是为了做买卖，赚钱，更重要的是为了维持生产，稳定市场。国营商业为了维持工厂的生产，不管是旺季或是淡季，都要加工订货。农产品下来了，也要收购，不管是过半年后才能推销，或是过一年才能从外国换回东西来，不然，农产品就会滞销。为了稳定市场，就必须有相当数量的积存物资。如果没有这个积存，私商的投机活动就打不下去。有积存，商业部门就要担负很重的银行利息。不但如此，有时还要做赔本买卖。比如，用轮船、军舰把粮食从四川运到武汉、上海出卖，就要赔很多钱，因为运费很高。可不可以在武汉、上海市场上标上几个字："此米来自四川，运费很高，要加多少运费，所以价钱贵？"（笑声）不能加价出卖，只能赔本出卖。这从国家角度来看，是完全必要的。如果人民政府不采取这样的办法，那就要犯很大的错误。私商会不会采取这样的办法呢？决不会。所以说，私商和国营商业的性质是不相同的。合作社和国营商业差不多，它们负担着同样的任务。对国营商业、合作社商业和私营商业提出"公私一律"，看起来好像是很公平合理，实际上是不公平的，因此，"公私一律"的提法是错误的。

变更纳税环节的毛病在什么地方？毛病在于批发营业税移到工厂缴纳，给批发商免了税，这样它就可以打击国营商业。为什么？因为它的进价和国营商业的进价一样，但是在卖价上它可以低于国营商业，现在它不怕营业额多，营业额越多，资金周转得越快，赚钱就越多。这样私营商业就会得到很大的发展，对国营商业打击很大。同时，也打击内地工业。如重庆、西安这些地区的工业，本来是纳两道税，即货物税和出厂营业税，很多商品是直接到工厂去买，并不需要纳批发营业税，现在加了一道批发营业税，这就给内地工业造成很大困难，并会刺激上海、天津这些沿海城市工业的盲目发展。上半年发生的"大鱼吃小鱼"的现象，就是这样来的，这是不合乎国家政策的。

我们是以工人阶级、国营经济为领导的国家。在我们这样的国家，上面所说的修正税制的错误是带原则性的错误。已经错了怎么办？据我看来，现在新税制已经实行，如果没有重新安排好，就立刻改回去，又要乱一阵，所以不能轻易改变。究竟如何解决这个问题，还需要很好地研究。我们对于免税的批发商，已经恢复了一道税，把它限制了一下。

　　总之，变动税制必须谨慎从事，因为它牵涉到经济生活的各个方面。①

　　8月11日，周恩来为会议作结论。这个结论经过毛泽东修改定稿。结论在引用总路线的完整表述后，接着说："这条总路线的许多方针政策，在1949年3月的党的二中全会的决议里就已经提出，并作了原则性的解决。可是许多同志却不愿意遵照二中全会的规定去工作，喜欢在某些问题上另闹一套不符合于二中全会规定的东西，甚至公然违反二中全会的原则。"关于总路线的完整提法和这一段话，都是毛泽东审改时加写的。②关于新税制的错误，毛泽东在修改结论稿时，把原稿上写的"带路线性的右倾机会主义错误"的"带路线性"四个字都删去了。说明毛泽东不认为新税制是"路线性"或"带路线性"的错误。

　　会议闭幕的前一天，8月12日，毛泽东发表讲话。他的讲话，根据新的情况和新的经验，进一步发挥了七届二中全会决议的思想。他首先肯定这次会议开得好，结论也作得好。接着，他尖锐地提出，要在党内开展对资产阶级思想的斗争。

　　他提出，要区分两种性质的错误，强调在路线问题上反映出来的资产阶级思想，中央同志中和地方同志中都有。他说："现在我们可以看出，在'三反''五反'运动之后，党内有两种性质的错误。一种是一般性的错误，如'五多'，③大家都可能犯，什么时候都可能犯。'五多'的错

---

　　① 《陈云文选（1949—1956）》，人民出版社1984年版，第196—198页。
　　② 参见《毛泽东选集》第五卷，人民出版社1977年版，第89页。
　　③ 1952年前后，先后完成土地改革的广大农村，在扫除文盲、领导农业生产，初步开展互助合作运动等项工作中，都曾发生过一些缺点和错误。例如，提出过高的扫盲指标，要求过急；忽视农村特点，布置任务多、发的报表多、开会多、组织机构多、积极分子兼职多等所谓"五多"现象；发展互助合作满足于一般号召，或采取土改时的工作方法，伴有大轰大嗡、强迫命令现象。有关中央部门往往看得过于严重，动辄提出反对急躁冒进，农村基层干部无所适从。笔者当时在农村工作，有此经历，多少有些体会。毛泽东认为这是属于一般性的缺点错误。显见并不认同反对急躁冒进的做法。后来，他又曾直接提出批评。——笔者注。

误也可能变成'五少'的错误。另一种是原则性的错误，如资本主义倾向。这是资产阶级思想在党内的反映，是违背马克思列宁主义的立场问题。'三反''五反'运动是对党内资产阶级思想的很大打击。但是，当时仅仅给了贪污浪费这方面的资产阶级思想以基本打击，而对在路线问题上反映出来的资产阶级思想并没有解决。这种资产阶级思想，不仅财经工作中有，而且政法、文教和其他工作中也有，中央同志中和地方同志中都有。"他指出，关于利用、限制和改造资本主义经济的问题，二中全会也讲得很清楚。资本主义经济将从活动范围、税收政策、市场价格、劳动条件等方面加以限制，社会主义经济和资本主义经济是领导和被领导的关系。现在，新税制讲"公私一律平等"，这就违背了国营经济是领导成分的路线。新税制发展下去，势必离开马克思列宁主义，离开党在过渡时期的总路线，向资本主义发展。关于个体的农业经济和手工业经济实行合作化的问题，二中全会分明说可以组织，必须组织，必须推广和发展。单有国营经济而没有合作社经济，我们就不可能领导劳动人民的个体经济逐步地走上集体化，就不可能由新民主主义国家发展到将来的社会主义国家，就不可能巩固无产阶级在国家政权中的领导权。但是相当多的同志不注意。他还批评一位大区领导人写文章说：个体农民经过互助合作到集体化的道路，"是一种完全的空想，因为目前的互助组是以个体经济为基础的，它不能在这样的基础上逐渐发展到集体农场，更不能经由这样的道路在全体规模上使农业集体化。"认为这是违反党的决议的。

毛泽东说："资产阶级一定要腐蚀人，用糖衣炮弹打人。资产阶级的糖衣炮弹，有物质的，也有精神的。"为了保证社会主义建设的成功，毛泽东提出："必须在全党，首先在中央、大区和省市这三级党政军民领导机关中，反对右倾机会主义的错误倾向，即反对党内的资产阶级思想。各大区和省市在适当时机召集有地委书记、专员参加的会议，展开批评讨论，讲清楚社会主义道路和资本主义道路的问题。"

毛泽东讲话的又一个重要问题，是反对分散主义和主观主义。他强调，为了保证社会主义事业的成功，必须实行集体领导，反对分散主义，反对主观主义。既反对盲目冒进的主观主义，也反对保守的主观主义。他说："集中与分散是经常矛盾的。进城以来，分散主义有发展。为了解决这个矛盾，一切主要的和重要的问题，都要先由党委讨论决定，再由政府执行。"①

这次会议，有批评，也有自我批评，用过渡时期总路线总结工作，检查思想，很像一次小型整风。毛泽东把中华人民共和国的成立，作为革命转变的起点。党的高层有很多人并没这样的概念，所以，还在那里搞他的新民主主义。这次会议的实际成果，具有思想政治转折的深刻意义。

财经会议后，毛泽东责成中共中央宣传部起草过渡时期总路线学习和宣传提纲，即由他定名的《为动员一切力量把我国建设成为一个伟大的社会主义国家而斗争——关于党在过渡时期总路线的学习和宣传提纲》。毛泽东亲自修改定稿。在这份提纲里，对总路线的内容和它的精神实质作了深刻全面阐述，为第一个五年计划确定了社会主义工业化的方向和以发展重工业为中心的指导方针，并对它的基本任务作出明确规定。按他的说法，过渡时期总路线的基本内容就是"一化（国家工业化）三改（对农业、手工业和资本主义工商业的社会主义改造）"。他把"一化"比做主体，是基础；把"三改"视为两翼，对农业、手工业的社会主义改造为一翼，对资本主义工商业的社会主义改造为另一翼。它们相辅相成，密切联系，都用大约十五年或更长一点的时间完成。

过渡时期总路线的学习和宣传，对于提高全党和全国人民的社会主义觉悟，保证大规模经济建设和国家工业化沿着正确方向前进，具有重要意义。

从以上所述看，过渡时期总路线的提出和公布，主要集中在1952—1953年，似乎从这时才开始了民主革命向社会主义革命的转变。究其实，不完全是这样。新中国成立前夕的七届二中全会，实际上已经确立了一旦建立起新中国，就将开始革命的转变，并且规划了向社会主义过渡的基本路线的要点。1953年财经会议批判新税制，就是以此为根据。只不过从新中国成立到1953年的这一时期，是"只做不说"；提出过渡时期总路线以后，则是"又做又说"。所谓"只做不说"，例如《共同纲领》不提社会主义，但不等于一点也没有干社会主义。相反，在主要完成民主革命任务的同时，在若干重要的方面已经采取了实为社会主义性质的举措：

---

① 《毛泽东选集》第五卷，人民出版社1977年版，第90、92—93、94、95页。

1. 没收中国资本主义的主要部分——官僚买办资本。毛泽东把中国资产阶级区分为两个组成部分。占支配地位的大资产阶级就是这一部分。通过没收官僚买办资本，建立起强大的社会主义性质的国营经济，就为后来整个社会主义改造奠定了物质基础。

2. 在稳定物价和调整工商业的工作中，为解决私人工商业者的困难，已经出现了后来成为对资本主义工商业实行社会主义改造的初级形式（如加工订货、代购代销等），私人金融业甚至全行业接受了公私合营的形式。

3. 在农业方面，从1951年中共中央通过第一个互助合作决议为标志，实际上已经在全国迈出了对个体农业社会主义改造的步伐。

值得注意的是，这一时期开始采取的具有社会主义性质的举措，同时带有突破列宁、斯大林向社会主义过渡的理论与实践的尝试。最有说服力的证据，就是前面提到的，毛泽东在说服刘少奇和薄一波支持山西合作化的谈话里，用资产阶级发展工场手工业的事实，来论证中国也可以在没有机械化的情况下搞合作化的主张。

1952年，随着经济的恢复，民主革命任务的完成以及抗美援朝战争的胜利在望，已经具备了把社会主义工业化和社会主义改造作为中心任务，提上日程的充分条件。毛泽东选择这时候正式提出过渡时期的总路线和总任务，是完全必要的，非常及时的。

毛泽东从1952年9月开始提出这一问题，到1953年6月至8月的全国财经会议，他就过渡时期的总路线作出完整表述，前后约一年。其间：有继续深化的问题；也不能排除有下"毛毛雨"的考虑。毛泽东每当提出重大问题或重要决策，常常采用这样的方法，不使人感到太突然，易于接受。毛泽东说："这条总路线的许多方针政策，在一九四九年三月的党的二中全会的决议里就已提出，并已作了原则性的解决。"[①] 所以，这次要解决的，应该说，主要是根据新情况，总结新经验，进行新的概括升华。在这一点上，毛泽东在1953年2月27日的书记处会议上，关于这一问题的阐述，具有标志性意义。他形象化地用过桥作比喻，说"走一步算过渡了一年，两步两年，三步三年，四步四年，五步五年，六步六年……十年到十五年走完了"。就是说，"在十年到十五年或者还多一些

---

① 《毛泽东选集》第五卷，人民出版社1977年版，第89页。

的时间内，基本上完成国家工业化及对农业、手工业、资本主义工商业的社会主义改造。"① 如前所说，解决了这一根本性的问题，剩下来就是如何表述使之更为完善的问题了。

二 "大仁政"、"小仁政"之争

在过渡时期总路线提出的过程中，围绕要不要首先发展重工业的问题，还发生了一场"大仁政""小仁政"之争。在党外民主人士中，有人对于总路线确定以发展重工业为中心，争取在不太长的时期实现国家初步工业化的安排，持有不同看法。认为中国经过包括抗美援朝在内的长期的战争，国家财力有限，人民生活困难很多，再要集中较多资金搞重工业，难以承受。还是多发展农业和轻工业，既可以改善人民生活，又可以积累资金。言外之意，主张效法历史上一些王朝建立之初，实行"轻徭薄赋"的政策。他们叫做"施仁政"。类似的情况，党内外都存在。有的党外人士的意见还相当尖锐。

新中国成立后，就采取措施，适当降低农民负担。1950 年 2 月，中央人民政府政务院规定，新解放区征收公粮的比率为不到农业总收入的17%，地方附加不得超过（中央）征收正粮的 15%。1952 年又规定，晚解放区完成土地改革的地区，实行全额累进税制。累进税率从 7% 到 30%止，一律不准再征收附加税。这就减轻了大多数农民的负担。

与此同时，工农业产品比价也向着逐步缩小的方向努力。但是，在当时的情况下毕竟有一定限制，不可能像有人要求的那样，采取很大的动作。1953 年 7 月 29 日，在中央政治局扩大会议上，毛泽东专门讲到这个问题。他说："对'三高'即物价高、利息高、利润高政策的批评，不能过分，要分析。降低工业品价格是工业的根本路线，但是要逐步地降低。物价还是受供求关系制约的。现在的毛病是应降的未降，应提的未提如粮价。糖降价后又脱销了，要提价。降低物价时要谨慎，要按情况用分析的方法解决问题。私商往往会钻物价的空子，而且价格降了再提高就比较难，群众会不满意。因此，不要笼统地批评'三高'政策。要看到物价有高有低，有的今天高，明天应当降，也有明天应当提的。工资也不能

---

① 薄一波就毛泽东关于党在过渡时期总路线问题的几次讲话记录写给田家英的一封信（1965 年 12 月 30 日）。

提得过高，提高容易降则难。"①

1953年9月，在中央人民政府委员会第24次会议上，毛泽东在讲话中，联系到要不要首先发展重工业的问题，他比作两种"仁政"。他说："说到'施仁政'，我们是要施仁政的。但是，什么是最大的仁政呢？是抗美援朝。要施这个最大的仁政，就是要有牺牲，就是要用钱，就要多收一些农业税。多收一些农业税，有些人就哇哇叫，还说什么他们是代表农民利益。我就不赞成这种意见。"他还说："抗美援朝是施仁政，现在发展工业建设也是施仁政。所谓仁政有两种：一种是为人民的当前利益，另一种是为人民的长远利益，例如抗美援朝，建设重工业。前一种是小仁政，后一种是大仁政。两者必须兼顾，不兼顾是错误的。那么重点放在什么地方呢？重点应当放在大仁政上。现在，我们施仁政的重点应当放在建设重工业上。要建设，就要资金。所以，人民的生活虽然要改善，但一时又不能改善很多。就是说，人民生活不可不改善，不可多改善；不可不照顾，不可多照顾。照顾小仁政，妨碍大仁政，这是施仁政的偏向。""有的朋友现在片面强调小仁政，其实就是要抗美援朝战争别打了，重工业建设别干了。我们必须批评这种错误思想。"他批评这种思想共产党里也有。毛泽东要人们分清："道理有大道理，有小道理。"②现今仍然健在或已经作古的那一代人，包括工人、农民、解放军指战员、知识分子和干部，正是遵照毛泽东这一思想，舍小我、为大我，艰苦创业，才为后代子孙打下了坚实基础。"前人栽树，后人乘凉"。应当永远记住他们。

三 基本建设的"小冒"与增产节约运动

开局年有两个因素，对生产起了额外刺激作用。一是人们的热情很高，争相储备物资，增加新的建设项目；二是为了应对美国扩大侵略朝鲜战争的可能性（当时抗美援朝仍在进行），追加了军事订货。年度计划原规定工农业总产值增长12.35%，其中工业总产值增长23.61%、农业总产值增长6.4%。在工业总产值中，生产资料产值增长29.3%，消费资料产值增长18.1%。粮食3365.88亿斤，棉花150万吨、折合3000万担，

---

① 《毛泽东文集》第六卷，人民出版社1999年版，第288—289页。
② 《毛泽东选集》第五卷，人民出版社1977年版，第105—106页。

分别比上年增长 7.2% 和 7.6%。① 计划执行结果，除农业因自然灾害没有完成计划以外，其他都超额完成计划。工业总产值为计划的 118%，比上年增长 30.3%。其中，重工业比上年增长 36.9%，轻工业比上年增长 26.7%。轻工业是"一五"时期增长幅度最高的一年。

轻工业的好日子，既得益于1952年的农业丰收，又得益于上面说的抗美援朝增加订货的刺激。这不是经常都具备的条件。1953年7月朝鲜停战，由局部战时转向平时，一部分企业不得不经历阵痛。

农业总产值接近完成计划，粮食和棉花则分别为计划的 95.0% 和 84.5%。同上年相比，粮食略有增加（58.3亿斤），棉花、油料和烤烟等经济作物都减产较多，增加了来年轻工业的困难。

基本建设方面，原计划投资规模控制在 76.6 亿元的水平上，比上年增长 75%，不久即被实际突破，出现周恩来称为"小冒了一下"的问题。

年初，计划机关一度产生错觉，认为一些部门生产过剩，要求它们减产。转眼间，便供不应求。其原因：主要是对于正在增长中的需求估计不足；同时，预算安排上出现一个漏洞，加剧了这种情况。这主要是指上年30亿元财政结余资金的使用出现"一女二嫁"和商业库存盲目"泻肚子"的结果。

所谓"一女二嫁"，是指在编制1953年预算时，将上年财政结余的30多亿元也列为当年收入用于支出，增加基本建设拨款。出现这一问题，同经济工作知识不足有关系。本来这30多亿元并没有闲置在那里，它作为财政金库存款到了中国人民银行里，已经作为信贷资金贷了出去，就是说有了"婆家"；你现在又当作收入去搞基本建设，岂不是又许一个"婆家"，"一女二嫁"！基本建设拿的这笔钱，实际是赤字，当然没有相应的物资支持。仅此一点，导致建设物资的紧张就在所难免。

还有一笔，就是将1952年超出1951年的24亿元商业库存和一部分流动资金，也拿来用于基本建设。前三年基本建设规模都不大。1952年财政用于经济建设的拨款虽然超过了国防支出，但基本建设拨款不过 46.7 亿元。1953年开始大规模建设，国防开支和行政费用一时又不能较多压缩，因为朝鲜战争毕竟没有画上句号，而众多建设项目又要上马，为

---

① 《当代中国的计划工作》办公室编：《中华人民共和国国民经济和社会发展计划大事辑要（1949—1985）》，红旗出版社1987年版，第30—31页。

满足这方面的需要，财政、银行和商业部门便想方设法挤出资金支持新项目的建设。恰在此时，号召国营工商企业推广经济核算。商业部门感到有必要压缩过多的库存。据统计，1952年年底，国营商业部门的库存达到75亿元，比1951年上升72.7%。1953年1月，决定压缩库存和流动资金，忽视了承担的储备必要物资以便需要时平抑物价的责任。当时，把这种做法形象地称为"泻肚子"。估计可挤出30亿元归还银行贷款；银行则利用收回商业贷款中的20亿元，去支持国家财政动用上年结余，搞基本建设。以为这样盘算"一举多得"，却适得其反，造成多方面的矛盾。

国营商业为减少库存，拼命推销库存商品，不惜杀价出售。对国营工业企业的部分产品和农副业产品也减少收购，少购少销甚至不购不销。一方面导致国营工业部分企业产品积压，有的不得不减产；另一方面，造成市场一部分商品的断档，私营商业乘机扩大了阵地。这样做，建设规模扩大了，却失去了相应的物资支持。按年度计划，基本建设投资比上年增长75%，当年生产方面，工业总产值增长23.61%，其中生产资料产值增长29.3%、消费资料产值增长18.1%，农业总产值增长6.4%，基建与生产的差额已经不小。投资规模的扩大，相应的职工人数也比上年增加15.8%，工资总额增加31.8%。上半年农业遭受灾害，工业生产也不够理想，工农业生产同基本建设明显脱节，生产不足以支撑被虚增了的过大的建设规模，造成生产资料和消费资料供求关系的全面紧张。财政部门测算，上半年还将出现21.5亿元的赤字，加上国营企业利润计划又没有完成，势必加重困难。

在6月份的全国财经会议上，针对上述情况，决定采取坚决措施，调整有关计划指标，扭转被动。8月28日，中共中央发出《关于增加生产、增加收入、厉行节约、紧缩开支、平衡国家预算》的紧急通知，批准财政部提出的两项平衡国家预算措施：（1）增加财政收入。银行增缴利润2亿元，并从下半年发行货币8亿元中拿出6亿元作财政支付。（2）减少支出。中央经济建设费、军政文教费等合计少支12.5亿元，加前项增收的8亿元，增收节支共计20.5亿元。中共中央号召全党、全民通过增产节约，平衡国家预算，保证1953年国家计划的胜利完成。

在中共中央号召下，全国展开了一个群众性的增产节约运动。国家计委同时调整了1953年计划。经济情况很快好转。到1953年年底，财政收入增加到222.9亿元，财政支出控制在220.1亿元，收支平衡还结余2.8

亿元。

全年计划执行结果，工业总产值实际增长30.3%，为计划的118%，其中重工业增长36.9%、轻工业增长26.7%，都超额完成计划。农业受灾害影响，没有完成计划。总产值比上年增长3.1%，接近计划指标；粮食产量增长1.8%，棉花产量反而下降了9.9%，分别为计划的94.9%和84.5%。投资规模为80.0亿元，完成计划的107.75%，比上年实际增长83.7%。

四　实施主要农产品的计划购销

1953年消费资料供求的紧张关系，突出表现在粮、油、肉、蛋、蔬菜等主副食的市场供应上，尤以粮食市场的情况最为严重。

中国是世界上人多地少的国家。旧中国曾经不得不依靠一定数量的进口粮，缓解粮食的不足。新中国面临经济封锁、外汇短缺的情况，不可能走这条路。面临大规模经济建设的展开，城镇人口迅速增加。1953年年底，城镇人口由1952年的7163万人增加到7826万人，一年内增加663万人。这663万人中的很大一部分原来在农村吃自家粮，现在转到城镇，靠国家供应商品粮，是一个很大的压力。另外，部分地区受灾粮食减产，加上经济作物种植面积扩大挤占部分粮田，农村缺粮户猛增至1亿人口。城乡合计1953年年底需要国家供应粮食的人口达到1亿8000万人左右。

据粮食部门报告，在1952年7月1日至1953年6月30日的粮食年度内，国家共收粮食547亿斤，比上年度增长8.9%；支出587亿斤，比上年度增加31.6%，收支相抵赤字40亿斤。6月30日的粮食库存，由上年同期的145亿斤减至105亿斤。其中，北京由2.4亿斤减为1.3亿斤，天津由3.1亿斤减为1.6亿斤，上海由3.9亿斤减为2.9亿斤。预计夏粮受灾减产70亿斤，农民因灾惜售，收购又将大大减少。粮食供销形势异常严峻。

新中国成立后，粮食年年增产。1952年全国粮食总产量达到3278亿斤，超过历史最高水平1936年的3000亿斤，而粮食供销形势反而紧张起来。除了同小麦受灾减产和上年丰收后收购有所放松有一定关系以外，主要原因来自两个方面：

其一，是伴随着国家的工业化和城市化进程以及人口的自然增长，城镇商品粮的供应面迅速扩大；就业的增加又使从前处于底层的城市贫民和劳动者的用粮水准也相应提高。1953年城镇人口比1952年增加663万人，比1949年增加2061万人。1949年城市化率为10.6%，1952年为12.5%，1953上升为13.3%。城镇净增人口中，有自然增加的因素，但绝大部分属于农业劳动力向城市工业、建筑业等急需发展的产业部门的转移。撇开其中存在的非正常的部分（例如计划外招工、自发地盲目地流入城市等），这是经济发展的必然趋势，今后还将继续下去。再就是适应工业发展的需要，经济作物产区的扩大，也会增加农村吃商品粮的人口。

其二，是土改后翻身农民生活改善性的粮食需求的增加。在旧中国，无地少地的亿万贫苦农民，口粮需求被压低到温饱线以下。土地改革以后，他们分到了土地，增产的粮食一部分用来增加消费，是很自然的。据统计，1949年农村人均消费粮食370斤，1952年增加到440斤，每个农村人口多消费粮食70斤，几亿人口加起来就是一个惊人的数字。几年来，土地制度创新和农业技术创新释放的能量，还不足以刺激粮食生产达到提高它的商品率的程度，反而由于农村自给性消费增长过快有所降低。1951—1952年度农民缴纳公粮和国家从市场上收购的粮食占粮食总产量的比重为28.2%，1952—1953年度下降到25.7%。1953年秋，薄一波在华北做了几十天的调查之后，于11月7日写给毛泽东的报告提到："过去山区农民一年只吃上十顿的白面，现在则每个月可以吃四五顿、七八顿，面粉需求量空前增大了，这是国家收购小麦困难的主要原因之一。"[①]

10月16日，中共中央作出《关于实行粮食的计划收购与计划供应的决议》（以下简称《决议》）。《决议》指出，过去几年，虽然农业经济恢复较快，粮食生产超过了解放前的最高水平，粮食贸易由解放前的大量入口转变为停止入口并可以小量出口，但是，由于城市和工业需要逐年增大，人民生活逐年提高，粮用量增多，特别是由于粮食自由市场的存在和粮食投机商人的捣乱，使农村中的余粮户储存观望，国家粮食收购计划，不能按期完成；粮食销售却远远超出计划，造成供销不平衡，市场紧张。这种情况，直到今年秋收之后，仍在发展。如不设法解决，将不可避免地出现严重的供销脱节的混乱局面，以致形成牵动全面的物价波动，影响整个国家的建设计划。

[①] 薄一波：《若干重大决策与事件的回顾》（修订本）上卷，人民出版社1997年版，第265页。

《决议》特别指出，现在全国商品粮食产量的增长速度，虽落后于粮食需要的增长速度，但是只要调度得法和措施得当，还是够吃够用，且能略有积余的。现在在供销方面所表现的紧张性，其本质是反映了国家计划经济与小农经济和自由市场之间的矛盾，反映了工人阶级领导与农民自发势力和资产阶级反限制的市场之间的矛盾，归根结底，是反映了社会主义因素与资本主义因素之间的矛盾。所以粮食问题不是采取枝节的办法所以能解决的，而从根本上找出办法，来解决这个极其严重的问题，就成为全党当前极端迫切的任务。《决议》说，为了从根本上解决粮食问题，把粮食供应放在长期稳固的基础之上，除了努力促进农业生产的互助合作化和技术改良，借以增产粮食，把粮食生产发展的速度，逐步提高到足以保证国民经济向前发展的水平外，必须在全国范围内，采取如下的措施：

（1）在农村向余粮户实行粮食计划收购（简称统购）的政策；

（2）对城市人民和农村缺粮人民，实行粮食计划供应（简称统销）的政策，亦即是实行适量的粮食定量配售的政策；

（3）实行由国家严格控制粮食市场，对私营粮食工商业进行严格管制并严禁私商自由经营粮食的政策；

（4）实行在中央统一管理之下，由中央与地方分工负责的粮食管理政策。

实行上述政策，不但在现在条件下可以妥善解决粮食供求矛盾，更加切实地稳定物价，和有利于粮食的节约；而且是把分散的小农经济纳入国家计划建设的轨道之内，引导农民走互助合作的社会主义道路和对农业实行社会主义改造所必须采取的一个重要步骤，它是党在过渡时期的总路线的一个不可缺少的组成部分。

《决议》概略计算，目前每年国家必须掌握 700 亿斤商品粮。除了农业税收粮食 275 亿余斤以外，还需向农民计划收购 431 亿余斤，只比 1952 年农民缴纳公粮和出卖粮食总数多 30 余亿斤，所以这是可能的。[①]

11 月 19 日，经政务院第 194 次政务会议通过，于 23 日发布《政务院关于实行粮食的计划收购和计划供应的命令》。此前，11 月 15 日，中

[①]《中共中央关于实行粮食的计划收购与计划供应的决议》（1953 年 10 月 16 日），转引自中国人民解放军国防大学党史党建政工教研室编《中共党史教学参考资料》第 20 册，国防大学出版社 1986 年内部出版发行，第 180—184 页。

共中央又作出《关于在全国实计划收购油料的决议》。1952年其他主要农产品产量都恢复到解放前的最高水平，油料作物的产量仍大大低于战前，食油产量仅为战前的76%。重要的原因是，农民主要关心多增产粮食，没有重视油料生产。这与工作指导上的误判也有关系。1952年误认为油多了，收购少，价格低，给农民传达了不实的信息。1953年内外销增加都很快，产销严重脱节。就近榨油又增加了农村的销量，城市和工矿区的供应更加紧张。鉴于油料的增产需要时间，而市场需求具有刚性，计划收购也就势在必行。

1953年冬，经过层层组织动员，大批干部深入农村，同区乡干部一道，向广大农民宣讲中共中央的有关决议和政务院的命令，展开统购统销工作。翌年，政务院9月9日第224次会议又通过《关于实行棉布计划收购和计划供应的命令》和《关于实行棉花计划收购的命令》。至此，主要农产品都实行了持续三十来年的统购统销政策。

第二节 建设规模的收缩与"紧张平衡"思想

一 基于1953年"小冒"判断的微调

1954年的国民经济计划，是基于1953年经济工作"小冒"的判断进行安排的，强调"稳步前进"。首先是收缩基本建设规模，安排投资78.3亿元，比上年实际完成数压缩13.4%，压缩较多。限额以上项目安排437个。其他主要指标为：工农业总产值999.3亿元，比上年增长12.6%，其中，工业总产值405亿元，比上年增长17.4%（其中国营工业增长20.1%、合作社工业增长22.6%、公私合营工业增长117.4%）；农业总产值528.2亿元，比上年增长9.5%。主要工农业产品计划指标为：钢209.9万吨，比上年增长20.5%；生铁283.3万吨，比上年增长32.4%；煤炭7824万吨，比上年增长14.3%；粮食3600亿斤，比上年增长9.4%；棉花2748万担，比上年增长17.6%。整个计划的安排，总的看，基建有所收敛，生产指标方面工业指标提高少，农业指标提高多，希望缓解农业的拖累。

1953年一年来计划执行情况，初步暴露出工农业生产的发展不能适应基本建设的需要，农业的不稳定性尤其是一个大问题；财政资金的掣肘比较大，对建设规模形成很大的约束。怎样认识和处理这些问题，摆在五年计划制定者的面前。也正是在这种情况下,陈云提出了"紧张平衡"的理论观点,并寄希望于农业合作化来解决农业发展滞后的矛盾。

二 "紧张平衡"思想的提出

"一五"计划从1951年开始编制,到1954年年中,大致确定。这时,不仅仅是征询苏联方面的意见,自己也有了一年多的直接经验,部分经济指标有所降低,若干重要的比例关系的安排也一再斟酌。当年6月30日,主持财经工作的副总理陈云在向党中央和毛泽东汇报五年计划编制工作的报告里,结合近年来年度计划执行情况,提出了一个"紧张平衡"的概念。他首先承认:

第一,五年计划各部门比例关系的安排是有缺点的,但又不能不作这样安排。他说,按比例发展的法则是必须遵守的,但各生产部门之间的具体比例,在各个国家,甚至一个国家的各个时期,都不会是相同的。一个国家,应根据自己的经济情况,来规定计划中应有的比例。究竟几比几才是对的,很难说。唯一的办法只有看是否平衡。合比例就是平衡的;平衡了,大体上也会是合比例的。

陈云这样讲,应该说,是比较实际的。但是,他的探讨并未就此止步。接着,他又说:"我国因为经济落后,要在短时期内赶上去,因此,计划中的平衡是一种紧张的平衡。计划中要有带头的东西。就近期来说,就是工业,尤其是重工业。工业发展了,其他部门就一定得跟上。这样就不能不显得很吃力,很紧张。样样宽裕的平衡是不会有的,齐头并进是进不快的。但紧张决不能搞到平衡破裂的程度。目前我们的计划是紧张的,但可以过得去,不至于破裂。"①

这就是说,五年计划的安排,在一定意义上突破了平衡概念一般属性的范围。即不是一般平衡,而是"紧张平衡"。它隐含的前提是,中国在较短时期内建立自己的现代工业体系的要求同现实条件之间存在一定距离,或者说其客观必要性与现实可能性并不完全匹配,需要在尔后依靠主观努力去填补缺口。其逻辑结论则是,国民经济将呈现一种"紧运行"状态,不会四平八稳。

在经济学研究中,国外有的学者认为,平衡不是一个点,而是一个区

---

① 《陈云文选(1949—1956)》,人民出版社1984年版,第241页。

域。陈云没有直接提出这种看法，但"紧张平衡"的思想意味着容忍一定区间的存在，应该是可以肯定的。所谓紧张平衡，是说这种状态下的平衡尚可维持但已达到了它的高限，再跨一步就将破裂；后退一步，可能是不太紧张的适度状态；继续后退，就会是相反的情况。

紧张平衡的大前提是："我国因为经济落后，要在短时期内赶上去"。所以，建设规模的安排，生产指标的确定，打的都比较满，回旋的余地不大。他认为，计划中最薄弱的部分是农业生产，能否按计划完成，很难说。工业生产计划可以完成，基本建设可能差一点，铁路运输很紧张，社会主义改造的进度可以按期实现。

在这份报告里，他就若干重要的经济关系和比例关系问题，逐一进行分析。他说，基本建设规模特别是工业基本建设规模比较大，这是因为苏联援建的一批工程项目已经确定，不能推迟的缘故。这就给财政收支平衡带来很大压力。五年内，财政收入大量增加的可能性不大，军政费用又不能再减，像交通运输投资的安排不足，就很难再增加，年度间财政收支的平衡就是必须注意的问题。

第二，基本建设同当年生产的关系。1953年和1954年两年的情况，农业都因受灾没有完成计划，直接影响到轻工业生产。重工业虽然完成计划较好，同基本建设需要相比仍然很紧张。钢材、木材等的分配缺口比较大，出现了基本建设和当年生产争材料的现象。五年内，工业生产的增加约75%要依靠解放前的老厂，依靠基本建设增加的部分只占25%。所以，大量增加生产，满足基本建设的需要，比较困难。

第三，农业与工业的比例。农业生产同工业建设和人民生活需要相比，即使完成计划也是很紧张的，何况已经有两年没有完成计划。陈云分析，农业增产有三个办法：开荒，修水利，合作化。这些办法都要采用，但见效最快的，在目前，还是合作化。搞合作化，根据以往的经验，平均产量可以提高15%—30%。增产30%，就有1000亿斤粮食。并且只有在农业合作化以后，各种增产措施才更容易见效。所以合作化是花钱少、收效快的增产办法。他把希望主要寄托在这方面，说国家在财力上应该给以更多的支持。农业的问题影响到轻工业。农业和轻工业生产不足，派生出社会购买力与商品供应量之间平衡上的困难，并制约人民生活水平可能改善的程度。在这种情况下，提高农产品收购价格，降低工业品价格，提高工资，都将受到限制。

第四，重工业内部及其与运输业的关系问题。陈云说：按照五年计划，国防工业是很突出的。为了实现发展国防工业的计划，很多民用工业就必须跟上，而且跟得很吃力。有些民用工业，实际上也是为了配合国防工业而建立的，比如有些特殊钢厂、化工厂等。这种情况的存在，是由于外国是在已经发展了的工业水平上搞国防工业，而我国工业落后，基础太差，但又必须迅速地发展国防工业。这样，就不可避免地要采取目前的办法。迅速发展国防工业，用力赶一赶，对提高我国工业技术水平是有好处的。总之，重工业中存在的主要问题是：国防工业突出，石油工业落后，煤、电紧张。这种状况目前还无法改变。

第五，工业发展与铁路运输之间的比例。他认为，铁路方面的投资不够，必要时在年度计划期间增加。

第六，技术力量的需要和供应不平衡。干部培养不及，是第一个五年计划中难以解决的问题。[①]

从陈云的报告里，可以得出以下认识：

（1）基本建设规模安排过大。这是各种经济关系绷得比较紧的根本原因。

（2）建设规模的安排，在兼顾需要与可能之间，首先考虑了需要的方面，在可能的方面留有一定的缺口，期待年度计划弥补，寄托日后的争取。

（3）迅速增强国防力量的迫切愿望，是考虑需要方面的重要因素。新建扩建的重要项目，在很大程度上不妨视为一个国防计划。这反映了保卫来之不易的革命成果，维护民族独立和国家安全，被看做当时历史条件下的首选。

（4）消费受到一定节制。在这个意义上，"一五"计划也是艰苦奋斗的计划。

国民经济的紧张平衡，是积极平衡论思想在计划工作中的贯彻。讨论到这里，可以说，这时陈云关于经济平衡的思想是偏向积极方面的。

三 毛泽东的关注点：农业的制度创新

毛泽东对"一五"计划有自己的看法。还在计划制订的早期阶段，

---

① 《陈云文选（1949—1956）》，人民出版社 1984 年版，第 234—244 页。

1953年6月,李富春就曾提到,毛泽东认为"一五"计划的缺口在于:(1)发展农业生产并提高其商品率的具体措施计划;(2)实行手工业合作社的计划;(3)对私人资本的措施计划;(4)对国家财政和金融方面的措施计划;(5)商品流通量计划;(6)劳动干部计划;(7)重要产品的产销平衡计划等。① 从实践角度观察,大规模建设开始前后,他注意较多的是农业和农民问题,是以农业合作化为重点的社会主义改造问题。按他的说法,就是生产关系的问题。

在第二章第三节,曾经谈到土地改革后,党内在互助合作即农业社会主义改造的问题上的两场争论。通过争论,毛泽东说服了持有不同看法的同志,使他们明了在没有实现工业化的条件下,不仅可以而且应该抓紧合作化的工作,这有利于加速工业化的进行。在毛泽东倡议下,中共中央1951年9月召开第一次农村互助合作会议,通过了《关于农业生产互助合作的决议(草案)》,并于12月15日颁发试行。互助合作从此列入各级党委的重要议事日程。农村互助合作运动得到新的支持,迈出了重要的第一步。

1952年11月12日,中共中央专门作出关于在省委以上领导机关建立农村工作部的决定,规定农村工作部"中心任务是组织与领导广大农民的互助合作运动,以便配合国家工业化的发展,逐步引导农民走向集体化的道路"。② 他并点将素有农民问题专家美誉的邓子恢主持中央农村工作部,协助他抓这方面的工作。而后来的分歧和争论,又恰恰是发生在他和邓子恢之间,最后又撤销了邓子恢的职务,撤销了中央农村工作部。

毛和邓的分歧,萌芽于1953年春天邓的反对所谓互助合作运动的"急躁冒进"。1953年2月15日,中共中央以正式决议形式,修订下发原先实行的《关于农业生产互助合作的决议》,将原决议草案第十一条,"在农民完全同意并有机器条件的地方亦可试办少数社会主义性质的集体农庄"一句中的"并有机器条件"六字,改为"和有适当经济条件"八字。③ 这就明确解决了必须先有机器才能举办高级社的认识问题。在该决议的推动下,互助合作运动一度出现加快发展的势头。

---

① 转引自《李富春关于我国五年计划的方针任务的意见——在苏联商谈五年计划问题的几点体会(提纲草案改第一部分)》,1953年6月23日(?)《党的文献》1989年第4期,第7页。
② 《建国以来重要文献选编》第3册,中央文献出版社1992年版,第410页。
③ 《建国以来毛泽东文稿》第四册,中央文献出版社1990年版,第62—63页。

就全国的情况说，除一些少数民族地区，大多数省区到1952年才先后完成土地改革，开始转向以生产为中心的轨道。除老解放区以外，新解放区的互助合作运动还处于起步阶段。无论老区和新区，主要是发展互助组，农业生产合作社才刚开始试办。农业部农政司在《1952年上半年农业互助合作运动发展情况》的材料中说，1952年上半年组织起来的劳动力，西北地区为60%，同1951年相比（下同）增加1倍以上；华北地区为65%，增加20%；东北地区为80%以上；华东地区为33%，增加60%。组织起来的互助组，中南地区约100万个，西南地区约55万个，占各该区总农户数的18%以上。全国总计共有互助组600余万个，农业生产合作社3000余个，组织起来的农户3500余万户，约占全国总农户的40%左右，比1951年增加40%。这份材料还说，今年的互助合作组织，不仅在数量上有很大发展，而且质量上也有显著提高，基本上改变了"春组织夏垮台"的现象，许多临时互助组发展成为常年互助组。在整个互助组中，常年互助组的比重提高，临时互助组减少，是今年互助合作运动中的第一个主要特点。在全国，这一比重1951年为10%，今年增加到20%。而各级领导还接受往年教训，趁春耕夏锄的空隙对互助组进行整顿，帮助解决巩固互助组的有关问题。在农民群众方面，重视进行社会主义前途教育，使大家明确互助合作不仅是解决困难的方法，而且是今后发展生产的方向，从而在夏季生产中大部分地区互助组不但没有垮台，而且有些发展。

各地试办的农业生产合作社，深受欢迎，在周围群众中声名良好。在有互助基础的地方，互助组的组员越来越多地要求改变成为农业生产合作社。黑龙江克山县350个互助组、山西平顺县500个互助组、武乡县120个村联名要求领导批准办社。有的为了得到领导批准，积极创造建社条件。东北、华北很多互助组将小组并成大组，临时组变成常年组，积累公有财产，购买大牲口和大件农具，以充实建社的内容，增加建社因素。山西省互助组基础较好的武乡县六区，一些先进互助组流行着"一面搞互助，一面准备合作"的口号。随着农业生产合作社的继续发展，广大农村将会出现一种新的面貌。这是今年互助合作运动中的第二个主要特点。

该材料接着列举了互助合作组织的大量发展，在当年防旱抗旱、春耕播种以及开展爱国增产竞赛运动等方面获得的成绩：

第一，组织起来的农民，在爱国增产竞赛运动中起了带头作用；

第二，在春耕防旱及防治病虫害上获得了很大成效；

第三，刚土地改革的新解放区，组织起来解决了翻身户缺乏耕畜农具和口粮的困难，保证了增产运动的顺利开展。

农业部农政司这份材料，也指出了互助合作运动中存在的以下两种情况和问题。

其一是说，由于某些干部存在着单纯任务观点，在不少地区产生了盲目追求高级形式和数字的形式主义偏向，他们不从生产出发，甚至机械地为完成组织起来的数字任务，不去耐心教育农民，而采取简单生硬的办法威胁与强迫群众编组，在群众中造成不良影响。

其二是说，有些地区的互助组和生产合作社没有认真地贯彻等价互利的基本原则。有的互助组中人畜换工，畜工比价过高，使无马户吃亏或过分压低了组内的人工工价，使劳动力吃亏。有的生产合作社土地分红过高，甚至有达总收益70%的；或者完全按土地分红，劳动力只给工资。另有些生产合作社把耕畜、农具与资金和劳动力同样看待，都作股分红，而耕畜分红比例有的高达总收益的30%—40%。以上各种不合理的制度和规定，将会降低农民的劳动情绪，影响合作互助组织的巩固，如任其发展下去，还可能变为一部分人剥削另一部分人劳动的合法工具。其发展的前途将是资本主义而非社会主义，各地领导对此应引起深切的注意，说服群众改正。另一方面，也有的互助组和生产合作社对于组、社员私有的耕畜和生产工具，规定使用代价过低，甚至白使，或企图过早地取消土地分红。这种"左"的情绪，亦不符合党和人民政府在农村中的政策。此外，有的对妇女一律当半劳动力看待，不能同等分红，同工同酬，亦应注意改正。[1]

到1952年年底，办起来的初级社有4000多个，高级社有几十个，连同常年互助组和临时互助组在内，参加的农户：老区占65%以上，新区占25%左右。

从上述情况不难看出，这一时期，互助合作运动仍主要是发展换工性质的互助组，触及私有产权的合作化基本上处于试办阶段。运动的发展总的是健康的，积极作用是主要的。出现的问题，有"左"的方面的问题，例如对于较为富裕的中农户的利益照顾不够，耕畜和农具使用报酬低或没

---

[1] 中华人民共和国农业委员会办公厅编：《集体化重要文件汇编（1949—1957）》上册，中共中央党校出版社1981年版，第78—85页。

有报酬等；也有右的方面的问题，例如人畜换工中畜工比价过高，土地分红过高，作股分红时对牲畜、农具、资金和劳动力不加区别，一样对待，侵害贫下中农的利益（他们一般劳动力较多而耕畜、农具较少，资金也比较缺乏）。所以，需要具体分析，分别对待。

然而，中共中央农村工作部主要领导却认为，互助合作运动的主要倾向是"左"，是"急躁冒进"，需要整顿收缩。笔者那时在地方做农村工作。地委领导传达上级精神，把急躁冒进倾向看得比较严重，说要学习斯大林的《胜利冲昏头脑》一文①。要记取"因胜而骄，因骄而昏，因昏而败"的教训。也就是在1953年3月，人民出版社出版了斯大林的《胜利冲昏头脑》一文的单行本。其实，笔者曾经工作过的县还根本没有一个农业生产合作社。此后，办社条件更为严格，例如，必须经过互助组阶段，要有一定的公共积累，具备一定的政治条件（须有党、团员）和文化条件（要有初中生或高小毕业生）等等。由于要求办社的合理愿望得不到支持，有的地方只好悄悄地自己办。对上面说自己是互助组，实际是合作社。当时称这种自发社叫"黑社"或"名组暗社"。笔者就曾在工作的专区所属的一个县，调查过一个"名组暗社"的情况。这是一个没有经过互助组，直接办起来的合作社。社长说，他们是按报纸上说的办法去办的。说互助组有好多矛盾解决不了，例如抢收抢种，先收谁家的庄稼后收谁家的庄稼，先种谁家的地后种谁家的地，类似这样的矛盾就很不好解决。办合作社就不存在这样的问题。而要办社上级管得又严，说不够条件不让办，我们就照报纸上说的自己办。干部来查，召集开会，我们都说自己是互助组。后来，当地干部也知道他们就是一个合作社，因为不"合法"，佯装不知道，"睁一只眼闭一只眼"。这曾经成为当时的一种奇特现象。

毛泽东对这次反对急躁冒进的做法明显不满。但他的批评比较温和。同年10月26日至11月5日，中共中央召开第三次互助合作会议。会前和会议期间，毛泽东两次同中共中央农村工作部负责人谈话，强调必须区别社会主义和资本主义两条不同的道路。资本主义道路，也可增产，但我

---

① 斯大林的《胜利冲昏头脑》一文，发表在1930年3月2日的苏联《真理报》上。目的在于纠正1929—1930年间全盘集体化运动中，出现的违反农民自愿原则，粗暴强迫农民加入集体农庄的过火做法。苏联当时的情况，不完全是一般的违反农民自愿原则的问题。苏联整个集体化的过程，农业生产力遭受的严重破坏，粮食生产长期达不到沙皇时代的最高水平，同中国的情况有着很大的不同。

们不搞资本主义。他说:"各级农村工作部要把互助合作这件事看作极为重要的事。个体农民,增产有限,必须发展互助合作。对于农村的阵地,社会主义如果不去占领,资本主义就必然会去占领。难道可以说既不走资本主义的道路,又不走社会主义的道路吗?资本主义道路,也可增产,但时间要长,而且是痛苦的道路。我们不搞资本主义,这是定了的。如果不搞社会主义,那就要两头落空。"

他历数城市蔬菜供应,依靠个体农民进城卖菜来供应,这是不行的。大城市蔬菜的供求,现在有极大的矛盾。粮食、棉花的供应也都有极大的矛盾。肉类、油脂不久也会出现极大的矛盾。需求大大增加,供应不上。从解决这种供求矛盾出发,就要解决所有制与生产力的矛盾问题。个体所有制的生产关系与大量供应是完全冲突的。个体所有制必须过渡到集体所有制,过渡到社会主义。

毛泽东在这里说的集体所有制的生产,是社会化大生产的一种形式,它能做到规模经营。西方发达国家是通过农业的资本主义化实现农业的规模经营。它也有家庭农场,但这种资本主义化的家庭农场如同工业中的资本主义的家族企业一样,同个体所有制的一家一户的小农经济不同。

在11月4日的谈话里,毛泽东还径直提出了反对所谓"急躁冒进"的问题。他说:"发展农业生产合作社,现在是既需要,又可能,潜在力很大。如果不去挖掘,那就是稳步而不前进。""有条件成立的合作社,强迫解散,那就不对了,不管哪一年,都是错的。'纠正急躁冒进',总是一股风吧,吹下去了,吹倒了一些不应当吹倒的农业生产合作社。倒错了的,应当查出来讲清楚,承认是错误,不然,那里的乡干部、积极分子,就憋着一肚子气了。"接着,他引用《论语》中的一句话,批评离开互助合作这个根本去抓农业生产,难以收到大的成效。他说:"'群居终日,言不及义,好行小惠,难矣哉'。'言不及义'就是言不及社会主义,不搞社会主义。搞农贷,发救济粮,依率计征,依法减免,兴修小型水利,打井开渠,深耕密植,合理施肥,推广新式步犁、水车、喷雾器、农药,等等,这些都是好事。但是不靠社会主义,只在小农经济基础上搞这一套,那就是对农民行小惠。这些好事跟总路线、社会主义联系起来,那就不同了,就不是小惠了。必须搞社会主义,使这些好事与社会主义联系起来。至于'确保私有','四大自由',那更是小惠了,而且是惠及富农和富裕中农。不靠社会主义,想从小农经济做文章,靠在个体经济基础上行小惠,而希望大增产粮食，解决粮食问题，解决国计民生的大计，那真是'难矣哉'！"

他说："有句古语，'纲举目张'。拿起纲，目才能张，纲就是主题。社会主义和资本主义的矛盾，并且逐步解决这个矛盾，这就是主题，就是纲。提起了这个纲，克服'五多'以及各项帮助农民的政治工作、经济工作，一切都有统属了。"在这里，他特别评价了1953年夏召开的财经会议的历史性意义。他认为，总路线的问题，没有七八月间的财经会议，许多同志是没有解决的。七八月的财经会议，主要就是解决这个问题。总路线就是逐步改变生产关系。"在三亩地上'确保私有'，搞'四大自由'，结果就是发展少数富农，走资本主义的路。"鉴于今年大半年互助合作运动缩了一下，所以这次会议要积极一些。但是，政策要交待清楚。交待政策这件事很重要。

他提出："县委书记、区委书记要把办社会主义之事当作大事看。一定要书记负责，我就是中央的书记，中央局书记、省委书记、地委书记、县委书记、区委书记，各级书记，都要负责，亲自动手。中央现在百分之七八十的精力，都集中在办农业社会主义改造之事上。改造资本主义工商业，也是办社会主义。"①

毛泽东这两次谈话，贯穿一个重要思想：要大增产粮食，增产各种农业产品，解决工业化过程中农业发展的滞后问题，在中国的条件下只能走集体化的大农业道路，而不能依靠小农经济，在"三亩地"上做文章，也不能走资本主义的道路。

四　年度计划完成情况

年末计划执行结果，基本建设投资完成 74.98 亿元，为计划的 95.76%。在继续施工与当年新施工的 411 个限额以上的建设单位中，有 39 个建成投产。新建铁路铺轨 831 公里，新建公路 3662 公里。国家兴建的房屋建筑面积 4777 万平方米，其中住宅建筑面积 1327 万平方米。但新增固定资产计划和某些产品的新增生产能力计划没有完成，固定资产交付使用率为 81.3%。

全国工农业总产值完成 1035.4 亿元，超过计划 3.6%，比上年增长 9.4%。其中，工业总产值 519.7 亿元，比上年增长 16.3%。工业产值，中国营工业增长 27.3%，合作社营工业增长 31.5%，公私合营工业增长

---

① 《毛泽东文集》第六卷，人民出版社 1999 年版，第 298—307 页。

152.7%，私营工业减少78.9%。国营、合作社营和公私合营工业企业的产值在工业产值中的比重，由上年的63.2%上升为75.1%，社会主义经济成分进一步增长。主要工业产品除原油外，都完成和超额完成计划。钢223万吨、生铁311万吨、煤炭8400万吨、发电量110亿度，分别超过计划6.3%、9.9%、7.4%、6.2%，分别比上年增长25.4%、39.5%、20.0%、19.6%。

农业总产值完成515.6亿元，为计划的97.6%，比上年增长3.3%。这一年水灾严重，农田成灾面积是新中国成立后最高的一年。粮食没有完成计划，但仍较上年增加53.7亿斤，总产3390亿斤，为计划的94.2%；三种油料作物比上年增产9.9%；棉花减产较多，为2129.8万担，比上年减产220万担，为计划的77.5%。农业生产没有完成计划，不仅影响农产品采购和粮食供应，也影响轻工业的发展，增加了1955年计划安排的困难。

互助合作运动有新发展。到秋收时组织起来的农户占全国总农户数由上年末的39.5%增加到60%。农业生产合作社到年底发展到50万个，入社农户占全国农户的11%，占耕地总面积的14%。

国内贸易进一步扩大。由于实行粮棉油统购统销政策，国家进一步掌握了主要工农业产品的商品货源。粮食收购1036亿斤，完成计划的110%，基本上能够保证城市、工矿区、经济作物区、灾区和其他缺粮农民的需要。但是，这一年征购量过大，征了"过头粮"，引起农民的不满："家家谈粮食""户户说征购"。这是很大的教训。

由于市场供求基本平衡，物价继续保持稳定，全国批发物价和8大城市零售物价比上年微涨0.4%。全国国营和公私合营工业企业劳动生产率比1953年约提高15%，职工工资总额约增加19%，平均货币工资约提高2.6%。[①]

第三节 五年计划出台以及前三年的实绩

一 制定1955年计划遇到的问题

1955年的年度计划，是在前两年农业都没有完成计划，基本建设资

[①] 《当代中国的计划工作》办公室编：《中华人民共和国国民经济和社会发展计划大事辑要（1949—1985）》，红旗出版社1987年版，第65—66页。

金和主要原材料的供给日益紧张的情况下制定的，困难很大。主要问题在于生产的发展赶不上基本建设的需要。以1952年为基数，工农业生产严重落后于基本建设的增长速度，国民收入和国家财政收入的增长速度也赶不上基本建设规模的扩大。

1954年基本建设投资增长127.4%，国民收入增长20.6%（按可比价格计算），财政收入增长42.8%。在财政支出中，1954年基本建设拨款已由1952年的占26.5%增加到占34.2%，提高了7.7个百分点。

同期，工农业总产值增长25.2%（按可比价格计算，下同），其中，农业总产值增长6.6%，工业总产值增长51.6%。在工业总产值中，轻工业增长44.8%，重工业增长63.9%。

增长率最高的重工业，也大大落后于基本建设投资额的增长速度。被称为基本建设"三大材"的钢材、木材和水泥，同期分别增长62.3%、80.1%和60.8%。这三种材料（连同其他原材料），并不是都能用在基本建设上，还要有一部分供应当年生产的需要，而且在原材料供应紧张时，尤其需要首先保证当年生产的需要，特别是要保证人民生活必需品的生产的需要。很显然，无论资金的供给，还是重要原材料的供应，都不能适应大规模经济建设的需要。这两年还并不是投资高峰期，列入计划的苏联援建的156项重点工程主要集中在"一五"的后两年，那时将更紧张。这反映了基本建设与生产的尖锐矛盾。

资金紧张的问题，在条件允许的时候进一步调整财政支出结构，适当降低军政费用，节省一部分资金用于经济建设，不失为一种选择。但暂时还做不到。根本的出路，是从增加生产中增加收入。而在这一方面，农业滞后极大地拖累着轻工业。1952年以农产品为原料的工业产值占轻工业总产值的比重（按不变价格计算）为87.5%，农副产品及其加工品出口额占出口总额的比重（按外贸部门业务数字计算）为82.1%，直到1957年还分别占81.6%和71.6%。[①] 1954年由于棉花产量在两年里下降了18.3%，减产477.6万担，粮食和其他经济作物虽都有增产，但整个农业没有完成计划，不足以抵消棉花减产的影响，轻工业的增长率由上年的26.7%下降为14.3%，减少12.4个百分点。

[①] 国家统计局国民经济平衡统计司编：《国民收入统计资料汇编（1949—1985）》，中国统计出版社1987年版，第75页。

1952年至1954年，各产业部门在整个国民收入中所占的比重，参看表5－1：

表5－1　　1952—1954年国民收入部门构成（按当年价格计算）　　单位:%

年份	国民收入	农业	轻工业	重工业	建筑业	运输业	商业
1952	100	57.7	11.2	8.3	3.6	4.3	14.9
1953	100	52.8	12.4	9.6	3.9	4.1	17.2
1954	100	51.9	12.9	10.3	3.5	4.3	17.1

资料来源：国家统计局国民经济平衡统计司编：《国民收入统计资料汇编（1949—1985）》，中国统计出版社1987年版，第11、15页。轻、重工业比重是根据15页中同期轻、重工业净产值在整个工业净产值中的份额计算所得，由于都是按当年价格计算，误差仅限于计算中"四舍五入"的差额。

从表5－1看出，仅农业的直接贡献在整个国民收入中就占50%以上，还没有把提供给轻工业80%左右的原料和工农业产品交换价格剪刀差这些因素计算在内。所以，在1954年9月召开的全国第一次计划会议上，估计当年的大水灾造成农业减产，必将在一定程度上影响工业的发展速度和市场的供应，国家计委就1955年计划控制数字提出以下建议：

（1）继续贯彻重点使用投资的方针，抓紧重点工程及其配套设施的建设。1955年计划投资88.79亿元，比上年预计完成数增长25.9%。中央8个工业部计划投资50.6亿元，比上年预计增长43%。156项工程中，继续施工的30个，新开工的35个。

（2）考虑到1954年供产销不平衡比较突出，农业减产对工业将有较大影响，1955年工业总产值计划为468.4亿元，比上年预计增长12.4%，低于五年计划每年平均15.5%的增长速度。1955年将扩大计划控制范围，适当控制长线产品和原料不足的产品，大力增产短线产品的生产。

（3）为弥补水灾造成的损失，1955年粮食控制数字拟定为3700亿斤，棉花2928万担，比上年分别提高7.2%和19.5%。棉花和油料作物的计划播种面积分别扩大为8864万亩和10556万亩，全国农业生产合作社计划发展到51万个以上。

同年10月，中共中央在批准1955年计划时，一方面，强调国民经济的各个方面，特别是以156项工程为骨干的工业建设，必须达到五年计划草案所要求的进度和速度，要克服1954年水灾所造成的困难。另一方面认为，按照这样的要求，国民经济的各方面，尤其是国家财政收支，必将相当紧张；农业生产不能适应工业发展的矛盾，也将扩大。因此，要求各地区、各部门在制定1955年计划时，要认真研究与五年计划（草案）的衔接问题，并以增加生产，增加企业内部积累和国家财政收入，保证基本建设的进度，保持市场的稳定。

1955年1月6—8日，举行第二次全国计划会议，确定1955年计划工作的方针是"全国平衡，统筹安排，增产节约，重点建设"。会议针对生产特别是农业生产赶不上需要和经济建设要求有更多资金而财力又有限的情况，决定：（1）积极而可靠地增加农业生产，粮食计划指标适当调高、棉花计划指标适当降低，分别为3722亿斤和2803万担（后分别调减为3608亿斤和2606万担）。（2）国家财力主要用于保证重点建设，严格控制建设规模和标准。（3）统筹安排社会主义改造的进度。

4月25日，中共中央批准国家计委在汇总各地方和各部门计划的基础上，正式提出的当年国民经济计划（草案）。主要指标是：

（1）基本建设投资总额为98亿元，比上年增长31.5%，占五年计划纲要草案总投资额的22.9%。当年施工的限额以上建设单位1079个，其中苏联帮助设计的有91个。

（2）工农业总产值为1090亿元，比上年增长7%。其中，工业总产值为444亿元，增长7.7%，低于前两年也低于五年计划草案所规定的工业平均每年增长速度指标。主要原因是1954年农业遭受水灾，农业原料不足，轻工业减产。某些机械产品品种规格满足不了需要，也有一定影响。

（3）农业及副业总产值为543.7亿元，粮食产量为3608.6亿斤，棉花产量为2606.6万担。

（4）社会商品零售总额为426亿元，比上年增加10.4%，商品供应有一定差额。

（5）财政支出较上年约增加16.3%。为解决财政收支矛盾，要求增收节支，开展全面的厉行节约、反对浪费运动。

国家计委认为，这个计划的特点是农业指标较高，工业增长速度降低，基本建设任务大，财政收支和商品供应相当紧。所以，1955年将是很紧张的一年，要像对待法律一样来执行国家计划，保证如期完成。此后，计划还有一项变动和一条重要补充。

一是劳动指标，中央认为，新增职工 73 万人过多，重编的劳动计划在余缺调剂后，只新增 5 万人。由于计划下达较晚，还是突破了计划。大规模建设以来，控制招工，已成为经济工作的一个不小的问题。

二是 7 月 4 日中共中央发布《关于厉行节约的规定》。规定除新建的主要厂房、主要设备和其他主要的生产性工程及技术性工程，应该按照现代化技术的标准进行设计和施工安装，并保证其质量和进度外，其他次要和附属的各种工程项目，尽量地组织现有企业和新建企业协作，凡能削减者应当削减；不能削减者，也应降低设计标准和工程造价。非生产性的建设必须严格控制，削减非急需建设的项目，认真地降低设计标准和工程造价，以适合我国目前的经济水平和人民生活水平。该规定要求，从 1955 年下半年到 1957 年的基本建设投资（生产用的必需设备和国外设计的厂房投资除外）和各种费用，必须在现有计划的基础上，再削减 15%—20%。各经济部门，要改善经营管理，贯彻经济核算制，增加上缴利润。严格遵守老企业、老单位增产增收不增人；新企业、新单位增人，从老企业、老单位多余人员中调配和优先录用复员退伍军人的原则。整顿劳动组织，建立和健全编制定员制度。要求各部门和各地根据此决定，制定出节约方案和节约指标。

1955 年年度计划制定过程中的艰难，从一个侧面反映了"一五"计划客观需要与现实可能的矛盾的尖锐性。

二 "一五"计划出台经过

中华人民共和国发展国民经济的第一个五年计划（1953—1957），在按年度计划执行两年半之后，终于在 1955 年 7 月正式出台。

"一五"计划从 1951 年动手编制，在实践中不断修改、充实、完善，1954 年秋形成初稿。10 月 29 日，中共中央交由各地区和各部门讨论，征求意见，再次斟酌后，提交 1955 年春召开的中国共产党全国代表会议讨论。陈云向大会作说明。"一五"计划制订过程中，党内就有两种意见。一是工业特别是国防工业项目能否多安排一些，三是担心生产指标能否完成。陈云为此专门作出说明，强调基本建设规模不能再扩大，工业生产指标不能再压缩。他说，工业交通建设规模不可能再大，不是不需要，问题是是否可能。从财力和技术力量上都无这种可能性。关于工业生产指标是否太高的问题,他说,原来确实定得比较高,现在已经降下来,应该说是适当的。一些部门和地区认为,今后三年可能完不成计划,这是应该认真对待的。他认为,在生产指标的问题上,不能再向后退,尽管有困难,应该努力去克服。

在工业生产的问题上,当时存在两个比较突出的问题。一是轻纺工业部门原料不够,特别是农产品原料不够。二是重工业部门能够制造的产品许多并不需要,而需要的产品又不能制造。机电工业的情况就是这样。他说:当前的任务,不是在这两方面退却,应该找出克服困难的办法。不能说,我们已经想尽了克服困难的办法,或者在这两个问题上已经达到了山穷水尽的地步。我们的努力还不够。[①]

两年来的情况说明,工业部门的问题,在很大程度上又归结到农业问题上。农业的滞后不但成为能否完成五年计划规定的工业生产指标的制约因素,而且对能否完成五年计划规定的基本建设投资计划也有很大的影响。

关于农业问题,陈云计算,个体农业转变为集体农业,头一二年内一般可增产15%—30%。如果把全国农户和土地统统组成合作社,在工作中又不犯大错误,按现在全国粮食产量3400亿斤计算,可能增产500亿—1000亿斤。从后来的情况看,1956年全国基本实现高级合作化,当年粮食产量3854.9亿斤,1957年3900亿斤,实现了低限增产指标。

党代会经过讨论,同意五年计划草案和陈云的报告,建议根据会议提出的意见,对计划草案修正后提交全国人民代表大会一届二次会议审议。

同年7月5日至6日,国务院副总理兼国家计委主任李富春,在第一届全国人民代表大会第二次会议上,作关于中华人民共和国发展国民经济的第一个五年计划的报告,将计划草案正式提交大会审议。会议经过审议,认为这是全国人民为实现过渡时期总任务的带有决定意义的纲领。7月30日一致通过决议,批准计划草案,号召各级机关和全国人民为胜利完成这个计划而奋斗。这是中国头几个五年计划中,唯一一个经过完备程序的中长期计划。

[①] 陈云在全国党代表会议上关于发展国民经济第一个五年计划报告的草稿,1954年12月16日。

三 高端产业"两弹一星"研制工作的启动

在中国工业化和国防现代化的历史上，1955年是值得载入史册的一年。这一年，毛泽东和他的同事毅然决定，把突破核能等当代国防尖端技术，发展中国的高新技术产业，提上日程。其直接目的，是首先获得军事上的成果，以加强国防自卫能力，壮大国威。毛泽东当时曾说："在今天的世界上，我们要不受人家欺侮，就不能没有这个东西。"同时，它对于提升国家整体经济技术水平，赶超发达国家，也具有巨大的意义。这是一项深谋远虑的重大决策，它最终确立了中国作为世界大国的地位，有资格同进入航天时代的国家比肩。当今天的人们重温中国在突破国防尖端方面的一系列成就而充满自豪的时候，我们不知道能否理解前人在温饱的问题还没有很好解决，工业化的进程才刚启动三年，稍显复杂的机器设备都还造不出来的情况下，就干这件事，需要多大的气魄，怎样的毅力，克服多少困难，付出何等的艰辛！

（一） 中国核工业的起步

中国研究核武器，建设核工业，始于1955年。此前，筹建了研究机构，调集一部分科技干部，在实验原子核物理、探测器研制、理论物理、宇宙线研究、放射化学和反应堆材料研制等几个方面，展开了初步工作，并获得了一批研究成果与研制成果，培养了一批年轻的核科技人员。同时，地质部门在找矿中，在广西发现铀矿资源的苗头后，成立了专门的铀矿地质工作机构，在苏联铀矿专家的指导下，经进一步勘查，确认中国南部存在找到有工业价值的铀矿的可能性。这就为发展中国的核工业提供了必要的决策依据。

1955年1月15日，毛泽东在中南海主持召开中共中央书记处扩大会议，研究发展中国自己的核工业问题。会议在听取了地质学家、地质部部长李四光，副部长刘杰和核物理学家、物理研究所所长钱三强等人就有关情况的汇报后，决定建设中国的核工业。毛泽东在会上说："我们国家现在已经知道有铀矿，进一步勘探一定会找到更多的铀矿来。解放以来，我们也训练了一些人，科学研究也有了一定的基础，创造了一定的条件。这件事总是要抓的。现在到时候了，该抓了。只要排上日程，认真抓一下，一定可以搞起来。"他还说："现在苏联对我们援助，我们一定要搞好！我们自己干，也一定能干好！我们只要有人，又有资源，什么奇迹都可以创造出来!"

之后,发展原子能事业被作为经济建设和国防建设的一项重要任务,列入国家长期规划。周恩来、陈毅、李富春、聂荣臻等人直接领导制定的中国1956年到1967年科学技术发展远景规划,把原子能和平利用列为规划的第一项任务。1956年,国家设立第三机械工业部(1958年改为第二机械工业部),分管这方面的具体组织领导工作。

核工业的创建与发展,贯彻执行了"自力更生为主,争取外援为辅"的方针,强调把立足点放在自力更生的基础上。建立核工业,中国既没有基础,又缺乏资料,争取从国外得到一些哪怕是有限的援助,也是很有必要的。在起步阶段,苏联在核能和平利用方面,曾经给了中国一定的科学技术和工业方面的援助。这在当时是很宝贵的。但即使在那时,中国仍然主要依靠自己的努力,把仅有的援助视为自己学会走路的一种辅助,而不抱不切实际的幻想。

在这中间,曾经遇到两个问题,主要由中国自己作出抉择:一是建设规模问题;二是学习与独创的关系问题。按原来中苏协定提出的初步规划方案,建设规模比较大,超过了中国的国情与国力,可能给国民经济带来沉重的负担。经多次研究后,确定按最低限度要求的原则,提出"小而全"的方案,即缩小规模而门类仍维持齐全的建设方案。投资比原来减少40%,兼顾需要与可能两个方面。

在干与学的问题上,要求"边干边学,建成学会"。按此精神,一方面虚心向苏联专家求教;另一方面耐心地向他们介绍中国的情况,尽量使他们能够从中国的实际出发,思考和处理问题,更好地发挥帮助、指导的作用。

(二) 中国航天工业的起步

中国航天工业的起步略晚于核工业。1956年4月,周恩来主持中央军委会议,在听取了刚刚回国不久的火箭专家钱学森关于发展中国导弹技术的规划设想后,作出了相应决策。同年10月8日,由钱学森任院长的中国第一个导弹研究机构——国防部第五研究院宣告成立,启动了发展自己的导弹、航天事业的历史性进程。中国在此之前,完全没有基础,一切都要从头做起。在一无图纸资料、二无仪器设备的情况下,导弹、航天事业的开拓者们走了一条从仿制苏联的P-2导弹,再到独立研制的道路,缩短了摸索的时间。

研制热核武器，围绕前沿科技成就发展高端产业的发达国家，都是在它们的工业化具有相当水平的基础上起步的。20世纪50年代中期，中国在基本工业还很落后、资金又很困难的情况下，决定展开这项可能被视为异想天开的攻关工程，没有战略家的远见卓识和宏大气魄，是不可能的。就在这一年，刚从朝鲜前线归来的志愿军的一个兵团，10万指战员还不曾掸去战场的尘土，便开赴新的战场——被称为死亡之海的戈壁滩，为未来的"核爆"实验修建靶场。这是何等崇高的精神！他们是"两弹一星"的无名英雄。参加"两弹一星"研制的科学家、工程技术人员、工人、干部和解放军指战员，就是靠这种精神，创造了不可思议的奇迹。

四　1955年国民经济计划执行情况和问题

1955年计划执行结果，基本建设完成投资93亿元，为修改计划的94%，比上年增加2.6%，由于造价降低按实物量计算的工作量增加15%。固定资产交付使用率达到86.2%。741个限额以上施工项目，建成投产102个，投产率为13.8%。在增产节约运动中，降低了非生产性建设的设计标准，据对3280个较大建设单位的统计，共节约资金10亿多元。

完成工业总产值548.7亿元，超过1%完成修改后的计划，比上年增长5.6%。其中，重工业增长14.5%，轻工业因农业原料供应不足而保持在上年水平。国营工业重点企业产品成本比上年降低8%，超额10%完成利润计划。

农业扭转前两年没有完成计划的局面，获得丰收。总产值为555亿元，完成计划的102.1%，比上年增长7.6%。粮食总产量为3496亿斤，为计划的102%，比上年增长8.9%；棉花总产量为3038万担，增长42.6%。油料、甜菜、红黄麻、烤烟和茶叶等都比1954年有较大幅度的增长。畜牧业由于饲料不足，加上合作化运动中对牲畜入社问题的处理存在一些问题，比上年下降9.3%。

全国社会商品零售总额比上年增长3%。全民所有制商业年末库存达到263.2亿元，比上年增加54,6亿元，占用资金较多。市场物价继续稳定。粮食供应仍比较紧张。国营、合作社营和公私合营劳动生产率比上年提高10%。全国职工（不包括私营企业）平均工资增加3.9%。人民生活继续有所改善。城镇居民消费水平比上年提高6.4%，农民消费水平提高 8.6%。

这一年，对农业、手工业和资本主义工商业的改造进度开始加快。到年底，初级农业生产合作社增加到 63.3 万个，入社农户 1688 万户，占全国农户总数的 14.2%。对资本主义工商业开始实行全行业公私合营，到年底公私合营户数达到 3193 户，比上年增加 83%。手工业生产合作社达到 6.4 万个，从业人员达 220 万多人，总产值 20.2 亿元，比上年约增长 72%。①

1955 年经济工作中，有两个问题值得注意。一是工业增长速度显著放慢；二是基本建设规模明显偏小。几年来，基本建设投资的完成情况一直不够理想，1955 年又同工业生产一并收缩。截至 1955 年年底，第一个五年计划已过去三年，按五年计划规定的工农业生产增长额检查，工业完成 61%，农业完成 63%，基本建设计划仅完成 51%，这无疑将增加后两年年度计划安排上的困难。

第四节　症结在于重工业高强度发展与农业发展滞后

"一五"计划前三年，国民经济运行有一个特点，就是年度间呈现增长中的波动下行状态。1953 年增长率较高，1954 年和 1955 年连续下行。详见表 5-2：

表 5-2　　1953—1955 年工农业总产值指数（按可比价格计算）
（以上年为 100）

年份	工农业总产值	农业总产值	工业总产值	在工业总产值中	
				轻工业	重工业
1953	114.4	103.1	130.3	126.7	136.9
1954	109.5	103.4	116.3	114.1	119.8
1955	106.6	107.6	105.6	100.0	114.5

资料来源：国家统计局《中国统计年鉴（1984）》，中国统计出版社 1984 年版，第 25 页。

---

① 参见《当代中国的计划》办公室编《中华人民共和国国民经济和社会发展大事辑要（1949—1985）》，红旗出版社 1987 年版，第 78—79 页。

基本建设投资的波动更大一些。1953年跳跃了一下，完成80亿元，比上年猛增83.7%。接下来，1954年完成74.98亿元，比上年下降6.3%。1955年完成93亿元，比上年增24.0%，同1953年相比增16.3%。① 连续两年控制规模，1953—1955年三年仅完成五年投资总额的51%。

分析原因，症结在于重工业的高强度发展与农业发展滞后的制约。"一五"时期，不论中国在多大程度上鉴戒了苏联当年的教训，在基本上还是走了斯大林的重工业超常发展的路线。这是众多问题的根源。

作出这一判断，兹说明如下：

（一）概念释义

这里使用重工业高强度发展的概念而不是重工业优先发展的提法，指的是它超出了列宁所揭示的在技术进步条件下生产资料生产增长得更快的规律的范围②，也有些超出实际情况可能接受的限度。这是"一五"计划实施的一系列矛盾的概括，是客观实际的反映。

同时，我们得出"一五"时期重工业高强度发展的认识，不限于当期的重工业的生产本身，还包括当期的重工业的基本建设，还包括国防工业的基本建设。它在五年计划里原本就列在重工业的范围，在占有资源上比一般重工业更具优越条件，其对国民经济各方面的影响因而也更大。

我们并不否定"一五"计划以发展重工业为中心的方针，也不否认在这一方针指引下发展重工业的辉煌业绩。无论从理论上和实际上，这样做都具备充分的理由。问题在于有些"过"。50年后讨论这一点，颇有"事后诸葛亮"之嫌。不过，有"事后诸葛亮"，才可能有"事前诸葛亮"。在这个意义上，它有一定的现实意义。

---

① 这里使用的基本建设统计数字，均以《当代中国的计划工作》办公室编辑的《中华人民共和国国民经济和社会发展计划大事辑要（1949—1985）》（红旗出版社1987年版）中的数据为准，与国家统计局统计年鉴中的数据并不都一致，特此说明。

② 列宁在对马克思再生产理论的研究中，把资本有机构成提高的因素纳入再生产公式，得出结论说："这样我们看到，增长最快的是制造生产资料的生产资料生产，其次是制造消费资料的生产资料生产，最慢的是消费资料生产。"参看《列宁全集》中文版第一版第1卷，人民出版社1955年版，第71页。

（二）文献根据

发展国民经济的第一个五年计划，是以苏联为榜样的以速度为中心的国家工业化计划。中共中央宣传部关于党在过渡时期总路线的学习和宣传提纲说："资本主义国家从发展轻工业开始，一般是花了50年到100年的时间才能实现工业化，而苏联采用了社会主义工业化的方针，从重工业建设开始，在十多年中（从1921年开始到1932年第一个五年计划完成）就实现了国家的工业化。苏联过去所走的道路正是我们今天要学习的榜样。"① 为此，确定的目标是，到1959年，按若干重要产品的产量，"我国工业将大约相当于1932年苏联的水平或1937年日本的水平。"② 中国原来的工业基础，比苏联十月革命前沙皇俄国要落后，而用大体相同的时间达到苏联第一个五年计划完成时实现了国家的工业化的程度，实际上要求的速度更高更快。例如，整个五年计划是围绕苏联援建的156个大型项目为骨干的工业基本建设安排投资。五年里，全国经济建设和文化建设支出总数为766.4亿元，其中基本建设投资为427.4亿元，占55.8%。在基本建设投资中，以苏联援建的156个大型骨干项目为中心、由限额以上694个建设单位组成的工业建设是投资的重点，总额达248.5亿元，占58.2%。在工业建设投资中，重工业投资又是重中之重，占比高达88.8%，比苏联"一五"计划安排的比例还高。这就是说，工业建设是"一五"计划的中心；苏联援建的156个单位的建设，又是工业建设的中心；156个单位中主要是重工业（包括国防工业）项目，所以，重工业的基本建设又是整个第一个五年计划的重点。目的是尽快为形成以重工业为基础的独立工业体系打下基础，为国家工业化打下初步基础。③

历史地看，斯大林强调社会主义工业化从发展重工业开始，实施重工业超常发展战略，不能忽视有着被资本主义包围的特殊环境和曾经遭受外国武装干涉的痛苦感受。他期望以重工业投资的叠加效应换取工业化时间的节约，进而赢得生存空间。不论斯大林的逻辑可能有怎样合理的解释，

---

① 《中共中央宣传部关于党在过渡时期总路线的学习和宣传提纲》，转引自《社会主义教育课程的阅读文件汇编》（第一编），人民出版社1958年版，第352页。

② 同上书，第355页。

③ 《中华人民共和国发展国民经济的第一个五年计划（1953—1957）》，人民出版社1955年版，第172、15页。

他的这种重工业过度投资的政策，为此付出了巨大代价。

中国重启工业化时的国际环境，虽然已不像苏联当年那样恶劣，强烈的忧患意识和危机感，仍使党的决策层萦怀于心。效仿苏联经验，在所难免。正如李富春1953年9月3日，向中央人民政府委员会报告在莫斯科商谈苏联援建项目的情况时说的，"发展国家的重工业，是五年建设的中心环节。尽管建设重工业需要巨量的资金，较长的时间和比较复杂的技术，但我们决不能舍弃这一方针而选择另外的方针。因为只有建设国家的重工业，即发展冶金、燃料、电力、机械、基本化学、国防等工业，才能保证国防的巩固和国家的安全；才能建立强大的经济力量，保证我国在经济上的完全独立；才能给轻工业以广阔的发展前途，给我国农业的改造提供物质的和技术的条件，使我国经济不断上升，人民的生活不断地改善。这样，正是我国逐步地过渡到社会主义的物质基础。"[①]

在世界上，要对付霸权政治，提供的选择空间和回旋余地有限，这是研究历史问题不可不察的。何况苏联经验中有其合乎真理性的部分。在这过程中，中国在农业等问题上没有犯斯大林那样的错误，但是，重工业的高强度发展还是带来不少问题。

（三）重工业高强度发展的主要体现

过大的建设规模特别是过大的重工业建设规模，是其高强度发展的主要体现。"一五"时期基本建设的显著特点，是投资大、工期长、投资回报又比较低的重工业和国防工业项目占比最高，投资少、见效快、回报高的轻纺工业项目占比很小。在156项大型骨干工程中，医药行业2项，轻工业项目仅有1项。这种投资结构必然导致两个结果：一是将加大整个建设规模；二是既向期内生产提出较高的要求，又不能较快为期内生产做出贡献。这无疑增加了建设规模同当年生产的摩擦系数，为计划部门协调两者关系增加困难。

（四）协调经济比例关系的困难

这是在建设规模过大的情况下，最为棘手的问题。前面曾经提到，最

[①]《李富春关于与苏联政府商谈对我国援助问题的报告》（1953年9月3日），《党的文献》1999年第5期，第10页。

初试编五年计划概要的建设规模比较大，对于速度的要求也比较高。例如，工业年均递增速度为25%，农业为7%。在征求斯大林和苏联政府的意见时，他们感到定高了，不可能有恢复经济那样的增长率。1954年6月，陈云就计划编制情况向毛泽东和中共中央提交报告，速度指标有所降低。工业平均每年递增速度为15.5%，农业为5%。建设规模的压缩有些困难，主要是苏联援助建设的141项（后为156项）大型项目已经确定下来，其中国防工业项目的比重又较多的缘故。他说："关于工业投资，过去曾研究过三个方案。一个是265万亿元①，按照这个方案，141个项目要推迟很多。另一个是328万亿元，这样就要求财政收入再增加几十万亿元，如前面所说，这很难做到。因此，较适当的是现在的292万亿元的方案。"② 最后编定的计划再次调低了有关计划指标。这就是正式审查通过公布的五年用于经济建设和文化教育建设的支出总额为776.4亿元，用于基本建设的投资为427.4亿元，其中工业基本建设投资为248.5亿元，占基本建设投资总规模的58.2%，比上述292亿元的方案调减43.5亿元。五年内安排的新建、改建单位，限额以上的1600个，限额以下的6000多个，其中工业方面，包括苏联援助的建设单位在内，限额以上的694个，限额以下的约有2300个。

工农业总产值计划由1952年的827.1亿元增加到1957年的1249.9亿元，增长51.1%，平均每年递增8.6%。其中：工业总产值计划由1952年的270.1亿元增加到1957年的535.6亿元，增长98.3%，平均每年递增14.7%；农业及其副业总产值计划由1952年的483.9亿元增加到1957年的596.6亿元，增长23.3%，平均每年递增4.3%。比1954年的计划（草案）也有所降低。

很显然，建设规模和经济发展速度的安排已经不很匹配。后者压缩较多，前者变动较小。一般说，建设规模直接关系经济的发展速度亦即国家工业化进程的快慢；反过来，经济的发展速度又在很大程度上决定国家建设可能有怎样的规模。这好像是"同义语的反复"，却正是客观实际的反映。陈云1957年提出的"建设规模要和国力相适应"的命题，所指主要是后一层含义。强调发展的观点，积极平衡的思想，则多属前一层含义。

---

① 陈云所指系旧币，新旧币比值为10000∶1。凡未特别说明的，都指新币。
② 《陈云文选（1949—1956）》，人民出版社1984年版，第234、235、241—242页。

这说明了处理二者的关系的难度。

"一五"计划关于建设规模的安排，在需要和可能之间，首先而且主要考虑的是需要，可能性的考虑无论在当时抑或现在看，都不够充分。这里，有多种原因，也有实际问题。

需要的考虑比较容易（在相对的意义上），它比较实一些。例如安排苏联援助建设项目，考虑当时的国际环境和建立工业体系的需要，该有哪些项目。一旦项目确定下来，需要多少投资，搞多大的建设规模，大体就有眉目。陈云在1954年报告计划编制情况时说，投资很难再减，原因也是因为项目定了不能减少的缘故。

客观可能性的考虑，就困难得多。它的随机因素比较多，弹性比较大。例如，同样条件，政策措施、主观努力等因素的不同，结果是很不一样的。同样的国民收入，积累基金和消费基金的不同的比例关系，对建设规模具有不同的影响。而这种比例关系的确定，"在相当程度上取决于国家每个时期政治经济的具体任务。"① 这当然不是说可以不受任何约束地去扩大建设规模。不可否认的是，"一五"计划的编制和出台，既有抗美援朝战争的背景，又面对美国的封锁包围，较多考虑了需要的方面，是不奇怪的。需要和可能的矛盾越大，协调各方面的关系就越是困难。陈云在上述报告里，首先承认，五年计划各部门比例关系的安排是有缺点的，但又不能不作这样安排。"紧张平衡"的概念就是这样提出来的。

（五）经济实践中的几个两难问题

首先是国家财政面临的巨大压力，加重了处理财政工作中支持发展与保持收支平衡的关系的难度。恢复时期的三年里，用于基本建设的支出有限，1952年基本建设支出首次超过国防支出，达到46.7亿元。"一五"计划开始的1953年，在国防费还有增加的情况下，要满足基本建设扩大规模的需要，财政捉襟见肘。所以，在设法筹集资金时，发生了前面所说的上年财政结余"一女二嫁"和商业库存"泻肚子"的问题。1953年的"小冒"，导致1954年和1955年基本建设放慢速度，结果，前三年仅完成五年基本建设任务的51%。1956年的大发展，弥补了前三年的不足，国家财政就难于承受，出现了18亿元的赤字。

---

① 《李富春选集》，中国计划出版社1992年版，第158页。

其次是协调基本建设与当年生产的两难问题。几乎年年都碰到，也几乎年年都感到非常棘手。尤其是稀缺资源的争夺相当突出。基本建设仅有钱还不够，还必须要看有没有相应的物资支持。因为一定量的货币（不是纯粹财政性发行的货币）所代表的物力（物资），并不一定适合基本建设的需要。在经济实践中，每当有较多的新开工项目，建筑材料尤其是合用的钢材、木材和水泥这几种材料就异常紧张，并同即期生产发生矛盾。

不仅如此，人力资源同样有一个结构问题。中国有丰富的劳动人口，但是，建设急需的工程技术人员和管理人员严重不足，这是又一个重要制约因素。

五年内工业生产计划的完成，主要依靠原有的企业。按照全国的工业总产值大体计算，1957年比1952年新增加的产值中，由原有企业所增产的约占70%左右，由新建和重大改建的企业所增产的还只占30%左右。原有企业除供应新建企业以设备、材料和满足人民所需要的日用品外，还担负着为国家积累资金和培养干部等重大任务。如果当年生产得不到保证，又会影响基本建设。后来总结一条经验：物资的分配要先生产、后基建。首先保证简单再生产，才可能实现扩大再生产。

再次是增加了兼顾国家建设和人民生活这一对矛盾问题的难度。在建设规模过大的情况下，要很好兼顾到这两头，是很不容易的。有些想做也应该做的事情，例如减轻农民负担，逐步缩小工农业产品剪刀差的问题，就因为需要增加积累，难以有较大动作。

上述问题的解决，归根到底，又受农业发展滞后的严重制约。据统计：这一时期工业总产值中50%依靠农产品作原材料；社会零售总额中约有80%以上是农产品和农产品加工品；出口商品中75%是农产品和农产品加工品；财政收入中55%是直接和间接依靠农业；轻工业的90%左右依靠于农业收成的好坏。[1]

从经济运行的实践观察，前述经济增长中年度之间的起伏，整个国民经济增长率的高低，农业丰歉因素有着较大作用。例如，1954年棉花受灾歉收，1955年棉纱比上年减产68万件，只此一项减少产值17亿元，影响工业增长速度4.1个百分点。1955年整个工业增长5.6%，是"一

---

[1] 《当代中国的计划工作》办公室编：《中华人民共和国经济和社会发展大事辑要（1949—1985）》，红旗出版社1987年版，第100页。

五"期间增长率最低的一年。"一五"计划从制定到出台,农业指标一再下调,仍很少完成计划。这一时期,经济结构向高度化推进得很快,显示工业特别是重工业与农业相对份额的迅速拉大。这既表示了"一五"计划的成功,同时也暴露出它的缺陷与不足,即农业发展的滞后。要纾缓资金资源和稀缺材料资源对建设规模的约束,根本出路取决于国民经济更快地发展。农业发展的滞后,成为最大的拖累。

关于农业,在编制"一五"计划的过程中,陈云就认为,这是最薄弱的部分,即使完成计划,也是很紧张的。他虽然表示争取在年度计划中增加农业投资,但主要是寄希望于通过农业合作化保证农业的增产,认为这是投资少、见效快的途径,其他诸如垦荒和兴修水利等措施,"远水不解近渴",而且需较多的财力,短时期难以做到。国家计委方面,李富春同陈云一样,把重点放在农业的合作化即制度创新方面,以此摆脱在农业上的被动状况。

第六章

"主体"矛盾传导下"两翼"的提前

　　1955年,在过渡时期总路线的"主体"社会主义工业化诸多矛盾的传导下,"两翼"即对农业、手工业和对资本主义工商业的社会主义改造受到越来越大的压力,开始提速。在这一背景下,毛泽东对农业合作化运动中蹒跚前行的所谓"小脚女人走路"的批判,如一把火,点燃了"三大改造"高潮。过渡时期总路线原定用三个五年完成的社会主义革命任务,提前在1956年就基本完成。社会主义基本经济制度的建立,进一步解放了被束缚的社会生产力,为它的大发展创造了更加有利的条件;但是,过快的速度,也遗留了一些问题,对经济生活产生某种负面影响。

第一节　毛泽东对资产阶级工业革命经验的总结

　　过渡时期总路线关于对农业、手工业和资本主义工商业的社会主义改造的问题,一向为毛泽东高度重视。关于农业的社会主义改造,他更以很大的精力亲自去抓。在他看来,一切革命的历史都证明,并不是先有充分发展的新生产力,然后才改造落后的生产关系,而是要首先造成舆论,进行革命,夺取政权,才有可能消灭旧的生产关系。消灭了旧的生产关系,确立了新的生产关系,这样就为新的生产力的发展开辟了道路。他说:"从世界的历史来看,资产阶级工业革命,不是在资产阶级建立自己的国家以前,而是在这以后;资本主义的生产关系的大发展,也不是在上层建筑革命以前,而是在这以后。都是先把上层建筑改变了,生产关系搞好了,上了轨道了,才为生产力的大发展开辟了道路,为物质基础的增强准备了条件。当然,生产关系的革命,是生产力的一定发展所引起的。但是，生产力的大发展，总是在生产关系改变以后。"①

这就有助于解释以下两个问题：

其一，大规模的经济建设特别是巨大的重工业基本建设，同工农业生产尤其是农业生产的大发展，存在时间差。新中国的成立，上层建筑改变了；生产关系只是部分改变，对个体农业、手工业和资本主义工商业的改造才刚开始，还没有给生产力的大发展开辟出宽阔的道路。这是"一五"时期一系列经济关系日益紧张的深层原因。

其二，在一段时间里，毛泽东为什么把关注的重心放在"两翼"而不是"主体"上，强调所有制的变革能快就不要慢，从这里也就不难理解；原定三个五年的社会主义改造任务，为什么竟能在 1956 年提前完成，也由此得到部分解释。

但是，这并不能完全解释 1955 年前后"三大改造"加快的原因，更不是原定任务极大提前的决定性因素。历史的真谛，只能从具体的社会经济条件中去寻觅。

第二节 合作化速度之争与社会主义群众运动高潮

一 加快农业合作化步伐的两个重要因素

有两个因素，直接促成了农业合作化步伐的加快。其一是优先发展重工业取向下国家建设与工农业生产紧张平衡的需要；其二是粮棉油等主要农产品统购统销的要求。

国家建设与工农业生产紧张平衡中的突出的薄弱环节，是农业的发展滞后。解决这个棘手的问题，可行的出路，就是合作化。在这个问题上，决策层的共识愈来愈多。1954 年统购统销工作中，由于购"过头粮"的错误，引起农民极大的不满和不安，显然起了催化作用。

1953 年粮食统购统销政策的实施，和接着对油料和棉花实施的统购统销政策，暂时缓解了几种主要农产品的供求矛盾，却不是治本的措施，反而导致了国家同农民的紧张关系。党和政府不得不更多地关注这件事，从各个方面抽调大批干部从事这一工作。那时，全国 26 万个乡、100 万

---

① 中共中央文献研究室编：《毛泽东年谱（1949—1976）》第四卷，中央文献出版社 2013 年版，第 270 页。

个自然村、1.1亿农户,要分乡分村按户核定余粮户的粮食收购量和缺粮户的粮食供应指标,仅此一项,要用多少人,耗费多大的精力。从进行宣传动员和说服教育工作,到最后完成任务,工作之难,工作量之大,可想而知。用经济学术语说,实施成本之高,相当惊人。即使如此,也难免出现畸轻畸重、阴差阳错的情况,以及这样那样的问题。1954年在粮食仅增产53.7亿斤的情况下,征购任务多购了90亿斤,以致购了"过头粮"。农民留粮不足,口粮和饲料粮受到影响,弄得"鸡飞狗跳",家家谈粮食,户户谈征购,一度出现杀猪宰牛,损害生产的现象。加快合作化进程,变一家一户的征购对象为合作社集体组织,将大大降低工作难度,节省成本,也将有利于缓和在这一问题上国家与农民的紧张关系。

二 "停、缩、发"方针的由来

加快农业合作化步伐,既要使之适应社会主义工业化的需要,又避免农村重新出现两极分化,引导农民走共同富裕的道路,这是毛泽东一贯的思想。所以,当农村一完成土地改革,毛泽东立即将互助合作的问题提上议事日程,即所谓"趁热打铁"。他认为,"趁热打铁"可以减少阻力;迁延时日,反而不利。马克思主义经典作家无不认为,引导农民接受社会主义是一件极为困难的任务;中国当时又是拥有5亿农民,经济和文化都很落后的农业国家,在一般人的观念里,毫无疑问是尤其艰难的。所以,毛泽东要亲自抓这一工作。

1955年,毛泽东决定加快农业合作化的步伐。之前,过渡时期总路线的提出和宣传,粮食等主要农产品统购统销政策的实行和《中共中央关于发展农业生产合作社的决议》的颁布,促使互助合作运动全面展开。1954年春,农业生产合作社由1953年冬的1.4万个发展到9万多个,入社农户达到170多万户,超过原定计划的两倍半以上。同年5月10日,中央农村工作部在《关于第二次农村工作会议的报告》中报告说,会议拟定农业生产合作社1955年计划发展到30万个或35万个。1957年发展到130万或150万个,入社农户达到全国总农户的35%左右,合作化的耕地发展到占全国总耕地的40%以上。

毛泽东在审阅这个报告时,将其中的一段话修改为:"这种有计划地大量增产的要求和小农经济分散私有的性质以及农业技术的落后性质之间的矛盾是越来越明显了,困难越来越多了。这是两个带根本性质的矛盾。

解决这些矛盾的第一个方针，就是实行社会革命，即农业合作化，就必须把劳动农民个人所有制逐步过渡到集体所有制，逐步过渡到社会主义。第二个方针，就是实行技术革命，即在农业中逐步使用机器和实行其他技术改革。"[1] 前面曾提到，在山西合作化问题发生争论时，毛泽东同刘少奇等人的谈话，已经包含了先有合作化后有机械化的思想。其根据是用英国当年的工场手工业的情形作例证。在社会主义实践中，严重束缚人们头脑的农业集体化必须以工业化和机械化为前提的观念，被毛泽东打破了，中国的农业社会主义改造才可能真正展开。这是一条新的道路。现在，毛泽东对他的这一思想，又做了另一部分的重要补充，即中国农业的出路，不仅在于合作化，而且还要有机械化；合作化不能够长期脱离机械化而建立在手工劳动的基础上。这就是他所阐述的农业必须完成社会革命和技术革命这两个革命的思想。

第二次农村工作会议结束后，各地很快又发展了12万个新社。在同年10月举行的第四次全国互助合作会议上，不得不追加计划，在1955年春耕前发展到60万个。"一五"计划的最后一年，全国参加合作社的户数增加到半数以上。这将超过"一五"计划规定达到1/3左右的要求。

正当合作化发展势头强劲的时候，1954年粮食统购统销工作发生了购"过头粮"的问题，一些地方出现出卖、宰杀牲畜等不正常的现象。1955年1月15日，中共中央在《关于大力保护耕畜的紧急指示》中指出：近几个月来，不少地区发生大量出卖耕畜，畜价猛跌，和滥宰耕畜的严重现象，有的省估计至少杀了30万头，有的省估计耕畜减少20%。这些估计虽然不是很精确，但已看出问题的严重程度。指示分析原因主要是：

（1）合作化运动中有关耕畜的处理欠妥当，如过急作价入社，作价又偏低等；

（2）统购统销工作中口粮算的偏紧，未留饲料粮或留的偏低；

（3）耕畜贩运和交易环节的工作存在缺点；

（4）季节性原因，历年冬季都是出卖、宰杀病老耕畜较为集中的时候，只是数量没有今冬多。[2]

---

[1] 中华人民共和国国家农业委员会办公厅编：《农业集体化重要文件汇编》上册，中共中央党校出版社1981年版，第248页。

[2] 同上书，第280页。

同年2月，中共中央又召开全国财经会议，研究解决这一问题。会议认为，目前农村情况相当紧张，不少地方农民大量杀猪、宰牛，生产情绪不高。其中固然有少数富农和其他不良分子的抵抗破坏，但从整个说来，它实质上是农民群众，主要是中农群众对于党和政府在农村中的若干措施表示不满的一种警告。产生这种情况有很多原因，比如有些地区互助合作运动搞得过粗过快，某些措施不尽合理，农村供应工作有缺点等。但应该说，农民不满的主要原因是农民对粮食统购统销工作感到心中无底，国家购得过多留得过少引起的。有必要稳定政策，控制征购指标，以利于加强同占农村人口60%以上的新老中农的团结。

根据会议讨论的意见，3月3日，中共中央、国务院发出《关于迅速布置粮食购销工作，安定农民生产情绪的紧急指示》，确定1955年7月至1956年6月粮食年度征购指标为900亿斤，保持在与上一年度大体相当的水平上。指示认为，国家对于统购统销指标的确定不仅要切合实际，照顾到国家需要和农民可能这两个方面，而且必须进一步采取定产、定购、定销的措施，即在每年的春耕以前，以乡为单位，将全乡的计划产量大体上确定下来，并将国家对于本乡的购销数字向农民宣布，使农民知道自己生产多少，国家收购多少，留用多少，缺粮户供应多少。这样，使农民心中有数，情绪稳定，才有利于缓和农村的紧张情况，才使农民有可能订定自己的生产计划和安排自己的家务，才有利于发展农业生产，才有利于国家有计划地控制粮食的购销。最后，指示还提出了同时再把农村合作化的步骤放慢一些的意见。①

不久，毛泽东根据中央农村工作部和一些地方反映的情况，决定调整农业生产合作社的发展速度。同年3月中旬，毛泽东约邓子恢和中央农村工作部几位负责人谈话。在听了他们的汇报后说："生产关系要适应生产力发展的要求，否则生产力就会起来暴动。当前农民杀猪、宰羊，就是生产力起来暴动。"就在这次谈话里，他提出了"停、缩、发"的方针，即现在有些地方要停下来整顿，如华北、东北，有些地方要收缩，如浙江、河北等，有些地方要发展，如新区。"一曰停、二曰缩、三曰发"。②

---

① 中华人民共和国国家农业委员办公厅编：《农业集体化重要文件汇编》上册，中共中央党校出版社1981年版，第296、298页。

② 杜润生：《忆五十年代初期我与毛泽东主席的几次会面》，参见《缅怀毛泽东》编辑组编《缅怀毛泽东》下册，中央文献出版社1993年版，第380页。

三 毛泽东态度的改变及围绕速度问题的争论

1955年4月6日至22日，毛泽东到南方视察。他在外地看到、听到的情况，和在北京接触的材料大不相同。他一路看到小麦长势旺盛，齐刷刷地半人高，不像农民生产消极的样子。他还询问过几位当地驻军的高级将领的看法。中国人民解放军历来是以农民为主体的队伍，当时的战士和基层干部主要是翻身农民子弟，农村的情况通常都会从部队的情绪里得到反映。毛泽东从几位高级将领那里得到的回答，也不同于在北京接触的材料。在上海，柯庆施还给他提供一个材料，更引起了毛泽东的思考。柯说，在县、区、乡三级干部中，有30%的人反映农民要"自由"的情绪，不愿意搞社会主义。也许今天的人们很难理解那时的有些情况。20世纪50年代，特别是它的前期，县、区、乡三级干部中相当一部分来自农村，有的原来就是减租减息和土地改革中的积极分子，他们的家庭大多是贫雇农，土改后经济地位一般上升较快。有些并非出身农村的县区干部或者上一级做农村工作的干部，民主改革时期到农村工作，发动群众，访贫问苦，吃"派饭"，总是在贫雇农家里，与他们"同吃同住同劳动"。土改以后，到农村工作，乡村干部"派饭"，就不同了。他们会主动安排到日子较好过的家庭（一般是新老中农家庭），上级下去的干部不说全部、很多人也愿意或者也不拒绝这样安排。笔者在农村工作时就有过这样的体验。了解了这些背景情况，也许对于干部队伍中存在不同认识，反映不同情绪，不会太感意外。总之，毛泽东根据他在外地调查了解的情况，改变了之前的认识是确定无疑的。

刘少奇在七届六中全会上，曾经谈到党中央和毛泽东对农村形势认识上的这种变化。他说：春夏之交，"当着这些'糟得很'的叫喊从全国各地来到我们耳朵里的时候，我们首先判断关于粮食问题的叫喊是不真实的，或者绝大部分是不真实的。而关于合作社的叫喊，最初我们也有些怀疑，但是，不久，毛主席发现这种叫喊也是不真实的，并且驳斥了这种叫喊，以致指责中央农村工作部'发谣风'"。① 毛泽东基于对农村形势的新判断，对原来的部署拟作大幅度调整，决定以统购统销的适度让步换取农

---

① 薄一波：《关于重大决策与事件的回顾》（修订本）上卷，人民出版社1997年版，第383—384页。

业合作化的大步推进。

而在此期间，中央农村工作部仍在按"停、缩、发"的精神抓农业社的整顿收缩工作，特别是着重抓了浙江省农业社的整顿收缩工作：由53,114个减少到37,507个，减少15,607个；入社农户由占总农户的28%退到18.6%。其中，有些地方把不该收缩的也收缩了，有的乡合作社竟全部解散，成了空白乡。

4月21日至5月7日，中央农村工作部又召开第三次全国农村工作会议。这时，毛泽东已从外地回京。5月5日晚，邓子恢向他汇报会议情况，准备在第二天的会议上作总结。听了邓子恢的汇报，毛泽东说："不要重犯1953年大批解散合作社的那种错误，否则又要作检讨。"这明显是一种提醒。可惜，邓子恢竟没有听进去。第二天，照旧按他准备的意见作总结。他在讲话中批评说：目前，冒进现象虽然不是全国性的，只是少数省份，但干部中的冒进情绪是带普遍性的。他要求：一般地区农业生产合作社停止发展一年半，全力进行巩固工作。

毛泽东同中央农村工作部主要负责人的分歧，集中表现在两个方面，其一是对农村形势的分析和估计不同；其二是解决问题的思路不同，归根到底则是在农村工作的指导思想和大政方针上双方存在较大差异。

从1953年开始连续两年的粮食统购统销，特别是1954年的统购统销，为弥补当年遭受严重水灾地区造成的粮食短缺问题，多购了大约90亿斤，以致购了"过头粮"，弄得农民心中无数，造成恐慌；加上互助合作运动由主要发展互助组进展到大批举办农业生产合作社，而且速度也在加快，一些农户不摸底，担心财产归公，想趁早自己处理免得日后吃亏。这就是被称为"家家谈粮食，户户说口粮"的"闹粮荒"现象，和出卖宰杀耕畜家畜、砍伐树木的现象。这两种情况主要反映了一部分中农的顾虑和不安。对于这种情况，当然不能听之任之，但需要具体分析，予以解决。亲身调查情况后的毛泽东认为，它显然被人为地夸大了，采取的方针和措施也不对头。毛泽东说，在粮食问题上，党内党外有一种潮流，就是说大事不好。这不对。照我说："大事好，就是有些乱子。"所以，他提出适当调减征购指标，定下来，三年不变，做到年年有余，不能再重犯购"过头粮"那样的错误。他说："主要的矛盾，是个体农民跟国家，跟社会主义的矛盾。这不是对抗性的矛盾，是可以克服的。"在他看来，粮食统购统销是五利，除对余粮户小有不利，对缺粮户有利，对在农村中从事盐、林、渔、牧、船、经济作物等六业的人有利,对灾民有利,也有利于城镇(工业化),有利于打台湾,对粮食自给户亦无损失。①

关于合作化的问题,毛泽东也是基本肯定。他说:"合作化问题,乱子也是不少,但大体是好的。不强调大体好,那就会犯错误。在合作化的问题上,有种消极情绪,我看必须改变。再不改变就会犯大错误。"可以看出,毛泽东非但不认同合作化发展"过快",必须"下马"的做法,而且认为主要的倾向是消极情绪在作梗。

面对中国农村正在实施的、都将引起农民生产和生活方式深刻变革的两大举措——统购统销和合作化,毛泽东的新思考是:在一个方向(粮食征购)上让步,在另一个方向(合作化)上前进。即粮食征购由原定900亿斤压到870亿斤,合作化则由原定1957年化1/3左右提高到40%。这就是他5月9日晚召集李先念、邓子恢、廖鲁言、陈国栋几个人开会(在座的还有周恩来),研究粮食问题和合作化问题时所说的:"粮食,原定征购900亿斤,可考虑压到870亿斤。这样可以缓和一下。这也是一个让步。粮食征购数字减少一点,换来个社会主义,增加农业生产,为农业合作化打下基础。今后两三年是农业合作化的紧要关头,必须在这两三年内打下合作化的基础。"

他问邓子恢:"到1957年化个百分之四十,可不可以?"邓子恢仍然坚持三月间毛泽东同他商定的数字,说:"上次说三分之一,还是三分之一左右为好。"毛泽东当时虽未再坚持,却明显流露出不满。他不无所指地说:"农民对社会主义改造是有矛盾的。农民是要'自由'的,我们要社会主义。在县、区、乡干部中,有一批是反映农民这种情绪的,据柯庆施说,有百分之三十。不仅县、区、乡干部中有,上面也有,省里有,中央机关干部中也有。说农民生产情绪消极,那只是少部分的。我沿路看见,麦子长得半人深,生产消极吗?"②

粮食征购,主要是同余粮户也就是同较为富裕的新老中农特别是新老上中农的关系问题。适当压低征购指标,有利于安定他们的情绪,有利于团结他们发展生产。加快合作化步伐,无论从眼前抑或从长远看,都是解

---

① 毛泽东在15省市委书记会议上的讲话,1955年5月17日。参见中共中央文献研究室编《毛泽东年谱(1949—1976)》第二卷,人民出版社2013年版,第376页。

② 参见中共中央文献研究室编:《毛泽东传年谱(1949—1976)》第二卷,人民出版社2013年版,第370、375页。

决中国农村、农业和农民问题的根本途径。就紧迫的粮食问题说，治本之策在于发展生产，合作化应是可行的选择。陈云曾经算过一笔账。就中国的情况说，农业的增产有三个办法：开荒，修水利，合作化。大规模开荒，需要一定条件，即使在"一五"计划外再多开垦5000万亩荒地，也有困难。因为：一要增加25亿元投资搞国营农场；二要进口3万台拖拉机；三要组织相当大量的技术力量进行勘察设计，还要修筑公路、铁路，建筑房屋，组织70万劳动力移民，而花费了这样大的力量以后，每年所能增产的粮食也只有80亿—100亿斤。再以修水利说，要把淮河以北的水都蓄起来，可以灌溉2亿亩地，增加200多亿斤粮食。这个工程是很大的，没有十年完成不了。而所增产的粮食，就全国来看，数量并不多。搞合作化，根据以往的经验，平均产量可以提高15%—30%。增产30%，就有1000亿斤粮食。并且只有农业合作化以后，各种增产措施才更容易见效。所以合作化是花钱少、收效快的增产办法。①

有人认为，30%的增产幅度是被少数典型材料吊高了的期望值。是否如此，姑且存而不论。即使按15%计算，打对折，也有500亿斤。1957年全国粮食总产达到3900.9亿斤，比陈云讲这段话时的1954年增加510.6亿斤，增产幅度正好是15.06%。

中央农村工作部主要负责人的看法明显不同。5月6日，他在第三次全国农村工作会议的总结报告中分析，造成农村紧张形势的最根本的原因，还是合作化运动中的问题，出乱子主要是在合作化方面。所以，他的政策取向是在合作化的问题上向农民让步，以便解除他们的顾虑，调动他们发展生产的积极性，解决粮食问题。

中央农村工作部总是要求"稳"字当头，从强调照顾农民特点到强调照顾中农的情绪，无不体现这一点。每当合作化的发展势头较为迅猛，它都会启动"减压阀"，加以节制。据说，在这次会议的讲话中，本来同意放弃"砍"合作社提法的邓子恢，讲着讲着又提出了"砍"它30万个的要求。②颇具争议的整顿浙江农业生产合作社事件也源于此。

不难看出，两种政策取向都很鲜明，难以妥协。毛泽东同中央农村工

---

① 《陈云文选（1949—1956）》，人民出版社1984年版，第38页。
② 马社香：《时任中央农村工作部副秘书长王谦回忆1955年，我劝邓子恢不要提"砍"字》，转引自马社香《中国合作化运动口述史》，中央文献出版社2012年版；《作家文摘》2012年12月14日第5版。

作部谈不拢，5月17日径直召集华东、中南、华北十五个省市委书记会议，研究粮食统购统销和发展农业生产合作社问题。这是毛泽东甩开中央农村工作部，直接诉诸地方大员解决问题。与会省委书记在汇报办社情况和发展计划的过程中，对中央农村工作部多有不满，反映压抑了下面的办社积极性。毛泽东则对先前提出的"停、缩、发"的三字方针，作了新的诠释，把"发"字作为强调的重点。他说，对于合作化，一曰停，二曰缩，三曰发。缩有全缩，有半缩，有多缩，有少缩。社员一定要退社，那有什么办法。缩必须按实际情况。片面地缩，势必损伤干部和群众的积极性。新解放区就是要发，不是停，不是缩，基本是发；有的地方也要停，但一般是发。华北、东北等老解放区里面，也有要发的。譬如山东30%的村子没有社，那里就不是停，不是缩。那里社都没有，停什么？那里就是发。该停者停，该缩者缩，该发者发。被中央农村工作部列为重点整顿的浙江省，也列为应当发展的地区。

在这次讲话里，他提出，国家要给一些贷款支持贫农，帮助处理好合作化过程中同中农的关系。他说："发展合作社的原则是自愿互利。牲口（连地主富农的在内）入社，都要合理作价，贫农不要在这方面占便宜。在土地、农具、牲口上，贫农都不要揩油。互利就能换得自愿，不互利就没有自愿。互利不损害中农，取得中农自愿入社，这首先有利于贫农，当然也有利于中农。所以必须坚持这个原则。半妥协，半让步，不能解释成为损害中农的经济利益。有人说，'让中农吃点亏，'这句话是我讲的，我不记得讲了没有，但是马恩列斯从来没有这样说过。对于贫农，国家要加点贷款，让他们腰杆硬起来。在合作社里面，中农有牲口、农具，贫农有了钱也就说得起话了。合作社章程要快点搞，要做到完全不损害中农利益。这样，合作社就可以迅速发展起来。"

之后，中央农村工作部讨论了毛泽东在十五省市委书记会议上的讲话，重新拟定了体现大发展意图的，到1956年秋收前农业生产合作社发展到100万个的计划。6月14日，刘少奇主持中共中央政治局会议，听取他们的汇报。刘少奇说：要肯定建社有很大成绩。要估计到我国和苏联情况不同。苏联农业集体化以后，一两年内减产。我国显然不同，社一建立起来，百分之七十五都增产（去年）；减产的，整顿后第二年也增产了。对农业合作化事业要有充分的信心，对成绩要有充分的估计。这次会议批准了 1956 年秋收前，农业生产合作社由 65 万个发展到 100 万个的计划。①

正在外地的毛泽东，感到 100 万个的计划还是少了，他建议翻一番，增加到 130 万个左右，使全国 20 几万个乡，除某些边疆地区外，每个乡都有一个至几个小型的初级社。

对于翻一番，邓子恢难以接受。毛泽东回京后，于 7 月 11 日召集邓子恢以及廖鲁言、刘建勋、杜润生、陈伯达、陈正人、谭震林等 7 人谈话。就在这次谈话中，毛泽东严厉批评了邓子恢。邓子恢虽然做了检讨，从事后看，并没有真正放弃自己的想法。7 月 15 日，邓向刘少奇反映，说 130 万个不行，还是 100 万个为好。刘少奇说："邓老，你们是专家，这个意见我们考虑。"②

于是，邓子恢的意见又反馈到毛泽东那里。这就成为毛泽东决意召开各省市委书记会议的导火索。这次会议被认为是中国农业合作化事业乃至中国社会主义和资本主义两条道路决胜负的会议，成为"三大改造"的重要转折。

四 《关于农业合作化问题》的报告与农业合作化高潮

1955 年 7 月 31 日至 8 月 1 日，中共中央召开省、市、自治区党委书记会议。毛泽东在会议上作《关于农业合作化问题》的报告。他从理论与实践的结合上分析和总结国内外的历史经验，批判中央农村工作部在指导农业合作化运动中的右倾思想和右倾错误，阐明必须遵循的正确方针和政策措施，为迎接即将到来的五亿多农村人口的大规模的社会主义革命高潮，作思想的和组织的准备。

毛泽东把错误领导形象比喻为"小脚女人走路"。他说："在全国农村中，新的社会主义群众运动的高潮就要到来。我们的某些同志却像一个小脚女人，东摇西摆地在那里走路，老是埋怨旁人说：走快了，走快了。过多的评头品足，不适当的埋怨，无穷的忧虑，数不尽的清规和戒律，以为这是指导农村中社会主义群众运动的正确方针。

---

① 参见中共中央文献研究室编《毛泽东传（1949—1976）》上，中央文献出版社 2003 年版，第 376—379 页。

② 同上书，第 380 页。

"否，这不是正确的方针，这是错误的方针。

"目前农村中合作化的社会改革的高潮，有些地方已经到来，全国也即将到来。这是五亿多农村人口的大规模的社会主义的革命运动，带有极其伟大的世界意义。我们应当积极地热情地有计划地去领导这个运动，而不是用各种办法去拉它向后退。"①

毛泽东在批评右倾错误的同时，仍然十分注重办社的质量，强调合作社一定要实现增产的目标。为此必须做好建社以前的准备工作，要坚持自愿互利的原则，要分步骤的发展，首先是吸收贫农和新老下中农特别是其中的积极分子入社，对于新老中农中间的上中农除极少数觉悟较高而且真正自愿要求入社的以外，其余暂时都不要吸收，更不要勉强地把他们拉进来。

按照这样的要求，报告预计，到第一个五年计划最后一年的末尾和第二个五年计划第一年的开头即在1958年春季，全国将有2.5亿左右的人口，按平均四口半人为一户计算将有0.55亿左右的农户加入半社会主义性质的合作社，占全体农村人口的50%。那时，将有很多县份和若干省份的农业经济，基本上完成半社会主义的改造，并且将在全国各地都有一小部分的合作社，由半社会主义变为全社会主义。

在第二个五年计划的前半期，即在1960年，对于包括其余一半农村人口的农业经济，基本上完成半社会主义的改造。那时，由半社会主义的合作社改变为全社会主义的合作社的数目，将会加多。在第一第二两个五年计划时期内，农村中的改革将还是以社会改革为主，技术改革为辅，大型的农业机器必定有所增加，但还是不很多。

在第三个五年计划时期内，农村的改革将是社会改革与技术改革同时并进，大型农业机器的使用将逐年增多，而社会改革则将在1960年以后，逐步地分期分批地由半社会主义发展到全社会主义。②

后来的发展，大大超出了毛泽东的预计。会后，各省市自治区迅速行动起来，召开会议，传达部署，批判和检查右倾思想；同时，抽调大批干部深入农村，协助农村基层党组织加强对办社工作的领导。农业合作化大发展的局面迅速形成。从6月到10月，全国新建合作社64万个，农业生

---

① 《毛泽东文集》第六卷，人民出版社1999年版，第418页。
② 参见同上书，第423—443页。

产合作社总数已接近 130 万个，基本实现了毛泽东要求"翻一番"的愿望。到 1956 年 1 月，加入合作社的农户猛增到 80.3%，全国基本上实现半社会主义的合作化。

鉴于形势发展很快，同年 1 月 23 日，中共中央政治局在《1956 年—1967 年全国农业发展纲要（草案）》中提出，合作化基础较好并且已经办了一批高级社的地区，在 1957 年基本上完成高级形式的合作化。其余地区，则要求在 1956 年每区办一个至几个大型（100 户以上）的高级社，以做榜样，在 1958 年基本上完成高级形式的农业合作化。6 月 30 日，毛泽东以国家主席名义公布《高级农业生产合作社示范章程》，规定高级农业社实行主要生产资料完全集体所有制，社员的土地必须转为合作社集体所有，取消土地报酬，耕畜和大型农具作价入社，等等。

实践的发展又一次突破了计划，仅仅一年的时间，就完成了由初级社向高级社的转变。据统计，1956 年年底，全国入社农户数占总农户的 96.3%，其中高级社农户数占 87.8%，其余 8.5% 为初级社农户。原定以 18 年时间即从中华人民共和国成立到第三个五年计划末，与社会主义初步工业化同步进行的农业社会主义改造任务，仅用 7 年时间就提前完成了，缩短了 11 年时间。

六 简单的评析

为什么会出现上述情况，这是很需要探究的问题。

伴随农业合作化运动，一直存在着快一些好还是慢一些好的不同认识和争论。毛泽东历来是主张快一些的主要代表者。但是，主张快一些的并不在少数。一向以稳健著称的陈云、李富春（陈云自己就说他并不激进）等就倾向这一认识。通过加快农业合作化解决农业发展滞后与工业化的矛盾，已成为党内绝大多数人的共识。据薄一波回忆，1955 年那个时候，中央农村工作部是很孤立的。毛泽东批评"小脚女人走路"的报告反响强烈，不是偶然的。

农业社会主义改造任务原定时限一再缩短，毛泽东的推动具有毋庸置疑的作用，但却很难让人相信这是决定性的因素。

农业合作化这场生产关系的根本性变革，是触及五亿多农村人口、1.1 亿农户生产和生活方式大变动的历史性行动。他们能够在损失较小、农业继续增产的情况下，比原定时限大为缩短地实现这种变革，应该从深入考察我国社会特有的社会经济条件入手、而不能只是从个别领袖人物的偏好去找答案，尽管领袖人物在一定条件下能够起或者促进，或者促退的作用。任何人包括杰出的领袖人物，都不可能拥有神话中那种呼风唤雨的力量，去左右亿万民众如此重大的历史性行动。

毛泽东曾说："中国的情况是：由于人口众多、已耕的土地不足（全国平均每人只有三亩田地，南方各省很多地方每人只有一亩田或只有几分田），时有灾荒（每年都有大批的农田，受到各种不同程度的水、旱、风、霜、雹、虫的灾害）和经营方法落后，以致广大农民的生活，虽然在土地改革以后，比较以前有所改善，或者大为改善，但是他们中间的许多人仍然有困难，许多人仍然不富裕，富裕的农民只占比较的少数，因此大多数农民有一种走社会主义道路的积极性。"① 毛泽东所说的这两种情况，即许多人仍然有困难指的主要是贫农，许多人仍然不富裕主要是指新老中农中的下中农，这两部分人大约占了农村人口的70%，其人均耕地面积一般又稍低于平均数，生产工具也较少，尤其是大件农具和耕畜严重缺乏，生产中的困难很多，往往需要向较富裕的农户去借用，然后以帮工的形式作为酬答；或邻居亲友间相互换工帮助。所以，他们内在的有着走互助合作道路的强烈愿望。农村中历来存在的换工和"搁犋"等等形式的组合，以及合作化过程中的"自发社"（浙江有6000个），就是有力的证明。

毛泽东所说的"富裕的农民"，主要指新老中农中的上中农即富裕中农。据估算，1957年这一阶层的总人数在一亿以上。② 他们大多占有较多的生产资料，"人强马壮"，无求于合作化；即使农忙季节，临时需要帮工，自有缺少耕畜和大件农具的困难户前来换工。一俟合作化，可能堵死这条路。这也是有些富裕户对互助合作抱有某些抵触情绪的一个原因。过细分析，也并不都是这样。在这一亿人中，土改以后上升的新富裕中农，他们经济上升的道路和老富裕中农不同，特别是其中一部分人是乡村干部或一般党团员，政治觉悟较高，对于合作化较少抵触，不少人还成为互助

---

① 《毛泽东文集》第六卷，人民出版社1999年版，第429页。
② 薄一波：《若干重大决策与事件与回顾》（修订本）上卷，人民出版社1999年版，第373页。

合作的带头人。老富裕中农的态度，则比较消极，抵触情绪较多。在合作化高潮中，这一部分人也纷纷报名入社，由初级社又到完全取消土地分红的高级社。除极少数人外，应该说他们主要是被卷进来的。大势所趋，虽不那么情愿，也不得不随大流。随大流现象，司空见惯。任何时代，举凡群众性运动或活动，总有一部分人是随大流者。在合作化还没有完成机械化，因而未能大幅度地提高农业生产力以前，这一部分人往往是引发合作社内的"地震"的因素。一遇风吹草动，他们最容易带头闹退社，或鼓吹撤台散伙。

富裕中农入社首先碰到的问题，是他们较多的生产资料的作价的问题。合作化的速度不那么快，工作从容些，作价有可能较为合理一些；但也不完全如此，重要的是主持作价工作的办事人是否公道和有无足够的经验。通常情况下，社的领导人办事比较公道或甚至本人就有耕畜或大件农具入社，作价就会比较的合理一些；反之，作价就可能偏低一些。此外，作价中的技术性问题的难以把握，也影响作价是否合理，就类似现在所说的资产评估的极端复杂性。例如，同是一头耕牛，要区别几岁口；同是几岁口，身体强弱也不一样。再拿骡马这样的大牲口，能驾辕和不能驾辕不一样。同是拉鞭梢的在牙口、体质都大体相当的情况下，有的较卖力气，有的就"滑"些，不那么卖力气，如同人类干活有人"惜力"，爱偷奸耍滑一样。在作价时，区别对待的难度是很大的，有时几乎是不可能的。总之，面对这样复杂的情况，在合作化高潮中，在贫下中农总体占优势的情况下，生产资料作价偏低的情况难以完全避免。这在一定程度上侵害了富裕户的利益。他们这些损失，只有在日后的生产发展中补偿。

其次，初级社向完全取消土地分红的高级社的迅速过渡，也对富裕中农较为不利，至少在合作社的产量暂时还没有超过他们单干时的水平时是如此。从发展互助组到办初级社，再到高级合作社，一步比一步快。互助组阶段，就大部分地区来说将近4年，经历的时间最长；初级社阶段两年多一点；高级合作化基本上是在一年内完成的，经历的时间最短。这种加速度现象，有人为因素，起决定作用的应该说还是客观因素。

互助组同初级社比较，后者具有显著的优势。互助组类似马克思在《资本论》一书中分析的简单协作，它能比单人劳作提高工效，节约时间，降低成本，体现集体劳动的优越性。但农业的季节性特点，也使它在"抢收抢种"一类农事活动的安排上，较难协调易于出现的先后矛盾。由于它依旧保持个体经营，在防治水旱灾害面前无法整合土地资源而较难有大的作为。更为重要的是，它不仅不能防止两极分化，久而久之还可能成为滋生剥削的温床。就互助组内部来说，占有较多生产资料而劳力较少的户，比之占有生产资料相对较少而劳力较多的户处于更有利的地位。前面提到的中共山西省委1951年4月17日关于《把老区互助组织提高一步》的报告，就是针对这种情况，建议举办农业生产合作社。例如报告说：随着农村经济的恢复和发展，农民的自发力量是发展了的，它不是向着我们所要求的现代化和集体化的方向发展，而是向着富农方向发展。这是互助组发生涣散现象最根本的原因。如不注意，会有两个结果：一个是互助组涣散解体；一个是互助组变成富农的"庄园"。

　　初级形式的农业生产合作社，由于实行土地入股，主要生产资料作价入社，统一经营，克服了互助组的局限性，显示出它的优越性，贫下中农比较欢迎。但在初期，办社受到严格限制，发展十分缓慢，"明组暗社"就是在这种情况下出现的。被中央农村工作部列为重点整顿的浙江省，当时就有6000个自发社，也可见它受欢迎的程度。在毛泽东干预下，特别是批评了对发展农业生产合作社的不应有的限制后，初级合作化迅猛发展，并在1956年完成不是偶然的。

　　从初级社到高级社的根本区别，就在于土地分红的取消。土地固然是一种稀缺资源，但它本身并不创造价值。中国农业在当时还主要是靠人畜力耕作。是否有利于发挥人的积极性，对于农业增产极为重要。土地分红主要有利于拥有较多较好土地而劳动力相对较少的一部分富裕农民，而不利于大多数土地相对较少而劳动力较多的贫下中农。举凡有利于大多数人诉求的制度安排，总会容易得到推广，何况在取消土地分红时缺少劳动力的鳏寡孤独户都有合理的照顾和安排，高级合作化能在更短的时期内完成，也就不足为怪了。

　　农业合作化所要解决的，主要是以土地为标志的私有制到公有制的产权安排，以便实现由在小块土地上耕作经营，前进到小块土地连片后的较大规模地耕作经营。尽管它的影响所及很大，改变了千百年来的传统，但就这一点说，用前后7年的时间（在老解放区就不止7年）也并不算太短。

　　以土地为生的农民依恋土地，比任何非农的人们都更为强烈，是不难理解的。但这并不完全等同于土地私有观念，虽然两者有某种联系。对于占农村人口大多数的一般贫下中农来说，他们祖祖辈辈盼望拥有自己的土地，却总是遥不可及。共产党和人民政府实行土地改革，满足了他们的世代夙愿。现在共产党和人民政府又号召说，组织起来才能由穷变富。面对土地转归合作社，他们对于土地的私有观念并不像老中农特别是老富裕中农那样难以接受，反而出于切身感受，比较容易听党和政府的话，走社会主义道路。毛泽东主张土改后"趁热打铁"搞合作化，其中也包含着这一层考虑。

　　上面主要是说为什么能以 7 年时间，提前基本完成农业合作化。如从另一方面说，农业合作化的任务还不能够说已经完满实现。毛泽东在《关于农业合作化问题》报告的第七部分，在讲到加快合作化步伐的必要性时，有一段说："如果我们不能在大约三个五年计划的时期内基本上解决农业合作化的问题，即农业由使用畜力农具的小规模的经营跃进到使用机器的大规模的经营，包括由国家组织的使用机器的大规模的移民垦荒在内（三个五年计划期内，准备垦荒四亿亩至五亿亩），我们就不能解决年年增长的商品粮食和工业原料的需要同现实主要农作物一般产量很低之间的矛盾，我们的社会主义工业化事业就会遇到绝大的困难，我们就不可能完成社会主义工业化。"[①] 他又说："我们现在不但正在进行关于社会制度方面的由私有制到公有制的革命，而且正在进行技术方面的由手工业生产到大规模现代化机器生产的革命，而这两种革命是结合在一起的。在农业方面，在我国的条件下（在资本主义国家内是使农业资本主义化），则必须先有合作化，然后才能使用大机器。"[②] 这就是说，中国农业的根本改革目标是使用机器的大规模经营。而使用机器的前提，"先有合作化"，就不能仅限于户数不多的小型合作社，还有待于今后继续解决。

　　拿原来预计的 18 年时间作为标准，判断农业合作化是不是过快，这是值得研究的又一个问题。这里有必要探讨一下原拟用 18 年时间基本实

---

① 《毛泽东文集》第六卷，人民出版社 1997 年版，第 431 页。
② 同上书，第 432 页。

现农业合作化的根据。恩格斯在《法德农民问题》一书中关于无产阶级革命胜利后，怎样引导农民通过合作社完成对农业的社会主义改造，及至后来列宁关于农民问题的著述，都一致认为是十分困难艰巨的任务。正因为如此，列宁认为，必须先有工业化和农业的机械化，然后才能实现农业的集体化。后来，苏联的农业集体化过程经历了漫长的17年时间，伴随着巨大的阵痛。粮食减产，农业生产力受到很大的破坏。前车之鉴，不论谁人都不应漠视。

毛泽东在他的《关于农业合作化问题》的报告里，讲到中国用18年完成合作化，参照了苏联的经验，实际上是以此回答持有怀疑的同志：中国用18年时间基本上完成农业方面的社会主义改造，"这是完全可能的"。他说："苏联是在一九二零年结束国内战争的，从一九二一年到一九三七年，共有十七年时间完成了农业的合作化，而它的合作化的主要工作是在一九二九年到一九三四年这六年时间内完成的。在这个时间内，虽然苏联的一些地方党组织，如像《苏联共产党（布）历史简明教程》上所说的，犯过一次所谓'胜利冲昏头脑'的错误，但是很快就被纠正。苏联终于用很大的努力胜利地完成了整个农业的社会主义改造，并且在农业方面完成了强大的技术改造。苏联所走过的这一条道路，正是我们的榜样。"[①] 中国从自己的情况出发，在农业社会主义改造方面采取了逐步前进的办法，用7年时间基本完成这个过渡，不仅基本上避免了在一段时间里（例如在一年到两年内）农作物的减产，相反还年年增产。这应该是最重要的判断标准。

中国合作化的实践，大大超出了18年的预想。无论变革自然抑或变革社会，原定计划毫无改变地实现，是很少的。农业合作化计划被实践超越，有两种可能：第一，计划本身并不完全符合实际，或不符合迅速变化中的实际，应该改变的是计划而不是"削足适履"；第二，工作指导有问题，盲目冒进。需要纠正的是工作中的偏差而不是计划。判断属于那种情况，有一个检验的标准，那就是实践，看农业是否增加了生产，看遭受的损失有多大，所得与所失的比较哪一方面更大一些。

详情参看表6-1、表6-2、表6-3：

---

① 《毛泽东文集》第六卷，人民出版社1999年版，第434页。

表 6—1　　农业合作化前后农村情况（一）（以 1952 年为 100）

年份	农业总产值指数	农民消费水平指数	农村社员储蓄（亿元）
1949	67.4	—	—
1950	79.3	—	—
1951	86.8	—	—
1952	100.0	100	
1953	103.1	103.2	0.1
1954	106.6	104.4	1.6
1955	114.7	113.4	3.0
1956	120.5	115.0	4.3
1957	124.8	117.1	7.3

资料来源：国家统计局：《中国统计年鉴（1984）》，中国统计出版社 1984 年版，第 132、454、482 页。农业总产值按 1952 年不变价格计算，农民消费水平按当年价格计算。

表 6—2　　　　　　　　农村合作化前后农村情况（二）

年份	粮食产量（亿斤）	棉花产量（万担）	油料产量（万担）	大牲畜年底（万头）	猪年底存栏（万头）
1949	2263.6	888.8	5127.0	6002	5775
1950	2642.5	1384.9	5944.0	6538	6401
1951	2873.7	2061.1	7240.0	7041	7440
1952	3278.3	2607.4	8386.3	7646	8977
1953	3336.6	2349.5	7711.0	8076	9613
1954	3390.3	2129.8	8610.0	8530	10172
1955	3678.7	3036.9	9653.0	8775	8792
1956	3854.9	2890.3	10171.0	8773	8403
1957	3900.9	3280.0	8391.9	8382	14590
1957 为 1952 的	119.0%	125.8%	100.1%	109.6%	162.5%

资料来源：国家统计局：《中国统计年鉴（1984）》，中国统计出版社 1984 年版，第 145—146、159—160 页。

以上表 6-1、表 6-2 的数据，说明两个问题：

第一，中国农业由个体农业过渡到集体农业的过程，做到了农业不减产反而增产、农民不减少收入反而增加收入的"双赢"的局面，没有重复苏联全盘集体化时期农业遭受重大损失的情况。说明中国采取的政策和措施是比较稳妥的，得到了广大农民的支持和拥护；也说明摒弃资本主义那种用剥夺农民的办法向大农业过渡的选择，是正确的，避免了农民的痛苦。还应该看到，这一时期（1953—1957）的自然灾害比前三年（1950—1952）显著增加（见表6—3），按年平均的受灾面积和成灾面积分别增加126.7%和160.1%，这无疑会增加农业生产的困难，也证明农业合作化在抵御自然灾害方面发挥了比个体农业更具优势的积极作用。

表6—3　　　　　1950—1957年间自然灾害受灾和成灾面积　　　　单位：万公顷

年份	自然灾害受灾面积	成灾面积	成灾占受灾面积%	水灾 受灾面积	水灾 成灾面积	水灾 成灾占受灾面积%	旱灾 受灾面积	旱灾 成灾面积	旱灾 成灾占受灾面积%
1950	1001	512	51.1	656	471	71.8	240	41	17.1
1951	1256	378	30.1	417	148	35.5	783	230	29.4
1952	819	443	54.1	279	184	65.9	424	259	61.1
1953	2342	708	30.2	741	320	43.2	862	68	7.9
1954	2145	1259	58.7	1613	1131	70.1	299	26	8.7
1955	1999	787	39.4	525	307	58.5	1343	414	30.8
1956	2219	1523	68.6	1438	1099	76.4	313	206	65.8
1957	2915	1498	51.4	808	603	74.6	1721	740	43.0

注：自然灾害指水、旱、霜、冻、风、雹等灾害。成灾面积指农作物产量比常年减产30%以上的耕地。

资料来源：国家统计局：《中国统计年鉴（1984）》，中国统计出版社1984年版，第190页。

第二，在合作化过程中，也有损失的方面。大牲畜从1956年停止增加，开始出现下降趋势；生猪饲养1955年和1956年连续两年下降。这其中同1954年征购"过头粮"的错误有一定的关系；但更重要的应该是在合作化高潮阶段，有关政策的宣传和执行存在缺点和偏差。因为大牲畜下降到8000万头以下，一直持续到1962年，1963年才开始回升。1957年以后，自然灾害的影响和人民公社化运动中的问题这两种因素的结合，导致了大牲畜数量迟迟不能恢复。就合作化时期看，其损失是降低到了较低的程度。

合作化的积极方面，从下面的典型实例中，也可见一斑。例如，收录到毛泽东1955年主持编辑的《中国农村的社会主义高潮》一书里的两篇材料，反映了河北省遵化县第十区互助合作运动的情况。这个区共11个乡、42个行政村、4343户。自从1952年试办农业生产合作社，到现在，共有72个农业生产合作社和农林牧农业生产合作社，入社农户占全区总农户的85%。和1952年以前比较，1954年农业产量提高了76%，林木增加了56.4%，果树增加了62.87%，羊增加了463.1%。全区缺粮户逐年减少，余粮户增加。自1953年春季到现在，全区新建和修建了4000多间房屋，增加牲畜2300多头。农民购买力显著提高。1954年全区总供应额为66.7万多元，比1952年增加377.7%。

该区西四十里铺村的建明农林牧农业生产合作社（即原王国藩社）的情况，具有相当的代表性。他们靠勤俭办社，刻苦经营，在短短的三年中，就由穷变富。在1952年以前，国家每年要给这个村发放5万斤以上的救济粮和1百几十套寒衣。虽然国家这样支持，还有4户不免讨饭吃，孤儿戴存还曾经被迫当房、典地。如今，这些人都有上千斤余粮，赎回了房、地；没有房子的盖上了房子，破旧的房子翻盖一新。原来一家七口伙盖一条被子的王荣，两年多来，每人添置了一套花细布被褥，近几天又盖起了三间新房。王荣的妻子，指着自己的新房说："我入社一年有了被盖，两年住上新房，若不是入社呀，现在连个窝棚也搭不上！"

这个社1952年秋天初办时，23户贫农，19个男劳动力，230亩地，只有"三条驴腿"，其他生产资料也很缺乏，社员们又投不起资，人们都叫他们"穷棒子社"。可是，就在这样困难的条件下，他们并没有依靠国家贷款，而是依靠了自己的劳动，到离他们村35里的迁西县境内深山里去打柴，卖钱添买生产资料。自1952年冬季到1953年春季，他们先后打了价值400多元的山柴，除开解决了一些社员的生活困难以外，还添买了1头牛、1头驴、30只羊、1辆铁轮车，另外还有牲口套、肥料等生产资料。以后又继续打柴，到1954年春季，他们已经有1头骡子、5头牛、2头驴、65只羊、12口猪、1辆铁轮车，还有喷雾器等生产工具。这些东西，用他们自己的话说："是从山上取来的。"前去参观的人，无不受到深刻的教育，有的还感动得掉下眼泪，表示坚决向王国藩社学习。①

毛泽东在按语中满怀激情地推荐说："遵化县的合作化运动中，有一个王国藩合作社，23户贫农只有三条驴腿，被人称为'穷棒子社'。他们用自己的努力，在三年时间内，'从山上取来'大批的生产资料，使得有些参观的人感动得下泪。我看这就是我们整个国家的形象。难道六万万穷棒子不能在几十年内，由于自己的努力，变成一个社会主义的又富又强的国家吗？社会的财富是工人、农民和劳动知识分子自己创造的。只要这些人掌握了自己的命运，又有一条马克思列宁主义的路线，不是回避问题，而是用积极的态度去解决问题，任何人间的困难总是可以解决的。"②

第三节　资本主义工商业全行业公私合营高潮

1955年冬，在中国农村掀起农业合作化的社会改革高潮之后，在城市也掀起了资本主义工商业全行业公私合营高潮。全行业公私合营不同于个别企业的公私合营。全行业公私合营以后，民族工商业家除依照规定继续领取带有剥削性质的定息以外，已不再拥有企业的所有权。这是对生产资料资本主义所有制进行社会主义改造的决定性的一步。弄清这决定性的一步是在怎样的条件下提出来的，有助于理解原定要用三个五年计划或更长一些的时间来完成的任务，为什么会在第一个五年就基本上完成。

一　"对资"改造步伐加快先于农业

1956年的"三大改造"高潮始于农业合作化。而在此之前，对资本主义工商业的改造，却已经先于农业合作化加快了步伐。我们说，过渡时期总路线"主体"矛盾的传导，促使"两翼"加快了前进的步伐。反应最为迅速的是资本主义工商业的改造。其中，也有两个因素起着很大的作用。其一是主要农产品的统购统销制度；其二是为保证巨大基本建设旨在整合国家资源的需要。

首先，实行主要农产品的统购统销，作为流通环节的私营商业的改造

---

① 中共中央办公厅编：《中国农村的社会主义高潮》上册，人民出版社1956年版，第6、17、13—14页。

② 毛泽东为《书记动手，全党办社》一文写的按语，转引自中共中央办公厅编《中国农村的社会主义高潮》上册，人民出版社1956年版，第5—6页。

走在了前面。反过来，又推动着私营工业加快改造的步伐。

中国的私营工业大约有2/3是轻纺工业，受统购统销制度的影响很大。国家从供销两头卡住他们，也就造成了一种客观形势，逼着他们不能不接受改造。

其次，从主观方面说，根据第一个五年计划的要求，在对国民经济实施计划管理的过程中，这时也开始感到了同私营工业的矛盾。国家在安排1954年计划的时候，一方面国营工业的生产不能满足社会的需要；另一方面私营企业有很大的潜力还没有发挥出来，也需要抓紧对私营工业的改造工作，整合这部分资源，充分加以利用。

正是在这一背景下，1954年1月，以中财委名义召开了扩展公私合营工作计划会议。当时，从产值说，资本主义工业大部分已经纳入了各种形式的国家资本主义轨道，但国家资本主义的高级形式即公私合营企业的比重比较小，初级形式的比重也在下降，占主要地位的是中级形式。不论初级形式或者中级形式，基本上都没有触动企业内部的阶级关系。"三反""五反"运动结束以后，劳资关系实际上已经起了很大变化。工人监督生产的制度陆续建立起来，资本家已不可能再按照原来的办法管理企业，这就使生产经营活动经常遇到困难。要充分利用这一部分生产能力，这是不能回避的问题。经会议讨论，决定在几年内，首先分期分批将10人以上的资本主义工业企业改造为公私合营企业。1954年计划先将其中651家较大的资本主义工业企业纳入公私合营，按1953年的产值计算，约占当年私营工业总产值的23%左右。

实际执行的结果，这一年合营了将近800家较大的工业企业。1955年秋天，全行业公私合营高潮到来的前夕，私营工业由国家加工订货的数量，在大型工业企业（指使用机器生产的有16个工人以上、手工业有31个工人以上的企业）中已经占93%；实行公私合营的工厂有1900多个，它的产值占58%；全国163个（1954年统计）500人以上的私营工厂，仅剩30个没有公私合营。纯粹私商在社会商品零售总额中的比重，在32个大中城市剩余25%，在农村集镇剩18%；在批发环节只剩9%。

所以，毛泽东后来说："民族资产阶级有一只半脚踏进社会主义了，那半只脚不进来也不行了。"

二 1955年毛泽东的考虑

1955年，是中国社会主义革命的重要年头。从5月到10月，毛泽东在解决了农业合作化的发展速度问题以后，随即把资本主义工商业改造的速度问题提上日程。中共七届六中全会同年10月11日结束，10月27日、29日，他两次约见工商界的代表人物谈话。头一次在颐年堂，只有黄炎培、陈叔通等少数人。第二次在怀仁堂，人数比较多，除全国工商联执委，在京中共中央委员和政府各部门的负责人也参加了。两次谈话，都是勉励民族工商业家认清社会发展规律，掌握自己的命运，走社会主义的道路。从后来的情况看，工商界对于毛泽东亲自出面向他们做工作，是很感动的。全国工商联负责人李烛尘先生在10月29日当场表态，要积极推动民建工商业界会员搞高级形式的公私合营。著名爱国进步实业家荣毅仁先生，当时以他父辈在旧中国办实业的坎坷经历，同解放后的情况对比，从中得出结论说：只有跟着共产党走社会主义道路，才有光明的前途。①

11月16日至24日，中共中央召开对资本主义工商业改造问题工作会议，讨论《中共中央关于对资本主义工商业改造问题的决议草案》。这是毛泽东在杭州主持起草的。他建议把这个文件作为草案于工作会议后先行发出，待明年春天召开中央全会时再行通过。刘少奇主持这次会议，陈云就资本主义工商业改造问题作报告，刘少奇、周恩来都讲了话。

毛泽东最后一天参加会议并讲话。他在讲话里继续强调，党必须正视和克服目前思想落后于实际的问题。这是他从发动农业合作化高潮以来，紧抓不放的问题。他说："我们党内，特别是领导机关的思想，总是落后于实际。比如农业问题，资本主义工商业问题，知识分子问题，也许还有其他问题，我们的思想落后于实际情况。这种落后的情况是相当严重的。当然，我们一提出问题，很快就可以解决。比如农业问题，上半年一种空气，下半年另一种空气；上半年就很不好，而下半年空气就完全变了。资本主义工商业问题也是这样，大概几个星期以前，就是很悲观，资本家那是不能改造的，是不好惹的；看这几天，以在座的同志而论，似乎资本家

---

① 毛泽东：《工商业者要掌握自己的命运》（1955年10月27日）、《在资本主义工商业社会主义改造问题座谈会上的讲话》（1955年10月29日），均参见《毛泽东文集》第六卷，人民出版社1999年版，第488、493页；毛泽东召开的关于资本主义工商业社会主义改造问题座谈会记录（1955年10月29日）。

又变了一点。资本家还是那个资本家，农民还是那个农民，为什么上半年的农民跟下半年的农民，或者是两个星期以前的资本家跟现在的资本家，或者是昨天的知识分子跟今天恩来同志讲话以后的知识分子，就有那么大的不同呢？就是我们的看法右了。右是我们都很突出的东西；反右，我想中央各部门、地方各级党委都是值得注意的。"①

毛泽东提出加快社会主义革命的步伐，其用意是要更快地发展中国的生产力。他说："社会主义革命的目的是为了解放生产力。农业和手工业由个体所有制变为社会主义的集体所有制，私营工商业由资本主义所有制变为社会主义所有制，必然使生产力大大地获得解放。这样就为大大地发展工业和农业的生产创造了社会条件。"② 他当时的考虑是，用农业合作化来推动私营工商业的改造，再用社会主义改造去推动社会主义建设。

毛泽东要求加快中国的社会主义革命和建设，又是同战争与和平这个大问题的考虑联系在一起的。他认为，现在的国际形势有利于我们完成过渡时期的总任务，要抓住这个机会，加快发展。他说："我们许多同志的脑筋要活动一点，不要那么死。就是说，那些事情本来可以早一点办到，不要拖那么很久。帝国主义不晓得哪天打仗。我们如果能够在两个五年计划就把这些事情办好，或者不要两个五年计划，五年到七年（少则五年，多则七年）完成农业社会主义改造、手工业社会主义改造、资本主义工商业社会主义改造，此外还有工业、重工业、轻工业都加速一点发展。那么，你要打，三次（世界大战）也好，四次当然还没有，要打了三次才有四次，你打三次就打吧。我们铁路都通了，合作社能够产那么多粮食。帝国主义现在还不敢打得起来，趁着这个时间切实搞一下。"③

人民共和国立国之初，在当时的历史条件下，毛泽东考虑问题，总是要同战争的考虑相联系。过渡时期总路线要求用大约三个五年计划的时间，完成社会主义工业化和社会主义改造，着眼点之一，也是估计有可能争取到10年到15年的和平时间。他历来强调有备无患，立于不败之地。刘少奇在同年12月5日的一次中央会议上，特别传达了毛泽东的这个考

---

① 毛泽东在中共中央关于资本主义工商业社会主义改造问题会议上的讲话记录（1955年11月24日）。

② 《毛泽东著作选读》下册，人民出版社1986年版，第717页。

③ 毛泽东在中共中央关于资本主义工商业社会主义改造问题会议上的讲话记录（1955年11月24日）。

虑。他说："毛主席的意思，是要利用目前的休战时间，利用这个国际和平时期，加快我们的发展，提早完成社会主义工业化和社会主义改造。不然的话将来一旦打起来，我们困难会更多。"① 从事后看，国际形势尽管有时很紧张，不战不和的局面还是持续了几十年。如果历史能够重演的话，也许对社会主义革命和建设的速度问题不那么强调，会有些好处。但这毕竟是不可能的。

三　决策层的高度共识

毛泽东提出加快私营工商业社会主义改造的步伐，没有如农业合作化问题那样引发争论，反而博得大家一致赞同，成为决策层的共识。这与对资本主义工商业改造已呈现大势所趋的有利形势，有直接关系。就是说，当时已造成了对民族资产阶级包围的形势，具备了解决中国最后一个剥削阶级的必要条件。

原来预计，解决民族资产阶级的问题，要比用没收的办法对待官僚资产阶级困难，可能需要一个比较长的时间。后来的情况证明，并不是当初想象的那样。回溯过去几年的发展轨迹，它在相当程度上带有自然历史的性质。

还在1952年，中国社会经济结构就出现了两个意义重大的变化：一是私人资本主义经济在国民经济中的比重迅速下降。1949年私营工业产值在全国工业总产值中还占63.3%，1952年就下降到39%。再一个变化，就是私人工商业开始走上了国家资本主义的道路。大型私营工业由国家加工订货、统购包销和收购产品所占的比重，在上海、天津、武汉、西安等几个大城市已经占了大部分。公私合营的工业企业也出现了，虽然不多，它的产值在全国工业总产值中还只占5.7%；但重要的是，私营工商业沿着社会主义道路已经迈出了第一步。

1953年7月，毛泽东在一次会议上说："现在所说的改造，还不是取消资本家私人所有制，使之变为社会主义企业的最后改造步骤，而是指在承认资本家的受限制的不完全的私人所有制条件下，使资本主义企业逐步变为国家资本主义企业，即在人民政府管理下的、用各种方式同国营社会主义经济联系着和合作的、受工人监督的国家资本主义企业。这种资本主

---

① 刘少奇关于毛泽东批判右倾保守思想指示的传达记录（1955年12月5日）。

义企业,已经不是解放前的那种资本主义企业,它们主要是为国家和人民的需要而生产,资本家已不能唯利是图。当然,工人还要为资本家生产一部分利润,但这部分利润,在整个盈利中至多占25%;而75%以上的盈利部分,是为国家(所得税)、为工人(福利费)和为扩大企业设备(公积金——其中包含一小部分是为资本家生产利润的)而生产的。因此,这种资本主义,已经不是普通意义上的资本主义,而是特殊的、新式的资本主义,即在工人阶级领导下的资本主义,它带有若干社会主义的性质,有几种程度不同的情况。必须指出,目前不是一切或大多数的资本主义企业已做到了这一步,还需要经过几年努力才可以做到这一步,但是一定可以做到这一步。"[①]

当时计划,再用三年到五年时间,将全国私营工商业基本上引上国家资本主义轨道。至于整个完成对资改造的任务,仍将需要几个五年计划的时间。

实际上没有多久,这个计划就被打破了。其原因,主要是"一五"计划实施后,旨在应对大规模经济建设引发的整个市场特别是生活必需品市场的紧张状况,政府不得不采取的统购统配一类的政策措施,一步步加快了改造的进程。

1953年夏季以后,国营商业首先扩大了工业品的加工、订货和包销的范围。到年底,国家对全国10人以上私营工业企业加工、订货、包销、收购的价值达到了该类企业工业总产值的70%。

同年10月,国家陆续对粮食、油料、棉花等主要农产品以及棉纱、棉布等人民生活必需的工业品,实行了统购统销政策;对其他重要农产品和农业副产品也加强了收购工作。按照规定:"一切有关粮食经营和粮食加工的国营、地方国营、公私合营、合作社经营的粮店和工厂,统一归当地粮食部门领导。所有私营粮商一律不许私自经营粮食。所有私营粮食加工厂及营业性的土碾、土磨,一律不得自购原料、自销成品。"

副食品也列为国营商业重点经营商品,与合作社结合起来,保证城市及工矿区取得供应与扩大经营比重。大城市和工矿区肉类供应比重达到需要量的60%,蔬菜供应比重应达到需要量的20%到40%。这同恢复时期不把该类商品作为国营商业和合作社经营的重点的做法,显然不同。

[①] 《毛泽东文集》第六卷,人民出版社1999年版,第286—287页。

机制棉布、洋经洋纬及洋经土纬的手工业织布,全部由国家统购,不准私营厂商及织户自由出售;扩大棉织品(包括针织品)的加工、订货,尽量压缩自由市场;统购批发商的棉布,并对批发商及其职工负责安排;调查棉布零售商和摊贩情况,以便进行管理、利用和改造;对棉花实行计划收购,取消私商、小贩经营原棉;对土纺土织的手工业户分别登记,加以管理。实行上述措施后,整个市场关系发生了根本性的变化,私营工商业的很大一部分受到国家的严格管理,纳入不同形式的国家资本主义。

首先,国营商业在批发环节上排挤和代替了一大批私营批发商。到1953年年底,国营批发比重已经达到70%左右。

其次,私营零售商的主要部分已不能像过去那样依靠从私营批发商或从私营工厂进货,而必须依靠从国营和合作社方面进货。又经过1954年一年,自由市场的活动范围进一步缩小,国营商业和合作社商业进一步扩大阵地。全国零售商业原定五年达到的公私比重计划,在头两年就提前达到了。1952年公私比重为34.11:65.89,1953年为41.4:58.6,1954年就达到57.2:42.8,国营和合作社商业从劣势转变为优势。

再次,农村这个广大市场在很大程度上已由国营和合作社商业掌握起来。例如实行统购统销政策的结果,大约占农村收购总额42%的粮食、油料和棉花基本上脱离了自由市场,加上其他重要工业原料和主要副食品大部分也由合作社负责收购,国营和合作社商业掌握的农副业产品商品量从1953年的57%上升到70%;国营和合作社商业在农村的零售总额也由1953年的44.2%上升到1954年的60.59%,超过了1957年的预定指标。其中,占农村零售总额24%的粮食、油料和棉花等基本上脱离了自由市场。

在社会主义改造的过程中,市场关系发生变化和改组,是必然的。伴随着市场的变化和改组,一部分私商暂时遇到一些困难,也是在所难免的。问题是,大规模的经济建设的展开,逼着对主要农产品采取统购统销措施,促使市场关系出现剧烈的变化和改组,是始料不及的。它给城乡经济生活带来了一系列问题,陡然增加了私营工商业的困难。大城市中拥有11万从业人员的私营批发商无生意可做,城乡相当一批零售商贩陷入窘境。当时估计,全国大约挤掉私营零售商100万人,在业零售商的营业收入降低1/3左右。许多私商赔本,失业人数增加。这很有些类似于恢复时期几次急于挤垮私营工商业出现的那种问题。但是,这时的情况毕竟不同,不简单是过去那样由国营和合作社商业让出一块阵地,就能解决问题。必须采取适合于新情况的政策措施,用稳步推进社会主义改造的办法来解决私营商业的困难。例如,在掌握了批发环节的基础上,继续把私人零售商纳入国家计划的轨道,把乡村商贩组织在供销合作社周围。而这样做的结果,私营商业的社会主义改造又向前推进了一步。

这就是前面所说的,自统购统销制度实行时起,作为流通环节重要媒介的私营商业的改造走在了前面,反过来,又推动着私营工业加快改造的步伐。

四 符合国情的"赎买"办法

1955年冬,当国家采取向社会主义过渡的决定性的步骤的时候,民族资产阶级虽然不那么心甘情愿,但也不很勉强地接受了。这也是实行适合于中国情况的和平"赎买"政策的结果。

赎买是一个借用的词语,拿来用在剥夺者身上,是马克思和恩格斯首先提出来的。十月革命以后,列宁作为实际政策问题,向俄国的资产阶级提出过。在俄国当时的情况下,这一设想没有成为现实。毛泽东借鉴他们的思想,又有自己的发挥和创造,成功地用和平的方式把中国的这一部分私人资本主义经济即通常说的民族资本转变为社会主义经济。

中国的赎买政策,独具特色。在消灭最后一个剥削阶级的同时,又实现了对人的改造和利用,最大限度地保存和发展了这一部分社会生产力。

对民族资产阶级实施的赎买,包括了从低级到高级一系列的多种多样的国家资本主义形式。从委托加工、计划订货、统购包销、委托经销代销这些企业外部的合作形式做起,深入到企业内部的合作,实行公私合营;再从单个企业的公私合营发展到全行业公私合营,把资本家从生产领域排挤出去,按股金领取固定利息;然后再经过若干年,在把资本家改造成为自食其力的劳动者以后,最后完全取消定息。用这样的办法,一步一步地改造他们,使他们不那么突然地接受社会主义。

最初的公私合营形式,除了因没收民族资本企业中的官股形成的公股外,国家一般要有新的投资参加进去构成公股。公股的比例,初时掌握较高,一般要占55%。后来逐渐降低。1953年公股在合营企业占34%左右。1954年开始扩展公私合营工业时,考虑到量大面广,国家一下拿不出那么多资金做投资,提出公股占15%左右也就可以了。即使按这样的比例计算，要把全部资本主义工业都改造成为公私合营工业，仍然需要投资款9亿元左右。如果再把资本主义商业包括进来，就不止此数。1954年能用来发展合营工业的现金投资，控制数是8210万元。以往几年，公私合营企业没有多发展，资金的制约也是一个原因。这个矛盾，是在1955年提出全行业公私合营的时候，连同实行定息制度作为赎买的方式一道解决的。

马克思、恩格斯和后来列宁讲的赎买，指的是在实行国有化的步骤时，由工人阶级的国家拿出一笔钱来，作为支付给资本家的赎金，至少人们是这样理解的。中国的做法不是这样，不是另外拿出钱来赎买。是通过国家资本主义的形式，在把资本主义私有制转变为社会主义全民所有制的过程中，由工人阶级在十几年内，用给资本家生产一部分利润的方法进行赎买。此外，安排资本家的工作和生活，对一部分人支付高薪，也带有赎买的性质。一个是工作岗位，给饭票；一个是政治地位，给选票。用这种办法，解决了全行业公私合营时国家必须加入公股的资金掣肘，减轻了国家财政必须支付一笔赎金的负担。据计算，在整个对资改造过程中，截至1966年，共支付赎买金34.5亿元（包括定息12亿元），1950—1955年资方分得的利润14亿元，1956—1965年他们的高薪所得8.5亿元，大大超过公私合营企业私股24亿元的股金额。

对于这一套赎买政策，民族资产阶级权衡度量，接受比较有利。明乎此，也就容易理解中国的民族资本家何以敲锣打鼓申请公私合营，燃放爆竹欢庆走社会主义道路了。在这场巨大而深刻的社会制度变革中，作为剥削阶级的民族资产阶级没有毁掉他们的工厂，也没有破坏他们的商店；相反，这一部分比较先进的社会生产力在由私到公的产权改革过程中，还得到了适当的发展。同战前的1935年相比，1956年公私合营企业实现的产值增长32%，劳动生产率提高20%—30%。[①] 这是国际共产主义运动中不曾有过的。毛泽东于1957年在《关于正确处理人民内部矛盾的问题》的讲话里，在讲到这个问题的时候曾经说：这件事所以做得这样迅速和顺利，是跟我们把工人阶级同民族资产阶级之间的矛盾当做人民内部矛盾来处理，密切相关的；同时也与这个阶级具有两面性的阶级特性，愿意接受

[①] 黄如桐《毛泽东对国家资本主义和赎买政策思想的重大贡献》，环球视野编辑部20111111，网址：www.docin.com。

改造，密切相关。他说："民族资产阶级和帝国主义、地主阶级、官僚资产阶级不同。工人阶级和民族资产阶级之间存在着剥削和被剥削的矛盾，这本来是对抗性的矛盾。但是在我国的具体条件下，这两个阶级的对抗性的矛盾如果处理得当，可以转变为非对抗性的矛盾，可以用和平的方法解决这个矛盾。如果我们处理不当，不是对民族资产阶级采取团结、批评、教育的政策，或者民族资产阶级不接受我们的这个政策，那么工人阶级同民族资产阶级之间的矛盾就会变成敌我之间的矛盾。"[①] 事实证明，中国党从实际出发，具体地分析中国民族资产阶级的特性及其同工人阶级在反对共同敌人的长期斗争中形成的特殊关系，在由民主革命转变到社会主义革命时期，对它采取了利用、限制和改造的正确政策，通过国家资本主义形式逐步地进行和平赎买，并用团结、批评、教育的方式改造他们的思想，终于使两个阶级的对抗性矛盾转化为非对抗性的矛盾。邓小平高度评价说："资本主义工商业社会主义改造的胜利完成，是我国和世界社会主义历史上最光辉的胜利之一。""在搞社会主义方面，毛泽东主席的最大功劳是将马克思列宁主义的普遍真理同中国革命的具体实践结合起来。""中国消灭资产阶级，搞社会主义改造，非常顺利，整个国民经济没有受任何影响。""我们的社会主义改造是搞得成功的，很了不起。这是毛泽东同志对马克思列宁主义的一个重大贡献。今天我们也还需要从理论上加以阐述。"[②]

五 产权改革与生产改组的结合

从 1955 年年底至 1956 年年初，私营工商业的社会主义改造在全国范围内形成高潮，对资本主义工商业改造进入一个新阶段——全行业公私合营阶段。这是产权改革与生产改组两者结合进行的崭新阶段。

全行业公私合营这种形式，作为个别行业的特例早就存在。早期的公私合营形式除了没收官僚资本形成的公股以外，主要是他们要求政府投资或者要求把贷款转为公股形成的。陕西申新四厂等 5 个私营棉纺厂 1951 年 10 月公私合营，私营民生轮船公司 1952 年 9 月公私合营，都是在经营发生困难的情况下，要求这样做的。对于发展公私合营企业，决策层并不

[①] 《毛泽东著作选读》下册，人民出版社 1986 年版，第 759 页。
[②] 《邓小平文选》第 2 卷，人民出版社 1994 年版，第 186、313、235、302 页。

主张那时候多搞，只有对于私营金融企业是例外。

旧中国的私营金融业主要不是依靠与工商业界的联系，而是靠吸收地主、军阀和官僚的资金，经营公债、房地产买卖，从事黄金、外汇和商业投机。解放前夕，他们的首脑人物纷纷出走，流动资金抽逃一空。解放后，私营金融业虽然实力空虚了，仍然有影响市场的能力。私营工商业对他们有依赖，又有矛盾。1950年稳定金融物价，降低利率，房贷利率由月息39%降为3.9%。工商界拥护，金融业的生存发生困难，纷纷倒闭，一下从833家减少到431家。"三反""五反"以后，放款利率又调低到每月2%以内，私营金融业再也难以维持下去。在他们的要求下，1952年12月全部合营。这是最早完成社会主义改造的行业。

把全行业公私合营作为资本主义工商业社会主义改造的基本形式加以肯定，不论从它的重新提出，或者大规模推行，私营工商业特别是私营工业的生产改组和通盘规划安排都起了直接的推动作用。在这个意义上，可以说，它是实践的产物。

1954年以来，面临着大规模经济建设展开后的新形势，和实行统购统销制度以后的新情况，为了探讨解决私营工业困难的新办法，重新提出了全业通盘安排改造的问题。对私营工业是按行业搞公私合营；对私营商业则是全行业安排，分别纳入国家资本主义的不同形式，目的都是着眼于统筹规划，把改造与生产、改造与包下来的政策统一起来加以考虑。

经济恢复时期，工业部门遇到的一个突出问题，是任务不足、原料不足、增长速度放缓。机械制造、医药、针织、面粉、榨油、罐头、制革、服装和木材加工这些行业，都存在这个问题。有些是老困难，有些是新增加的困难。1953年为之一振，工业总产值增长30.3%，其中轻工业增长26.7%，超过上年。一是为准备抗美援朝战争可能扩大而增加的加工订货的刺激；二是"一五"计划开局基本建设又刺激了一下；三是商业部门加工订货有盲目性。生产能力扩大了，任务不是年年都能增加，原料的生产也赶不上，尤其是没有那么多订货了，从战时转到平时，需要有一个调整改组的过程。在困难的行业中，各种经济类型的企业都有困难，但是，比较起来，私营企业的困难更大。过去没有原材料可以自购，现在重要农产品统购统销了，钢铁等主要物资国家统配了，从市场上买不到，卡死了。除此以外，前面已经说到的，1954年用拔尖子的办法先把800家较大的私营工业企业公私合营了，把小企业都剩下来，等于雪上加霜。几方面的原因挤在一起,矛盾尖锐,部分企业停工、停薪、停火,甚至关门歇业。上海、天津等几个大城市,困难更大。这是由于几年来内地发展了地方工业,原来供应上海、天津等地的原料自己用了,过去从那里的进货现在也减少了。这既是经济发展的表现,也有一定的盲目性。

1954年12月,经中央批准,召开第二次全国扩展公私合营工业计划会议,议题是交流扩展公私合营工作的经验,部署1955—1957年扩展公私合营工业的计划问题。由于私营工商业的困难给各地造成很大的压力,与会同志强烈要求首先讨论解决这个问题。他们说:如果不首先解决目前私营工商业的困难,不仅扩展公私合营工作的计划难以制订,工作也很难开展下去。在这种情况下,经中央同意,临时决定改变原定计划,首先讨论私营工业的生产安排问题,在此基础上讨论和制定今后扩展公私合营工作计划。

会议开法的改变,意味着首先从生产入手,把扩展公私合营的工作同行业的生产安排统一起来考虑,而不是孤立地去进行。与会的各地负责人针对一年来专门合营一批规模比较大的私营工业,扔下量大面广的小型工业,造成目前困难的局面,批评这是把"苹果"捡吃了,剩下一堆烂"葡萄"甩给地方。教训有时候比经验更宝贵,它的教育作用往往更大。地方的批评,唤起了对于私营工业生产建设问题的注意,也从中提出了个别合营与按业改造相结合的工作方针,把私营工业的改造与生产的改组统一起来,通盘规划,统一安排。会议决定,可以个别合营的,就个别合营;需要联营合并的,就采取以大带小,以先进带落后的办法,实施并厂和生产改组;需要而且可以迁厂的,就帮助迁厂,适当时候再公私合营;对没有改造条件的企业,有计划、有步骤地吸收其人员,淘汰其企业。采取这样的工作方针,就不单纯是解决所有制的问题,它包含了而且首先是考虑了生产要素的重新配置,按照经济的原则改组生产,使这一部分生产力能够更加合理地利用起来。

1955年,上海市首先在棉纺等几个行业中试行扩展公私合营同生产改组结合进行的试点。第一种,设备比较完整且具有独立生产条件的私营工业,单独公私合营;第二种,在生产经营活动上有联系或者同属一个资本家的私营工业,按系统进行合营;第三种,产品相同且具有专业化生产协作关系的私营工业,采取先进带落后、大带小的方式进行合并和合营。有的可以并厂集中生产,有的可以实行统一经营、分散生产。

他们总结，这样做有几方面的好处：

（1）公私合营和生产改组结合进行，便于对全行业的改造工作和生产安排统筹规划，改善企业的规模结构和技术结构。例如搪瓷行业原来的工厂规模比较小，工厂内部各道工序之间能力不平衡，困难比较多。合并合营后，企业规模比过去合理了，又填平补齐，解决了生产不平衡的问题。

（2）企业规模结构和技术结构改善以后，为改善企业经营管理和改良生产技术创造了有利条件。有些工厂小管理人员不少，有的厂管理人员虽不多但常常顾此失彼。合并合营以后，这些问题就比较容易解决。有限的技术人员也可以集中使用，去解决生产中的重要技术问题。

（3）也便于对资本家进行教育改造。

资本主义商业全行业公私合营和对小商小贩的全行业安排改造，也从解决1954年以来遇到的困难中，逐步寻找到这种形式。自实行主要农产品和棉纱、棉布的统购统销制度以来，一方面，国营商业和农村供销合作社的批发和零售业务大大增加，跟不上需要；另一方面，私营批发商许多人却无事可干，零售商的营业额也大幅度下降。国营商业和供销社忙得要死，私商却门庭冷落，对政府不满；消费者和生产者因受流通不畅之苦，怨言甚多。在农村：这一头，为国家所需要的农产品收购不上来；那一头，农民想出卖的东西又卖不出去，城乡消费者与生产者这两方面都不满意。为了解决这些问题，就提出了对私商的全行业安排与改造的问题。

对私营批发商，凡已为国营批发机构代替了的，人员吸收过来，充实到国营批发机构中去。当时国营批发机构的情况是，人员过少，经验也少，机构的设置也不合理，无法摸清社会需要情况，不能按照流通需要和流通规律去组织商品流转。加工订货的盲目性，商品检验的偏严偏宽，工缴费偏高偏低和商品调转的种种问题，多由此产生。天津国营商业批发机构和私营批发商业务人员的比例大体上是1∶3。为此，在挤掉批发商的同时，确定了"包下来"的政策。由于缺乏经验，采取打乱重分的办法，不利于利用他们的业务技术专长、管理经验和设备、资金等条件。此后加以改进，采取逐行逐业吸收使用的办法，效果好多了。其他未被代替了的，凡属于统购统销范围的行业，或货源已由国营、合作社掌握起来的行业，按行业端过来进行改造，其中有的根据需要可以改为二批发，为国家代批经批；国营或合作社只掌握部分货源或基本上没有掌握货源，在一个时期又需要他们的行业，则使其继续经营，在经营中进行改造。

对私营零售商，原则上是采取维持政策，把全行业改造和安排结合起来，在维持的基础上改造、在改造中维持。一面改造，一面安排，不另起炉灶。1954年北京市曾选择大有粮店、瑞蚨祥布店、稻香村食品店、桂香村食品店、同仁堂国药店、南庆仁堂药店、六必居酱园、天源酱园、天义顺酱园和永长顺酱园等10户较大的资本主义零售商店，进行公私合营的试点工作。合营后，这些商店的营业额上升都很多，但也增加了矛盾。在零售商业中，因资金多寡、经营技术优劣、所在位置好坏等条件的差异，营业情况往往相去甚远。加上全行业改造缺乏经验，有些措施考虑不周（事实上也很难把各种因素都照顾周全），结果，在行业与行业之间、地区与地区之间、户与户之间，出现了类似苦乐不均的现象，中小户认为肥了大户，他们吃亏。后来，用控制大户营业额的办法进行调节，公私之间又产生了矛盾。因为控制的结果，把生意挤到了国营商店，引起资本家和店员的不满。研究解决这两重矛盾的出路，最后都找到了全行业公私合营的形式。1955年8月，北京市选择西单区棉布业和东单区百货业进行试点。做法是在联营并店的基础上进行全行业公私合营，把调整商业网点和产权改革结合起来，减少了许多矛盾。

从以上情况可以看出，不论在私营工业或私营商业中，提出全行业公私合营的问题，都不是凭空想象出来的，把它作为重大政策措施和改造资本主义工商业的基本形式加以肯定，是实践的需要。正如陈云所说，我们的全行业公私合营，是实践经验的总结，不是空想出来的。

（1）不论解决困难行业或者非困难行业的问题，避免发展的盲目性，都需要逐行业统筹安排。公和私之间，私和私之间，这个行业和那个行业之间，今天和明天之间，需要通盘考虑，统一安排，不然，困难行业的问题解决不了，不是困难的行业将来也可能出现困难。

（2）要逐行逐业统筹安排，各个行业就会有或大或小的改组。不改组不可能做到全行业的安排。中国的私营工业一般都是小打小闹。就单个企业说，资金有限，手工操作占较大比重，规模结构很不合理，这是许多企业存在困难的根源。据1954年5月调查，全国雇佣10人以上的私营工业企业共计45,423户，平均每户职工不足34人，且资产有限。整个私营工业企业，使用手工工具生产的户数占60%，使用机器生产的也都比较落后。如果不在生产上进行适当的改组，靠照顾解决不了问题。过去加工订货，给它任务，有的做不了，再不就是做出来不合格。

（3）要进行生产改组，就要实行全行业公私合营。因为生产改组中许多问题的解决，最后都涉及到所有制的问题，公私合营才好解决。

（4）要实行全行业公私合营，就需要推行定息制度。原来的公私合营企业，有两种分配形式。一种是"四马分肥"，把企业的盈利分成四份，资本家取得其中的一份。另一种分配形式是实行定息的办法，按私股多少，每年付利息。开始，主要使用前一种办法。但是，在有些场合"四马分肥"就行不通，定息的办法比较灵活。私营银行和钱庄实行全行业公私合营以后，原来的中国银行负责管理全国的外汇业务，交通银行除管理公私合营企业，有一个时期还管理基本建设投资。它们的业务量都很大，又是国家委托进行的，如果"四马分肥"，私股得到超过定息以上的利润，显然不合理。那时合营的煤矿和锡矿，也是定息。这些企业不是因为利润高了资方所得丰厚，而是相反，利润稀薄，按股分红所得甚少。两相比较，悬殊很大。要推行全行业公私合营，遇到的情况更复杂，实行定息制度，处理起来就比较容易。

实行定息这种办法，便利了推行全行业公私合营；反过来，它一旦成为普遍的制度，又引起了公私合营企业质的飞跃。此时的公私合营企业，严格说已不再是原来意义上的国家资本主义，而是实际上的社会主义经济。因为在这些企业里，资本家不仅退出了生产领域，不再支配企业；他所能够得到的以定息形式表现出来的那一部分剩余价值，也同原来的企业斩断了联系。它的生产资料从此失去了作为职能资本的作用，原来的企业一变而成为没有资本家的企业。这样的企业，很难再找出它同其他的国营企业还有什么实质性的区别。

所以，同个别企业公私合营相比，全行业公私合营是一个崭新的事物。它把所有制的变革和生产力的重组结合起来，实现了对资本主义生产方式的初步的但却是全面的改造。以此为标志，预定用三个五年完成的对资本主义工商业改造的任务，在1956年实现全行业公私合营后，理所当然地被认为是完成了。不过，如果以定息截止期的1966年计算，则差不多就是将近三个五年。

六　大势所趋，欲罢不能

毛泽东号召加快社会主义革命步伐的时候，要求全面规划，有秩序地进行，不要搞一阵风。他对工商界人士说："私人工商业有大中小，几百万户，一阵风，要共产了，那个事情，一点破坏都没有也来不赢，我们这位副总理（指陈云——引者注）他不赞成。"当时计划，到1957年年底，在重要的行业，要求私营工商业的90%左右实行公私合营；在次要行业中有一部分继续维持加工订货等初级国家资本主义形式。商业中包括很大一部分夫妻店和摊贩除实行合作化，也还有许多经销代销的形式。到1962年年底，争取基本上过渡到国有化。这在当时来说，应该算是比较稳妥的考虑。但是，事物并不总是按照人们事先设想好的计划发展，特别是当群众运动高潮到来的时候。

1955年12月12日，上海市市长陈毅报告说："市面上工人每日锣鼓喧天庆祝公私合营，走社会主义道路。已批准的及申请的，都张灯结彩，举行庆祝仪式，结队游行，往来穿梭，万众聚观，把一个上海市完全（搅）动起来了。著名宝大祥棉布号通过合营后，资方投入现款3.6万元作合营准备金。上海三笔公司决定合营前，先缴清税款，还清债务，买过公债后，再合营。全市棉、毛等8个已经合营的行业，共有资本家576人，其中代理人占一半。有20—30人是市一级的著名人物，经过酝酿教育，最后反对合营的只有2人，大家群起而攻之。后经荣毅仁夫妇做工作，这2人转变态度，也申请合营。廖世承（上海师大校长）说，庆祝合营的锣鼓声把我们知识分子的血也敲得沸腾起来了！他要求给知识分子以社会主义的安排。舒新城（出版家、教育家，全国人大代表）说，实行社会主义的号召，不（能）仅动员大批青年积极分子，也（希望）动员和组织像我们这样一批老年积极分子，分配干社会主义改造工作。近日到上海来的外宾，没有不被上述景象所感动。荣毅仁说，片山哲（日本社会党委员长，曾任战后日本第46届首相。其时正率领一个代表团在上海访问——引者注）的代表团有两位女代表，到他家与其谈话，楼上楼下问长问短，看东看西，认为资本家能有这样的待遇出乎其意料。片山哲到其家吃饭，席间片山说，毛主席看得远，想得周到，为人诚恳，气魄雄伟，中国有这样的领袖是中国之福，也是远东和世界之福，可惜日本不能有这样的领袖。"[①]

上海如此，北京、天津等大中城市也不甘落后。工商业者、小商贩不

---

① 陈毅简报上海工商界情况（1955年12月12日）。

仅要求公私合营，而且并厂并店，改变原来的经营管理制度。一阵风刮起来，发生了一些问题。北京东来顺合营以后，从进货到操作都改变了原来的一套办法，食品质量下降。过去选料用35斤到42斤的小尾巴羊。这种羊肉嫩，切片又薄，所以好吃。选料讲究，价钱自然高。原来1斤肉片定价1.28元，合营以后要求它降到1.08元，和其他铺子一样，理由是说是要为人民服务。这样要求，进货就不能像过去那样考究了，把便宜些的山羊肉和老绵羊肉弄了进来。还有一条，就是提高了切肉片的定额。原来一人一天切30斤肉，现在要求一天切50斤肉。说是比过去劳动生产率高，才能显示出公私合营的优越性。靠手工一人一天切30斤，可以切薄一些。要切到50斤，就只好切厚些。肉比原来的老又切得厚，吃起来当然就不如过去了。此外，清产核资估价偏低，追账外资财的现象也发生了。

总结这一阶段的工作经验，中共中央调整部署，决定分两步走：先批准公私合营，然后再做清产核资、企业改组和人事安排等项工作，以便适应形势发展的需要，既不伤害大家的积极性，又能有充裕些的时间，把工作做细一些。

1956年1月25日，乘最高国务会议讨论农业问题的机会，毛泽东特别要陈云讲讲对资本主义工商业改造中的问题。他风趣地说："现在请陈云同志讲资本主义的涮羊肉社会主义了以后不好吃了，说明了社会主义没有优越性；烤鸭子也发生了这个问题。这是一个问题。我们在这一点上要涮羊肉必须继续好吃，烤鸭子要继续好吃，才能证明社会主义的优越性。"

现在看来，把公私合营中的产品质量和服务质量的问题，笼统地同所有制的问题直接联系起来，用以裁判社会主义改造高潮进行得是否健全，有值得商榷之处。

以当时反应比较大、至今仍作为典型事例的东来顺涮羊肉和全聚德烤鸭来说，它较适合于以有限人群为对象的小规模经营方式，企图以工业化批量生产方式，降低价格满足大众人群的需要，不论实行哪一种所有制，都很难保持原来的风格和风味，更不要过细剖析它的操作流程。许多特色的保持，同手工业操作方式直接相关，且有许多特定的要求。比如烤鸭用松木，不可能维持长久。物质生产和劳务生产中的许多问题，并不都取决于生产关系一种因素，生产力有它相对的独立性。有些，则与一定的社会经济条件有关。拿东来顺说，它针对的主要是消费水平较高的一部分人。所以，选料精而又精。剩下的所谓下脚料，以低价卖给一般人。这适合旧中国的情况。解放后，随着大众消费能力的逐年提高，消费群体的扩大是必然的。合营后的东来顺，适应这种情况，适当降低价格（自然也须适当降低质量要求以便摊薄成本），增大营业额，从经营的角度看，无可厚非。因为这样做的结果，不但满足了更多的人的需求，而且肯定也会增厚利润额。

我们再回到陈云讲话。他提出了三个问题，要大家注意：

第一，现在全行业公私合营工作仅仅是开始。我们先批准合营，等于把要做的工作放到后面去做。这是需要注意的。

第二，商店中的大店、小店，连夫妻老婆店通通合营了。但是，对于不雇店员的商店要继续采取经销、代销的方式，或者可以向两方面发展，一部分吸收到国营公司里来；还有一部分，在很长时期里要保留单独经营方式。手工业者、摊贩等，更要长期让他们单独经营。我们是要改组工商业的，但并不是每个小厂统统需要改组，也不是所有的商店都要调整。如果轻率地并厂并店，就会给经济生活带来很多不便。

第三，私营工商业合营以后，原有的生产方法、经营方法，应该在一个时期以内，照旧维持一下，以免把以前好的东西也改掉了。不能保持好的品种、好的质量的情况，在公私合营以后，很可能进一步发展，要严重注意。

1956年1月26日，中共中央发出《对目前资本主义工商业改造应注意的问题的指示》。在这前后，中央还发出了几个单项指示和通知。中央在这些文件里，针对普遍性的问题，做出了一些政策性规定：

（1）已批准公私合营企业，原有经营管理制度，包括进货办法、销售办法、管理制度、会计制度、工资制度，暂时原封不动地保留下来，不要改变。原来的经营技术有许多不合理的要改，也有不少是合理的，绝不应该不加分析全盘否定。调整商业网、并店并厂等原则上也暂缓。待过一个时期经过考察研究，再有步骤地进行。

（2）不雇工的小商店要求合营的可以批准，但对他们一般暂不采取定息办法，也暂不实行月工资制，在一定时期内仍应保留他们原有的独资经营、代销和自由进货等形式。代销时实行手续费的办法，这应看成是计件工资形式，是公私合营方式之一。只有这样，才能调动他们的积极性。

（3）在手工业合作化中要保持关心质量和销路的优点，不能采取由商业包销的危险做法。适宜包销的只能是供料加工的产品，其他应自销或选购。

（4）城乡小贩改造应暂缓进行。适合人民需要的经营形式应长期保留，今后组织他们时也应采取一种适当形式，如只到合作社或国营企业的某一部门登记一下即可，不要归类组成统一资金的合作社经营形式。

（5）防止和解决降低产品质量和减少经营品种的问题。

（6）清产核资要公平合理。股价过低的要改正。停止追缴账外资财。强行集资的退回去。

采取的这些措施，体现了在一场伟大的社会改革运动面前，既要支持群众的积极性，又要加强领导的精神。但是，在群众运动高潮中，要完全掌控局势，不出一点问题，是不可能的，这也就是在一些环节上工作粗糙，遗留下一些问题的原因。

1956年5月14日到6月9日，中央对资改造十人小组分别召集南方15个省市和北方14个省市汇报会议。当时，资本主义工商业全行业公私合营的第一步工作已经基本完成。私营运输业，一部分实行了公私合营，一部分实现了合作化。小商小贩中，有15%左右的小商店参加了定息形式的公私合营，25%左右组成了统负盈亏的合作商店，其余60%左右的为国营商业和供销社代购代销，或者在代购代销以外，自己再经营一部分国营商业和供销社没有经营的商品。服务业除资本主义性质的实行公私合营，小户和连家店铺同小商贩的改造情况类似。

汇报会议的任务是汇报分析情况，研究部署下一步的工作。陈云在汇报会上作了总结。他分析这次全面公私合营高潮，有一个很重要的特点，就是私营企业进入公私合营的是大企业少、小企业多。工业如此，商业、运输业和手工业更是如此。这次全国规模的全行业公私合营高潮，他的估计是：大体正常，少数地方和行业有些混乱。他说："在这次改组改造的过程中，大体是正常的；少数地方、少数行业里面有些混乱。所谓正常，就是说，生产和经营一般是在正常地进行；混乱的发生，大体上是过分的集中，商业、运输业、手工业都有这种情况，在工业中比较少。我们需要有准备地逐步地把过分集中了的加以调整。"

1956年下半年，主要是继续进行生产改组，解决存在的问题。对资改造中出现的问题，有几种情况：一类是步子过急、工作较粗出现的问题。合并过急，仓促改制，有些工作来不及准备，一些政策问题来不及解决，就属于这种情况。再一类是改造工作需要那样做带来的问题。比如一些企业不能不分工归口管理，以至于把工商业原来的整体人为地割裂了。当时把4人以上的企业划归工业，4人以下的划归手工业，行业拆开了；前店后厂的服装、鞋帽行业把前店划归商业，后厂划归手工业，一个经营单位也拆开了，等等。还有一类是缺乏经验，囿于当时的认识带来的问题。某些行业的小厂、小店也一样归类合并合营，以为合营比不合营可能好，集中比分散可能好，把复杂的经济生活看得有些简单了。这些问题，有一些解决了，有一些没有来得及解决，也有些是认识不完全一致解决得不透。像集中或分散，同负盈亏或自负盈亏，搞月工资制或计件工资制这些问题，认识就不完全一致。结果还是集中的多，统负盈亏的多，改行月工资制的多。此外，公私合营以后，对资本家的问题比较注意解决，而对工人可能解决的实际问题反而疏忽了，他们产生了被疏远的感觉。接受这个教训，一方面对工人进行赎买政策的教育；另一方面在公私合营企业恢复和建立有工人代表参加的企业管理委员会，从工人中提拔一批积极分子到领导岗位上来，加上陆续解决了一些可能解决的实际问题，党同工人群众的联系又得到了改善。这件事说明，依靠工人阶级如果当做空洞的口号去喊，而不注意采取有实际内涵的措施，还是会脱离他们的。

第四节　手工业社会主义改造高潮

一　关于对手工业的认识与政策

在三大改造的提法上，手工业的社会主义改造是同农业的社会主义改造放在一起，视为同一范畴。即对于既是小私有者、又是劳动者的个体农民和个体手工业者，不能像对待剥削者那样，采取剥夺的手段，而需要通过互助合作的途径，引导他们走上社会主义集体化的道路。对资本主义工商业的社会主义改造，则是另一种性质的问题。对这一部分民族资本，虽然没有像对待官僚买办资本那样，一律没收，予以剥夺，实施了赎买政策，但这是在无产阶级专政的条件下，鉴于中国革命和建设的历史和现实情况的特殊环境的产物。在叙述安排上，我们把手工业的合作化放在资本主义工商业全行业公私合营高潮之后，是考虑到当年的实际，它的进度和高潮，晚了"半拍"的缘故。1955年冬到1956年春，它被鞭策追赶农业合作化和私营工商业改造的步伐。

手工业是很古老的产业。它在像中国这样经济比较落后的国家里，在现实经济生活中占有十分重要的地位。1951年手工业产值约占工农业总产值的15%—20%，农民需要的工业品（包括生活和生产资料在内）中手工业品占80%左右。又据1952年统计，全国农业产值、现代工业产值、手工业产值在工农业总产值中所占的比重，分别为50.5%、28.3%和21.2%。随着大规模经济建设的展开，手工业产值在工农业总产值中的比重显著下降，但它仍是国民经济的重要补充，同人民特别是农民的生产、生活有着密切的联系。根据1954年统计，按全国商品性手工业总产值计算，城市和农村的比例为42.9:57.1。工艺手工业品的出口换汇价值相当高。

这种主要依靠手工劳动，使用简单工具的小规模工业和服务业，在城乡广泛存在。在农村，许多仍是农业经济的一部分。其中，一部分属于自给性，一部分则是兼营的商品性手工业。农忙务农，农闲务工。独立经营的个体手工业和雇人经营的工场手工业，主要集中在城镇。手工业社会主义改造的对象，主要是个体手工业；也包括以经营商品性手工业为主的兼业户，和雇工不足四人（学徒不作为雇工计算）、本人又参加劳动而且是手工劳动出身的工场主。雇工超过4人的工场主，一般归入私营工商业社会主义改造的范围。

个体手工业者同个体农民一样，是小私有者，具有保守性和自发性的特点。但他们又是劳动者，自食其力，不剥削人，而且还程度不同地遭受地主、商业资本家和高利贷者的盘剥。他们是分散的小生产者，许多行业主要靠手艺吃饭。所以，手工业的资本有机构成比农业还低。个体农民种地，一般需要土地、耕畜、农具等生产资料，个体手工业者却只需要简单的工具。据1952年对16个城市的调查，城市个体手工业户平均每户劳动力不到3人，农村个体手工业户大多数只有1人。1954年调查，城市户均2人至2.5人，农村绝大部分1户1人。1953年对北京、武汉、广州、重庆等城市86811户个体手工业调查，平均每户资金（包括生产资料的价值）851元，90%以上的户为300元左右。在这些资金里，家具和工具占一半还多。

在旧社会制度下，手工业者主要靠手艺糊口的这一特点，形成了技术保守的陋习。父传子、子传孙，代代相传；传子不传女，有些独到的技术和诀窍，往往因此失传。面对现代工业的发展，阵地日益萎缩是必然的，但却不会完全消失。有些行业例如工艺品的生产，某些特色手工产品的生产，及像理发之类的服务性行业，它不仅将长期存在，而且还将会有一定的发展。

手工业行业众多。按大类区分，大部分属于消费品行业；一部分为生产资料行业，如采矿、烘炉冶炼、建筑、农具和农用兽力车辆制造等；还有一部分属于为生产、生活服务的服务性行业，如农具和黑白铁修理，锯锅锯缸，交通运输，理发等。其经营方式格外灵活。或坐店设厂，或以居室为作坊，或走街串乡，或平时在家随叫随到，"买卖两便"。有些加工性的手工业户，则通过"领原料，交成品"的方法，同城市现代工业联成一体。新中国成立初期，上海有一家行销全国的毛巾厂，它的生产基础是上海县和川沙县的几千户手工作坊、个体手工业者或兼业农户，通过"发原料，收成品"的方式，组织生产。

正是由于上述情况和特点，对手工业的社会主义改造，同农业一样，采取了合作化的方针；同时，又更多地照顾它的具体情况和特点。

二　新中国建立头六年手工业的恢复、发展与改造

1949年全国手工业生产比战前降低40%，除农民兼营性的手工业者1200万人以外，专业从业人员仅为585万人。所以，新中国成立初期首先是恢复的问题，必要的改造只能围绕恢复和发展的目标进行。1952年，在手工业恢复发展的基础上，手工业合作组织发展到2700多个，社（组）员人数为25万多人。1953年11月20日到12月17日，全国合作总社召开第三次全国手工业生产合作会议，根据过渡时期总路线的精神，总结过去几年试办手工业合作组织的经验，提出了三种组织形式：

第一种，是手工业生产小组。这是组织手工业者的初级形式。它的特点是，原有的生产关系不变，从供销方面把手工业者组织起来。

第二种，是手工业供销生产合作社。这是对手工业者进行社会主义改造的过渡形式。它的特点，仍主要是在供销环节上加以组织。生产资料仍为私有，以分散生产为主，但在有些环节上开始集中生产，并开始购置公有生产工具，因而具有更多的社会主义因素。

第三种，是手工业生产合作社。这是手工业社会主义改造的高级形式，也是主要形式。它的特点是由分散生产变为集中生产，实行按劳分配。根据生产资料公有程度的不同，区分为完全社会主义性质和半社会主

义性质。

会议认为，从经济上讲，对手工业的社会主义改造只有达到完全社会主义性质，即生产资料全部公有，才算完成。

1954年11月，国务院成立手工业管理局。鉴于大规模经济建设展开后，特别是对主要农产品和某些工业品实行统购统销、统购包销，手工业的原料供应遇到了困难。第四次全国手工业生产合作会议确定，1955年手工业社会主义改造的中心任务是，摸清主要行业的基本情况，整顿、巩固、提高现有合作组织，在此基础上，从供销入手适当发展新社。1955年5月，中央在批转会议报告时指出，对于手工业供销和手工业改造，要同时考虑，要贯彻"统筹兼顾，全面安排，积极领导，稳步前进"的方针。截至上半年，手工业合作组织发展到近5万个，参加人数近150万人。

三 改造、改组的"赶工"

1955年下半年，在农业合作化运动批判"小脚女人走路"的氛围中，随着农业合作化和资本主义工商业全行业公私合营先后出现高潮，手工业合作化的步伐也紧步追赶，急剧加快。

11月24日，陈云向有关部门打招呼：手工业改造不能搞得太慢了。12月5日，刘少奇在中央召开的座谈会上传达毛泽东的指示，要求各条战线批判"右倾保守"思想，加快社会主义改造与社会主义建设的步伐。他特别批评了手工业社会主义改造"不积极，太慢了"，要求1957年手工业合作要化到70%—80%。12月20日，他在听取手工业管理局负责人的汇报时，又说：手工业改造不应比农业慢。与其怕背供销包袱，还不如把供销包袱全部背起来好搞些。他要求手工业合作化在1956年、1957年两年搞完，说"时间拉长了，问题反（而）多"。1956年初发表的，毛泽东的《中国农村的社会主义高潮》一书的序言，也提出了加快手工业改造的速度问题。

根据中央指示，中央手工业管理局和中华全国手工业合作总社同年12月21日到28日，召开第五次全国手工业生产合作会议。着重批判怕背供销包袱而不敢加快手工业合作化步伐的"右倾保守思想"。中央在批转这次会议报告的批语中指出："加快手工业合作化的发展速度，是当前一项迫切的任务。"

受到鞭策,紧接农业和资本主义工商业的改造高潮,手工业也掀起改造高潮。1956年6月底,组织起来的手工业者已占手工业者总数的90%。年底,经过调整后的全国手工业合作社(组)为99100个,社(组)员达到509.1万人,占全部手工业从业人员的92%。至此,手工业基本实现集体化,提前完成社会主义改造任务。许多个体手工业户没有经过合作小组,直接组成了社会主义性质的生产合作社。

但是,赶工难免工作粗糙。在所有制改造与生产改组结合进行中,随意撤点集中,统一核算。河北省石家庄市把先前88个合作社并为31个社,人数最多的社竟有1400人。广东省有的综合社囊括14个行业,有的跨地区几十里。四川省眉山县五金社把13个乡的烘炉、制秤、自行车修理、钟表修理等行业统统组织在一起,发一次工资骑自行车要走7天。上海秀丽自行车行业原有1908个服务点,一下就撤掉450个。

集中合并过多,一些产品减少,自发的手工工场和手工业户应运而生。据统计,上海市1956年年底手工业自发户发展到4236户,从业人员14773人,从事90多种行业的生产。所谓"地下工厂"的问题,绝大部分是自发的手工业个体户和手工工场。它们主要从事小商品和特殊产品的生产,经营灵活,适合市场的需要,产品供不应求。这也说明,保持某些手工业分散经营的特点是完全必要的。集中过分,适得其反。

四 还是积累了后遗症

毛泽东和中共中央一方面要求加快手工业社会主义改造的进度,同时也很快发觉匆忙赶工出现了一些问题。这时,决策层的几领导纷纷表态,提醒要注意解决。

毛泽东3月4日听取手工业管理局负责人汇报时,首先肯定了他们加快改造的做法,说个体手工业社会主义改造的速度,我觉得慢了一点。今年1月省市书记会议的时候,我就说过有点慢。1955年以前只组织了200万人,今年头两个月就发展300万人,今年基本上可以搞完。这很好。同时,要他们注意照顾手工业的特点。他说:"听说修理和服务行业集中生产,撤点过多,群众不满意。"这就糟糕!""提醒你们,手工业中许多好东西,不要搞掉了。王麻子、张小泉的剪刀一万年也不要搞掉。我们民族的好东西,搞掉了的,一定要来一个恢复,而且要搞得更好一些。"①

刘少奇1955年12月听取汇报时,在批评对手工业改造不积极的同时,强调在处理集中与分散的问题上要谨慎从事。他说:"集中生产与分散生产(家庭生产)是个重要问题,应很好研究。""分散的、个人的、修修补补的、磨剪刀的、修农具的,无论如何不能搞掉。零星的不能减少,而且要加多。分散流动,生产上门是个好特点,要维持,要保持。"②

1956年2月8日,周恩来在国务院第24次全体会议讨论私营工商业和手工业的社会主义改造工作时,也指出:"不要光看到热火朝天的一面。热火朝天很好,但应小心谨慎。要多和快,还要好和省,要有利于提高劳动效率。现在有点急躁的苗头,这需要注意。"2月11日,国务院颁布《关于目前私营工商业和手工业的社会主义改造中若干事项的决定》,规定所有手工业合作社在批准成立后,一律照旧营业,半年不动;参加合作社的手工业户,必须保持他们原有的供销关系,不要过早、过急地集中生产和统一经营。

同年3月30日,陈云在一次会议上指出,在社会主义改造工作中,撤点合并不适当最多的,是手工业。他在分析原因时说,其中有认识问题,认为集中是高级,单干是低级,难以到社会主义;但更重要的是,我们一些做管理工作的人,只考虑管理工作的方便,强调集中在一起容易管理,而没有考虑应不应该合,能不能合。对于并错了的怎么办?他说:"要分开来,退回去。"③

针对工作粗糙、简单划一等缺点,1956年下半年,撤点过多、合并不当或不完全具备条件的手工业生产合作社,很大一部分退回到了合作小组,各负盈亏。在产供销体制上,按行业归口管理,改变过去生产时断时续的情况。

1956年到年底,手工业生产合作社(组)完成产值76亿元,提前一年完成"一五"计划指标,人均年产值1702元,比上年增加33.5%,90%的社(组)员(新社员同入社前比较,老社员同1955年比较)增加

---

① 毛泽东听取34个部委汇报记录,1956年3月4日。
② 刘少奇听取中央手工业管理局负责人汇报记录(1955年12月)。
③ 《陈云文选(1949—1956)》,人民出版社1984年版,第296—297页。

收入，劳动条件也有较大的改善。事实说明，手工业社会主义改造总体上还是好的，积极作用是主要的。不足的是，有些产品的质量有所降低，花色品种也有所减少。

第五节　社会主义基本经济制度的确立

1956年对农业、手工业和资本主义工商业社会主义改造的决定性胜利，标志着社会主义基本经济制度的确立。国内所有制结构和阶级关系发生一系列根本变化。

据1956年6月统计，全国1.2亿农户中，加入农业生产合作社的，已经有1.1亿户，占农户总数的91.7%。其中，有3500万户加入了初级合作社；有7500万户，即大多数，加入了高级合作社。畜牧业中的互助合作运动，也已经有了发展。全国个体手工业者参加了各种不同形式的生产合作组织。加入工业生产合作社、生产小组或者供销生产合作社的，已经占个体手工业从业人员总数的90%。个体渔民、个体盐民和运输业中的个体劳动者，也已经基本上实现了合作化。全国资本主义工商业基本上实现了全行业的公私合营。个体小商业也已经基本上实现了合作化，为国营商业和合作社商业执行代销代购的业务[1]。在工业总产值中，1952年私营工业和个体工业产值还占有优势，为51.25%；1956年下降到1.22%，包括全民、集体和公私合营三种公有制工业的产值占了98.78%。[2]

上述情况表明，整个国民经济基本上由全民所有制和集体所有制两种公有制成分组成，以全民所有制经济为主导的生产资料公有制几乎成为新中国的唯一经济基础。占全国人口90%左右的农民和其他个体劳动者，已经变为社会主义的集体劳动者；民族资产阶级分子正处在由剥削者变为劳动者的转变过程中；作为国家领导阶级的工人阶级队伍进一步扩大。1956年全国职工人数由1952年的1603万人增加到2977万人。其中，两种公有制工业部门的职工由1952年的533万人增加

---

[1]《刘少奇选集》下卷，人民出版社1985年版，第207—208页。
[2] 根据国家统计局《中国统计年鉴（1984）》（中国统计出版社1984年版）第194页资料计算。

到1051万人，他们的觉悟程度和文化技术水平也有很大提高。知识界已经改变了原来的面貌，成为一支为社会主义服务的队伍。国内各民族的大团结进一步加强。所有这些，都将成为推进国民经济新高涨的有利条件。

1956年9月15日，刘少奇在中共第八次全国代表大会上所做的政治报告中，宣告了中国生产资料私有制方面的社会主义改造任务的基本完成。他说："在农业、手工业和资本主义工商业的社会主义改造过程中，我们的工作并不是没有缺点和错误的，我们的政策并不是一开始就成熟的，在政策的执行中也出现过局部的偏差。但是，改变生产资料私有制为社会主义公有制这个极其复杂和困难的历史任务，现在在我国已经基本上完成了。"与此同时，他还指出："这不是说，我们在社会主义改造方面的任务已经全部完成。在我们的面前还摆着许多迫切的重大的问题。什么是我们今后的任务呢？

"在农业合作化方面，目前最急需解决的问题是必须保证现有的一百万个左右合作社尽可能增加生产和增加社员收入。有一部分合作社的成立是比较急促的，还需要迅速处理许多遗留问题，或者还需要调整现有的组织形式。多数合作社还缺少领导几十户、几百户农民进行集体生产的经验，党必须帮助合作社的干部尽可能迅速地取得这种经验。许多合作社过分地强调集体利益和集体经营，错误地忽视了社员个人利益、个人自由和家庭副业，这种错误必须迅速地纠正。为了有效地发扬社员的生产积极性，巩固合作社的组织，必须坚持勤俭办社和民主办社的方针，并且不断地加强对社员的社会主义和集体主义的思想教育。不久以前的个体农民，现在变成了合作社的社员，这是几亿农民生活史上的一个绝大的变化。合作社的干部必须充分认识这个变化，谨慎地担负起社员群众所委托给他们的重大领导职务，全心全意地为社员的利益服务。"

"在手工业和其他原来的个体经济的改造工作方面，必须根据各行各业的特点，采取不同的形式，分别地解决各种合作组织在发展中的具体问题。在这里，不顾具体情况，采取千篇一律的形式，是错误的。一部分的合作组织在适当的条件下，将要发展成为国营企业或者并入国营企业；一部分的合作组织将在长时期内保持生产资料的集体所有制；而另一部分的合作组织，则将在社会主义企业的管理下保持各负盈亏的经营方式。"

"在资本主义工商业的改造工作方面,同样地应当按照各行各业的特点和社会经济的多方面的需要,分别地解决它们发展中的具体问题,而不要轻率地做千篇一律的处理,以免造成损失。"在这里,他还讲到建立公私双方人员共同工作的良好关系,对资方人员进行教育,把他们的经验和知识当作一份社会遗产继承下来的问题。①

---

① 《刘少奇选集》下卷,人民出版社1985年版,第218—220页。

第七章

计划经济体制的形成及改革设想

第一个五年计划时期，也是集权型的计划经济体制形成的时期。它的形成，有必然因素，也有随机因素；有内因，也有外因。它在保证完成五年计划的进程中发挥了积极作用，但也很快暴露出一些弊端，引起决策层的极大重视，并开始了改革的尝试。

第一节 形成原因简析

在中国，被称为集权型的计划经济体制，奠基于新中国初期的统一全国财经管理；第一个五年计划的实施不断充实它的内容，随着社会主义基本经济制度的确立，这一体制最终得以形成。

统一财经工作，实际上是确立国家统一后的财经管理体制。1950年3月3日，以政务院名义发布的关于统一国家财政经济工作的十条决定，奠定了以集中统一为基础的财经管理体制的雏形。这同过去在根据地时期和后来的各个解放区实行的以分散为主的财经管理体制，有原则的不同。这是财经工作上的一个重大转变。统一财经工作，并不是通通都集中统一。中央在决定这个问题的时候，考虑到需要和可能两个方面，根据情况，统一必须统一和有可能统一的方面，不需要统一或者暂时没有条件统一的就不统一。对于分散管理比集中统一管理效果更好的则继续维持原来的分散管理的办法。例如：对于农业生产，在中央的统一政策和方针下面，仍然主要由地方组织领导。对于国有企业，划分为三种：一种是属于中央各部直接管理的企业，再一种是属于中央所有、委托地方管理的企业，第三种是划归地方管理的企业。在收入方面，地方附加粮和关税、盐税、货物税、工商税以外的地方税，照旧归地方支配。如此等等。这就是说，在财经工作的主要方面实现统一后,将继续存在分散管理的部分。所不同的是,过去是以分散管理为主,统一是次要的方面;现在则是统一管理为主,分散管理是第二位的。

此后,随着经济建设分量的逐渐加重,156项工程中第一批项目的开始上马,集中人、财、物力的需求日益迫切。1953年是一个重要的转折。在实施第一个五年计划的前夕,为准备大规模经济建设的展开,1952年12月22日,中共中央在一项指示中就提出,必须"集中有限的资金和建设力量(特别是地质勘探、设计和施工力量)首先保证重工业和国防工业的基本建设,特别是确保那些对国家起决定作用的、能迅速增强国家工业基础与国防力量的主要工程的完成"。[①] 被确定为"一五"时期首要建设任务的鞍山钢铁基地,要求集中全国力量,如期完成。

为集中物力。从1953年起,颁行了35种国家统配物资实施办法,包括电力、原煤、石油炼成品、生铁、钢锭、普通碳素钢材、钢材加工品等能源工业、黑色冶金工业、有色金属工业、机械工业、建筑材料工业以及其他诸多工业部门生产的生产资料产品。

为集中财力,国营企业折旧基金被规定悉数上缴,通过财政再分配,主要用于基本建设投资。

这一年,粮食首先实施国家计划收购和计划供应制度,尔后扩展到棉花和油料。主要农产品实际上都成了"统配物资"。

在多种经济成分继续存在的情况下,计划经济体制的覆盖面,它集中统一的程度,都还受到局限。对农业、手工业和资本主义工商业的社会主义改造任务的基本完成,随着社会主义基本经济制度的确立,这一体制也得以最后形成。

在引进苏联先进技术设备的同时,在学习苏联先进管理经验的口号的推动下,更加充实和完备了这一体制的许多方面。其中:有一部分合乎科学,也适合中国的情况;有相当一部分烦琐、僵化,既不科学,也不符合中国情况,不利于发挥群众的积极性和创造性,束缚生产力的发展。例如,固定资产管理制度中,就照搬了苏联的设备大修理"不移位""不变形"等项规定。这分明是冻结技术进步。在企业管理中,不适当地推行

[①] 《当代中国的计划工作》办公室编:《中华人民共和国国民经济和社会发展大事辑要(1949—1985)》,红旗出版社1987年版,第32页。

"一长制"，忽视思想政治工作的作用和群众的作用；过分强调按作业表"均衡生产"，否认可能有的生产高潮。又例如，计划工作中，被毛泽东批评过的计划方法等等。

第二节 基本特征及内涵

建立在社会主义公有制基础上的集权型的计划经济体制，它的基本特征，是政府主导、主要是以中央政府为主导，实行统一政策、统一计划、统一配置资源。

"一五"计划时期，为了举全国之力以便保证重点建设任务的完成，形成了几乎覆盖整个国民经济运行所有重要方面的指令性管理模式。在这种体制下，国家计划包罗万象。对国营经济原则上实行"统一计划、分级管理"，但人、财、物的支配权和工业企业的管理权主要集中在中央和中央各主管部的手里。对国营企业和公私合营企业，实行直接计划，国家下达指令性指标，主要生产资料由各主管部门按计划供应，产品由商业、物资部门收购或调拨；对农业、手工业和私营企业实行间接计划，主要通过各种经济政策、经济措施把它们的经济活动纳入国家计划，所需生产资料通过市场供应。主要农产品实行统购统销后，特别是农业合作化后，征购任务也下达指令性指标。

"一五"期间，国家编制的计划包括农业、工业、运输、邮电、商业、对外贸易、文教、卫生、科学研究、城市公用事业、地质勘探、基本建设、劳动工资、成本或流通费、物资供应、国家储备和综合财政等17种。计划指标齐全，计划产品范围很广，包括了粮食、棉花、油料、棉布、缝纫机、自行车、煤炭、发电量、钢材、木材、水泥、铜、铝、酸、碱、橡胶、汽车、机床等几乎包括了所有关系国计民生的主要产品的生产和分配。随着社会主义改造的基本完成，直接计划范围不断扩大，指令性计划不断增加。1956年国家计委统一管理、下达计划的产品从1953年的115种增加到380多种，占工业总产值的60%左右；农产品采购计划，一般也占采购总额的70%左右。

1953年以前，除华北地区以外，工业企业基本是由各大行政区管理。1954年撤销大行政区，大型国营企业陆续收归中央工业部直接领导。1957年中央各部直接管理的工业企业从1953年的2800多家增加到9300

多家，约占中央和地方管理工业企业总数的16%，产值占49%。下达工业企业的指令性指标共计12个，包括总产值、主要产品产量、新种类产品试制、重要技术经济定额、成本降低率、成本降低额、职工总数、年底工人到达数、工资总额、平均工资、劳动生产率、利润等。国营企业利润和基本折旧基金全部上缴，纳入国家预算。企业所需基本建设投资及技术措施费、新产品试制费、零星固定资产购置费等再由财政拨款解决，人们形容为"统收统支"体制。

在财权方面，自新中国成立初期统一财经管理到"一五"时期，财权高度集中在中央。"一五"时期国家财政总收入中，中央占80%，包括省、县在内地方占20%；在财政总支出中，中央占75%，地方占25%。地方财力有限。企业所有收入一律上缴，所得奖励基金和利润提成五年合计仅为21.4亿元，相当于同期国家财政从企业取得收入的3.75%。

在物资管理方面，重要生产资料都由中央政府掌握，统一分配。其中如钢材、铜铝等有色金属、木材、水泥、汽车、机床等重要而稀缺的资源归国家（计委）统一分配，习称"统配物资"；余为中央各部门主管分配，习称"部管物资"。中央各省、市管理的国营企业、公私合营企业等，凡属中央统一分配的物质均纳入国家物资分配计划，统筹统支，平衡分配；企业生产建设所需统配、部管物资，按照企业隶属关系进行分配。1953年中央统一分配物资为227种（统配112种、部管115种），1957年增加到532种（统配231种，部管301种）。

关于劳动管理，"一五"时期改变了曾经实行的"介绍就业与自行就业相结合"的方式，逐步扩大为统一分配，演变成后来被称为"铁饭碗"的用工制度。在管理权限上，1954年大区撤销以前是在中央的方针政策指导下，以地区管理为主。1954年撤销大区和1956年社会主义改造完成后，逐步过渡到中央集中管理为主。职工人数由国家逐年批准下达，凡企、事业单位增加新职工，须经主管部门审核批准报劳动部备案。1956年一度下放权限，企、事业单位在国家批准的劳动计划指标内招收新职工，可直接报请当地劳动部门协助招收，结果，多招收146万人，超过计划的173.8%。1957年1月国务院规定，一律停止自行从社会上招工，招用临时工必须报经省、市、自治区批准，使用期限不得超过一个月，并不得转为正式工人。关于工资问题，大区撤销后均由中央劳动部统一管理，国家机关、事业、企业单位的工资标准、职工定级和升级制度等，均由国家统一规定，地方和企业无权决定。

外贸体制，一向强调集中统一，实行国家统制。"一五"时期的进出口业务，都由中央对外贸易部领导的各专业公司经营，其他部门和单位均不能直接对外成交。

"一五"计划的完成，中国重启工业化初战取得的成就，说明这一经济体制基本上是适应社会生产力的发展的要求的。尤其是对于在经济发展水平比较低、现代工业还很落后的基础上起步的，以156项大型工程为中心的规模巨大的建设事业，不适当强调集中统一，把有限的资源整合起来保证重点方向、重点项目的需要，要达到预期的目标，是不可能的。这既是社会主义制度的优越性的体现，也是计划经济体制的优越性的体现。这是就它的主要的方面、本质的方面而言。它反映了建立在生产资料公有制基础上的社会化大生产的内在需要，又依"一五"计划时期的具体情况为转移。其中有些方面，例如，计划工作、企业管理等，受苏联的影响，照抄照搬了一些并不都适合中国的办法。但这不是根本原因。从总体看，它的确立有着一定的必然性。有些做法当时就有其缺点，有些则是伴随经济的发展显露出了它的弊病，同时开始了着手改革的探索过程。

第三节　弊病的显露与初步改革设想

集权型计划经济体制为完成"一五"计划任务，起了积极作用；与此同时，也显露出它存在三个重要弊病：一是集权过多，二是统得过死，三是忽视市场作用。中国国家大，发展很不平衡，经济情况和各方面的条件差别巨大，生产力具有多层次性，有的叫"二元结构"甚至是"三元结构"。不充分考虑这些特点，企图把国民经济活动都装进国家计划的筐子里，是不现实的。

拿中央政府说，把什么都集中到自己手里，它管一些并非都需要由中央来管的事情，而且又不一定管得好，地方和企业的权力很小，特别是省一级的权限太小，直接生产单位的权限太小。一般国营企业的厂长在财务方面只有200—500元的机动权，公私合营企业的财权就更小。1956年夏天，上海酷热，国务院指示南方工厂各高温车间应有降温设备。有许多公私合营企业没有降温设备，就向上级打报告。上海公私合营洁晶玻璃厂为购买降温设备，向主管专业公司往返交涉11次之多，直到媒体对这件事提出批评，才获得同意，此时天气已经转凉。

再如统得过死，在"条条"与"块块"的关系的问题上，过分强调"条条"的行政管理，结果，割断了地区内外不同部门和企业之间的经济联系，不利于有效利用资源。例如，同在洛阳市内，建筑工程部洛阳工程局承建的第一拖拉机厂等建设工程接近尾声，施工力量已经窝工需要调出一部分；而冶金工业部为所属洛阳有色金属加工厂的建设要上马，又准备从外面调进施工力量；电力工业部为承建洛阳热电厂，也从东北调去施工力量；纺织工业部计划在洛阳建设纺织厂，也准备调去施工力量。① 通常调动一支大型施工队伍，往往涉及成千上万职工及其家属。每到一个新的施工地区，必得兴建一批附属企业和职工生活福利设施。上述情况将会造成多大人力物力上的浪费，可想而知。如果地方有权统筹协调解决，至少要好得多。

1956年4月，毛泽东听取34个部委汇报后，在《论十大关系》的报告中，就解决经济管理体制集权过多的弊病，曾作出原则性指示。同年5月，国务院召开全国体制会议，拟定关于改进国家行政体制的决议草案。初步确定：

（1）各省、市、自治区有一定范围的计划、财政、企业、事业、物资、人事管理权；

（2）凡关系到整个国民经济而带全局性、关键性的企业和事业，由中央管理。其他企业和事业，应尽可能交给地方管理。

（3）企业和事业的管理，应该认真的改进，推行以中央为主、地方为辅，或地方为主、中央为辅的双重领导的管理方法。

（4）中央管理的主要计划和财务指标，由国务院统一下达，改变过去由各部门下达的办法。

（5）某些主要计划指标和人员编制名额等，应给地方留一定的调剂幅度和机动权。

会议还提出，体制的某些重大改变，在步骤安排上应稳步进行。决定1956年着手准备，1957年试办，到"二五"计划期间全面实施。

这一年9月，周恩来和陈云在党的八大一次会议上的报告或讲话里，都讲到社会主义基本完成后的经济管理体制的问题。陈云更提出了富有创

---

① 周太和主编：《当代中国的经济体制改革》，中国社会科学出版社1984年版，第53页。

新性的"三个主体、三个补充"的构想。按他的构想,"我们的社会主义经济的情况将是这样:在工商经营方面,国家经营和集体经营是工商业的主体,但是附有一定数量的个体经营。这种个体经营是国家经营和集体经营的补充。至于生产计划方面,全国工农业产品的主要部分是按照计划生产的,但是同时有一部分产品是按照市场变化而在国家计划许可范围内自由生产的。计划生产是工农业生产的主体,按照市场变化而在国家计划许可范围内的自由生产是计划生产的补充。因此,我国的市场,绝不会是资本主义的自由市场,而是社会主义的统一市场。在社会主义的统一市场里,国家市场是它的主体,但是附有一定范围内国家领导的自由市场。这种自由市场,是在国家领导之下,作为国家市场的补充,因此它是社会主义统一市场的组成部分。"①

1957年,党和国家着手改革经济管理体制,在调查研究的基础上,拟定了《关于改进工业管理体制的规定(草案)》、《关于改进财政体制和划分中央和地方对财政管理权限的规定(草案)》和《关于改进商业管理体制的规定(草案)》三个改革方案,在同年9月举行的中共八届三中(扩大)全会上基本通过。后经国务院通过,正式公布。

上述三个改革方案,以分权为基本取向,主要内容是:

(1) 从1958年开始,分别不同情况,将大部分轻纺工业和一部分重工业(大型、重要的企业除外),逐步下放给省、市、自治区管理。

(2) 扩大省、市在物资分配方面的权限,对分配给中央企业、地方企业和地方商业机构的物资,在保证各企业完成国家计划的条件下,有权进行数量、品种和使用方面的调剂。

(3) 地方财政从过去"以支定收,一年一定"改为"以收定支,五年不变",即划给地方较大财权,多收可以多支。

(4) 下放地方的企业,以及仍由中央各部管理的某些企业,企业的利润由地方与中央二八分成。

(5) 商业价格实行分级管理。三类农产品的收购价格与销售价格,次要市场与次要工业商品的销售价格,均由省、市、自治区制订。

(6) 实行外汇分成。

(7) 适当扩大企业管理权限。国家与企业实行利润分成,比例三年

---

① 《陈云文选(1956—1985)》,人民出版社1986年版,第13页。

不变；企业在不增加职工的条件下，有权自行调整机构和人员；国家下达工业企业的指令性指标，由原来 12 个减少为 4 个，即主要品种产量、职工总数、工资总额和利润额。国家给商业企业只下达收购额、销售额、职工总数、利润额 4 个指标，同时允许地方在执行购销计划时有总额 5% 上下的机动幅度，并规定商业利润指标只下达到省、市、自治区，不再下达到各基层企业。[①]

[①] 本章参引了吴群敢、柳随年主编《中国社会主义经济简史》（黑龙江人民出版社 1985 年版）第 12 章的有关资料，特此致谢。

第八章

探索加快发展的中国工业化道路

毛泽东曾经说，脑子里总要装着几个问题。如何加快中国的发展，可能就是20世纪50年代他时常思考的问题之一。因为1958年他批评反冒进的时候，说过这样的一句话："八年来我们为这样一个工作方法（指多快好省的方针——引者注）而奋斗。"

对于"一五"计划，毛泽东是不满意的。这一点，他多次谈到。那时，中国缺乏经验，不得不主要向苏联学习。按毛泽东的说法，总有一种压抑感，心情不舒畅。1955年秋，他在解决了农业合作化的速度问题，即将迎来整个社会主义革命高潮的情况下，开始把目光转向发展生产力的方面。这时，苏联方面开始暴露和揭露出一些社会主义建设中的问题，中国自己也已经有了三年大规模经济建设的实践。"以苏为鉴"，反思和总结国内外正反两方面的经验，探索适合自己情况的工业化道路，加快中国的发展，就成为毛泽东所要解决的课题。1956年春，他继主持编辑《中国农村的社会主义高潮》一书（它本身是对农业问题的一次调查研究）之后，又集中时间听取中央34个部委的汇报，着重对工业问题进行系统的调查研究。作为这次调查研究的结晶，就是同年4月他关于《论十大关系》的报告。1957年2月，他又做了《关于正确处理人民内部矛盾的问题》的报告。这两篇著名的历史文献，为他提出多快好省的一整套路线和方针奠定了思想理论基础。

第一节 加快发展问题的提出

毛泽东对于中国加快发展即后来被称为跃进式发展的探索和实验，可以划分为前后两个时段。1956—1957年为第一阶段。这一阶段，主要是思想理论准备和探索实验的初步实践。

新中国成立前夕，毛泽东《在中国共产党第七届中央委员会第二次全体会议上的报告》里，在讲到未来的新中国的经济建设时，有一段话说："中国的经济遗产是落后的，但是中国人民是勇敢而勤劳的，中国人民革命的胜利和人民共和国的建立，中国共产党的领导，加上世界各国工人阶级的援助，其中主要地是苏联的援助，中国经济建设的速度将不是很慢而可能是相当地快的，中国的兴盛是可以计日程功的。对于中国经济复兴的悲观论点，没有任何的根据。"[①] 现在，继民主革命胜利之后，又基本完成了社会主义革命。毛泽东认为，经过两次伟大的社会政治变革，被严重束缚了的生产力将获得空前释放，中国加快发展的国内条件已经具备，加上有利的国际条件，不抓住这难得的机遇，将犯历史性的错误。

从现实情况看，截至1955年年底，五年计划过去三年，除社会主义改造计划以外，国民经济建设和生产计划的完成情况却并不令人满意。作为"一五"计划的重点和首要任务的基本建设，1953—1955年累计完成的投资仅为五年计划的51%；后两年要完成将近另一半的任务，具有很大的不确定性。工农生产方面，农业头两年都没有完成计划；工业部门重工业的情况相对较好，但整个工业的增速是在递减。同上年相比，工业总产值1953年增长30%；1954年增长16%；1955年仅增长5.6%，比五年计划年均增长15.5%的要求几乎低10个百分点，轻工业这一年没有完成计划。这势必影响建设资金的积累。1954年和1955年国民收入只分别比上年增长5.8%和6.4%；1955年和1956年国家财政收入只分别比上年增长3.66%和5.66%。具体分析，有客观因素，例如自然灾害对农业生产的影响，连带到对轻工业生产的影响；但是，不能忽视主观方面的原因。有些问题同缺乏经验有关，例如1955年计划本身定得就比较低，而更重要的，毛泽东认为，是由于右倾保守思想的存在，缺乏一种积极对待问题的态度。

还在"一五"计划最初制订的时候，时任国家计委负责人的高岗就认为，在原有企业生产问题上的主要倾向，是右倾保守问题。此后，周恩来、陈云和李先念等都持有这一看法。1954年9月23日，周恩来在全国人大一届一次会议上的《政府工作报告》指出："在供应、生产、销售之

[①] 《毛泽东选集》第四卷，人民出版社1960年版，第1434—1435页。

间的不平衡，不少产品的品种、规格的不合需要，不少建设工作中的勘探、设计、施工的不能衔接，不少交通运输、工业城市规划和工业建设的不相配合是由于主观努力的不足和工作中的错误而来的。"他举例说："有些企业的计划定得过于保守，很容易超额完成，失掉了指导生产的意义。最突出的沈阳染料厂1953年竟完成了利润计划的5倍以上。这些严重的情形在其他的工业部门也同样存在，有些甚至更严重。我们必须用极大的努力来改变这些情形。"[1]

同年12月，陈云在《关于发展国民经济第一个五年计划的报告（草稿）》里，回答工业生产指标是否定得太高的问题时，在分析了当前障碍完成工业生产指标的原因后指出，现在不是退缩，应该找出克服困难的办法。在这方面不能认为已经达到了山穷水尽的地步，还是有潜力有办法的。李先念也认为：一些企业和部门在提高生产和增加利润时是保守的，而在增加投资和建设新项目（即向上要钱、增加投入）时则是冒进的。[2]

毛泽东所说的右倾保守思想，包括但绝不仅限于此。如果说前者所指主要是技术层面的问题，毛泽东的指向则更宽广，含义更深。这可以从刘少奇的一段传达中看出来。1955年12月5日，刘少奇向122位在京中央委员、党政军各部门负责人，传达毛泽东关于批判右倾保守思想，争取提前完成过渡时期总任务的指示。他说：

"毛主席说'我们要利用目前国际休战时间，利用这个国际和平时期，再加上我们的努力，加快我们的发展，提早完成社会主义工业化和社会主义改造'。关于八大的准备工作，毛主席提出'中心思想是要讲反右倾思想，反对保守主义'。可以设想，如果不加快建设，农业和私营工商业未改造，工业未发展，将来一旦打起来，我们的困难就会更大。因此，一切工作都要反对保守主义。毛主席说'我们可以有几条路前进，几条路比较一下，要选一条比较合理、正确的路线。按常规走路，时间拉得长，成绩不大，这是保守路线。现在各方面的工作都落后于形势的发展，我们有不少同志正在走着这条保守的路线。工业部门不要骄傲，要加油，否则，就有出现两翼走在前面而主体跟不上的现象。客观事物的发展是不

---

[1]《周恩来选集》下卷，人民出版社1984年版，第136页；《周恩来经济文选》，中央文献出版社1993年版，第183页。

[2]《李先念论财政金融贸易》，人民出版社1992年版，第100页。

平衡的,平衡不断被冲破是好事。不要(按)平衡办事,按平衡办事的单位就有问题'。"①

从刘少奇传达的这段话,可以看出:

第一,它是作为方针性的问题提出来的,而且是作为党的全国代表大会的指导思想,要管相当长时间内各方面的工作的;

第二,其目的是要加快社会主义工业化进程,不但要提前完成第一个五年计划,还要求把原定的十五年即三个五年计划或者更多一点时间完成初步工业化的时限缩短。这无疑是跃进式发展的指导思想。

联系到毛泽东当时的其他讲话,他主持编辑《中国农村的社会主义高潮》一书所写的序言和按语,毛泽东批评的右倾保守思想,更重要的是指对于中国经过两次伟大的社会政治革命特别是社会主义革命,将要释放出来的人民群众的高涨建设热情看不到,或者估计不足,对于必须充分利用目前有利的国际环境加快发展的必要性和可能性认识不足。他后来所以对反冒进不满,其深刻的原因也在这里。毛泽东并不排除有时候可以有局部的促退即适当压缩指标,进行必要的调整;但他不能容忍反冒进这样的政治性举措。他认为,这是错误的指导方针。

第二节 加快发展的两重含义

毛泽东关于加快中国发展的思想,其一,首先是同西方资本主义工业强国比较。1956年8月30日,他在八大预备会议第一次全体会议上有一段话说:"六亿人口的国家,在地球上只有一个,就是我们。过去人家看我们不起是有理由的。因为你没有什么贡献,钢一年只有几十万吨,还拿在日本人手里。国民党蒋介石专政二十二年,一年只搞到几万吨。我们现在也还不多,但是搞起一点来了,今年是四百多万吨,明年突破五百万吨,第二个五年计划要超过一千万吨,第三个五年计划就可能超过两千万吨。我们要努力实现这个目标。""美国建国只有一百八十年,它的钢在六十年前也只有四百万吨,我们比它落后六十年。假如我们再有五十年、六十年,就完全应该赶过它。这是一种责任。你有那么多人,你有那么一块大地方,资源那么丰富,又听说搞了社会主义,据说是有优越性,结果

---

① 刘少奇关于毛泽东批判右倾保守思想指示的传达记录,1955年12月5日。

你搞了五六十年还不能超过美国,你像个什么样子呢?那就要从地球上开除你的球籍!所以,超过美国,不仅有可能,而且完全有必要,完全应该。如果不是这样,那我们中华民族就对不起全世界各民族,我们对人类的贡献就不大。"①

社会主义优胜于资本主义,应该说,是没有疑问的。以1953—1957年工业年均增长速度为例,中国18%,美国3.6%,英国3.8%,联邦德国10.1%,法国7.9%,日本15%。② 中国主要工业产品产量在世界的位次,因而得以迅速提升。以1949为基期,几种主要工业产品产量在世界的位次提升情况,如表8-1所示:

表8-1　几种主要工业产品产量1949年、1957年在世界的位次

工业产品	1949年	1957年
钢	26	9
煤	9	5
发电量	25	13
原油	27(1950年)	23

资料来源:国家统计局《中国统计年鉴(1984)》,中国统计出版社1984年版,第543页。

其二,是同社会主义国家的苏联比较。十月革命后的苏联,在粉碎外国武装干涉和恢复经济之后,实施优先发展重工业的方针,在同资本主义的竞赛中终于赢得时间,抢在苏德战争爆发前完成了自己的工业化和农业集体化。不论其间有怎样的失误,毕竟为尔后卫国战争的胜利打下了物质技术基础。毛泽东认为,中国应该比苏联发展得更快。1955年12月5日,他在一次会议上分析,中国的发展能够比苏联快,也应该比苏联快。因为中国党有夺取政权、管理政权的丰富经验,在这一点上比苏联革命经验更为丰富;国际条件也比那时有利,可以获得苏联的援助包括其经验教训可资鉴戒,这是苏联当年不具备的;同时,中国拥有丰富的人力资源和比较优越的自然地理条件,中国没有理由不发展快一些。

---

① 《毛泽东文集》第七卷,人民出版社1999年版,第88、89页。
② 中国社会科学院、中央档案馆编:《1953—1957中华人民共和国经济档案资料选编·工业卷》,中国物价出版社1998年版,第1147页。

在这之后，在听取34个部、委汇报的过程中，他又一次谈到这个问题。他说："我国建设能否超过苏联头几个五年计划的速度？我看是可以赶上的，工业也可以超过。中国有两条好处，一曰穷，二曰白，一点负担没有。美国在华盛顿时代，也是白，所以发展起来是很快的。要打破迷信，不管是中国的迷信，外国的迷信。我们的后代也要打破对我们的迷信。我国工业化，工业建设，完全应该比苏联少走弯路。我们不应该被苏联前几个五年计划的发展速度所束缚。"在这里，毛泽东列举可以超过苏联的发展速度，"理由有四：国际条件不同；国内条件不同；技术水平不同；中国人口多，农业发展快。同样，即使在技术发展方面，在现代技术发展方面，也可以超过苏联，有社会主义积极性，群众路线，少搞官僚主义。""我们有群众工作的传统，有群众路线，还有整风嘛。"[①] "以苏为鉴"，渗透着这一考虑，也突出了同苏联相比较的含义。1953—1957年，中国工业的年均增长率为18个百分点，苏联同期则为11.6个百分点。

总之，在毛泽东看来，加快中国的发展，不是一个思辨性的问题，而是具有客观真理性的命题。作为领导社会主义建设事业核心力量的中国共产党，能不能及时发现它，捕捉住这一历史机遇，采取恰当的政策措施，使这种可能性变为现实性，是具有根本性质的战略问题。他一再强调的要批判右倾保守思想，也是在这个意义上提出来的。

第三节 独辟蹊径的探索

要把加快发展的客观可能性变为现实性，要有一种精神，一股干劲，更要有一套正确的政策和措施。毛泽东接下来所做的工作，就是解决实施怎样的政策和措施的问题。他听取中央34个部门的汇报，从调查研究入手，总结执行第一个五年计划以来的经验，就是着眼于此。

毛泽东这次调查研究的一个鲜明特点，是"以苏为鉴"。其中，也包含有对西方资本主义国家主要是美国发展经验的借鉴。在一定意义上，带有总结国内外工业化正反两方面历史经验的相当广泛的性质。

第一个五年计划时期，中国缺乏大规模经济建设的经验，以美国为首

[①] 中共中央文献研究室编：《毛泽东年谱（1949—1976）》第二卷，人民出版社2003年版，第536—537页。

的主要西方国家对华敌视封锁，学习苏联的建设经验，从他们那里移植管理国民经济的一些做法，就成为不可避免的抉择。那时，对于苏联经验，虽然也有"择善而从"的要求，但模仿和借鉴是主要的。这时，经过几年的建设实践，积累了一定的经验，对于苏联模式中的一些弊端也有所察觉，有分析地对待苏联的经验，寻找一条适合自己情况的道路，遂提上日程。毛泽东在讲到最初照搬苏联做法也并非没有苦闷时曾说：解放后，三年恢复时期，对搞建设我们是懵懵懂懂的。接着搞第一个五年计划，对建设还是懵懵懂懂的，只能基本照抄苏联的办法。但总觉得不满意，心情不舒畅。这不是你情愿不情愿的问题，你不懂，也没有自己的经验，只能如此。这时，情况不同了，有条件解决这个问题了。据薄一波说，大约1955年年底，毛泽东便提出"以苏为鉴"的问题。苏联在经济建设等方面的问题被揭露出来后，更加感到"以苏为鉴"的必要。如同他在《论十大关系》的开头语所说："特别值得注意的是，最近苏联方面暴露了他们在建设社会主义过程中的一些缺点和错误，他们走过的弯路，你还想走？过去我们就是鉴于他们的经验教训，少走了一些弯路，现在当然更要引以为戒。"①

这次中央有关部门的汇报，从2月14日开始，到4月24日告一段落。在两个多月时间里，毛泽东先后听取了国务院5个办公室和29个部、委、行、局共34个部门的系统汇报。汇报中间，毛泽东不时发问、插话，同大家一起议论，力求把问题搞得比较透彻。34个部门汇报和议论的成果，经过提炼和升华，形成《论十大关系》这篇重要文献。现在看到的《论十大关系》一文，是1975年重新整理的，虽然比1965年的整理稿更完善，也还是有的内容未能吸收进去，未能如毛泽东所愿。《若干重大决策与事件的回顾》一书有所补叙。这里引用的除原始文献，也有该书的部分资料。

《论十大关系》以苏为鉴，从十个方面提出了经济建设和思想、政治、文化建设等一系列的新方针、新政策，其目的就是要调动国内外一切积极因素，直接地或者间接地都要调动起来，还要化消极因素为积极因素，为把中国建设成为一个强大的社会主义国家而奋斗。

提出的十个问题，重点是五个经济方面的问题，它是从各个部门汇报

---

① 《毛泽东著作选读》下册，人民出版社1986年版，第720—721页。

的大量情况里，关涉到全局性的问题中概括提炼出来的。

第一，关于国民经济中的三大产业即农业、轻工业和重工业的定位及其相互关系问题。

1949—1955年，在农业、轻工业和重工业全面增长中，重工业呈现高强度增长态势。各以1949年总产值为100，1955年农业、轻工业和重工业产值指数，则分别为170.2、310.7和540.5。

在基本建设投资总额中，1952—1955年用于农业、轻工业和重工业的比例分别为：

农业14.8%、9.8%、4.5%和6.7%；

轻工业9.1%、6.2%、7.4%和5.2%；

重工业34.3%、38.8%、42.4%和47.3%。

分年比较，如表8-2所示：

表8-2　1952—1955年农轻重投资比重（%）（以基建投资总额为100）

年份	农业	轻工业	重工业
1952	14.8	9.1	34.3
1953	9.8	6.2	38.8
1954	4.5	7.4	42.4
1955	6.7	5.2	47.3

国家计委汇报说，苏联"一五"时期重工业与轻工业投资比例为9∶1，我国"一五"计划规定为8∶1（以全部工业投资为100，前者占88.8%，后者占11.2%），预计可降为7∶1。在编制的第二个五年计划草案中，按各个工业部门的要求，将进一步挤占农业投资。其中，重工业又可能挤占轻工业投资。鉴于重工业现有基础薄弱的情况，坚持以重工业为中心是完全必要的，但过分突出，脱离合理的比例关系，将产生不良后果。东欧一些国家已有此种教训。匈牙利"一五"期间重工业与轻工业的投资比例为10∶1，结果不得不中途改变计划。捷克原计划1953年度平均工资比1948年提高35%，后因重工业过重，1953年度的实际工资水平反而低于1948年。

轻工和纺织部门在汇报中，详细介绍了轻纺工业过去几年为国家提供的积累。1955年烟、酒、盐、糖四项产品仅税收19.1亿元，占全国工商税和盐税总额的 20.5%，如加其他轻工产品则占 1/4。国家从轻工业部门取得的收入为新建厂投资的比率分别为：卷烟厂 4.4 倍，酒精厂 4.1 倍，白酒厂 2.6 倍，糖厂 1.2—1.5 倍，药厂 1~2 倍，肥皂厂 1 倍多。轻工业获得的基本建设投资与该行业几年来创造的利润的比例分别为：

1953 年 1：1.9；

1954 年 1：2.1；

1955 年 1：3.1。

纺织部汇报说，新建一座粗纺机 1 万锭、年产 600 万米毛织品的厂子，总投资约 2070 万元，投产后一年即可提供积累 4600 万元，为投资的 2.2 倍。新建一座年产 600 万匹的印染厂，总投资约 3200 万元，投产后每年可为国家提供 3800 万元，不到一年收回全部投资。问题是：轻纺工业投资少，现有企业设备陈旧，潜力不能发挥，产品数量、质量和花色品种远不能满足市场需要。它们需要的设备，有一部分机械工业部门不能提供；所需要的原料农业部门满足不了，质量也低。

毛泽东从汇报中发现，由于苏联模式的影响，就连轻纺工业部门的同志也有一种顾虑，就是轻纺工业加快一些发展会不会妨碍重工业的优先发展。

第二，区域经济与生产力的配置问题，主要是沿海工业和内地工业的关系的问题。

计委在汇报中提出，工业布局除要考虑资源、市场和交通运输等条件，还要考虑沿海与内地的关系问题。沿海是指长春以南，京汉、粤汉线以东，包括广东全省（后又增加广西）和北京至郑州一段铁路沿线的各城市。

沿海各省市工业产值 1952 年约占全国工业总产值 70%左右，内地占 30%左右。钢铁工业 80%分布在沿海，特别是辽宁的鞍山；铁矿资源丰富的内蒙古、西南、西北和华中，钢铁工业的基础则很薄弱。纺织 80%的纱锭和 90%的布机分布在沿海，主要部分又集中在上海、天津、青岛等几个工业城市及其附近，各主要产棉区却很少。从合理布局和国防安全出发，当时对沿海基本建设控制较严，"一五"计划新建项目主要放在内地，设想在第二个五年计划时期分别形成以包钢和武钢为中心的两个新的工业基地。从各部委和地方党委汇报的材料看，沿海工业在当时有着举足轻重的作用。截至 1955 年年底，上海市实现的利润占第一个五年计划全国基本建设投资总额的 20.9%；天津市实现的利润可兴建 10 万纱锭的纺织厂 36 个。国内设备和原材料供应以及绝大部分轻工业产品都来自沿海。鞍钢 1955 年生产的钢材供应全国 2000 多个生产、建设单位。日用工业品的 60% 由上海生产。沿海省市还向内地输送了大量技术人员和技术工人。计委在汇报中反映，沿海 1951 年到 1953 年发展比较顺利，1954 年以后困难比较多，原因是出于国防安全考虑，不建新厂，给的投资也很少，发展受到一些限制。如不解决，反过来势必影响内地的发展。

第三，国防工业的发展规模及其发展速度问题，其实质是国防工业与民用工业的关系的问题。这是另一种意义上的经济结构问题。

其时，冷战形势严峻，台海局势又比较紧张。在酝酿编制第二个五年计划和 15 年长远规划时，计委按照 1961 年国防工业达到满足战时最大需要量的要求规划，1956—1959 年每年应新建 50 个大型国防工厂，财力物力显然达不到。经与有关部门协商，上述要求推迟到 1964 年。满足最大需要量的产品中，70% 由国防工业承担，其余 30% 靠战时动员民用工业部门生产。这样安排，投资、材料、设备和技术力量等各方面仍不能满足需要。国防工业要在这样短的时间里集中上马，突击发展，又将要求电力、钢铁、化工、石油、民用机械等一系列工业部门相应跟上去，甚至连酒精、橡胶、甘油等轻工行业也必须加快发展以便配合，导致整个工业部门全面紧张。计委在汇报中，特将这一问题提请毛泽东裁定。可以说，"一五"计划已经暴露出这个尖锐矛盾，尽管在当时的条件下难以有更多的选择，它所带来的问题终究回避不过去。

第四，社会主义经济管理中国家、生产单位和生产者个人之间的责、权、利调节与分配的问题，即采取何种经济体制的问题。

在汇报中，特别是各重点企业在书面汇报中，对现有规章制度诸多不合理的方面，反映强烈，认为极不利于发挥企业的积极性。

国务院"五办"（财贸办公室）则从财政体制的角度，提出了企业自主权的问题。他们汇报说，现在国家对企业实行统收统支办法，收入全部上缴财政，支出全部由财政拨款，企业收入多少，同支出没有关系。这不利于发挥企业增收节支的积极性。基本建设拨款都是专款专用，有的项目钱不够，有的项目有多余，有些是临时性的开支，企业要调剂，需报上级批准，徒劳往返，耽误了时间。按制度，不同规模和性质的企业，厂长、经理只有开支 200—500 元的机动权，超出规定就要报批；价值在 200 元以上的购置，都视为固定资产，列入基本建设。这些办法既妨碍生产，又容易助长领导机关的官僚主义。

"五办"在汇报中还谈到农业税负、工农业产品剪刀差以及农民收入问题。汇报说，几年来，农业税及农业税附加占农民收入的比例，大体呈现逐年下降趋势。1952—1955年分别为13.2%、12.12%、12.96%和11.53%。扣除这两笔税负及其他几项税费（屠宰税、牲畜交易税、公债、保险费等）后，农民人均纯收入1952年为70元，1955年增加到82元。根据典型调查资料，工农业产品价格剪刀差1955年比1950年约缩小18%。加上土地改革免除了约占农产品总产量25%左右的地租负担，以及减少了高利贷、牙纪、管卡和中间商的盘剥，解放后农民所得的实惠是很大的，不能仅以工农业产品比价差额来衡量。

国务院"七办"（农林水办公室）在汇报中说，现在许多部门向农业生产合作社伸手，要求举办各种非生产性事业。有的地方要农业社办的事多达几十种，提出要求的部门又不给钱，要农业社在社内记工。这种不惜民力，妨碍农业社自身积累的苗头，很值得警惕。

国家计委、劳动部等几个部门在汇报中，都谈到职工工资的问题。按劳动部提供的数据，1955年工业劳动生产率比1952年提高41.8%，职工货币工资平均提高14.7%，同期生活费指数上升7.3%，算下来实际工资仅增长6.9%，远远落后于劳动生产率的增长。为国家提供积累较多的轻工、纺织部门，职工实际工资反而有所下降。劳动部负责人汇报说，他们过去较多关注了劳动生产率的问题，没有足够重视职工生活和工资问题；劳动工资工作中限制性的措施多，鼓励性的措施少；只注意名义工资，不注意实际工资。

北京石景山钢铁厂党委的书面汇报说，这座建于1920年的老厂，新中国成立后，更新设备，生产飞速发展，1952年生铁产量即比1949年增长12.1倍，职工生活却少有改善。1956年初调查，全厂约有13%的职工家庭人均月收入不足8元，29%的职工人均在8元到10元之间。不少家庭尚不能维持温饱，住房更加困难。工人批评领导"只关心炉况，不关心人况"。

第五，关于国家对经济以及整个社会事务的管理体制问题，主要是中央和地方的关系的问题。

毛泽东在34个部门汇报的第一场，开场白就曾讲到这个问题。他说：

我去年出去了几趟，跟地方同志谈话，他们流露不满，总觉得中央束缚了他们。地方同中央有矛盾，若干事情不放手让他们管。他们是块块，你们是条条，你们无数条条往下达，而且规格不一，也不通知他们；他们的若干要求，你们也不批准，约束了他们。曾希圣（时任安徽省委书记——引者注）意见最多，对商业部很有意见，对不批准他们办肥料厂很有意见。看来是要有点约束，否则岂不是无政府状态？你们条条驻在各地的机构，有没有不接受他们监督的地方？他还说，你们大家都来自地方，到中央就讲中央的话了。讲也要讲，但要让他们监督。

之后，国家计委和国务院"五办"在汇报中相继提出了这个问题。计委汇报说，现在各省、市、自治区办厂呼声很高。上海、天津要求发展高档产品，"两广"（广东和广西）要求发展食糖和造纸，四川要求办甘蔗糖厂，云（南）贵（州）要求发展食品加工和亚热带作物加工，一些边远地区要求办畜牧产品加工厂。地方不仅热心搞轻工业，也要求搞些重工业，如小煤矿、小电站、小化肥厂和小型农机具修造厂等。不过他们也有顾虑，一怕中央不准，二怕一旦搞得不错被中央收上去。计委认为，从长远看，轻工业的发展前景十分广阔，中央三两个部无论如何是包办不了的，有必要发挥各省、市、自治区的积极性。

"五办"汇报说，现在财政部每年下达预算指标，中央主管部也分别下达各自的指标，收支科目列得又细，地方很难办，变通的权力很有限。1953年全国财经会议提出地方结余不上缴，以利于地方增收节支，少花钱多办事。实际上遇到调剂项目时，须征得中央主管部同意才能办理，等到批复下来，为时已晚。该花的钱年内花不出去，不得不作为年终结余处理，抵充下年度预算拨款。从1953年到1955年，年终结余累计已达30亿元。名义上是中央、省、县、乡四级财政，实际是一级半，中央一级是完整的，省财政只能算半级。省一级的财政收入只有数额不大的三项，即5%的农业税附加、3%的总预备费和自筹部分资金。县、乡更没有多少财权。

各省市的反映尤为强烈，抱怨中央一些部门对下面管得过死，干部管理竟然管到工厂车间一级。

毛泽东从接触的大量材料中，深深感到这几方面的关系有调整的迫切需要；对比苏联在这些问题上的教训，更应引以为戒。不过，这里牵涉到一个前提性的问题，即对新中国面临的战争威胁的估计问题。"一五"计划安排，甚至诸如中央较多集权的体制设计，在很大的程度上都同朝鲜战争以及当时对战争的估计有密切关系。苏联曾经走过的有些弯路，与当年它所面对的情况也有联系。

中国的工业化，需要一个和平的国际环境。新中国建国伊始，就为此不懈努力。抗美援朝战争取得胜利的重要成果之一，就是"推迟了帝国主义新的侵华战争，推迟了第三次世界大战"。① 之后，又经过一系列工作，特别是毛泽东和中共中央在支援越南武装斗争的同时，高举和平旗帜，决定以积极姿态走出去，派出以周恩来为首的中国政府代表团，参与和推动两大国际会议取得具有重要影响的成果。这就是1954年4月到7月举行的日内瓦会议，实现了印度支那停战，缓和了国际紧张局势，扩大了中国的影响；1955年4月的万隆亚非会议，提出了促进世界和平与合作的十项原则，壮大了和平力量，在广交朋友，消除某些国家的疑虑，改善周边关系方面迈出重要的步伐。中美两国也由局部热战转向武装共处，开始了有限的接触。中国为缔造和平建设环境的努力，取得重要突破。

毛泽东根据国际形势的最新情况和变化，做出新的判断，认为，国际形势的发展是趋向缓和，新的侵华战争或世界大战短时间内打不起来，可能出现十年或更多一点和平时期。他说："现在全世界都在谈论减少军事经费、发展和平经济问题，英国、法国谈得最多，美国有时候也被迫地谈一下。现在是和平时期，军政费用的比重太大不好。"②

"一五"前三年，预算内国防战备费支出占国家预算支出的26.98%，基本建设拨款占33.04%。鉴于上述情况，经中共中央政治局研究，设想到第二个五年将前一比重压缩至20%以下，15%左右，腾出更多资金用于经济建设。这一前提的确定，毛泽东概括的五种经济关系的调整和安排，就有了较多的自由和主动。

这五种经济关系，依次是：重工业和轻工业、农业的关系，沿海工业和内地工业的关系，经济建设和国防建设的关系，国家、生产单位和生产者个人的关系，中央和地方的关系。

毛泽东把重工业和轻工业、农业的关系问题放在首位，不是偶然的。

---

① 毛泽东在中央人民政府委员会第24次会议上的讲话纪录，1953年9月12日。
② 转引自薄一波《若干重大决策与事件的回顾》（修订本）上卷，人民出版社1997年版，第504页。

农业国尤其是像中国这样人口众多的农业大国的工业化，农业的重要性无论怎样评价，都不会过分。前面曾经谈到，斯大林在这一重要的问题上，铸成了大错。毛泽东痛感斯大林为了发展重工业把农民挖得很苦，以致于粮食生产长期达不到沙皇时代的最高水平。中国在这个问题上，虽然比苏联和东欧一些国家做得好，还要适当地调整它们之间的关系，更多的发展农业、轻工业。这就意味着过去的一段时间，有做得不够的地方，需要加强。

毛泽东仍然肯定重工业是建设的重点。他说："必须优先发展生产资料的生产，这是已经定了的。但是决不可以因此忽视生活资料尤其是粮食的生产。如果没有足够的粮食和其他生活必需品，首先就不能养活工人，还谈什么发展重工业？"这里隐含了后来的"以农业为基础"的思想。他说："我们现在发展重工业可以有两种办法，一种是少发展一些农业轻工业，一种是多发展一些农业轻工业。从长远观点来看，前一种办法会使重工业发展得少些和慢些，至少基础不那么稳固，几十年后算总账是划不来的。后一种办法会使重工业发展得多些和快些，而且由于保障了人民生活的需要，会使它发展的基础更加稳固。"[1] 1957年1月，他在一次讲话里，再一次强调发展农业对于加快工业化进程的极端重要性，号召大家重视农业，工业部门要面向农业。他在这次讲话里提出了"在一定意义上可以说，农业就是工业"的极富启发性而又充满辩证思维的命题。[2]

这是前人不曾提出的命题。从历史和逻辑的起点看，工业就是从农业有了剩余开始的。在社会生产的两大主要部门中，毛泽东对于农业作为工业母体作用的强调，一扫传统看法，把中国农民在工业化进程中的作用提升到前所未有的高度。他深信几亿农民不仅是工业化的积极支持者，而且是直接参加者；农业不仅支撑工业，而且孕育着工业，转化为工业。毛泽东计算，苏联从年产400万吨钢发展到1800万吨用21年时间，中国如果用同样时间达到这样的水平就将比它快，因为中国原来钢的年产量不到100万吨，起点比它低。他认为这是可能的，办法就是不要像苏联那样对

---

[1] 《毛泽东著作选读》下册，人民出版社1986年版，第721、722—723页。以下毛泽东关于几种经济关系的思想，除另加注的以外，均引自该文，不再加注。

[2] 《毛泽东选集》第五卷，人民出版社1977年版，第361页。

农民"竭泽而渔",而是重视发展农业和轻工业。

时隔 4 年,1960 年中国钢产量就曾跃上 1800 万吨。从 1971 年开始,稳定在 2000 万吨以上。同期,粮食和棉花等主要农产品产量除 1959—1964 几年外,也都继续增产。1971 年粮食产量由 1956 年的 3854.9 亿斤增加到 5002.8 亿斤,增长 29.77%。验证了上述预计。

1957 年 2 月,他在《关于正确处理人民内部矛盾的问题》的讲话里,进一步把重工业、轻工业和农业的发展关系问题,提升到中国工业化道路的高度。从经济史抑或经济思想史的角度看,应该说,都是富有创新性的理论观点。

在工业化过程中,如何协调好重工业和轻工业、农业的关系,是一个重要而又复杂的问题。因为它不是静止不变,而是动态的;它们不仅受经济关系的制约,政治因素特别是国际政治因素对它的影响也是不能不考虑的。因此,在经济实践中审时度势,寻找它们之间比较合理的数量关系,是一个有待逐步探索的问题。

关于沿海工业与内地工业的关系问题。这里实际上包含了两个问题:其一是原有企业与新建企业的关系问题;其二是区域经济发展政策与国家生产力布局的问题。毛泽东说:"我国全部轻工业和重工业,都有约百分之七十在沿海,只有百分之三十在内地。这是历史上形成的一种不合理的状况。沿海的工业基地必须充分利用,但是,为了平衡工业发展的布局,内地工业必须大力发展。"这就把处理上述两个方面的问题的政策原则指明了。特别是估计新的侵华战争和新的世界大战短时期内打不起来的情况下,更应如此。这不仅在经济上完全合算,也可以"使我们更有力量发展和支持内地工业"。正如他所说:"不用说有了十年、十二年,我们应当办好沿海的工厂,就算只有八年、七年、六年,甚至只要有五年时间,我们也应当在沿海好好地办四年的工业。办了四年以后,等到第五年打起来了再搬家,也是完全合算的。"他在批评有些同志不敢在沿海搞工业建设时还说:"好像原子弹已经在三千公尺上空了","不要说三千公尺的上空没有原子弹,就是一万公尺的上空也没有原子弹"。

从后来的情况看,他对于"一五"时期没有处理好这个问题,一直未能释怀。1959 年还说:"过去我们的计划规定沿海省份不建设新的工业,1957 年以前没有进行什么新建设,整整耽误了七年的时间。1958 年以后，才开始在这些省份进行大的建设，两年中得到很快的发展。"①

同样，要处理好两者的关系，仅有原则还是不够的，需要摸索不同时期、不同情况下的数量关系即一定的比例关系，防止任何一种极端化的做法。从后来几个五年计划时期的情况看，在充分利用沿海老工业基地和老企业的同时，总的投入仍明显不足，以致"入不敷出"，难以为继。

关于经济建设与国防建设的关系问题。这一组矛盾关系，包含有经济关系的内容，但主要不是经济关系的范畴。它们之间的依存关系，有着不同于其他几种经济关系的特殊性。所以，毛泽东在本节开头就说，"国防不可不有。"接着讲到国防力量和国防工业的问题，还说，我们不但要有更多的飞机和大炮，而且还要有原子弹。"在今天的世界上，我们要不受欺负，就不能没有这个东西。"怎么办呢？他说："可靠的办法就是把军政费用降到一个适当的比例，增加经济建设费用。"到第二个五年计划时期把军政费用由"一五"时期的30%降到20%左右。他说："现在把国防工业步子放慢，重点把冶金工业、机械工业和化学工业加强，把底子打好；另一方面，把原子弹、导弹、遥控装置、远程飞机搞起来，其他的可以少搞。"②

这是一个重要的决断。既是一个因应情况变化进退裕如的产业政策设计，又是一个国防建设的新的构想。即一头抓国防建设的基础工业也就是重化工业的发展；另一头抓国防尖端的研发。这一战略构想，对经济建设与国防建设都将带来巨大利益。基础工业的发展有利于前者自不待言，一旦有事，这样的和平经济转向战时经济的能力也是毋庸置疑的；至于国防尖端的研发，必将带动一系列高新技术产业的建立与发展。这是在资金有限条件下兼顾军需与民用，"又要重工业、又要人民"的双赢选择，也是对"一五"经验教训的总结。

关于国家、生产单位和生产者个人的关系的问题。这里包含三层关系：（1）国家和生产单位的工厂、合作社的关系；（2）国家和生产者个人的工人、农民的关系；（3）生产单位和生产者个人的工人、农民的关系。要处理好这三种关系，毛泽东提出的总的原则是，国家、集体和个人

---

① 《毛泽东读苏联〈政治经济学（教科书）〉谈话记录选载（四）》，《党的文献》1993年第4期。

② 转引自《周恩来选集》下卷，人民出版社1984年版，第236页。

这三个方面必须兼顾，不能只顾一头。他说，"无论只顾那一头，都是不利于社会主义，不利于无产阶级专政的。这是一个关系到六亿人民的大问题，必须在全党和全国人民中间反复进行教育"。毛泽东把这一问题的分量看得很重，是有原因的。中国也有值得汲取的教训。

国家和工厂、国家和工人以及工厂和工人的关系，同国家和合作社、国家和农民以及合作社和农民的关系，有着很大的区别。前者主要是全民所有制范围内的问题，后者则主要是全民所有制与集体所有制这两种所有制之间以及集体所有制内部的关系问题。

在国家和工厂的关系的问题上，毛泽东主张给工厂以必要的权利和利益。至于它们之间的权益究竟怎样划分为适当，则需要具体研究，积累经验。作为方向定下来了，这就为后来扩大企业自主权的改革提供了依据，规定了应当遵循的根本原则。

在国家、工厂和工人的关系的问题上，毛泽东说，随着整个国民经济的发展，工资也需要适当调整。还说："关于工资，最近决定增加一些，主要加在下面，加在工人方面，以便缩小上下两方面的距离。我们的工资一般还不高，但是，因为就业的人多了，因为物价低和稳，加上其他种种条件，工人的生活比过去还是有了很大改善。"

这里，他提出了抑制高薪，逐步缩小国家高中级干部特别是高级干部同一般工作人员和人民群众收入差距的问题。在此后的年月里，在毛泽东本人的倡议和带头下，党的高中级干部特别是高级干部的工资，有不同程度的降低。新中国建立后，一直实施低工资多就业的方针和有关政策。可以看出，他这时仍然认为这是有积极意义的。

国家与合作社的关系，其实质也是与农民的关系问题。毛泽东认为，在这个问题上，中国比苏联做得好。苏联的办法把农民挖得很苦，我们对农民的政策不是苏联的那种政策。他在列举了中国的这些政策措施之后，还是提醒说："但是就是这样，如果粗心大意，也还是会犯这种或那种错误。鉴于苏联在这个问题上犯了严重错误，我们必须更多地注意处理好国家同农民的关系。"这不仅是因为在粮食问题上，1954年曾经犯过购"过头粮"那样的错误，还因为处理同几亿农民的关系比处理同工人的关系要复杂得多，困难得多。20世纪60年代在农村和农民问题上的重大失误，深刻地印证了这一点。

在讲到要处理好合作社与农民的关系时，毛泽东特别提到一个问题，即在合作社的收入中，国家拿多少，合作社拿多少，农民拿多少，以及怎样拿法，都要规定得适当的问题。在合作社内部，社的几项提留各占多少，应当同农民研究出一个合理的比例。他提出了一个原则：除了遇到特大自然灾害以外，我们必须在增加农业生产的基础上，争取百分之九十的社员每年的收入比前一年有所增加，百分之十的社员的收入能够不增不减，如有减少，也要及早想办法加以解决。

4月18日，国家计委主任李富春汇报"二五"计划时，毛泽东插话，认为现在的危险是基本建设投资太多了，非生产的建设也多了，农民负担不起，势必妨碍个人的利益。他警告说：现在的危险是忽视个人利益，基本建设和非生产性建设太多。应该使百分之九十的社员个人收入每年增加。如果不注意个人收入问题，就可能犯大错误。[①]

据统计，"一五"期间，国家财政收入中，直接由农业提供的占14.9%，此外还有一部分间接来自农业，即工农业产品交换价格剪刀差。在工业提供的44.5%的比重里，重工业占19.2%，轻工业占25.3%。当时轻工业原料的80%来自农业，轻、重工业产品特别是轻工业产品的很大一部分又销往农村，这就将农业所创造的一部分国民收入通过价格杠杆"流入"工业，作为工业利润上缴财政。所以，农民为国家提供的财政收入远不止账面数字。[②] 有估计说，"一五"前几年每年200多亿元财政收入中，农业税20几亿元到30亿元，工农业产品价格剪刀差大约50亿元左右，合计所占比重是很大的。毛泽东所说"在合作社的收入中国家拿多少"，实际上包含了上述两部分（他在本节提到建国后实施的逐步缩小剪刀差政策就是证明）。他认为，基建投资太多，也就难以较大幅度地调整农业税负以及有关的价格政策，减轻农民的负担。

1957年1月27日，他在省市委书记会议上的讲话中，进一步提出了兼顾"两个积累"的思想，即区分农民为国家工业化的积累和为农业自身的积累，实行保证两个积累而不是只有一个积累的政策。他说："农业本身的积累和国家从农业取得的积累，在合作社收入中究竟各占多大比例为好？请大家研究，议出一个适当的比例来。其目的，就是要使农业能够

[①] 中共中央文献研究室编：《毛泽东传（1949—1976）》（上），人民出版社2003年版，第481—482页。

[②] 吴群敢、柳随年主编：《中国社会主义经济简史》，黑龙江人民出版社1985年版，第111页。

扩大再生产，使它作为工业的市场更大，作为积累的来源更多。先让农业本身积累多，然后才能为工业积累更多。只为工业积累，农业本身积累得太少或者没有积累，竭泽而渔，对于工业的发展反而不利。"①

苏联的办法只要前一个积累。从1933年到1957年的长时期，国家对农业产品一方面高征购，另一方面低价格，把农业生产总值的40%以上集中到国家手里支持发展重工业，农民不堪重负，既无兴趣也无能力扩大再生产，甚至难以维持简单再生产。有一个材料说，1933年以前的农产品征购政策几乎把农民生产的产品全部拿走，在卢布购买力比第一次世界大战前贬值20%的情况下，付给农民的粮价竟然比那时低两倍。农民为此反抗的结果，造成1932—1933年冬季大饥荒。② 后来虽有调整，却未能根本改变损农伤农的基本格局。毛泽东讽喻说：你要母鸡多生蛋，又不给它米吃，又要马儿跑得好，又要马儿不吃草，世界上哪有这样的道理！

经济史表明，从农业部门获得积累，几乎是工业化国家曾经普遍实行的政策。美国自1810年工业化起步，至1890年工业份额在工农业结构中占据优势地位止，农业为工业提供积累长达80年左右。日本国上述过程持续40年左右，此后，出现工业积累向农业回流。③ 即使排除工业化时期人为地维持甚或扩大工农业产品剪刀差的政策，由于工农业部门的不同的生产条件，工业技术构成显著优于农业部门，也会导致农业利益向工业的流失。历史地看，这并不完全是坏事。第一，它有利于工业基础的建立；第二，它客观上将推动本部门向近现代化的转变。问题在于通过怎样的政策实现对这一过程的控制，使之保持在农业可承受的限度内。

新中国建立后，党和政府视政治经济状况，有步骤地适当缩小工农业产品比价差，以调节工农利益，协调城乡发展。1956年匡算，国家从农业征税约为农业总产值8%，从工农业产品比价差中取得的部分不超过12%，合计大约20%，不及苏联45%的一半。旧中国工农业产品比价差最小的时期为1930—1936年，此后逐渐扩大，1949年达到最高峰。新中国建立后的第二年即1950年，工农业产品比价差比1930—1936年仍高出

---

① 《毛泽东选集》第五卷，人民出版社1977年版，第361页。
② 张一凡：《苏联的计划配给》，中华书局1947年7月初版，第99页。
③ 李薇、冯海发：《农业剩余与工业化的资本积累》，《中国农村经济》1993年第3期。

34.4%，到 1958 年二者缩小 38%，已低于那时。① 与此同时，农业得到恢复并有较大发展。即使如此，农业发展滞后仍是国民经济发展中的一个严重问题。1956 年同 1952 年相比，重工业增长 162.3%，轻工业增长 104.9%，农业增长 20.5%。粮棉等主要农产品由于供求缺口过大，已实行统购统销，其他农副业产品和以农业为原料的轻纺工业产品也日益短缺。要多发展农业，除适当增加国家投入，主要依靠农业自身积累。先让农业积累多，然后才能为工业积累更多。"将欲取之，必先予之。"如果取之无度，工业也势必受到影响。

毛泽东还提出，农业生产合作社应该计算成本，进行经济核算；要研究价格政策，利用价值法则发展商品粮生产，虽然并不是提倡就普遍涨价，但是要研究这个问题。如果生产谷物没有利润，卖粮食不赚钱，不会有人干。当时，有人不对城乡和工农的现实差别具体分析，离开发展生产单纯要国家拿钱改善农民生活。毛泽东认为，这也不可取。他坚持农业自身的积累和为工业化的积累都有必要，都应该保证。究竟两者比例如何，他期待积累经验，也希望经济部门研究。

关于中央和地方的关系的问题。毛泽东认为，处理这一问题，目前要注意的是，应当在巩固中央统一领导的前提下，扩大一点地方的权力，给地方更多的独立性，让地方办更多的事情。他说，我们的国家这样大，人口这样多，情况这样复杂，有中央和地方两个积极性，比只有一个积极性好得多。我们不能像苏联那样，把什么都集中到中央，把地方卡得死死的，一点机动权也没有。他设想，把中央的部门分成两类。一类可以直接管理到企业；另一类"虚"一些，只负责提出指导方针、制订工作规划的工作，"实"的方面则由地方办理。此后，围绕企业下放，进行了规模较大的经济体制改革。

毛泽东还说，处理中央和地方的关系，有些资本主义国家也是很注意的。他指的是美国。在政治局会议上，讲到这一问题时，他说："我国宪法规定，地方没有立法权，立法权集中在全国人民代表大会。""这一条也是学习苏联的。因为起草宪法的时候，我曾经问过一些同志：是不是应该这么写，据说苏联是这样，有些资本主义国家也是这样，但美国似乎不

---

① 严瑞珍、龚道广、周志祥、毕宝德：《中国工农业产品价格剪刀差的现状、发展趋势及对策》，《经济研究》1990 年第 2 期。

是这样。美国的州可以立法，州的立法甚至可以和联邦的宪法打架，比如宪法上并没有剥夺黑人权利这一条，但有些州的法律就有这一条。似乎财政和税收方面，州和州的立法都不统一。美国这个国家很发展，它只有一百多年就发展起来了，这个问题很值得注意。我们恨美国那个帝国主义，帝国主义实在是不好的，但它搞成这么一个发展的国家总有一些原因。它的政治制度是可以研究的。看起来，我们也要扩大一点地方的权力。地方的权力过小，对社会主义建设是不利的。"[①]

这就又提出一个学习外国的问题。毛泽东在最后一节，讲到中国和外国的关系的问题时说，我们提出向外国学习的口号，我想是提得对的。现在有些国家的领导人就不愿意提，甚至不敢提这个口号。这是要有一点勇气的。"我们的方针是，一切民族、一切国家的长处都要学，政治、经济、科学、技术、文学、艺术的一切真正好的东西都要学。但是，必须有分析有批判地学，不能盲目地学，不能一切照抄，机械搬运。它们的短处、缺点，当然不要学。"他还说，对于外国资产阶级的一切腐朽制度和思想作风，我们要坚决抵制和批判。但是，这并不妨碍我们去学习资本主义国家的先进的科学技术和企业管理方法中合乎科学的方面。工业发达国家的企业，用人少，效率高，会做生意，这些都应当有原则地好好学过来，以利于改进我们的工作。

在讲这个问题的时候，毛泽东并没有忽视近代以来，中华民族备受列强欺侮给一些人留下的心理创伤。相反，他鉴于中国过去是殖民地、半殖民地，历来受人欺负；工农业不发达，科学技术水平低，很多地方不如人家，有些人做奴隶做久了，感觉事事不如人，在外国人面前伸不直腰，所以，特别号召要把民族自信心提高起来，把抗美援朝中提倡的"蔑视美帝国主义"的精神发展起来。

毛泽东听取中央34个部门汇报凝结的成果，特别是关于上述五种矛盾关系的分析与结论，渗透着他娴熟的辩证法思想。他处处以中国与苏联作比较，总是提出两种方法作对比。例如分析第一种矛盾关系，提出发展重工业可以有两种方法；分析第二种矛盾关系，提出对发展内地工业是真想还是假想的问题；分析第三种矛盾关系，提出你对原子弹是真正想要、

---

① 转引自薄一波《若干重大决策与事件的回顾》（修订本）上卷，人民出版社1997年版，第505页。

十分想要，还是只有几分想，没有十分想的两种解决办法；分析第四种矛盾关系，提出是只顾一头还是兼顾的不同处置方法；分析第五种矛盾关系，提出是要一种积极性好、还是要两种积极性好的解决方案。其中都体现了多与少、快与慢、好与差的两种不同的思路与不同的选项。总之，这十条都是为着一个目的，就是要调动国内外一切积极因素，直接地或者间接地都要调动起来，还要化消极因素为积极因素，为把中国建设成为一个强大的社会主义国家而奋斗。在这里，实际上已经为不久以后提出的多快好省地建设社会主义的一系列方针作了重要的思想理论准备。

十大关系"以苏为鉴"，破除迷信，把独立自主、自力更生的建设方针进一步具体化，从而确立了适合中国国情的工业化道路，这是具有深远意义的。在政治局扩大会议讨论的时候，周恩来深有感触。他说，在一个时期里，政治上学习苏联，迷信苏联，从"八七"会议一直到遵义会议，迷信国际。错误当然是我们自己犯的，也包括我自己在内，那是有迷信的。遵义会议以后，中央路线正确，就不同了。革命胜利以后，在经济建设方面，因为我们没有干过，提倡学习苏联是对的，但是，因此也带来了一点盲目性。这里有两种情况：一种是关于制度、政策方面的，一种是关于科学技术方面的。科学技术方面应该学，但是在制度上政策上有很多学习的不恰当，现在有些他们自己都否定了。这说明，我们不仅在历史上由于迷信而有过沉痛的教训，就是在革命胜利以后这七年中间，由于盲目地学习也犯了很多错误。当然性质不同。因此，现在我们的党应该提高一步，首先是我们的领导群里头应该强调独立思考，破除迷信。这一点在政府部门更为重要。因为政府部门的苏联顾问最多，喜欢请顾问。每次都说不通。刚才小平提的很对，这次会议开完了，我们要召集政府部门司局长以上的干部讲一下，如果不是总的教育，枝枝节节不能解决问题。广东省委第一书记陶铸在发言中说：对于毛主席十大关系的报告的认识，我觉得不能简单地用拥护或者同意这两个词来表示。这个报告同我们在延安整风的时候，清算党在历史上"左"右倾机会主义，作出若干历史问题的决议一样重要。在某种意义上说，这次是把错误的根子挖掉了。过去我们仅仅是从中国本身解决了问题，没有从根子上解决问题。中国革命过去所以犯错误，是由于我们错误地执行了第三国际、执行了斯大林的错误的路线。如果不把这个问题彻底解决，就是说，不能独立的思考问题，不能按照本国的情况办事情，我想，我们的工作还是会出问题的。当然，并不是说我们今后就不会出问题了，但是，这毕竟是从一个方面挖掉了它的根源。①

第四节　向科学进军的两大举措

为了加快发展，动员和组织知识分子特别是科学技术界的知识分子这一支具有重要作用的队伍，成为摆在毛泽东和中共中央议事日程上的紧迫问题。

1955 年初，毛泽东提出："过去几年，其他事情很多，还来不及抓这件事。这件事总是要抓的。现在到时候了，该抓了。"如果说前一项工作，主要是解决"软件"的问题，总结经验，提出政策方针；这一方面的工作所要解决的，就是属于"硬件"的范畴，组织队伍，配置力量。其主要举措：一是召开全国知识分子会议，解决调动知识分子的积极性的有关问题；二是制定发展国家科学技术十二年远景规划，整合全国科技力量，围绕国家初步工业化进程中的重大科学技术问题，展开攻关，解决科学技术界的知识分子如何发挥他们的聪明才智的问题。

1953 年大规模经济建设开始后，科学技术事业的落后和科学技术人员的严重不足，一直是十分尖锐的矛盾。陈云在回答建设规模能不能再安排大一些的问题时，曾经讲到资金和技术力量两方面的制约，特别是后者的制约。他列举说，新建和扩建的大企业绝大多数都是苏联帮助设计，中国自己只担负搜集资料和次要的设计工作。即使这样，有些项目的建设进度还可能推迟，因为我们搜集的资料不能保证质量，也不能按时完成。所以他说：没有必需的技术力量，就算有了资金，也不行。五年内，需要高中级技术人员 39.5 万人，现在仅能达到 28.6 万人。其中，中等技术人员的比例又占 2/3，无论数量和质量缺口都很大。②

据统计，1952 年年底全国总人口 5.748 亿人，全民所有制单位职工 1580 万人，其中科技人员仅 42.5 万人，平均每万人口中不到 7 个半科技人员，每万名职工中也只有 269 个科技人员。1953 年至 1955 年高等学校理工科毕业生累计 53345 人，中等专业学校工科毕业生累计 81170 人，合计 134515 人。即使数量能填补上述缺口，并不能满足实际的需要。这仅

---

① 中央政治局扩大会议讨论毛泽东关于十大关系的报告记录，1956 年 4 月 28 日。
② 陈云：《关于国民经济第一个五年计划的报告（草稿）》，1954 年 12 月 16 日。

仅是从"一五"计划生产建设的角度说。把眼光放开,按毛泽东提出的"要有数量足够的、优秀的科学技术专家"的要求衡量,差得更远。当时,在校高等学校学生,平均每1万名居民有5人,苏联是86人;1955年高校各科毕业生合计仅54466人。要扩大招生,生源不足。上述陈云报告中提到,除高中毕业生全部升入大学,还从机关工作人员中抽调了几万合格人员入学。

一面是科技人才严重不足,一面对现有人才的使用存在着很多问题。党内许多干部对于科学技术的重要性认识很不够,对于知识分子存在或多或少的偏见,不愿意接近他们,以致党的知识分子政策不能很好落实,影响了他们的积极性。例如,对于担任一定职务的党外教授和专家,缺乏必要的信任和尊重,他们难于开展工作。一位从事真菌名录研究工作的科学家,需要查阅全国植物病虫害分布情况方面的资料,农业部门却不肯提供。上海第一重工业局业务处有23名工程师,其中16名被调做行政工作,学非所用,弃长就短。有些知名科学家、知名教授为组织安排的大量社会活动所累,很少有时间从事本职工作,不能在最需要他们的地方发挥作用。

应该说,毛泽东和周恩来等党的高层领导人,对于科学技术事业的重要性,是有充分认识,而且是早有布局或筹划的。延安时期,在毛泽东的倡议下,就成立了自然科学研究院。在西柏坡,周恩来接到钱三强将赴欧洲出席一个国际会议,打算就便购置一些原子实验设备,需要带一笔外汇的要求时,立即从有限外汇存底中批出三万美金。新中国成立仅一个月,就在接收原有科研机构和延安自然科学研究院的基础上,组建起中国科学院。这一举动,在国内科技界和旅居海外科学家中曾引起热烈反应。

毛泽东对于关系国家发展和长远利益的重大科学技术问题,密切关注,并重视征询科学家的意见。1953年年底,毛泽东曾邀请地质部长、国际知名地质学家李四光到中南海菊香书屋,征询他对中国石油资源前景的看法。李四光依据自己的大地构造理论和油气形成移聚条件的看法,明确提出中国油气资源的蕴藏量是丰富的,关键的问题是要抓紧做好全国范围内的石油地质勘查工作,打破偏西北一隅找油的局限。随后,毛泽东和中共中央决定,由陈云负责,组织推动进行全国范围内的找油工作,改变偏于"西北一隅"即以玉门为中心的局面。1954年3月,李四光应邀到燃料工业部石油管理总局作报告,他充满自信地说了下面一句开场话。他说:"大家知道,我对大地构造是有些特殊的看法,因此我要求专家和同志们给我一些耐心。"接着,他围绕石油生成的条件,阐述了在当时具有创新性的地质理论。在这一理论的基础上,松辽石油勘探局于1959年下半年在松辽地区发现工业性油流,从而开始了物探与钻探大会战,证实松辽平原下蕴藏着大量石油,此后建成了大庆油田。在大庆油田发现和建设过程中,中国地质学家在成油理论、成油构造、地层、沉积、生油环境、生产技术等方面,进行了大量创新性的科学研究工作。[①]

1955年1月15日,毛泽东和中央书记处再次邀请李四光和中科院物理研究所所长、著名核物理学家钱三强等人,听取他们关于发展中国核工业有关情况及相关知识的介绍,从此拉开了影响深远的"两弹一星"研制工程的序幕。正如同年他在中国共产党全国代表会议上讲话中所说:"我们进入了这样一个时期,就是我们现在所从事的、所思考的、所钻研的,是钻社会主义工业化,钻社会主义改造,钻现代化的国防,并且开始要钻原子能这样的历史的新时期。"[②] 面对这样的新形势和新任务,整个说来,科学技术队伍还缺乏充分地动员和组织,布局没有展开,原子核物理学、空气动力学、半导体物理学、电子学等等新兴学科,都还是空白;党和政府对这方面的领导也有待加强。

1955年11月23日,毛泽东召集中共中央书记处会议,决定1956年初召开一次全国解决知识分子问题的会议,成立由周恩来负责的十人小组,进行筹备。

1956年1月14日到20日,中共中央在北京召开知识分子问题会议。在京中央委员和候补委员,中央各部门、各群众团体和各省、市、自治区负责人,中央科学、文化、教育、卫生、军事等单位和各省、市、自治区组织、宣传、统战部门负责人共1279人出席会议。大会由刘少奇主持,周恩来代表中共中央作《关于知识分子问题的报告》。报告的着重点是传达贯彻毛泽东关于"向科学进军"的号召,肯定并阐述知识分子在社会主义建设中的重要地位和作用,以及如何加强党对知识分子的领导等问题。他说:"社会主义建设,除了必须依靠工人阶级和广大农民的积极劳动以外,还必须依靠知识分子的积极劳动,也就是说,必须依靠体力劳动

---

① 董志凯:《毛泽东与中国科学技术的自主研发》,《当代中国史研究》2006年第5期。
② 《毛泽东文集》第七卷,人民出版社1999年版,第395页。

和脑力劳动的密切合作,依靠工人、农民、知识分子的兄弟联盟。"他分析,在过去六年中,知识分子的政治面貌已经发生了根本的变化,已经成为为社会主义服务的国家工作人员,绝大部分"已经是工人阶级的一部分",要坚决地摒弃在知识分子问题上的"左"的宗派主义倾向。[①] 他在报告中,也同时指出了知识分子中间存在的问题和缺点,说明这同他们在政治和社会地位上的变化并不是完全相适应的。但周恩来相信,他们会把自己的命运同国家和民族的命运联系在一起,不断取得进步。他说,革命需要吸收知识分子,建设尤其需要吸收知识分子。在中国这样文化、科学落后的国家,更要善于利用旧社会遗留下来的知识分子和新中国成立以后培养起来的"知识界的新生力量",让他们为社会主义建设服务。

周恩来的报告,还有一个分量很重的部分,第四部分。在这一部分里,他对科学是关系经济、国防和文化发展的决定性因素的问题,向现代科学进军的必要性和紧迫性的问题,作了富有启发性的阐述。提出必须如期按党中央的要求,完成1956—1967年科学发展的远景规划和今明两年的计划的制定工作,并迅速落实下去。他说,人类正面临着一个新的科学技术和工业革命的前夕,我们必须赶上这个形势。现在就必须提出这样一个任务,就是要在第三个五年计划期末,使我国最急需的科学部门接近世界先进水平,使外国的最新成就,经过我们自己的努力很快地就可以达到。有这个基础,我们就可以进一步解决赶上世界水平的问题。他指出,为了完成这个伟大的任务,我们必须首先打破那种缺乏民族自信心的依赖思想。为了有系统地提高我国科学水平,还必须打破近视的倾向,在理论工作和技术工作之间,在长远需要和目前需要之间,分配的力量应该保持适当的比例,并且形成正确的分工和合作,以免有所偏废。如果我们还不及时地加强对于长远需要和理论工作的注意,那么,我们就要犯很大的错误。

毛泽东在1月20日最后一天的会议上讲话,号召全党努力学习科学知识,同党外知识分子团结一致,为尽快赶上世界先进科学技术水平而奋斗。他说,搞技术革命,没有科技人员不行,不能单靠我们这些大老粗。这一点要认识清楚,要向全体党员进行深入的教育。中国要培养大批知识分子,要有计划地在科学技术上赶超世界水平,先接近,后超过,把中国

---

① 《周恩来选集》下卷,人民出版社1984年版,第160、162、166页。

建设得更好。

这次大会,对广大知识分子产生了巨大的动员和激励作用,对全党则是一次深刻的教育。大会结束后,2月24日,中共中央发出《关于知识分子问题的指示》,要求各地迅速采取措施,贯彻落实,推动向科学进军的热潮。同时,加紧了制订科学技术发展远景规划的工作。

制订1956年至1967年的12年科学技术发展远景规划,是一项浩繁的工程,涉及高科技领域和应用技术以及人才培养等多方面的内容。中央确定周恩来挂帅领导这项工作,成立由科学院和各部委办负责人组成的科学规划10人小组,负责具体组织。

为制订好这个规划,毛泽东和刘少奇、周恩来、陈云等中央领导人曾专门邀请中国科学院副院长吴有训、竺可桢、严济慈等深孚众望的科学家作报告,听取他们介绍当代世界科学技术的新发展以及中国科学技术的差距。在发出《关于知识分子问题的指示》的同一天,中央政治局会议批准成立国务院科学规划委员会。调集600多名各种门类和学科的科学家,并请了近百名苏联专家参加规划的编制工作。12月下旬,完成规划纲要修正草案,随即印发,听取各方面的意见。同时,还寄到苏联,征求意见。苏联科学家仔细研究后,对每个项目都提出了书面意见和建议。1957年,以郭沫若为首的中国科技代表团与苏联科学家进一步磋商,并洽谈确定122个科技合作项目。

规划纲要草案根据"重点发展,迎头赶上"的方针,围绕今后十年左右经济建设各方面的需要,共列出57个重要项目,600多个研究课题。列出的每项任务,都经过有关科学家的反复论证。完成这些任务,既能满足经济建设的需要,又能够较快地壮大国家的科学技术力量,在一些重要和急需的部门赶上或接近世界先进水平。

在此基础上,经过筛选,又从中确定12个重点项目,即:

(1)原子能的和平利用;

(2)电子学方面的半导体、超高频技术、电子计算机、遥控技术;

(3)喷气技术;

(4)生产过程自动化和精密仪器;

(5)石油等奇缺资源的勘探,开矿基地的确定;

(6)建立中国自己的合金系统,探寻新冶金技术;

(7)综合利用燃料,发展重有机合成;

（8）新型动力机械和大型机械；
（9）黄河、长江的综合开发；
（10）农业的化学化、机械化和电气化；
（11）危害人民健康最大的几种主要疾病的防治和消灭；
（12）自然科学中若干重要的基本理论问题。

规划的制定，指明了今后12年中国科学技术发展的方向和目标，为科学技术工作者施展抱负提供了广阔的空间。但仅靠他们还不够。需要有效的组织工作，还必须有众多部门的配合，各方面的努力。在这个意义上，它也是全民族的事业。到1963年，据检查，绝大多数科研项目都已完成，并已运用到生产建设中，比规划提前四五年，极大地缩小了同世界先进科学技术水平的差距。1962年全国科研机构（国防系统研究机构除外，下同）由1956年的381个增加到1296个，几乎覆盖到所有主要学科和技术领域。科技队伍从1956年的6.2万多人增加到近20万人。其中，副研究员以上的高级研究人员达到2800多人。所取得的科研成果，解决了后两个五年计划期内经济与国防建设迫切需要解决的一批科技问题，同时加强了一部分重要基础学科，填补了一些重要空白，发展了原子能、电子学、半导体、自动化、计算机技术、喷气和火箭技术等新兴前沿学科。

这次规划及其实施，提供了一条重要经验，即在重要领域追赶世界先进水平，在国家层面上的统一规划与组织，十分必要。这最有利于发挥社会主义制度的优势，最能调动大多数人的积极性，凝聚力量，获得突破。

第 九 章

跃进预演的曲折

1956年,在毛泽东的号召和推动下,中国工业化进程开始了加快发展的实验。在一定意义上,这是1958年国民经济大跃进的预演。一则由于高层认识上的不完全一致,中途出现了反冒进的问题。二则国际上出现了意想不到的情况:苏共"二十大"大反斯大林,帝国主义乘机反苏反共,社会主义阵营和国际共产主义运动一度思想混乱,以致出现波兰匈牙利事件。毛泽东不得不以极大精力关注和应对这种复杂的情况及其对国内的影响。这些意外的情况,都使预计中的实验未能持续下去。

第一节 安排1956年国民经济计划的苦衷

1955年7月,全国人民代表大会一届二次会议正式批准第一个五年计划。计划主要指标尽管一再降低,要保证全部完成,还是很繁重的。李富春在向大会所作的报告,在最后的一部分不无担心地说:"我国第一个五年计划,不论哪一方面的任务,都是很艰巨的。后三年的任务要比前两年更为艰巨。1955年到1957年,基本建设要完成五年投资总额的68%,许多规模巨大、技术复杂的工厂、矿山、铁路、水利工程要同时开工;工业总产值要在1954年的基数上增长29%,许多技术复杂的新种类产品要试制成功和大量生产;农业生产的任务是很紧张的,以1954年为基数,粮食产量要增长13.7%,即增产466亿斤,棉花产量要增长53.5%,即增产1,140万担;铁路货物运周转量要在1954年基数上增长30%,公路汽车和水路的运输任务也很繁重;根据社会购买力估算,社会商品零售额要比1954年增长27%。文化教育、科学研究、卫生等方面的工作任务,在后三年也是很艰巨的。对农业、手工业和资本主义工商业的社会主义改造的工作，要求更加深入和细致，并且应该根据统筹兼顾的方针，对私营经济加以统一安排。以上种种，说明后三年是五年计划中最关重要的年份，只有完满地做好后三年的工作，才能全部完成五年计划。"①

1955年计划执行的结果，不够理想，这就更增加了剩下两年的困难。国家计委在安排1956年国民经济计划的时候，难以掩饰这种不安和担心。

1955年9月份，国家计委党组在送呈中共中央的《关于1956年度国民经济计划的控制数字的报告》中提出：为了保证五年计划的完成，各部门和各地方提出的1956年计划"应该在可靠的基础上订得更积极些，尽可能地超过控制数字所规定的指标"。最高计划机关提出这样的要求，是不多见的。

报告提出的主要计划指标是：

（1）工业总产值为483.5亿元，比1955年预计完成数增长10.4%。主要工业产品产量：原煤10794.2万吨，电力150.7亿度，钢351.6万吨，棉纱450万件，棉布14475万匹。

（2）粮食总产量为3740.5亿斤，棉花产量为2996万担，并要求"必须把1956年的农业生产计划订得积极些、紧张些"。

（3）全国基本建设总投资额为112.7亿元，施工的限额以上厂矿建设单位为555个（包括新开工的161个），其中年内建设完工的162个。鉴于前三年共完成五年计划总投资额的51%左右的情况，为了保证五年计划的完成，并避免建设任务过多地集中到1957年，该报告要求：各部门不仅应达到控制数字的指标，而且应该把那些在五年计划内有条件提前施工的建设单位提早施工。

（4）社会商品零售总额为451亿元，商品的供应量同社会购买力还存在一定差额。

（5）全国铁路货运总量为20800万吨，货物周转量为1046.2亿吨公里，低于五年计划所规定的1956年指标。

（6）国民经济各部门（不包括私营企业和事业）职工人数达到1463万人。国营工业的劳动生产率比1955年提高10.5%。国民经济各部门人员的平均工资增长4.9%。中央8个工业部平均降低生产成本6.6%。该

---

① 《中华人民共和国发展国民经济的第一个五年计划（1953—1957）》，人民出版社1955年版，第230—231页。

报告提议，国营工业主要产品的出厂价格比 1955 年总的平均降低 6.2%，总降低额为 8 亿元。

（7）全国高等学校招生 12.6 万人，毕业学生 6.7 万人；在校学生达到 34.9 万人。①

10 月 4 日，中共中央发出《关于编制 1956 年度国民经济计划草案的指示》，在批准上述报告的同时，也突出强调各部门和各地方编制 1956 年度国民经济计划，"必须具体地分析情况，利用各种有利条件，发掘潜力，克服困难，在全国平衡的基础上，尽可能地提高计划指标，努力争取实现。"1956 年所需增加的职工，首先在现有职工中人数内进行调剂，一律停止在社会上录用新职工。党中央在上述指示中，直接呼吁"尽可能地提高计划指标，努力争取实现"，也足以表明了情况不容乐观。

第二节　从农村开始的生产建设高潮

一　从农村十七条到农业发展纲要四十条

毛泽东提出加快工业化进程的问题，如同推动社会主义改造一样，首先从农业抓起。

1955 年秋冬，互助合作运动在批评"小脚女人走路"之后，迅猛发展，预计实现初级合作化的时限将大大提前。也就是在这时，毛泽东不失时机地将研究制订农业发展规划的问题提上日程。11 月中旬，他先后在杭州和天津分两批召集华东、中南和华北十五个省市自治区党委书记开会，起草了《农业十七条》，并于同年 12 月 21 日正式颁布。内容包括农业合作化、农业生产、卫生教育、文化设施以及道路建设等项。其中，粮食亩产量在全国范围内，按不同地区到 1967 年分别达到 400 斤、500 斤和 800 斤的目标，就是在这里首先提出来的。后经多次补充和修改，增加到 40 条，形成《一九五六年到一九六七年全国农业发展纲要（草案）》，简称《农业四十条》。它是首次为中国农业发展远景规划的宏伟蓝图，也是毛泽东试图以农村为突破口，进而促进国家工业化进程的战略性举措。

《农业四十条》要求：到 1967 年粮食每亩平均的年产量，在黄河、

---

①《当代中国的计划工作》办公室编：《中华人民共和国国民经济和社会发展计划大事辑要（1949—1985）》，红旗出版社 1987 年版，第 74 页。

秦岭、白龙江以北地区由1955年的150多斤增加到400斤，黄河以南、淮河以北地区由208斤增加到500斤，淮河、秦岭、白龙江以南地区由400斤增加到800斤；上述地区棉花每亩平均的年产量分别达到60斤、80斤、100斤；各地分别储积足够一年、一年半或两年的余粮。七年内基本消灭十几种不利于农作物的虫害和病害，若干种危害人民和牲畜最严重的疾病，消灭老鼠、蚊子、苍蝇、麻雀（即除四害，后将麻雀改为臭虫——引者注）；七年内基本扫除文盲，并建立有线广播网和乡社的电话网等。

陈云多次参加讨论。1956年1月20日，他在中共中央召开的关于知识分子问题的会议上，作关于资本主义工商业的社会主义改造和农业生产问题的发言。在讲到《农业四十条》时，他说："《农业发展纲要四十条》的主要点是，到1967年，各地区粮食亩产要分别达到400、500、800斤。从全国看，实现这一目标，要解决的基本问题是水、肥料和人力的合理使用。其中关键问题是水，水的关键问题又是人力，而人力我们是能组织的。因此，实现这一目标是有可能的。"[①] 后来，除农业合作化一条外，其他各项均未完成。其原因的探讨，超出了本书研究的"一五"时期的范围。

二　由农村到城市全面加快发展

1955年11月30日和12月1日两个晚上，毛泽东主持召开中央政治局扩大会议，讨论关于加速各方面的建设，提前完成社会主义建设任务的问题。就在几天前的11月24日，他在资本主义工商业改造问题的会议上讲话时，曾把加速发展的问题同战争的问题联系起来考虑。他说："那些事情本来可以早一点办到就早一点办到，不要拖那么久。帝国主义不晓得哪天打仗。帝国主义现在还不敢打起来，趁这个机会切实搞一下。"他这样讲，不无所指。毛泽东对此前国家计委汇总的15年远景规划和"二五"计划指标不太满意。计委汇总的指标是：1967年全国粮食产量6000亿斤，棉花产量5600万担，钢产量1800万吨，煤炭产量28,000万吨。工农业总产值平均每年增长速度分别为："一五"8.6%，"二五"9.9%，"三五"10.1%，15年平均9.5%。鉴于"一五"计划执行情况不尽如人

[①] 中共中央文献研究室编：《陈云年谱》中卷，中央文献出版社2000年版，第285页。

意，按照这样的发展速度，"一五"计划将难以如期完成。毛泽东认为，此时提出反对右倾保守思想，加快发展速度，尤其必要。

12月5日，刘少奇召开在京中央委员、党政军各部门负责人座谈会，传达毛泽东在中央政治局扩大会议上关于反对右倾保守思想、加快发展的讲话精神："要利用目前国际休战时间，利用这个国际和平时期，再加上我们的努力，加快我们的发展，提早完成社会主义工业化和社会主义改造。"处在第一线的几位中央领导人，对于加快工业化的主张也都表示支持。周恩来当场还念了一副对联："客观的可能超过于主观的认识，主观的努力落后于客观的需要"。他说：我们的生产关系是保守了，用框子把生产力限制了，新大陆早存在，而我们发现得太晚了。

1956年元旦，《人民日报》发表《为全面地提早完成和超额完成五年计划而奋斗》的社论，正式提出"要又多、又快、又好、又省地发展自己的事业"的方针，号召全国团结一致，为全面地提早完成和超额完成五年计划而奋斗，为提早完成过渡时期的总任务而奋斗！社会主义建设高潮同社会主义改造高潮相互促进，在全国各地各条战线迅速展开。

1月10日至2月7日，全国计划会议在北京召开。在会议讨论的基础上，2月22日，国家计委向中共中央提出《关于1956年度国民经济计划草案的报告》，调高了原定指标。

调整情况，参看表9－1。

表9－1　　　　　　　　　1956年指标调整情况

	基本建设投资总额（亿元）	工业总产值（亿元）	农业 总产值（亿元）	农业 粮食（亿斤）	农业 棉花（万担）
原计划	112.7	483.5	—	3740.5	2996
调整计划	147.35	535.7	606.8	3989	3556
调整计划为原计划的%	130.7	110.8		106.6	118.7

国家计委的报告说，现在的计划草案是在国民经济全面高涨的新的情况下，根据中央关于反对右倾保守主义，计划既要积极又要可靠的指示，和提前完成五年计划的精神编制的。主要指标是：

工业总产值535.7亿元，比上年增长19.7%，达到五年计划1957年的水平。46种主要工业产品中，27种可提前一年完成五年计划。

农业总产值606.8亿元，比上年增长9.3%。粮食产量3989亿斤，增加8.4%；棉花产量3556万担，增加17.0%。

基本建设投资总额147.35亿元，比上年增长70.6%，相当于五年基本建设投资额的35%左右。报告认为，这将是很繁重的，设备、建筑材料、技术力量与资金等诸多方面，都还存在一些缺口。

这次全国性的生产建设新高潮，首先从农村开始。1955年秋冬，互助合作运动的迅猛发展，带动农村各项工作出现活跃局面。《农业十七条》对于处在合作化高潮中的广大农村，更是巨大的鼓舞力量。以"亩产四、五、八"为奋斗目标，展开竞赛。兴修水利，改良土壤，积肥造肥，热火朝天。安徽省在战胜严重干旱、完成播种任务后，一个冬春就做了接近前六年总和的农田水利工程4.3亿立方米。河北省把迅猛发展的农村合作化运动和大规模的农业增产运动结合起来，掀起了以兴修水利、增施肥料、推广高产作物、进行洼地改造为主要内容的生产运动。开渠、打井，半年时间扩大水浇地1700万亩，为原有灌溉面积的1倍；施肥数量超过上年1倍。

城市各行各业不甘落后，你追我赶，特别是工业生产建设战线广泛开展社会主义劳动竞赛和先进生产者运动，不断刷新生产纪录，涌现出大量新人新事新发明。一批重点项目提前开工上马，在建项目纷纷加快进度，争取早日投产。也就是在这一年，1956年，中国结束了不能制造汽车的历史。第一架仿制米格－17型歼击机的歼－5型飞机也飞上蓝天。

同年4月30日，在北京举行了全国先进生产者代表会议。毛泽东和刘少奇、周恩来等党和国家领导人出席开幕式，刘少奇代表党中央向大会致祝词，热情颂扬业已出现的国民经济和文化事业的新高涨，高度评价涌现出来的先进模范人物。他说，全国的农民在农业生产战线上正在进行着空前未有的努力，为逐步地实现一九五六年至一九六七年的十二年农业发展的伟大计划而奋斗。在他们中间，出现了大批的农业劳动模范。他们团结着广大的农民群众，成为农业战线上的中坚。同样，在工人阶级中间，在工业战线以及其他经济战线和文化战线上，在各个工作部门的工作岗位上，也出现了空前的社会主义建设的高潮，出现了大批的先进生产者和先进工作者，它们发起了先进生产者运动，领导着广大的工人群众和知识分子群众，为又多又快又好又省地实现伟大的社会主义建设计划而斗争。他称赞先进生产者是人类经济生活向前发展的先驱,也是人类社会历史向前发展的先驱,说他们就是工人阶级中间这些优秀分子的代表。

6月16日,国家计委在向中共中央报送的《关于实行第一个五年计划的基本情况的报告》中预计,在社会主义建设方面,工业和农业生产,都有可能在1956年就达到以致超过第一个五年计划所规定的1957年的生产水平。到1957年,工业总产值有可能超额20%以上,农业总产值有可能超额10%以上;国民经济和文化教育的基本建设投资额,五年合计有可能超额20%以上完成原定的计划。五年内开始建设的限额以上的单位将达800多个(原计划694个),并且将有500多个(原计划455个)建成投产;五年内实际完成的基本建设投资总额可能达到500亿元以上(原计划427亿元),新增固定资产可能达到370亿元左右。由于工业基本建设计划在执行的过程中,适当增加了轻工业的投资,计划执行的结果,生产资料工业和消费品工业的投资比例,将有可能由原定的8∶1改为7∶1。五年内新建的铁路将有可能达到7000多公里(原计划4084公里)。在水利建设方面,已经开始兴建黄河三门峡水利枢纽工程,并且着手进行长江的规划。随着新工业企业的建成,特别是原有工业企业潜力的发挥,五年内工业总产值(不包括手工业产值)将增长1.4倍(原计划为98.3%),达到每年平均递增19%的速度(原计划为14.7%)。在工业生产中,重工业得到优先发展,五年内生产资料的生产平均每年将增长25%,消费品的生产平均每年将增长14%。到1957年,主要产品绝大部分都可超额完成五年计划的规定的指标。农业生产前两年虽然遇到了相当严重的自然灾害,但计划规定的1957年农业生产的水平,在1956年就可以争取达到以致超过。如果不遇到特别巨大的自然灾害,则预期到1957年可以生产粮食4100亿斤左右(原计划为3632亿斤,不包括大豆),棉花4000万担左右(原计划为3270万担左右),即超过原定计划13%和24%。

6月18日,李富春在一届全国人大第三次会议上,就《关于我国发展国民经济第一个五年计划的执行情况》发言时,也肯定地说:"我国第一个五年计划已经执行了三年。从三个年度计划的执行结果和1956年计划的预计来看,第一个五年计划所规定的任务,将要提前完成和超额完成。"①

---

① 《李富春选集》,中国计划出版社1992年版,第161页。

十分明显，仅半年时间，国家计委的心情已大不一样：原来的焦虑不见了，代之以轻松和喜悦。到1956年年底，他们的预测也确实兑现了（详情见后）。

第三节 由"打招呼"到一线领导反冒进

一 毛泽东对于盲目性的提醒

群众性生产建设高潮不可能四平八稳，加之在反对右倾保守思想的政治动员下的相互激励与互相攀比，不可避免地出现了你追我赶地抬高计划指标的情况。例如1956年年初，在各部召开的专业会议上，在批判右倾保守思想、提前实现工业化的激励下，决心要把15年远景规划和《农业40条》中所定生产指标提前几年完成。为此，纷纷要求增加基本建设投资，扩大生产规模。国家计委1955年10月拟定的1956年基本建设投资总额为112.7亿元，比1955年预计完成数增长30.4%；而截至1956年1月5日，综合各省市和中央各部门的数字增加到153亿元，以后又增加到180亿元、200多亿元。

1月20日，毛泽东在知识分子问题的会议上讲话时，曾提醒说：也要注意一点，不要搞那么一些没有根据的行不通的事情。现在相当有一点盲目性了，脑筋有点发热。本来应该办的不去办，叫右倾保守；没有充分根据的，行不通的也去办，叫盲目性、"左"倾冒险。如果确实办不到的事，硬要说办不到，要敢于说办不到，敢于把它削下来，使我们的计划放在有充分根据、完全可行的基础之上。

同年2月17日，他在听取几个机械工业部的工作汇报时，在插话中又说："脑子太热不行，尽强调数量，不强调质量不行，没有人，没有原材料么。"毛泽东还说，李富春同志赞成二机部远景规划，我倒有些机会主义咧。计划是好，不要脑子太热。说全部国防材料到1962年自己生产，不仅1962年不可能，1967年也不可能。

由此也可见，毛泽东反对右倾保守，并不意味着赞成无根据地胡思乱想；相反，他同样反对那样做。

二 一线领导人的看法与做法

对于上述情况，一线的中央领导人不仅看得越来越重，处置的手段也不限于批评、提醒，压缩计划指标，而是作为主要的危险，发动了一场反倾向斗争。

1956年2月8日，周恩来在国务院第二十四次全体会议上，针对当时的情况，专门讲了经济工作要实事求是的问题。他说："现在有点急躁的苗头，这需要注意。社会主义积极性不可损害，但超过现实可能和没有根据的事，不要乱提，不要乱加快，否则就很危险。"他尤其强调："绝不要提出提早完成工业化的口号。冷静地算一算，确实不能提。工业建设可以加快，但不能说工业化提早完成。"他要各部门订计划，不管是远景计划，还是今明两年的年度计划，都要实事求是。他说："当然反对右倾保守是主要的，对群众的积极性不能泼冷水，但领导者的头脑发热了的，用冷水洗洗，可能会清醒些。各部专业会议提的计划数字都很大，请大家注意实事求是。"①

在研究即将召开的计划会议和财政会议时，周恩来要李富春和李先念压缩下面提出的过高的指标，严格控制基本建设投资。两会商讨的结果，把1956年基建投资压至147亿元。周恩来后来谈到压缩指标的问题时，风趣地称这两次会议为"二月促退会议"。

3月26日，国家经委主任薄一波就一、二月份生产计划完成情况，向周恩来报告说，从年初传达中央关于加快工业化建设的新精神以后，各企业都掀起了不同程度的生产新高潮，计划执行情况比去年同期有很大提高；但在材料、设备、人员、协作和产销等方面，暴露出许多问题。第二季度钢材计划只有102万吨，实际需要200多万吨。金属切削机床需要5万1000台，为上年的三倍半还多。材料、设备等生产能力不足，而盲目追求高指标，加剧了产需不平衡的矛盾。

4月10日，国务院召开常务会议，讨论国家计委《关于一九五六年度基本建设和物资平衡问题的补充报告》。在这次会议上，周恩来再次强调计划必须实事求是。说搞生产就要联系到平衡。一定要为平衡而奋斗。并指定薄一波和张玺（国家计委副主任）负责平衡方面的工作。

4月14日，国务院正式批准上述补充报告。国务院在批示中要求，在各方面都很紧张的情况下，安排和调整基本建设项目和进度，要确保重点项目，防止全面铺开和齐头并进的做法。"批示"提出，在基本建设项

---

① 《周恩来选集》下卷，人民出版社1984年版，第190、191页。

目及其进度的统一安排过程中，必须使群众的社会主义建设高潮同计划的全面平衡相结合，特别是同物资供应计划相结合，如果只看到施工力量的增长，而没有注意到设计、设备和材料的供应情况，采取全面铺开和齐头并进的做法，就可能而且一定会发生停工、窝工的现象，并且会使我们的计划有部分落空的危险。因此，各部门、个地方要特别注意设计、设备、材料和施工力量等主要环节的全面的和综合的平衡，在确保重点建设的前提下，安排和调整基本建设项目和它的建设进度。工业生产必须摸清供销情况、设备能力、技术力量和协作的条件，进行综合平衡，在努力节约使用原材料和提高产品质量的基础上，使群众要求增产的热情同供产销的平衡相结合。①

这一阶段，周恩来对于生产建设高潮中的问题，总的做法是批评、提醒，采取实际措施，压缩和降低指标，努力把群众性生产建设高潮与全面平衡相结合。

此后的做法，就不同了。

5月11日，在国务院第二十八次全体会议上，周恩来明确表示："反保守、右倾从去年八月开始，已经反了八九个月，不能一直反下去了！"② 他在同李富春和李先念谈到起草1955年国家决算和1956年国家预算报告稿时，提出：在反对保守主义的时候，必须同时反对急躁冒进倾向。他说，急躁冒进在过去几个月中，在许多部门和地区，都已经发生了。

6月4日，刘少奇主持中央会议，讨论国务院即将提交一届人大三次会议的《关于1955年国家决算和1956年国家预算的报告》稿。周恩来在会上报告了上半年经济工作情况以及出现的一系列矛盾和不平衡的问题，提出要继续削减开支，压缩基本建设规模。在这次会议上，针对当时的情况，确定经济发展要实行"既反保守、又反冒进，坚持在综合平衡中稳步前进"的方针。并要《人民日报》发一篇既反保守、又反冒进的"双反"社论。要求制止冒进，压缩高指标，基本建设该下马的立即下马。此后（10月份），刘少奇主持的中央政治局会议，确认了这次会议提出的

---

① 《当代中国的计划工作》办公室编：《中华人民共和国国民经济和社会发展计划大事辑要（1949—1985）》，红旗出版社1987年版，第84页。

② 中共中央文献研究室编：《周恩来传》（三），中央文献出版社1998年版，第1227页。

方针和作出的有关决定。①

《人民日报》受命起草的"双反"社论，交中宣部讨论时，陆定一认为不能用。刘少奇要他根据政治局会议精神，亲自组织中宣部重新起草。这次重写的稿子《要反对保守主义，也要反对急躁情绪》，经刘少奇、周恩来审改后，送到毛泽东那里。毛圈了他的名字，写了"我不看了"几个字。②

由主要反对右倾保守改变为要求反对急躁情绪，这样分量的社论，毛泽东是否真的不看？局外人难以回答。不妨设想，他圈阅说看了，作何表态？说同意？未必有人会相信。默认？以毛泽东的性格未必能如此。明确反对有无可能？一两个月后的九月份，就要举行党的第八次全国代表大会，且不说筹备工作十分紧张，几个月前苏共20大大反斯大林在国际上酿成的巨大风波，犹未平息，后续的影响尚待观察。着眼大局，毛泽东不可能不有所权衡。说没有看，也"不看了"，采取保留的态度，也许是不错的选择。

如果这样的解读有些道理，还有重新思考和调整部署的机会。遗憾的是，后来那篇社论还是发表了。

6月1日，国务院常务会议讨论《关于1956年计划的修改问题和编制1957年计划控制数字的进度安排问题的报告》。周恩来一开始就批评说："首先得承认今年的计划搞得不十分妥帖，国务院有责任。基本建设投资额去年夏天在北戴河开会时订得差不多，共121亿元，比去年已经增加了32%，后来增加到170亿元，比去年增加了将近90%。双轮双铧犁的生产任务订得过大就是突出例子。3月份下达的基本建设投资是147亿元，比去年增加68%。增长这么大的数字不可能完成，是高了。超过客观经济条件的可能去搞，结果不是窝工，就是粗制滥造。生产方面冒进少点，比去年增加20%。基本建设增加68%，肯定完不成，因此要好好计算一下。涨上去以后，收回来很费劲，我们一定要接受这个教训。"③

6月5日，国务院召开常务会议，讨论削减预算指标，修改预算报告

---

① 参见林蕴晖、范守信、张弓《凯歌行进的时期》，河南人民出版社1989年版，第627页。
② 吴冷西：《忆毛主席》，新华出版社1995年版，第49页。
③ 《周恩来反冒进文献五篇》（1950年4月10日—6月12日），《党的文献》1988年第2期。

和压缩基建指标问题。削减的办法，周恩来主张把李富春和薄一波的办法结合起来，"预算一律削减百分之五"；但也不是平均，"有的可以多砍，有的不能砍，总的要求是砍去百分之五"。他强调："右倾保守应该反对，急躁冒进现在也有了反应。这次'人大'会上要有两条战线的斗争，既反对保守，也反对冒进。"①

这次国务院常务会议决定：

（1）国家财政预算一律按百分之五削减，预算支出由原来的317亿元削减10亿元，其中基本建设投资削减7.35亿元，降到140亿元。

（2）财政对各部委、各省市基本建设投资按140亿元拨付，削减下来的7.35亿元基本建设经费列为预备费。拨款超过140亿元时，必须经过国家经委审查并由总理核批后，方可从预备费中支付。②

6月10日，刘少奇主持中央政治局会议，讨论并基本通过经修改的《关于一九五五年国家决算和一九五六年国家预算的报告（初稿）》，要胡乔木根据讨论意见再做些修改。修改后的稿子明显加重了反冒进的分量。其中提出："在当前生产领导工作中，必须着重全面地执行多、快、好、省和安全的方针，克服片面地强调多和快的缺点。生产的发展和其他事业的发展必须放在稳妥可靠的基础上。在反对保守主义的时候，必须同时反对急躁冒进的倾向，而这种倾向在过去几个月中，在许多部门和许多地区，都已经发生了。急躁冒进的结果并不能帮助社会主义事业的发展，而只能招致损失。"

6月12日，在国务院全体会议第30次会议讨论这个报告稿时，有人不同意"既反保守又反冒进"这一提法。说它与去年夏季以来开展反对右倾保守思想的斗争相背离，可能引起思想混乱。这个意见未予考虑。

一届人大三次会议于6月15日开幕。李先念在会上按上述修改的稿子作了报告。会议在批准该报告的决议中，把"双反"作为一个"总的方针"。

6月16日，即李先念报告的第二天，《人民日报》特别为此发表一篇社论，题为《读一九五六年的国家预算》。中共中央机关报为一位副总理的预算报告发专门社论的做法，颇不寻常。这就不难理解，1958年南宁

---

① 《周恩来经济文选》，中央文献出版社1993年版，第261、262页。
② 中共中央文献研究室编：《周恩来传》（三），中共中央文献出版社1998年版，第1229页。

会议批评反冒进,何以要重印这个报告了。《人民日报》社论点明,预算报告"最值得注意的一点,是在反对保守主义的同时,提出了反对急躁冒进的口号,这是总结了过去半年中执行国民经济计划的经验得来的结论"。社论在列举急躁冒进的几种表现后说:"希望全国各级组织和各个部门的工作人员,都认真地重视这一个警号,在实际工作中正确地进行两条路线的斗争。"

6月20日,《人民日报》发表前面提到的由中宣部代为起草的社论《要反对保守主义,也要反对急躁情绪》。这篇社论强调说:"急躁冒进所以成为严重的问题,是因为它不但是存在在下面的干部中,而且首先存在在上面各系统的领导干部中,下面的急躁冒进有很多就是上面逼出来的。""上面逼出来的"这句过于笼统的话,充满了火气。后来批判反冒进,这篇社论被作为重要依据。

9月15日至27日,中国共产党举行了第八次全国代表大会。总结七大以来的工作,特别是新中国成立后社会主义革命和社会主义建设的经验;根据新形势,提出新任务,制定新的政策和方针。大会通过的由刘少奇代表七大中央委员会所作的政治报告和关于政治报告的决议,贯穿着毛泽东《论十大关系》的基本精神,陈云提出的"三个主体、三个补充"的思想也被吸收了进来。

大会决议提出:为了把我国由一个落后的农业国变为先进的社会主义工业国,我们必须在三个五年计划或者再多一点的时间内,建成一个基本上完整的工业体系,使工业生产在社会生产中占主要地位,使重工业生产在整个工业生产中占显著的优势,使机器制造工业和冶金工业能够保证社会主义扩大再生产的需要,使国民经济的技术改造获得必要的物质基础。建成这样一个工业体系,不但对于促进我国国民经济的全面发展有重大的意义,而且对于加强社会主义阵营各国之间的协作,促进社会主义各国经济的共同高涨,也有重大的意义。决议认为:由于我国生产力获得了解放,由于我国有丰富的人力和物力的资源,有最广阔的国内市场,有以伟大的苏联为首的社会主义各国的支援,只要我们能够正确地处理上述各方面的问题,发扬全国人民的积极性,就有可能高速度地发展我国的生产力。如果对于这种可能性估计不足,或者不努力把这种可能性变为现实性,那就是保守主义的错误。但是,我们也必须估计到当前的经济上、财力上和技术力量上的客观限制,估计到保持后备力量的必要,而不应当脱离经济发展的正确比例。如果不估计到这些情况而规定一种过高的速度，结果就会反而妨碍经济的发展和计划的完成，那就是冒险主义的错误。党的任务，就是要随时注意防止和纠正右倾保守的或"左"倾冒险的倾向，积极地而又稳妥可靠地推进国民经济的发展。① 这种一般性的提法，暂时避开了反倾向斗争的具体指向。

第四节 "慢一点"思想的提出

1956年5月下旬，国家设立由薄一波任主任的国家经济委员会，从国家计委接手负责编制年度国民经济计划的工作。在中国早期工业化进程中，基本建设特别是工业基本建设对于国民经济的发展乃至国家独立安全的意义，是十分重大的。无论中长期计划抑或年度计划，基本建设规模的安排，在很大程度上带有系于全局的意义。在"双反"的气氛下编制1957年国民经济计划，便聚焦在了基本建设的规模的问题上。

国家计委基建局最初汇总中央各部的计划，1957年基本建设投资总额为220.82亿元，他们认为完不成，建议削减为172.66亿元，在上年基础上再增30%。国家经委测算，削减后的数字仍将占当年财政收入的51.4%，国力难以承受，遂推倒重编。结果，汇总各部和各地区报告的数字反而更高，竟高达260多亿元。经参照两年来钢材、木材、水泥消耗定额计算后，压缩为135亿元。按此方案征求意见，中央各部和地方均不同意，经委自己也有不同看法。8月7日，正在莫斯科与苏联谈判援助问题的李富春，经与同在莫斯科的黄敬、王鹤寿、赵尔陆、李聚奎、张玺等几个部委的负责人研究后，也给中央来信，说安排135亿元不够，以150亿元为宜，压得太多将影响拟议中的"二五"计划的安排。考虑到李富春等人的意见，经委在多次研究后，于10月份提出146亿元和141亿元两个方案，并决定以146亿元的方案报告国务院。

从10月20日至11月9日，国务院常务会议在周恩来主持下，连续举行10次会议，检查1956年计划执行情况，研究国家经委提出的1957年度控制数字。出席会议的有陈云、李富春、李先念、薄一波、习仲勋、

---

① 中共中央办公厅编：《中国共产党第八次代表大会文献》，人民出版社1957年版，第810、814—815页。

贾拓夫、宋劭文、谷牧等。争论依旧集中在基本建设投资规模的问题上。周恩来和陈云、李先念、薄一波等几位领导人继续贯彻反冒进的精神，压缩生产建设指标。

这时，国际上已发生波匈事件，他们表现出来的愈来愈严厉的态度，与此不无密切关系。

会上，薄一波首先向大家报告1957年计划控制数字的编制情况。他说：基本建设投资现在压缩到140亿元至145亿元。按这个规模，财政收入就要有318亿元。但达到这个数是有困难的。如果这样定下来，将来可能出现"想上上不去，想退退不下来"的困难状况中。

在讨论中，与会者也有人认为，1957年的指标可以定高些。理由是，1956年的问题并不都是冒进的问题。除了计划本身冒进，同时存在执行中放松的问题。到处紧张，投资分散，百废俱兴，就是这种情况。并说，为了适应三大改造高潮的需要，计划"出了些冒，在执行中也不应该松"。

周恩来说：这"冒、松、紧、分"四个字，主要是冒了。不但年度计划冒了，远景计划也冒了，而且把年度计划带了起来。因此，现在我们主要应该批"左"。他表示：各部提出不能减的理由，就是完不成第二个五年计划的数字，达不到第三个五年计划的水平。我们答复他们：可以达不到。

李先念支持周恩来的意见。他说：今年成绩很大，但问题不少。如不把今年的经验很好地加以总结，明年仍然铺那么大摊子，就过不了日子。如果不讲今年冒，明年就压缩不了。搞明年计划，首先要把党的思想统一了才行。

为了统一政府各部门的思想，周恩来要各部党组负责人参加11月9日的国务院常务会议。他明确表示："必须采取退的方针"。

陈云在这一天的会议上，提出一个重要思想，即：宁愿慢一点，慢个一年两年，到三个五年计划，每个五年计划慢一年。稳当一点，就是说"右倾"一点。"右倾"一点比"左倾"一点好。

在本书的第四章第二节的第二部分，我们曾用相当篇幅说明陈云关于"紧张平衡"的观点。这里他又提出"宁愿慢一点"的思想。这与"紧张平衡"的观点显然有很大的区别。哪些因素促使他得出这一新的认识？值得探讨。

从现有文献资料看，11月9日的会议很紧张。第二天，周恩来要向党的八届二中全会汇报，还时有争论。最后，他拍板1957年基本建设投资暂定131亿元。在最后的总结发言中，他联系苏联和东欧的经验教训，强调压缩指标，放慢速度的必要性和重要性。

他说："从苏共第二十次代表大会批判斯大林以来，暴露了社会主义建设中不少问题。苏联发展重工业过多，束紧腰带发展重工业，忽视轻工业和农业，忽视人民生活，农业发展缓慢，经过39年，产量仅高于沙皇时代的最高年产量。发展重工业、忽视轻工业、忽视农业的影响，苏联现在还没有纠正过来，这是需要时间的。这个建设方针影响了东欧国家。十几年来，他们就是这样搞社会主义的，只搞重工业，不注意人民生活，完全学苏联。民主德国、波兰、匈牙利发生的群众闹事事件，反映了执行这个方针的严重后果。因此，斯大林的经济理论有值得怀疑之处。中心就是一条，搞重工业不要失掉人民，否则就没有了基础，就成了沙滩上的建筑物。他要求大家，对于高指标应该勇于抵抗，敢于修改，这才是马克思主义者。指标一经确定就神圣不可侵犯的提法就是迷信。"他说："从我们国家大、很落后、人口多的实际和要建设又要注意人民生活的原则出发，根据可能把原来设想的速度放慢，不能算是错误。明年的计划必须采取退的方针，目的是要保持平衡。这不发生'左倾'、右倾的问题。不像政治方面，'左'了就盲动，右了就投降"。①

这里，就有关背景略作考察。1956年是多事之秋。2月15日至24日召开的苏共第20次代表大会，赫鲁晓夫作秘密报告，大反斯大林，在国际共产主义运动中造成极大的思想混乱。毛泽东提议并主持起草了《论无产阶级专政的历史经验》的重要文章，4月4日以《人民日报》编辑部的名义发表，表明中国共产党的态度。内容主要是正确评价斯大林的功过是非，总结无产阶级专政的历史经验。

下半年，发生了波匈事件。波兰的问题，起因于6月28日的波兹南事件。这是当局降低工人工资和增加奖金税引起的，中西部城市波兹南的一次工人大罢工，后来发展到波苏关系的问题上。应苏共邀请，中共中央

---

① 1956年10月20日至11月9日国务院常务会议记录。参看中共中央文献研究室编《周恩来传》（三），中央文献出版社1998年版，第1246—1248页；中共中央文献研究室编《周恩来年谱（1949—1976）》上卷，中央文献出版社1998年版，第629—630页；薄一波《若干重大决策与事件的回顾（修订本）》上卷，人民出版社1997年版，第574页。

于 10 月 23 日派出以刘少奇为首的代表团到莫斯科,协助处理。在毛泽东的主导下,代表团从坚持兄弟党和兄弟国家平等的原则出发,着眼于维护社会主义阵营的共同利益,对苏共善意地提出意见和建议,圆满完成了自己的使命,使波匈事件分别得到妥善解决。

波匈事件极大地触动着中国领导人。与此同时,在国内,随着民主革命和社会主义革命的相继完成,人民内部矛盾开始显露出来。党内许多人看不到这个变化,他们的思想还停留在过去的阶段上,以至于在人民内部矛盾面前麻痹大意,或处理不当,酿成少数人闹事。1956 年下半年,工人罢工、学生罢课、农民闹退社等少数人闹事的事件显著增加。据全国总工会的材料,半年里全国参加罢工的有 1 万多人。这些事件的导因是:(1) 哄骗工人,诺言不能兑现;(2) 招训青工超过需要,毕业无法分配;(3) 不关心工人生活;(4) 平时思想政治工作做得少,有了问题又不及时解决。"全总"在给中央的报告中说:从这些事件的发展趋势看,次数越来越多,范围越来越大,问题越来越严重,个别工人甚至说"不学习匈牙利不行了"。浙江农村,1956 年下半年发生请愿事件 1000 多起。大部分是由于合作社内部的问题处理不当引起,其他则是由于执行粮食统购统销政策有偏差等问题引起。

国际的大背景,国内的新情况,激发决策层的严肃思考。11 月 1 日刘少奇率代表团回到北京。当天晚上,毛泽东就召集政治局常委会议,听取他们的回报。11 月 2 日和 4 日,又分别召开政治局扩大会议和政治局常委扩大会议,继续讨论波匈事件。在 4 日的会议上,毛泽东向大家提出一个重大而迫切的课题,即开动脑筋,从中国的实际出发,解决革命和建设的问题。他说:"现在摆在世界各执政的共产党面前的问题是如何把十月革命的普遍真理与本国的具体实际相结合的问题,这是个大问题。波匈事件应使我们更好地考虑中国的问题。苏共'20 大'有个好处是揭开盖子,解放思想,使人们不再认为苏联所做的一切都是绝对真理,不可改变,一定要照办。我们要自己开动脑筋,解决本国革命和建设的问题。"他还说,要根据最近一个月波匈事件的教训,好好总结一下社会主义究竟如何搞法。"矛盾总是有的,如何处理这些矛盾是我们需要认真研究的问题。"[1]

---

[1] 转引自吴冷西《十年论战》,中央文献出版社 1999 年版,第 59 页。

这时，中国正遇到工业化前进过程中的发展速度的问题。反保守抑或反冒进，从根本上说，都是围绕这一问题展开的。在 10 月 20 日至 11 月 9 日，国务院连续举行的常务会议上，周恩来一再强调要批"左"，要采取"退"的方针；陈云发表他的新的认识成果"宁愿慢一点"的观点，都同国内外的大背景有着密切的关联。

第五节　年度计划执行结果

1956 年是社会主义革命和社会主义建设全面较快发展，并取得巨大成就的一年。社会主义改造基本完成。社会主义经济建设方面，主要情况是：

（1）完成基本建设投资 148 亿元，比上年增长 59.1%，完成 147.35 亿元计划的 100.44%。这一年完成的投资额占五年计划总投资额的 34.6%，加上前三年完成的投资，已达到 85.6%，这就争得了主动。当年开始施工和继续施工的大中型项目 919 个，其中限额以上的工业项目 625 个，比五年计划规定应施工项目增加 135 个，其中 89 个全部竣工或投入生产。

（2）工业总产值完成 703.6 亿元，超额 7.4% 完成计划，比上年增长 28.2%，超过"一五"计划规定的 1957 年指标。其中，重工业增长 39.7%，轻工业增长 19.7%。生铁、钢、钢材等 27 种产品产量已经达到或超过"一五"计划规定的 1957 年的水平；由于计划指标偏高，在 46 种主要工业产品中，钢、煤等 24 种没有完成计划。钢产量虽比上年增长 56.8%，也只完成计划的 98.9%。

（3）农业总产值达到 582.9 亿元，比上年增长 4.9%，为计划的 96%。粮食产量达到 3854.9 亿斤，完成计划 96%，比上年增加 176.2 亿斤；棉花 2890.3 万担，为计划 81.3%，比上年减产 5%。

这一年，是新中国成立后自然灾害最严重的一年，成灾面积达 22,845 万亩，比水灾严重的 1954 年还多 3960 万亩，而粮食总产量比丰收年的 1955 年仍增加 176.2 亿斤，棉花虽然减产 146.6 万担，同 1954 年相比还是多 706.5 万担。可以想见，农业合作化高潮和贯彻《农业四十条》应是其中原因之一。详情参看表 9 - 2：

表9－2　　　　　　　　1956年农业生产实绩比较

年份	总产值（亿元）	受灾面积（万亩）	成灾面积（万亩）	粮食总产（亿斤）	棉花总产（万担）	油料总产（万担）
1953	510	35130	10620	3336.6	2349.5	7711.0
1954	535	32175	18885	3390.3	2129.8	8610.0
1955	575	29985	11805	3678.7	3036.9	9653.0
1956	610	33285	22845	3854.9	2890.3	10171.0

资料来源：国家统计局《中国统计年鉴（1984）》，中国统计出版社1984年版，第23、190、145、146页。

（4）交通运输方面，铁路铺轨3108公里，其中新建干线1747公里；修建公路17,499公里。同上年相比，铁路营业里程和公路里程分别增长3.5％和35.3％。许多著名工程，如纵横秦岭的宝成铁路，横跨海峡的鹰厦铁路，工程浩大的武汉长江大桥，贯通世界屋脊的康藏、青藏、新藏公路，都是在这个时期先后建成。

（5）文化教育方面，各级在校学生大幅度增加。在校学生人数分别达到：高等学校40.3万人，比上年增加11.5万人；中等专业学校81.2万人，增加27.5万人；普通中学516.5万人，增加126.5万人；小学6346.6万人，增加1034万人，增加幅度分别为39.9％、51.2％、32.4％和19.5％，是新中国成立以来增长率普遍较高的年份。

（6）人民生活方面，1956年职工人数增加到2977万人，其中全民所有制企业职工人数增加到2423万人，旧中国遗留下来的大批失业人员基本上得到安置。职工平均工资比上年提高14％，农民收入提高4％左右。全国城乡居民平均消费水平比上年提高4.3％。社会商品零售额达到461亿元，比上年增长17.6％。

1956年国民经济发展中的主要问题，集中表现在基本建设规模偏大和职工人数增加过多，工资也增加多了一些，加上有的环节信贷额外增加，导致财政出现赤字，生产资料和生活资料的供求关系比较紧张，动用了库存。具体情况是：

（1）基建规模过大。首先，基建项目不断追加，1956年，全国第一次基建会议，将"一五"期间的限额以上基建项目由原定的694个追加到745个，五年内建成的由455个追加到477个。同年6月，上述基建项目又猛增到800多个，增长率15.3%；建成项目增加到500多个，增长率9.9%。其次，由于基建项目的增加，基建投资额也超过了原定计划，由1955年9月预定的112.7亿元增加到147亿元，比上年增长71%（后压缩为140亿元，但仍比上年增长62%）。1956年基建投资额占"一五"计划总投资额的33%。

基于建设规模过大，因而造成两个问题：其一，基建投资增长速度超过了财政收入增长速度，1956年基建投资比上年增长62%，而同期财政收入只比上年增长5.7%，造成资金供应紧张。其二，基建投资增长速度超出了生产资料生产的增长速度，1956年基建投资比上年增长62%，而以生产资料为主的重工业生产只增长了40%。从而引起了钢材、木材和若干机械设备供应的紧张情况。同时出现某些停工、窝工现象。仅1956年4月份由于建筑材料和设备供应不足，而未能如期开工的项目，即占同期应开工项目的1/5。另外，因基建使用的物资多了，在原材料的分配当中，对于一般为市场服务的生产，主要是手工业生产所需要的材料，照顾不够，分配较少，使这些生产受到一定的限制，产品的数量不足以供应市场的需要。1955年供应给轻工业市场的钢材，占钢材生产消费量的23.2%，1956年降到18.7%。

（2）职工人数增加过多。1956年计划新增加职工84万人，但执行结果增加了230万人，超过计划146万人。这一年全民所有制企业的职工人数的增长和职工的升级调资，使当年职工的工资总额比上年增长了37%，而以生产生活资料为主的轻工业生产，只比上年增长近20%，由于职工工资的增长幅度超过了生活资料的增长幅度，因而在一定程度上助长了消费品供不应求的现象。

（3）信贷突破计划。1956年计划农业贷款增加11.2亿元，但执行结果达到20.3亿元。原计划增加手工业、公私合营企业贷款2.9亿元，结果增加了9.4亿元。由于贷款出现差额，只好靠过多地动用历年结余款和增发钞票来解决。

1956年在农业生产上同样有急于求成的问题。1956年公布的全国农业发展纲要"四十条"，本来规定12年完成的任务，却要求三年、五年完成。在制定农业生产计划时，指标一加再加。1956年粮、棉产量计划指标变动多次。粮食：1955年9月确定的指标仅比丰收的1955年预计数量增长1.7%，12月改为增长8.1%，1956年5月又改为增长9.1%。棉花：1955年9月确定的指标比1955年预计减少1.3%，可是，到了12月则改为增长16.9%，1956年5月又改为增长18%。1956年我国许多地区遭受严重的水灾、台风和旱灾等灾害，受灾面积在2亿亩以上，受灾人口约7000多万人。不少农作物的计划没有完成，粮食产量比1955年有所增加，但棉花等工业原料作物产量有所减少。尽管这一年农业生产总值比上年增长5%，但仍然赶不上基本建设投资的增长和职工工资总额的增长速度。而基本建设投资和工资的增长，最终又不能不受到农业发展速度的制约。

由于以上原因，1956年执行国家预算的结果，出现了财政赤字18.3亿元；财政赤字引起了银行货币投放的增加，市场货币流通量比上年底增加17亿元；国家不得不动用物资库存，因此商业库存比上年减少17亿多元。①

我们在前面提到，最初拟定1956年度国民经济计划，国家计委也好，中共中央也好，考虑到1955年计划完成情况可能不够好，尤其是前三年基本建设进度达不到要求，希望把计划指标安排得积极些，能够提前开工的项目尽量提前。无疑是从需要考虑的。社会主义改造高潮提供了重要的契机，批判右倾保守思想则具有巨大的政治动员作用；1955年在农业丰收的情况下，积蓄了一定的财力和物力，作这样的号召，应该说不是没有根据。然而，上面所说的问题毕竟出现了。

面对这些问题，在当时错综复杂的社会历史背景下，决策层多侧面的不同的分析解读，构成了1957年经济收缩与政治波涛汹涌的复杂情景。

---

① 柳随年、吴群敢主编：《第一个五年计划时期的国民经济》，黑龙江人民出版社1984年版，第83—85页。

第十章

经济收缩及国内政治

1956年被视为多事之秋。上半年,苏共"二十大"大反斯大林;下半年,发生了波匈事件。帝国主义兴风作浪,掀起一股来势凶猛的反共逆流,国际共产主义运动和社会主义阵营遭到极大困难。这对国内不可能没有深刻影响。中共八届二中全会从一个侧面反映了这一点。

全会对于1957年经济工作的处置达成了共识。对于放慢经济发展速度的主张,毛泽东仍持保留态度,但比之前进了一步,正面提出了几点一般性的原则意见。他称之为"挡水",挡"反冒进"之水。与此同时,他把关注的方向放在了国内日益突出的人民内部矛盾的研究和处理上,并提前部署党内以正确处理人民内部矛盾为主题的整风运动。多少有些意外的是,极少数资产阶级右派分子乘机向党向社会主义进攻,整风运动遂转化为一场反对资产阶级右派的政治斗争。

第一节 波匈事件的讨论与经济问题决策

1956年11月10—15日,中共八届二中全会在北京举行。除原定议题1957年国民经济计划和财政预算控制数字问题、粮食和主要副食品问题以外,增加了关于时局的问题。新增议题由刘少奇作报告。他向会议报告了赴苏联协助处理波匈事件的有关情况,说明党对苏波纠纷和匈牙利事件所采取的方针是正确的。

刘少奇在分析波匈事件发生的原因时,指出了应当从中汲取的两条重要教训。他说:"有些社会主义国家闹事,一是领导者特殊化,脱离群众;二是建设没有搞好,用牺牲轻工业和农业的办法发展重工业,人民生活得不到改善。""列宁说过,英国这些帝国主义国家的工人阶级,其中有一部分变成了工人贵族阶层。现在，在我们社会主义国家里面，是不是也有一种条件，产生工人贵族这种阶层？如果我们不注意，任其自流的话，我想，在工人阶级里面可以产生，在共产党里面也可以产生；但是，也不一定，因为如果我们注意了，能够采取一些措施的话，是可以避免的。"

谈到波匈事件的另一个教训，在发展重工业中忽视人民生活，以致激起群众不满，被反动势力所利用时，他说：我们应遵照毛主席"又要重工业，又要人民"的指示，不能把同人民的关系搞得太紧张。"应该注意把工业建设速度放在稳妥可靠的基础上。什么叫稳妥可靠？就是群众总不能'上马路'，还高兴，还能保持群众的那种热情。"

报告结尾时，他引用了陈云的慢一点的意见。他说："昨天陈云同志也讲，宁愿慢一点，慢个一年两年，到三个五年计划，每个五年慢个一年，稳当一点，就是说右倾一点。"接着他设问说："右倾一点比左倾一点好些，还是左倾一点好？"毛泽东这时插话说：看是什么右？刘少奇说：是快慢的右。毛泽东说：这种右可以。刘少奇继续说："不是对阶级敌人的右。对阶级敌人，你右了，人家就进来了，你让，人家就进来了，那个就让不得，那个右是不许犯的。快一点慢一点不是失掉阶级立场问题。昨天有一位同志讲，慢一点，右一点，还有回旋余地；过了一点，左了一点，回旋余地就很少了。"①

在此之前，毛泽东针对波匈事件暴露出的问题，曾说，我们是"又要重工业，又要人民"。但他的总结不限于此。他认为，这些国家的基本问题是不重视阶级斗争，吃了大亏。据列席八届二中全会的《人民日报》总编辑吴冷西回忆，在11月15日的会议上，毛主席说："波兰、匈牙利出了乱子，我看是坏事也是好事。凡事有两重性，马克思主义者要坚持两点论。波兰也好，匈牙利也好，既然有火，总是要烧起来的，纸是包不住火的。现在烧起来了，烧起来就好了。匈牙利有那么多反革命分子，这一下暴露出来了。匈牙利事件教育了匈牙利人民，同时教育了苏联一些同志，也教育了我们中国的同志。"他进一步说："我们中国是学习马克思列宁主义，学习十月革命的。我们依靠群众，走群众路线，是十月革命那里学来的。不依靠群众进行阶级斗争，不分清敌我，这很危险。东欧一些

---

① 八届二中全会记录（1956年11月10日下午）。

国家的一些基本问题就是阶级斗争没有搞好,那么多反革命分子没有肃清,没有在阶级斗争中训练无产阶级和其他劳动人民,分清敌我,分清是非,分清唯心论和唯物论。现在自食其果,火烧到自己头上来了。"①

可以看出,关于东欧一些国家的问题的深层原因,毛泽东的分析,同决策层其他几位领导人的看法不尽相同。这在一定程度上决定了他们这一时期,在国内问题上的不同的关注点。

周恩来在会上作《关于1957年国民经济计划的报告》。他结合国际上所发生的事件的教训和"一五"计划的执行情况,提出1957年有必要采取"保证重点、适当收缩"的方针,把计划落到实处。他说:"苏联和其他一些社会主义国家都是优先发展重工业,这个原则是对的,但是在发展中忽视了人民的当前利益。直接与人民利益关系最大的是轻工业、农业,轻视这两者就会带来不好的后果,就会发生经济上的严重不平衡。毛泽东同志在这几个月常说,我们又要重工业,又要人民。这样结合起来,优先发展重工业才有基础。发展重工业,实现社会主义工业化,是为人民谋长远利益。为了保卫人民的福利和社会主义成果,必须依靠人民。如果不关心人民的当前利益,要求人民过分地束紧腰带,他们的生活不能改善甚至还要降低水平,他们要购买的物品不能供应,那么,人民群众的积极性就不能很好地发挥,资金也不能积累,即使重工业发展起来也还得停下来。所以,这一条经验也值得我们在建设中经常想到。一些社会主义国家发生的事件值得我们引为教训。"

为此,他提出,原来设想的发展速度不妨适当放慢一点。他说:"过去设想的远景规划,发展速度是不是可以放慢一点?经过'八大'前后的研究,我们觉得可以放慢一点。比如,原来设想钢产量在第三个五年计划的最后一年要达到年产3000万吨,肯定地说,照现在这个速度是不可能实现的。'八大'的建议已经把这个要求改变了。我们设想第三个五年计划的指标定在2000万吨到2500万吨上,将来如果执行得好,有可能超过,但是现在不能定到3000万吨。因为定到3000万吨,其他就都要跟上去。那就会像我们常说的,把两脚悬空了,底下都乱了,不好布局,农业、轻工业也会受影响,结果还得退下来。要达到原来远景规划设想的生产指标,肯定时间要更长一些,有可能要四个五年计划,或者在第四个五

---

① 吴冷西:《十年论战》,中央文献出版社1999年版,第60、61页。

年计划期间。陈云同志曾经在中央政治局会议上说,既然达不到,就应该允许在三个五年计划以外再加两年。我说,甚至可以设想加两年不够再增加一两年。这样一个大国,数量上的增长稍微慢一点,并不妨碍我们实现工业化和建立基本上完整的工业体系。这样,我们的计划就好安排了。"

关于"八大"通过的二五计划建议指标和《农业四十条》的有些指标,周恩来也提出需要调减(在修改提交"八大"审议的关于"二五"计划建议书里,他甚至删去了重要位置使用的"以多、快、好、省的精神"的提法,"以致此后有一年多时间人们没有再提及'多、快、好、省'。"[1])。他说,这两个文件经过我们研究以后觉得可以修改。上不去,就不能勉强,否则把别的都破坏了,钱也浪费了,最后还得退下来。凡是不合实际的都可以修改,这样就把我们的思想解脱了,不让自己圈住了自己。[2]

在谈到1957年度国民经济计划的问题时,他认为,不仅要考虑1956年当年的情况,而且很自然会联系到怎样估计第一个五年计划。他说,国务院常务会议多次讨论,认为第一个五年计划基本正确,成绩很大,但是错误不少。谈到错误不少,他说1953年小冒了一下,今年就大冒了一下。去年的基本建设搞得少了一点,还有点余力,结果多余的器材减价出卖,钢材出口,水泥减产,木料也减价出卖了。这当然是不恰当的,是比较大的错误。计划中的一些变化,有的是由于形势的变化而需要修改,例如去年年终和今年年初,感到国际局势走向缓和,设想把国防工业步子放慢;有的是由于经验和知识不足而犯了错误。比如请苏联设计的项目,没有分清哪几种快有好处,哪几种快会背上包袱。汽车厂加快了,明年可生产18000辆到20000辆,汽油就没有那么多,得减少产量,劳动力就要闲置。原来还打算建设第二个汽车厂,现在要推迟了。再比如铝加工厂和机械厂,军民结合问题没有很好考虑,闲置了一些资金。

关于1956年的问题,他认为,年度计划总的来说是冒进了,动用上年结余10亿元,农贷20亿元收不回,造成预算赤字30亿元;多发票子10亿元到15亿元,多挖库存20亿元物资,加起来又是30多亿元;基本建设投资,年初尾巴翘得太高,经过二月"促退会"和五、六月份的压

---

[1] 林蕴晖、范守信、张弓:《凯歌行进的时期》,河南人民出版社1989年版,第632页。
[2] 《周恩来经济文选》,中共文献出版社1993年版,第336、339—340、341页。

缩，从200多亿元、180多亿元压到140亿元，过去每年增加30%几、20%，今年一下子增加这么多，涨得太高了。基本建设一多就乱了，各方面紧张，材料特别紧张；其他军费开支、职工人数增加也多花10亿元。不论从那个角度看，都是紧张得很。今年的成绩是大的，但是冒了。冒了多少，哪些方面冒，还得仔细研究（后经核实，财政赤字和动用库存等均比预计的要少——引者注）。因为今年冒了，所以安排明年的数字就非常困难。经委从"八大"以前一直摸到现在，提到国务院常务会议，差不多讨论了三个礼拜，大家的意见出入很多。明年应该实行"保证重点，适当收缩"的方针。不然站不稳，会影响货币、物资、劳动、工资等方面。我们应该意识到，不要使中国也发生波兰几万或者几十万人站在街上请愿的事，那问题就大了。现在拟安排的1957年基本建设投资133.5亿元，物资平衡还很费劲，钢材缺口31万吨，木材缺口521万立方米，外汇方面出口的东西不能增加，进口却要增加，也很紧张。所以，这只是一个初步数字，还不能完全确定。[①]

至此，关于时局问题和1957年国民经济计划问题的讨论，遂由国家建设和人民生活、重工业和轻工业、农业的关系问题，归结到经济发展速度的快与慢的比较和取舍的问题上。陈云关于宁愿慢一点、慢一点比快一点好的思路，先后得到周恩来和刘少奇的支持，扩大了在领导层的影响。

这里不厌其详地引用有关文献资料，说明1956年一线领导人的反冒进，有着何种历史背景；有些问题的提出，存在着怎样的因素。例如，警示可能发生中国的"波兹南事件"等等（这未免是过分估计，当时就有不同意见）。

在全会讨论中，一般都表示赞成按"保证重点，适当压缩"的方针安排1957年投资；少数人有保留，甚至担心会不会引起"冒退"的后果。赞成的表态中，在具体做法上也不都一致。

各小组的讨论，简述如下：

华东组：同意收缩方针，在投资分配上要求做得稳妥些，以便退而不乱。他们质疑拟议中地方投资削减8亿元，中央各部门的投资反增加3.5亿元，是否恰当？

中南组：同意说今年冒了，明年应下马，但应稳一些。对冒进要分

---

① 八届二中全会记录（1956年11月10日）。

析，下马也要分析。1957年基建只砍地方，中央部门实际上不砍，未必都是重点。江西提问：判断"冒进"有无标准？他们说，无冒进、未上马的，就无马可下，不能一律少给投资。湖北、河南提出了保护干部积极性的问题。他们说，反保守已反过，反冒进从他们那里看，已经作了检讨，有了认识。应通过整风和总结工作的方法，肯定成绩，批判错误，以保护干部积极性。不然，反了冒进又会发生保守和缩手缩脚倾向。董必武在参加该组讨论时则认为，批评冒进虽从6月份开始，冒进思想并未得到清除。他说，经济问题是长期的，不能采取突击办法。冒进思想不清除，第二个五年还会发生问题。

西北组：同意保证重点、适当收缩的方针。他们说，西北基本建设投资绝大部分是为中央重点建设项目服务，只不过由地方负责施工。现在的问题主要是拨款不足。例如，兰新铁路新建几百公里，各站段都缺少饭馆等服务设施，有的县为此害怕正式通车。中央有关部门1957年在西北的投资还有增加，分配地方的投资也应相应增加。

华北组：1956年各方面都冒了，1957年应收缩一下，但不要过猛，防止产生另外的偏向。现在安排的1957年投资有些少。

东北组：1957年发展速度放慢些以保证重点是对的，但"适当收缩"的提法会不会引起冒退？不如用"保证重点、一般巩固、个别收缩"的提法。现在片面强调改善生活，值得考虑。

国家机关小组：王鹤寿认为，"一五"建设规模不冒，应该完成。工业本身也并未冒；冒在面铺大了，不该早上的上早了。黄敬说，机械工业重点项目前几年在做准备，真正的建设是在1957年和1958年，这一下马是个问题。保重点是对的，也必须有次点配合，否则同样不行。

鉴于当时情况，毛泽东在11月13日的小组长会议上，讲了七条意见。他肯定1956年的工作，肯定1956年的基本建设投资和其他事业开支大部分是正确的，一部分不正确；1956年的人民生活有所改善，就业有所增加，但是，人民生活的改善，必须是渐进的，支票不可开得过多。

关于1957年预算，毛泽东认为，打得较紧，在某些方面应作适当收缩。他说，钱和材料只有这样多，1957年的年度计划，在某些方面必须比1956年作适当压缩，以便既能保证重点建设，又能照顾人民生活需要。压缩的重点在中央，地方也应尽可能地压缩。必须做到合理安排，不出乱子。物资不足，应该首先支持必要的生产，同时注意平衡。

他提议，在全党和全国人民中发动一个增产节约运动。增产必须在原料有保证和社会需要的条件下进行，同时必须保证质量和减少工伤事故。

在第七条，他还谈到，国内阶级矛盾已经基本解决，但是应该注意仍然存在的一部分反革命分子的活动。对于资产阶级分子和知识分子的旧思想和旧习惯的改造，要在巩固团结他们的方针下，继续进行长期的教育。他说："人民内部的问题和党内问题的解决的方法，不是采用大民主而是采用小民主。要知道，在人民方面来说，历史上一切大的民主运动，都是用来反对阶级敌人的。"① 最后一点的内容，反映了他对波匈事件的思考。此后，他继续发展着这些认识，升华为关于正确处理两类不同性质的矛盾的学说。

11月15日，会议闭幕的那天，元老级的中央政治局常委朱德发言。他的调子与刘少奇、周恩来、陈云似有差别。他说："关于波匈事件的问题，我们的情况不同。虽然都是以发展重工业为主的方针，却并不相同。我们国家大，重工业本来就不多。他们国家小，农业又不行，所以出问题。我们中国的第一个五年计划，现在看，胜利完成是可能的。'二五'计划作出草案来，我看也会是正确的，因为得到经验教训了。以后也会稳步前进，不会出什么大问题。但是，我们确实要保证第二个五年计划逐步前进。如果这个最低的数字还嫌大，嫌多，还做不到，又怕跑上街，那也不好。"②

闭幕会在几人发言后，毛泽东作会议总结讲话。他指出："我们对问题要作全面的分析，才能解决得妥当。进还是退，上马还是下马，都要按照辩证法。世界上，上马和下马，进和退，总是有的。那有上马走一天不下马的道理？"讲到综合平衡的问题时，他说，我们的计划经济，又平衡又不平衡。平衡是暂时的，有条件的。暂时建立了平衡，随后就要发生变动。上半年平衡，下半年就不平衡了，今年平衡，到明年又不平衡了。净是平衡，不打破平衡，那是不行的。我们马克思主义者认为，不平衡，矛盾，斗争，发展，是绝对的，而平衡，静止，是相对的。所谓相对，就是暂时的，有条件的。这样来看我们的经济问题，究竟是进，还是退？我们应当告诉干部，告诉广大群众：有进有退，主要的还是进，但不是直线前

---

① 《毛泽东文集》第七卷，人民出版社1999年版，第159—161页。
② 八届二中全会记录（1956年11月15日）。

进，而是波浪式地前进。虽然有下马，总是上马的时候多。我们的各级党委，各部，各级政府，是促进呢？还是促退呢？根本还是促进的。社会总是前进的，前进是个总的趋势，发展是个总的趋势。①

谈到第一个五年计划是不是正确的问题，他说，我赞成这种意见，就是说根本正确。至于错误，确实有，这也是难免的。他认为，有些问题的影响，不在第一个五年计划，而是在第二个五年计划，也许还在第三个五年计划。第一个五年计划是不是正确要到第二个五年计划末才能完全作出结论。但他以肯定的语气说：总的说来，现在看不出第一个五年计划有什么大错，有什么根本性质的错误。他告诫要保护干部和人民群众的积极性，不要在他们头上泼冷水。他说，要在保护干部和人民群众积极性的根本条件下，批评他们的缺点，批评我们自己的缺点，这样，他们就有一股劲了。群众要求办而暂时办不到的事情，要向群众解释清楚，也是可以解释清楚的。②

毛泽东的这篇讲话，在当时有很强的针对性。在成绩与缺点错误、进还是退、上马还是下马、平衡与不平衡等一系列敏感问题上的分析，有助于统一党内思想。后来批判反冒进时，毛泽东说，他在八届二中全会上提出的七条是个妥协方案，是用来挡水的，挡一挡反冒进之水。这是在前面提到的那篇"双反"社论之后，在反冒进的问题上较为明确的表态，尽管委婉而温和。

中共八届二中全会最后决定，1957年经济工作要贯彻执行"保证重点、适当收缩"的方针，号召开展一个增加生产、厉行节约的运动，保证"一五"计划最后一年和整个五年计划的完成和超额完成。

第二节　被称为政治思想战线决胜负的一仗

1957年，是中国政治领域风雷激荡的岁月。中国共产党开展的以正确处理人民内部矛盾为主题的整风运动，发展到一场反对资产阶级右派的政治斗争。本书不可能专门讨论这一问题，我们只能也应该在适当的程度

---

① 邓小平在改革开放时期，提出的"发展是硬道理"的观点，是否与此一理？是很值得研究的问题。
② 《毛泽东选集》第五卷，人民出版社1997年版，第313—314、315页。

上提及，因为经济问题同上层建筑领域的问题很难截然分开。

一 关于正确处理人民内部矛盾思想的提出

中共"八大"闭幕后，国际上的波匈事件曾一度吸引了毛泽东的注意力。在他转向国内问题时，政治方面的关注又被放在经济问题之上。关于正确处理人民内部矛盾的问题，成为他思考和研究的重点。1957年6月19日，《人民日报》发表了他的《关于正确处理人民内部矛盾的问题》的重要文章（以下简称《正处》）。如果说：《论十大关系》主要是从经济的角度探索调动一切积极因素，加快中国的发展；《正处》则主要是从政治的角度探索调动一切积极因素，加快中国的发展。

1956年社会主义改造取得决定性的胜利以后，"八大"作出了工作重心转向经济建设的决策。但是，有一个问题没有完全解决，就是怎样正确认识和处理开始突出起来的人民内部矛盾的问题。苏联在三十年代完成农业全盘集体化以后，曾经遇到过这个问题。由于斯大林不承认社会主义社会仍然存在矛盾，以至于把一批人民内部矛盾当成了敌我矛盾来处理，造成了长时期的消极影响。毛泽东注意到这个历史经验，着手探索这一问题。

1957年2月27日，他召集最高国务院会议第十一次（扩大）会议，专门讲这个问题。人民内部矛盾过去就存在，这时需要突出地提出来，同下述两方面的情况有关系。一方面随着民主革命任务的完成和社会主义改造任务取得决定性胜利，使正确处理人民内部矛盾成为政治主题；另一方面许多人对这个变化还缺乏认识，他们的思想还停留在过去的阶段上，以至于在人民内部矛盾面前麻痹大意，或处理不当，酿成少数人闹事。1956年下半年，工人罢工，学生罢课，农民闹退社等少数人闹事的事件显著增加。这些闹事属于反革命分子捣乱、破坏的是极少数，绝大多数是因为人民内部的矛盾引起，而且往往同领导者的官僚主义或者处理不当有关系。例如，有些干部在少数人闹事面前，一方面害怕；另一方面又乱捕乱斗。

毛泽东在研究国内问题的过程中，特别研究了1956年下半年国际上发生的波兰和匈牙利事件，从中汲取经验教训。毛泽东指出，"坏事也可以变成好事"。他对社会主义社会如何运用民主方式的问题，区分为三种情况：对阶级敌人，使用无产阶级领导下的大民主的方法；人民内部的事情，党内的事情，用小民主的方法来解决；作为一种补充的形式，大民主也可以用来对付官僚主义者。大民主和小民主这种说法，原是几位司局级知识分子干部提出来的。波匈事件发生后，他们说：中国也应该搞大民主，采取西方资产阶级"议会民主"那一套做法，小民主不过瘾。毛泽东说："他们这种主张缺乏马克思主义观点，缺乏阶级观点，是错误的。不过，大民主，小民主的讲法很形象化，我们就借用这个话。"

他说："民主革命解决了同帝国主义，封建主义，官僚资本主义这一套矛盾。现在，在所有制方面同民族资本主义和小生产的矛盾也基本上解决了，别的方面的矛盾又突出出来了，新的矛盾又发生了。县委以上的干部有几十万，国家的命运就掌握在他们的手里。如果不搞好，脱离群众，不是艰苦奋斗，那么，工人，农民，学生就有理由不赞成他们。我们一定要警惕，不要滋长官僚主义作风，不要形成一个脱离人民的贵族阶层。"他提出，在1957年开展整风运动，克服主观主义、宗派主义和官僚主义。

1957年1月18日到27日，中共中央召开省市自治区党委书记会议，讨论思想动向，研究经济工作。会前和会议中间，毛泽东陆续批印几件材料给大家参阅。其中有：

（1）新华社记者内部报道的地质部一所中等技校学生游行请愿事件。

1957年1月8日和9日，该校1300多名学生由于对分配问题有意见，上街游行，还要强行登上火车到北京请愿。游行队伍中有人还打出了反动标语。

（2）中共河南省委关于临汝县"闹退社"的问题给各级党委的指示。

1956年6月到11月，临汝县如河南原十区发生闹退社事件，波及13个乡，35个生产合作社约3万人。主要是不让外调粮食引起的。开始没有引起县委重视，由于问题得不到解决，发展到停止生产，抢分粮食，打骂干部，私自改选干部和人民代表，最后演变为闹分社、退社。闹事的出头人，主要是入社后减少收入或经济利益受到侵犯的富裕中农、地痞、懒汉、落选干部以及对政府有意见的退伍军人。他们擅自给地主、富农摘帽子，提出"不要党支部"等无理要求，甚至呼喊反动口号。省委认为，这不是"个别性偶然性的问题"。主要是在农村政治工作和整社的指导思想上过多指责缺点和错误，挫折了干群的积极性，助长了坏分子的气焰。

（3）《困难严重的昆明航空工业学校为什么没有闹事》一文。

1956年9月，昆明市3000多中等技术学校的学生，为要求改善生活条件请愿、罢课。而航空工业学校的生活条件更差，却没有受影响，拒绝参加请愿活动。这个学校的领导干部敢于说实话,重视思想政治工作,同学生一起共甘苦,努力克服困难,是稳定学生情绪的重要因素。

(4)《解放军中一些军官怀疑党对农民的政策》的材料。

该材料反映有许多军官,甚至有些高级军官,对目前农村的情况和农民的生活状况不满,说"党对工商业的政策太右了,对农民的政策太左了"。农民一年辛苦劳动,还抵不上工人一两个月的工资。空军一位处长说,"政策不好,不但工人要上街,农民也会上马路。"

(5)美国总统艾森豪威尔给蒋介石的一封信。

这封信的主要内容,是劝阻蒋介石不要急于反攻大陆,而寄希望于发生动乱上。

(6)《人民日报》发表的《我们对目前文艺工作的几点意见》的文章。

这篇文章是几位部队作家写的,《人民日报》1957年1月7日刊出。文章称:百花齐放,百家争鸣的方针,给社会主义的文艺事业带来了新的繁荣,但也出现了一些不能令人满意的现象。如为工农兵服务方向和社会主义现实主义的创作方法很少有人提倡了;反对公式化、概念化的口号被一些人用来作为反对文艺要为政治服务的借口,等等。

毛泽东在会上多次讲话,告诫大家要注意思想动向,把处理社会主义社会两类矛盾的问题作为一门科学好好地研究;对形势要估计到好坏两种可能性,要放在最坏的一种可能性上。他说:"我们过去和人民一道反对敌人,那个时候我们和人民一道是矛盾的一个方面,敌人是另一个方面。现在阶级快要消灭了,革命快完了,搞建设了,自己内部就发生问题了。我鼓起眼睛望着你,你又望着我。所以,必须准备,人民中有一小部分人年年要闹事的,不要怕闹,要使自己精神有所准备,不致陷于被动。我们要在几个五年计划的时间内,认真取得处理这个问题的经验。"

在上海等地的干部会议上,他还讲到,就国内来说,社会主义的社会制度已经基本上代替了过去旧的制度。在我们面前的新的任务,就是建设。建设也是一种革命,这就是技术革命和文化革命,团结全国人民向自然界作斗争。当然在建设过程中,还离不了人与人之间的斗争。我们说阶级斗争基本完结,就是说还有些没有完结。特别是在思想方面,无产阶级和资产阶级之间的阶级斗争还要延长一个相当长久的时间。随着敌我矛盾在国内基本解决,人民内部的矛盾开始比过去显露了。但是至今还有许多同志对于这种形势不很清楚，还用过去一些老的方法来对待新的问题。应该说，在过去一个时期内，中央对于这个问题也没有作详细的说明。现在情况更明白了，就需要更详细地告诉全党：不要使用老的方法来对待新的问题，要分清敌我之间的矛盾和人民内部的矛盾。

1956年提出百花齐放、百家争鸣的方针以后，党内和党外的反映有很大的不同。总的看：党外热，党内冷；非党知识分子翘首以待，党的干部则忧心忡忡。几位部队作家的文章，反映了党内相当多的同志的看法和心态。毛泽东批评他们看问题的方法不对，说："中国六亿人口，农民五亿，手工业者，小商贩一千多万，还有资产阶级，地主，富农，你要这些人嘴上统统打上封皮只有吃饭时揭开一下，吃了饭就封起来，那怎么行！嘴有两个作用：一为吃饭，二为讲话，把它赌起来很难办到。资产阶级，小资产阶级和他们的思想意识一定要反映出来，而且它要表现自己，用他们的世界观改造世界，我们只能在他们表现的时候去加以批评。但是，这只能是有说服力的批评，不是教条主义的批评，而教条主义的批评就不能解决为题，还会助长这些不好的东西。"

1957年3月6日到13日，中共中央又召开了有党外人士参加的全国宣传工作会议，解决这个问题。毛泽东在大会上讲话。他说：我们现在是处在一个社会大变动的时期。现在的变动比过去的变动深刻得多。这样的大变动当然要反映到人们的思想上来。存在决定意识。在不同的阶级、阶层、社会集团的人们中间，对于这个社会制度的大变动，有各种不同的反应。广大人民群众热烈地拥护这个大变动，因为现实生活证明，社会主义是中国的唯一的出路。

接着，他分析知识分子的状况。他说：中国大约有五百万知识分子。这五百万左右的知识分子中，绝大多数人都是爱国的，为社会主义的国家服务。有少数知识分子对社会主义制度是不那么欢迎、不那么高兴的。他们对社会主义还有怀疑，但是在帝国主义面前，他们还是爱国的。对于我们的国家抱着敌对情绪的知识分子，是极少数。这种人不喜欢我们这个无产阶级专政的国家，他们留恋旧社会。一遇机会，他们就会兴风作浪，想要推翻共产党，恢复旧中国。这是在无产阶级和资产阶级两条路线、社会主义和资本主义两条路线中间，顽固地要走后一条路线的人。这后一条路线，在实际上是不能实现的，所以他们实际上是准备投降帝国主义、封建主义和官僚资本主义的人。这种人在政治界、工商界、文化教育界、科学技术界、宗教界里都有，这是一些极端反动的人。这种人在五百万左右的人数中间，大约只占百分之一、二、三。绝大部分的知识分子，占五百万总数的百分九十以上的人，都是在各种不同的程度上拥护社会主义制度的。在这些拥护社会主义制度的人的中间，有许多人对在社会主义制度下如何工作，许多新问题如何了解，如何对待，如何答复，还不大清楚。

毛泽东在做这样的分析和估计之后，又从对待马克思主义的态度的方面进行分析。他总结说：总而言之，可以这样说，五百万左右的知识分子对待马克思主义的状况是：赞成而且比较熟悉的，占少数；反对的也占少数；多数人是赞成但不熟悉，赞成的程度又很不相同。这里有三种立场，坚定地，动摇的，反对的三种立场。应当承认，这种状况在一个很长的时期内还会存在。如果不承认这种状况，我们就会对别人要求过高，又会把自己的任务降低。

然后，他讲了知识分子的改造问题，知识分子同工农群众结合的问题。在这里，他提出了一个教育者要先受教育的问题。他说：我们现在的大多数的知识分子，是从旧社会过来的，是从非劳动人民家庭出身的。有些人即使是出身于工人农民的家庭，但是在解放以前受的是资产阶级教育，世界观基本上是资产阶级的，他们还是属于资产阶级知识分子。这些人，如果不把过去的一套去掉，换一个无产阶级的世界观，就和工人农民的观点不同，立场不同，感情不同，就会同工人农民格格不入，工人农民也不会把心里的话向他们讲。知识分子如果同工农群众结合，和他们做了朋友，就可以把他们从书本上学来的马克思主义变成自己的东西。学习马克思主义，不但要从书本上学，主要的还是要通过阶级斗争、工作实践和接近工农群众，才能真正学到。如果我们的知识分子读了一些马克思主义的书，又在同工农群众的接近中，在自己的工作实践中有所了解，那么，我们大家就有了共同的语言，不仅有爱国主义方面的共同语言、社会主义制度方面的共同语言，而且还可以有共产主义世界观方面的共同语言。如果这样，大家的工作就一定会做得好得多[1]。

知识分子不是一个阶级，却又总是依附一定的阶级，为一定的阶级服务。所以，毛泽东除对知识分子的政治态度进行分析，还从世界观方面分析。政治态度的问题和世界观的问题，很难截然分开，但毕竟是两个不同

---

[1] 《毛泽东文集》第七卷，人民出版社1999年版，第267—282页。

范畴的问题。这可能是针对这个特殊群体的具体实际的特定分析方法。过去还没有过。今人对此持有异议的不少,这有待历史的检验,也有待历史去作结论。至于毛泽东关于"现在的大多数的知识分子","他们还是属于资产阶级知识分子"这一断语,则是特指。是特指"在解放以前受的是资产阶级教育"的知识分子。它是有前提条件的。

最高国务会议和宣传会议结束以后,毛泽东到外地视察情况。他经天津、济南、南京到达上海。看到上海的报纸登载讨论人民内部矛盾的消息和文章,很高兴。1957年4月4日到6日,他邀集中共中央上海局及华东各省市委的有关同志在杭州开会,汇报情况。他在会上指出:"两会以后,紧张空气开始缓和,党外知识分子初步和我们接近起来,情绪比较开朗了。知识分子要的东西(指"双百"方针——引者注),你不给,就被动;给了以后,鸣好鸣坏由他们负责。""我们的办法是先整自己,把党整好。""要硬着头皮,让他们攻!攻一年。谁让我们有教条主义,攻掉就好,攻得过火,就让牛鬼蛇神出来闹一闹。共产党要让骂一下,让他们骂几个月,我们想一想。"

二 执政党的开门整风

他对北京的报纸很少有讨论人民内部矛盾问题的文章,大为不满。他下令改组了报纸的领导班子,并部署提前开始党内整风。

4月27日,中共中央发出《中国共产党中央委员会关于整风运动的指示》。① 4月30日。毛泽东召集第十二次最高国务会议,专门谈共产党整风问题。他说:"几年来都想整风,但找不到机会,现在找到了。凡是涉及许多人的事情,不搞运动,搞不起来。""要党内党外一起来,以往开小会不灵,要开最高国务会议第十一次扩大会和宣传会议一样的大会,党内外一道开会,两种元素和在一起,起了化学作用,成了另一种东西,就灵了。各省市都要开会。报上登一下,就可以打破沉闷的空气。这时提整风比较自然,整风总的题目是要处理人民内部矛盾,反对三个主义(指官僚主义、宗派主义和主观主义——引者注)。"

中共这次整风,目的是要使自己能够适应社会主义改造基本完成后的新情况和社会主义建设新形势的需要,正确区分和处理两种不同性质的矛

---

① 参见《人民日报》1957年5月1日第1版。

盾，更好地调动一切积极力量，团结一切可能团结的人，并且将消极力量转化为积极力量，为着建设一个伟大的社会主义国家的目标而奋斗。毛泽东说："现在的情况是：革命时期的大规模的急风暴雨式的群众阶级斗争基本结束，但是阶级斗争还没有完全结束；广大群众一面欢迎新制度，一面又还感到还不大习惯；政府工作人员经验也还不够丰富，对一些具体政策的问题，应当继续考察和探索。这就是说，我们的社会主义制度还需要有一个继续建立和巩固的过程，人民群众对于这个新制度还需要有一个习惯的过程，国家工作人员也需要一个学习和取得经验的过程。在这个时候，我们提出划分敌我和人民内部两类矛盾的界限，提出正确处理人民内部矛盾的问题，以便团结全国各族人民进行一场新的战争——向自然界开战，发展我们的经济，发展我们的文化，使全体人民比较顺利地走过目前的过渡时期，巩固我们的新制度，建设我们的新国家，就是十分必要的了。"①

后来，这一思想，被概括进中共八大二次会议通过的多快好省地建设社会主义的总路线的基本内容中。

但是，5月上半月各地给中央的报告，反映阻力不小。

北京市委反映：有相当一部分同志对于"放"的方针仍然有顾虑，认为"从此天下多事"，工作不好做了。

湖北省委反映：一部分同志怕"放"出错误的东西来难收场；怕群众反对领导，怕否定一切，怕将来又来一个大纠偏。民主人士，宗教界和高级知识分子认为，现在还是"放"得不够，要求领导者要有气魄地"放"。

四川省委反映：党外人士绝大多数拥护两会讲话（指毛泽东在最高国务会议和全国宣传工作会议上的两次讲话——笔者注），一部分人反对肃反和合作化，对思想改造等运动仍有不满情绪，极少数人想借机反攻。党内通过讨论认识到，如果不及时提出正确处理人民内部矛盾的问题，将要犯错误。但一部分干部（包括一些地县委书记）怕整乱不好收场，少数人还有抵触情绪，对非党知识分子的批评不服气。

广东省委反映：在正确处理人民内部矛盾的方针提出来以后，群众兴致勃勃，干部忧心忡忡，越到下面抵触情绪越严重。经过学习，上述情况

---

① 《毛泽东文集》第七卷，人民出版社1999年版，第216页。

有所转变，但还有不少思想问题。

甘肃省委反映：在地区和厅局级以上的党员领导干部中，少数人基本搞通了；多数半通半不通，说"革命几十年都没叫人监督，现在革命胜利了反倒要叫人监督，想不通"，甚至认为党外人士、知识分子更嚣张了，不把他们整下去不甘心。

山西省委反映：在老干部、老党员中，对中央的精神真正理解的是少数；多数人是既表示拥护又有怀疑，说是"好人不闹事，闹事没好人"。"现在已有极端民主化的倾向，再要扩大民主，事情就更不好办了"。有些知识分子、民主人士和新干部认为，过去民主太少，专政和集中太多。他们对实行"放"的方针既高兴，又有顾虑，怕打击报复。

这些情况说明，从提出"双百"方针，到提出正确处理人民内部矛盾的问题，相当一部分党的领导机关和领导干部显得有些被动。面对革命到建设的转变，党的思想准备不足，党内的认识同党外的要求有着较大的距离。毛泽东在杭州会议上说，他对于这些干部帮助的办法，就是"攻"。党内整风，请党外人士帮助共产党整风。

同年5月4日，中共中央发出毛泽东亲自起草的《关于继续组织党外人士参加会议或在报纸刊物上对党政工作中的缺点错误提出批评的指示》。"指示"说："最近两个月以来，在各种有党外人士参加的会议上和报纸刊物上所展开的，关于人民内部矛盾的分析和对于党政所犯错误缺点的批评，对于党与人民政府改正错误，提高威信，极为有益，应当继续展开，深入批判，不要停顿或间断。其中有一些批评得不正确，或者在一篇批评中有些观点不正确，当然应当予以反批评，不应当听任错误思想流行，而不予回答（要研究回答的时机并采取分析的态度，要有充分说服力），但是大多数的批评是说得中肯的，对于加强团结，改善工作，极为有益。即使是错误的批评，也暴露了一部分人的面貌，利于我们在将来帮助他们进行思想改造。现在整风开始，中央已同各民主党派及无党派领导人士商好，他们暂时（至少几个月内）不要表示态度，不要在各民主党派内和社会上号召整风，而要继续展开对我党缺点错误的批判，以利于我党整风，否则对我党整风是不利的（没有社会压力，整风不易收效）。他们同意此种做法。只要我党整风成功，我党就会取得完全的主动，那时就可以推动社会各界整风了（这里首先指知识界）。此点请你们注意。""指示"特别指出："党外人士参加我党整风座谈会和整风小组，是请他们向我们提意见，作批评，而不是要他们批评他们自己，此点也请你们注意。"

令人意外的是，极少数别有用心的人，乘机鼓动推翻共产党的领导和社会主义制度。整风运动被迫转变为反对资产阶级右派分子的政治斗争。

三　反右派是必要的，但是扩大化了

《中华人民共和国史稿》对于中共整风转变为反击资产阶级右派的斗争的背景，作了如下的叙述：

"整风初期，运动的发展是健康的。但是随着运动的深入，出现了未曾料到的复杂情况。极少数别有用心的人利用帮助共产党整风的机会，在各种座谈会上，肆意散布各种从根本上反对党反对社会主义的言论，向党向社会主义发动猖狂进攻。他们把宪法明确规定的共产党在国家和社会生活中的领导地位攻击为'党天下'。一些人公然反对共产党领导，提出各民主党派和共产党'轮流执政'，又叫'轮流坐庄'，说'一党执政有害处'，'如果不要共产党一党执政，而要共产党和各民主党派通过竞选来轮流执政，由各党派提出不同的政纲来，由群众自由的选择，这就好得多'。他们甚至毫不隐讳地提出'请共产党下台'。他们攻击社会主义制度，说'现在政治黑暗，道德败坏，各机关都是官僚机构，比国民党还坏。人民生活降低，处于半饥饿状态'，'根本的办法是改变社会主义制度'。他们完全否定社会主义改造和社会主义建设事业的成绩，反对农业合作化、资本主义工商业的社会主义改造、粮食统购统销等政策，污蔑国内社会'一团糟'。他们夸大党和人民政府工作中的缺点和错误，把党和政府的工作说得一无是处，甚至说官僚主义是社会主义制度的产物和代名词，宗派主义是无产阶级专政的产物和代名词，主观主义、教条主义是马克思主义的产物和代名词。他们全盘否定党领导开展的历次政治运动，说'历次运动失败的居多'，'过去几个大运动，都是共产党整人'，'肃反的偏差和错误很大很大'，甚至要为反革命分子'平反'。他们不承认资产阶级分子有继续改造的必要性，公开要共产党退出机关、学校，公方代表退出公私合营企业。他们还把攻击矛头直接指向中共中央和毛泽东，说'三害'（指官僚主义、宗派主义、主观主义）'应向党中央和毛主席那里挖'，'最近大家对小和尚提了不少意见，但对老和尚没有人提意见'。他们认为国内外形势已经对共产党的领导非常不利，是他们借共产党整风的

机会，公开推翻共产党和社会主义制度的时候了，说'现在学生上街，市民跟上去'，共产党已经是'进退失措'，'形势非常严重'，'已经天下大乱了，毛主席他们混不下去了，该下台了'等等。他们对整风中所采取的和风细雨地开展批评和自我批评的方针不满，说和风细雨'不足平民愤'，主张要'迅雷烈风'，提出实行'大鸣、大放'的'大民主。'①

时过将近1/4世纪，新时期改革开放政策的总设计师邓小平，也是当年在毛泽东决策下主持整风运动和反右派斗争具体工作的中共中央总书记，在谈到当年这场斗争时，不止一次地表示还是要肯定。他说：

"1957年反右派斗争还是要肯定。三大改造完成以后，确实有一股势力、一股思潮是反社会主义的，是资产阶级性质的。反击这股思潮是必要的。我多次说过，那时候有的人确实杀气腾腾，想要否定共产党的领导，扭转社会主义的方向，不反击，我们就不能前进。错误在于扩大化。统战部写了个报告给中央，提出错划的都要改正，没有错划的不能改正。但是，对于没有错划的那几个原来民主党派中的著名人士，在他们的结论中也要说几句：在反右派斗争前，特别是在民主革命时期，他们曾经做过好事。对他们的家属应该一视同仁，在生活上、工作上、政治上加以妥善照顾。"②

"1957年的反右派斗争，我多次讲过，那个时候确实有人杀气腾腾，但是我们处理得过了，扩大化了。当然，不能把当时所有被批判的人都说成什么问题、什么错误都没有。我看对反右派斗争，还是两句话：一句是必要的，一句是扩大化了。"③

四 "六条政治标准"的意义

经过这场斗争，进一步确立起来的六条政治标准，对于保证大规模经济建设和国家工业化事业的社会主义方向，具有深远意义；同时，它也成为中国特色政治体制的重要组成部分——中共领导的多党合作的政治基石。

毛泽东在谈到"六条政治标准"时说："百花齐放、百家争鸣这两个

---

① 当代中国研究所著：《中华人民共和国史稿》第二卷，人民出版社、当代中国出版社2012年版，第42—43页。
② 《邓小平文选（1975—1982）》，人民出版社1983年版，第258页。
③ 同上书，第335页。

口号，就字面看，是没有阶级性的，无产阶级可以利用它们，资产阶级也可以利用它们，其他的人们也可以利用它们。所谓香花和毒草，各个阶级、阶层和社会集团也有各自的看法。那么，从广大人民群众的观点看来，究竟什么是我们今天辨别香花和毒草的标准呢？在我国人民的政治生活中，应当怎样来判断我们的言论和行动的是非呢？我们以为，根据我国的宪法的原则，根据我国最大多数人民的意志和我国各党派历次宣布的共同的政治主张，这种标准可以大致规定如下：

（一）有利于团结全国各族人民，而不是分裂人民；

（二）有利于社会主义改造和社会主义建设，而不是不利于社会主义改造和社会主义建设；

（三）有利于巩固人民民主专政，而不是破坏或者削弱这个专政；

（四）有利于巩固民主集中制，而不是破坏或者削弱这个制度；

（五）有利于巩固共产党的领导，而不是摆脱或者削弱这种领导；

（六）有利于社会主义的国际团结和全世界爱好和平人民的国际团结，而不是有损于这些团结。

他强调：这六条标准中，最重要的是社会主义道路和党的领导两条。他说：提出这些标准，是为了帮助人民发展对于各种问题的自由讨论，而不是为了妨碍这种讨论。不赞成这些标准的人们仍然可以提出自己的意见来辩论。但是大多数人有了明确的标准，就可以使批评和自我批评沿着正确的轨道前进，就可以用这些标准去鉴别人们的言论行动是否正确，究竟是香花还是毒草。这是一些政治标准。为了鉴别科学论点的正确或者错误，艺术作品的艺术水准如何，当然还需要一些各自的标准。但是这六条政治标准对于任何科学艺术的活动也都是适用的。在我国这样的社会主义国家里，难道有什么有益的科学艺术活动会违反这几条政治标准的吗？[①]

在中国改革开放初期，邓小平根据出现的新情况和新问题，提出了著名的"四项基本原则"。这是"六条政治标准"在新时期的继承和发展。1979年3月30日，他在党的理论务虚会上以《坚持四项基本原则》为题，发表讲话。他说：

"中央认为，我们要在中国实现四个现代化，必须在思想政治上坚持四项基本原则。这是实现四个现代化的根本前提。这四项是：

[①] 《毛泽东文集》第七卷，人民出版社1999年版，第233—234页。

第一，必须坚持社会主义道路；

第二，必须坚持无产阶级专政；

第三，必须坚持共产党的领导；

第四，必须坚持马列主义、毛泽东思想。"

他提示说："大家知道，这四项基本原则并不是新的东西，是我们党长期以来所一贯坚持的。"[①]

第三节 农村社会主义教育

1957年夏季，正当反击资产阶级右派分子的斗争如火如荼之际，8月8日中共中央发出《关于向全体农村人口进行一次大规模的社会主义教育的指示》，要求就合作社优越性等问题，在全体农村人口中举行一次大辩论。[②]

中国的五亿农民，在1955年秋冬掀起的社会主义高潮中，走上了合作化的道路。合作化后的第一年1956年，在若干省区就遭到了严重的自然灾害。农田受灾面积和成灾面积都超过大水灾的1954年，成灾面积是新中国成立以来最高的年份。但全国的粮食和油料总产量比1955年丰收年景的总产量还有显著增加，除棉花总产量略有减少以外，糖料作物和烤烟等经济作物产量也都有所增加。这说明在非灾区的绝大多数农业生产合作社是增产的。这是农业合作化成功的有力证明。

《农业四十条》要求，农业社应使90%的社员能够增加收入。各地秋后预分的结果证明，凡是增产较多，而在开支方面又厉行节约的农业生产合作社，就真正做到了90%的社员增加收入。反之，有一些农业生产合作社，因为遭灾减产，或者因为在经营管理方面缺乏经验没有能够把生产潜力充分发挥出来，增产不多，或者因为在开支方面一度犯了铺张浪费的错误，以致在今年还达不到90%的社员增加收入。中共中央和国务院针对这种情况，在11月24日发出的《关于农业生产合作社秋收分配中若干问题的指示》认为：这也是难以完全避免的。当前重要的工作是，通过

---

① 《邓小平文选（1975—1982）》，人民出版社1983年版，第150—151页。

② 中华人民共和国国家农业委员会办公厅编：《农业集体化重要文件汇编（1949—1957）》上册，中共中央党校出版社1981年版，第700—701页。

今年秋后的分配工作,教育干部和社员群众,帮助他们总结出没有做到90%社员增加收入的原因,从中取得经验教训,特别注意帮助他们把今年冬季的副业生产工作做好,从副业生产收入中加以弥补;同时鼓舞他们改正缺点,继续努力,争取在明年做到90%的社员甚至更多的社员增加收入。"指示"提出,无论哪一个合作社,对于减少收入的社员户,社的领导干部都应该帮助他们详细分析减少收入的原因,提出补救的办法,鼓励他们的生产情绪,并帮助他们在今冬副业生产中多增加收入。

值得注意的是,"指示"提到有的减少收入,是由于下述情况引起的,即在一部分较大的农业合作社的内部,村与村、队与队之间,由于生产条件不同,有的收入多,有的收入少。合作社的管理委员会对生产收入少的生产队,又没有注意在全年生产过程中采取有效的措施加以弥补,以致在秋后实行统一分配的时候,矛盾就更加突出了。原来生产条件好、收入较多的村和队减少了收入,引起了这部分社员的不满。很显然,对于这些生产条件较好、收入较多的村和队,不能不给以适当的照顾。按照"指示",照顾的办法:一般是在实行全社统一分配的原则下,从这些生产队多于三定产量的超产收入中,留出一部分,作为超产奖励,奖给他们,其余的部分仍归全社统一分配。至于那些村与村,队与队之间收入差别并不大的社,不再一律调整。对于那些经济条件悬殊很大的村和队,如果经过各种工作之后,仍然坚持单独分配或分开办社,也可以经过协议分开办社,或者采取统一领导,各负盈亏的联社办法[①]。

从后来的情况看,当时对这个重要问题的认识是不足的。1958年从并大社到举办人民公社化,其中的重要失误之一,就出现在这个问题上。

秋后分配结果,一部分减少收入的社员,还是出现了闹退社的现象。据中共中央农村工作部12月6日《关于退社和大社问题》的一份简报说:辽宁、安徽、浙江、江西、四川、陕西、河南、河北等八省"今年秋收分配前后,在一部分农业社内,出现社员退社和要求退社的情况。退社户,一般占社员户数的1%,多的达5%;思想动荡想退社的户,所占的比例更大一点。浙江省的宁波专区,已退社的约占社员户数5%,想退社的占20%左右。广东全省已退社的约7万余户,占社员户数1%,并已

---

① 中华人民共和国国家农业委员会办公厅编:《农业集体化重要文件汇编(1949—1957)》上册,中共中央党校出版社1981年版,第634—639页。

有102个社垮了台。辽宁省，今年是丰收的，也发生社员退社的现象。"

"闹退社的户，主要是富裕中农，其次是劳力少、人口多的户和手工业者、小商贩等。根据浙江省宁波专区的调查，在退社户中，富裕中农占50%。安徽省的典型调查，在退社户中，富裕中农占74%。富裕中农，往往是闹退社的倡议者和带动者。他们采取寻找一批不满户做'配帮'来共同退社的办法，以免自己单独退社，陷于孤立。浙江省并且发生了20余起社员殴打社干部的事件。"

"简报"综合各地分析，退社原因主要是：

（1）大多数是因减少收入引起。各省一般都有10%到20%的社员户减少收入。减少收入较多的户，多半是富裕中农、小商贩和有技术的手工工人等，积极想出去单干；减少收入不多的户，情绪也有些动摇。特别是去冬今春成立社时有些干部向社员许愿说每个劳动日能分多少钱，落了空，社员很失望。

（2）农业社对社员劳动时间控制过死，劳动过分紧张，引起不满。社员没有时间经营家庭副业，零用钱很困难；也没有时间处理家庭事务，有的连缝洗衣服和推碾磨面都顾不上。

（3）社干部作风不民主，对社员的一些日常困难问题不照顾、不体贴，甚至还予以打击，社员肚里有气。

（4）对社员入社的生产资料处理不当，特别是将社员的零星树木、果树和小块苇塘也入了社，社员最为不满。

（5）农村自由市场开放之后，有些社员，特别是一部分富裕农民，认为是单干赚钱的门路，不愿留在社内。[①]

关于上千户、几千户的联村社大社问题，"简报"说，经过秋收分配，一般都感到确实有困难，有些已很难维持下去，准备在整社中解决。但做法不同，意见也不一致。省委和地委主张划小或办成联社，县委和区委犹豫动摇，乡干部和社干部反对，社员则表示拥护。犹豫和反对，一是怕说右倾，二是担心分开后单位多了不好领导，三是由合到分确实有许多问题不好处理。

农业生产合作社作为一种新生事物，有一些社一时还达不到90%的

[①] 中华人民共和国国家农业委员会办公厅编：《农业集体化重要文件汇编（1949—1957）》上册，中共中央党校出版社1981年版，第655—657页。

社员增加收入，或由于其他原因，少数社员出现闹退社的现象，本没有什么奇怪，按照中共中央和国务院的有关指示，用积极的态度去做工作，并不难解决。但是，在社会上引起的纷纷议论，也反映到党内一部分干部中间，刮起一股"小台风"。

1957年1月，毛泽东在省市自治区党委书记会议上的讲话，曾讲到这种情况：有些干部说，合作社没有什么优越性。有些部长到乡下去看了一下，回到北京后，放的空气不妙，说是农民无精打采，不积极耕种了，似乎合作社大有崩溃灭亡之势。有些合作社社长抬不起头来，到处挨骂，上面批评，报纸上也批评。有些党委的宣传部长不敢宣传合作社的优越性。农业部的部长廖鲁言，又是党中央农村工作部的副部长，据他讲，他自己泄了气，他下面的负责干部也泄了气，横直是不行了，农业发展纲要四十条也不算数了。毛泽东说，"泄了气怎么办？这个事情好办，你没有气，给你打点就是了。现在报纸上的宣传转了一下，大讲合作社的优越性，专讲好话，不讲坏话，搞那么几个月，鼓一点气。"[①]

围绕1956年秋收分配，农业合作化还有没有希望，有没有优越性，是合作化好还是单干好的问题，被重新提出了出来。不少乡村由群众自发议论，发展到有领导地展开一场大辩论。正如中共中央8月8日指示所说，辩论的结果是：帮助广大农民群众和乡社干部进一步地弄清国家和农村中的大是大非，说明了当前国家所实行的各项根本政策的正确性，说明了资本主义道路只能使极少数人发财，使大多数人贫困和破产，而社会主义才是劳动农民共同发展和共同富裕的唯一出路。中共中央认为，这是群众自我教育的好形式，应该在全国农村中推行。

根据中共中央指示精神，在全体农村人口中进行的一场大规模的社会主义教育工作，围绕以下几个中心题目展开：第一，合作社优越性问题；第二，粮食和其他农产品统购统销问题；第三，工农关系问题；第四，肃反和遵守法治问题；等等。教育的方式是：利用生产间隙和休息时间，在全体农村人口中就这些中心题目举行大辩论，提问题，提意见，摆事实，讲道理，回忆对比解放前后和合作化前后农民生活的变化。

这实质上是关于社会主义和资本主义两条道路的辩论。

历史的经验证明，旧制度的灭亡，新制度的诞生，总是不可避免地要

[①] 《毛泽东选集》第五卷，人民出版社1977年版，第331页。

伴随意识形态领域的斗争。宣传新制度的优越性，批判旧制度的腐朽与落后，是每个时代先进的人们责无旁贷的历史使命，不止共产党人是如此。大辩论进行中难免有粗糙和粗暴的情况发生，总的效果是好的。对广大农民是一次生动的社会主义教育课，也有助于克服某些干部在合作化问题上的右倾思想，而且打击了少数地富分子的反革命行为，有利于合作社的巩固工作。

第四节　国民经济成功的主动调节

1957年是"一五"计划的最后一年。1956年一年的工作，极大地减轻了这一年的压力，使它能够在放慢节奏的情况下，调节经济关系，完成和超额完成第一个五年计划规定的各项任务。

经过讨论修改的1957年国民经济计划，各项指标的安排是：

（1）基本建设投资额计划安排111亿元，为上年的79.4%。在项目的安排上，适当调整了若干部门的投资比重，加强了薄弱环节。主要是减少了非生产性建设的投资比重，减少了纺织工业、食品工业、机械制造工业等设备能力暂时还有多余的部门的投资比重；增加了煤炭、电力、冶金、化学、森林等生产能力不足的工业部门的投资比重；农林水利部门的投资比重保持不变；增加了地方的投资比重，相应地减少了中央的投资比重。按照上述投资安排，1957年计划施工的限额以上厂矿企业建设单位共计591项，其中计划竣工的219项。

（2）工业总产值计划安排603.4亿元，比上年增长4.5%。同1956年相比，增长率大幅度降低。主要原因是：拟议中消费资料生产比1956年增加很少。计划安排1957年生产资料生产为311.3亿元，比上年增长8%；消费资料生产为292.1亿元，仅比上年增长1.1%。主要产品产量计划增长速度分别为：钢11.7%，钢材17%，电力13.7%，原煤10.7%。棉纱为上年的88.3%。消费资料生产减产的原因，主要是上年农业遭受灾害，农产品工业原料的生产没有完成计划。

（3）农业和农副业总产值计划安排611.5亿元，比上年增长4.9%。粮食总产为3820亿斤，比上年增长4.7%；棉花为3000万担，比上年增长3.8%。

（4）1957年社会购买力约为473.2亿元，比上年增加8.2亿元，增长1.8%；社会商品供应总额为463.5亿元，两者尚有一定差额。

（5）1957年计划年底职工总数为2226万人，比上年约减少14万人。职工工资总额计划安排141.2亿元，比上年增加12.1亿元，增长9.4%。

经济战线按照上述计划，部署工作，开展全国性的增产节约运动。这在一定意义上是对1956年国民经济发展中的"过热"现象的主动调节。

1月18日，中共中央召开各省市自治区党委书记会议，总结1956年的经济工作，研究部署1957年的经济工作任务和开展增产节约运动的问题。

会前，毛泽东听取了陈云、李富春、李先念、薄一波等几位经济工作领导人的汇报。陈云在会上讲话。他在肯定1956年社会主义改造和社会主义建设都取得了巨大成绩，经济建设"成绩是主要的"的同时，针对财经工作中的一些缺点错误，提出适当压缩基本建设投资额等几项纠正措施，并总结经验，提出了"建设规模要和国力相适应"的重要原则。①

2月15日，毛泽东批发中共中央政治局2月8日通过的《中共中央关于一九五七年开展增产节约运动的指示》。这个指示的精神，与中共八届二中全会前一直强调的反冒进不同。它是在首先充分肯定成绩的前提下，揭露问题，总结教训，部署1957年的经济工作的。这说明，决策层对1956年的大发展已获得共识（周恩来对1956年工作的重新认识见后）。这是第一个五年计划有一个精彩结尾的重要原因。

"指示"说："我国的国民经济在1956年发生了根本的转变，表现了巨大的高涨。"在列举主要数据后指出："我国社会主义改造和社会主义建设在1956年的迅速发展，说明反对右倾保守观点的斗争是必要的。对于1956年工作中的这一切巨大的成就，必须给予足够的估计。对于干部和群众的热情，必须加以珍惜和保护。否则，我们就将犯严重的错误。"

"指示"然后指出了1956年存在的问题，这就是计划有进展过快的缺点问题，并且在计划执行的某些方面又放松了应有的控制。其表现主要在以下三个方面：

（一）基本建设发展的速度过高，摆的摊子过多，超过了钢材、木材等建设物资生产增长的速度，也超过了财政收入的增长速度，导致物资供需和现金收支双失衡。这样的发展速度不具有持续性。

---

① 《陈云文选（1956—1985）》，人民出版社1986年版，第40—49页。

（二）职工人数增加过多。原计划增加84万人，由于中央放松控制，截至9月已比原计划多增120多万人，加之高等学校、中等专业学校、技工学校和技工训练班也招生过多，不仅陡然增加企业工资费用和国家财政支出，而且降低了劳动生产率，加重城市的负担。

（三）工资增长过快，超过应有限度。1956年提高全体职工的工资标准是必要的，问题是当年既过多增加了职工，又过多扩大了职工升级面，一部分人的工资也增加的过多，而且不适当地支付了一部分福利费用和奖金，合计就使工资总额和福利开支比1955年约增加28亿元到30亿元。此外，1956年农业贷款也突破原定计划，比1955年增加20亿元，其中有一部分并非必要。总之，社会购买力的增长大大超过消费物资的增长，造成市场上特别是城市中消费品供应的紧张局面。

除了上述严重缺点，1956年农业生产的年度计划由于遭受自然灾害没有能够完成，对于1957年国民经济各方面的发展，特别是对于消费物资的生产和供应，以及财政的收入，也有不利的影响。

"指示"认为，从1956年经济工作所发生的问题中认真汲取教训，统一认识，是顺利开展1957年增产节约运动的必要条件。为此初步总结了一年来较快发展中的两条经验教训。

第一，1956年的经验证明，建设的速度和规模不但决定于国家的财政力量，更重要的是决定于建设物资的供应力量。建设物资的生产必须想尽一切办法去积极发展，但是这种发展的速度仍然有一定的限度，不是单纯地由主观愿望所可以决定的。1956年基本建设的规模定得过大，正是因为在编制和执行计划的时候，过多地偏重了需要，而没有足够地考虑建设物资供应的可能。为了避免在今后重复发生基本建设规模超过物资供应能力的危险，各个年度基本建设规模的决定，不但要充分考虑投资的可能，而且必须有建设物资的确实保证。对于某些国家建设和人民生活都需要的物质，在分配的时候，应当首先使人民生活最低限度所必需的物资得到供应，然后按物资的多少，确定建设的规模和速度。

第二，1956年的经验又证明，人民生活改善的速度主要决定于消费物资的供应力量。如果仅仅增加工人的工资，增加对于农民的贷款，或者提高农产品的收购价格，而不能相应地增加消费物资的供应量，那么，就必然造成市场的紧张，甚至造成物价上涨，因而也就不能达到改善人民生活的目的。在生产发展和劳动生产率提高的基础上，逐步地适当地改善人民生活是必要的，而要改善人民生活，就必须积极地发展农业和轻工业。但是农业的发展速度有一定的限度，轻工业的发展又主要决定于农业的发展，因此，人民生活改善的速度也是有一定的限度的，只能是逐步的。同时，还必须注意城乡人民生活水平的距离不要超过正常的限度，以免引起农村人口盲目流向城市。

"指示"强调，为了缓和物资供应和财政支出的紧张局面，使经济战线在1956年巨大的进军以后，转向稳步前进并且作必要的休整，必须在1957年对建设的规模和速度做适当的调整，必须用更大的努力在全国范围内开展群众性的增产节约运动。"指示"要求各级领导要亲自向群众进行动员，说明暂时的困难都是可以克服的，并同他们团结在一起，为全面完成1957年的国民经济计划而积极奋斗。

按照上述精神，1957年几项主要经济指标都有不同程度的压缩和调整（详情见前）：

（1）基本建设投资额由126.73亿元削减为111亿元，比上年减少20.6%。

（2）工业总产值为603.4亿元，同上一年相比（下同）由原计划增长17.4%降为增长4.5%。

（3）农业总产值为611.5亿元，由增长8%降为增长4.7%。

在党和政府号召下，为争取完成1957年国民经济计划，全国各地普遍开展了增产节约运动。随着共产党开始整风，工矿企业和农业生产合作社的社会主义教育和增产节约活动互相结合，对于克服暂时困难，推动各项工作具有巨大的作用。这一年，基本建设施工的大中型项目487个，其中属于156项工程的137项，包括又一个大型钢铁基地武汉钢铁公司主体厂房建设。

由于"适当收缩"的某种副作用，部分项目进展不尽如人意。上半年基本建设仅完成全年投资计划的33.3%，建筑安装工作量仅完成年计划的35.3%，不少重点工程存在拖期的危险。国家经委和国家建委认为：一方面是与计划下达迟有关系；另一个重要原因则是有些部门主观上努力不够，相当多的单位有松劲思想，以及在总分包、甲乙方协作等方面存在很多问题没有及时解决。他们建议各部门和各省、市、自治区分别组织力量，进行一次全面检查，作出安排，保证计划如期完成。①

截至1957年年底，年度计划完成情况是：

基本建设投资143.32亿元，为计划的130.3%，同上年相比减少7.7%。

工业总产值704亿元（当年价，下同），为计划的116.7%；比上年增长11.5%（按可比价格计算）。

列入计划的主要工业产品产量增长速度指标，均超额完成。详见表10-1：

表10-1　　　　　　　1957年主要工业产品产量增长情况

项目	计划增长速度（%）	实际增长速度（%）	实际为计划（%）
钢	11.7	19.7	168.3
钢材	17.0	32.2	189.4
电力	13.7	16.3	118.9
原煤	10.7	19.1	178.5
棉纱	-11.7	-11.3	100.5
棉布	-14.7	-12.5	102.6

资料来源：实际增长速度取自国家统计局工业交通物资统计司编《中国工业经济统计资料（1949—1984）》，中国统计出版社1985年版，第58—61页有关数据，比照计划计算。

这一年，自然灾害仍然较为严重，农业总产值完成537亿元，为计划的87.8%；按可比价格计算，同上年相比，则为103.6%。农田受灾面积比1956年增加，成灾面积略有减少，说明合作化在抵御自然灾害方面的优越性开始发挥作用。当年粮食产量达到3900.9亿斤，比上年增加1.2%；棉花产量达到3280.0万担，比上年增加13.5%，粮食和棉花都是新中国成立以来最高年份；油料减产，而且减幅达17.5%。这与工作指导和价格政策的失当有关。

随着1957年国民经济计划的完成，第一个五年计划规定的各项任务除个别指标以外，都已经完成和超额完成。

---

① 《当代中国的经济管理》编辑部编：《中华人民共和国经济管理大事记》，中国经济出版社1987年版，第100页。

第十一章

1956 和 1957 两年实践的认识价值

1956 年和 1957 年两年,在第一个五年计划时期占有重要位置,在探索加快发展的中国工业化道路上具有不容忽视的认识价值。它实际上体现了两种取向的经济思想的互补作用。可以设想,1958 年在更广阔意义上的经济大跃进的实验,如果充分汲取它们的经验,应会好得多。当然,这只能是一种"事后诸葛亮"式的推理了。

第一节　周恩来的新认识:1956 年"跃进的发展"

1957 年 6 月 26 日,周恩来在第一届全国人民代表大会第四次会议上作政府工作报告,在回顾和总结过去一年社会主义建设取得的突出业绩时,使用了"跃进的发展"一词予以表述。他说:"在我国发展国民经济的第一个五年计划中,我们已经正确地规划了建设和改造相结合的步骤。而 1956 年,伴随着社会主义改造的高潮的到来,我国的社会主义建设有了一个跃进的发展,经济事业和文教事业的发展规模和速度,都大大地超过了五年计划的前三年,有的甚至超过了前三年的总和。"[①]

这是迄今为止我们看到的,"跃进"一词在党和政府文献中如果不是最早、至少也是较早的使用。文中的含义说得很清楚,是用以表述中国经济和文教事业获得较高发展的事实。

其一是说,1956 年经济和文教事业的发展速度大大超过前三年;

其二是说,有的项目 1956 年一年的发展规模竟超过前三年的总和。

[①] 学习杂志编辑部编:《社会主义教育课程的阅读文件汇编》第一编,人民出版社 1952 年版,第 224 页。

他说：工业总产值（不包括手工业产值，下同）在五年计划的前三年共增加 177 亿元，而 1956 年这一年就增加了 139 亿元。正是由于这种迅速的发展，1956 年的工业总产值达到了 586 亿元，超过了五年计划所要求的 1957 年的指标。从主要工业产品看，钢产量前三年共增加了 150 万吨，而 1956 年就增加了 161 万吨。金属切削机床的制造，前三年由于调整设备和改变型号的原因，虽然在台数上比 1952 年没有显著的增加，但是在新的品种增加和质量的提高方面，都有了很大的发展，到 1956 年，在这一新的基础上，又比 1955 年增加了 12200 多台。此外，如电力、煤炭、石油、化学肥料、水泥等重工业产品，1956 年的产量比前三年的产量都有较多的增加。喷气式飞机、载重汽车、大型发电设备和单轴自动车床等重要新产品也都是在这一年制造成功的。轻工业生产由于 1955 年农业丰收的有利条件，增长速度很快。例如，棉纱产量前三年共增加了 35 万件，而 1956 年就增加了 127 万件；棉布的产量前三年共增加了 2050 万匹，而 1956 年就增加了 4300 万匹；食糖产量前三年共增加了 16 万吨，而 1956 年就增加了将近 11 万吨。

再如农业，周恩来说：1956 年在严重的自然灾害中，总产值仍然增加了 27.4 亿元，超过前三年平均每年增加 23.8 亿元的水平。1956 年，在国家和农业合作社的通力合作下，农业建设有了很大的发展。前三年共开垦荒地 3600 万亩，而 1956 年就开垦荒地 2900 万亩；前三年扩大的灌溉面积共 4100 多万亩，而 1956 年就扩大了 1 亿多亩。

在基本建设方面，他说，1956 年全国完成的投资额将近 140 亿元，等于五年计划规定的投资总额的 1/3，因而改变了前三年基本建设投资只完成五年计划一半稍多的情况，使前四年完成的比重达到 86%，这就保证了第一个五年的基本建设计划能够超额完成。

在其他方面，周恩来在他的报告里列举了大量事例和数据，这里不可能一一列举。我们只想说明，他所以使用"跃进"的概念，显然是指超常的发展规模和发展速度。

周恩来在他的报告里，谈到有人对社会主义建设的成就有不同的看法和估计。有人认为，发展国民经济计划在 1956 年全面冒进了，在 1957 年又全面冒退了。他断然说：很明显，这种意见是不对的。接着，他对于这两年的情况分别作了分析。

在分析 1956 年的情况时，再一次使用了"跃进"一词。他说：我国

1956年的计划,是在改造和建设的高潮中拟定的。社会主义革命的基本胜利,大大鼓舞了劳动人民建设社会主义的积极性,他们纷纷要求增加生产,提高工作定额。1955年农业的大丰收,又为国民经济的发展准备了物质条件。同时,基本建设发展到了五年计划的第四个年度,也确实有扩大规模的必要。这些情况,都说明我们不但需要而且有可能加快建设的速度。1956年的计划就是适应这种情况,采取了跃进的步骤,而且在各方面取得了如前所说的巨大成就。不错,某些指标是大了一些。但是,这是属于局部性质的缺点。

可以看出,周恩来在这里明确肯定1956年的跃进具有它的客观必然性。缺点同成绩相比,是第二位的问题。1956年生产和基建增幅高,也有上年基数相对偏低的因素。财政多年有结余,1955年农业又获得丰收,加之处在社会大变革的高潮中,这不仅为加快发展提供了有利条件,也说明存在着有待挖掘的潜力;毛泽东的反右倾保守思想的号召,不过是把这种客观可能性转变为现实可能性。

1956年是"跃进"的一年抑或"冒进"的一年,一字之差,反映了对其基本方面肯定与否定的不同的分析和判断。如前节所述,周恩来本来也是反冒进的。毛泽东在同年11月中共八届二中全会的总结讲话,1957年1月在省市自治区党委书记会议上关于工作成绩与缺点错误的分析,不可能不引起他的重视。如果再联系1957年夏季国内的政治形势,引起周恩来进一步的反思,全面梳理1956年各方面的工作,作出新的结论,应是顺理成章的。

1956年的跃进式发展,一举扭转完成"一五"计划的不利局面,部分主要指标提前完成五年所要达到的目标,并为超额完成整个计划奠定了坚实基础。1956年是中国第一个五年计划时期具有重要意义的年份。

对个体农业、手工业和资本主义工商业的社会主义改造任务,是在这一年基本完成的,比原定计划大大提前。在社会主义改造高潮中,尽管工作有粗糙的地方,正常的生产经营活动基本上没有受到影响,还促进了当年的生产。拿农业来说,在1956年水旱灾害都比较严重的情况下,能继续增产,合作化功不可没。

在社会主义工业化方面,1956年计划执行结果,提前完成"一五"计划规定任务的,有以下几项:

（1）基本建设：计划要求开工建设的限额以上工业建设单位。

（2）工业：工业总产值计划和年均增长率指标；主要工业产品中钢、生铁、钢材、水泥、棉纱、棉布等27种产品产量计划。

（3）农业：水利建设任务。

（4）交通运输：铁路和公路运输的货运量和客运量。

（5）文化教育：中专、普通中学和小学在校学生数。

接近完成"一五"计划规定指标的有：

（1）基本建设投资额计划，累计已完成五年计划投资额的86%左右。

（2）粮食生产接近达到1957年的水平。

关于1957年的情况，周恩来分析说：1957年，由于去年农业收成的情况不好，同时国家的财政和物质的后备力量也有减少，在这种情况下，适当地放缓建设的步骤，积蓄力量，准备今后更好地前进，是完全必要的，这决不是全面冒退。我们应该懂得，任何事情都不会是直线发展的。随着客观条件的变化，发展速度总会有快有慢，并且常常会出现不平衡。社会主义建设事业的发展也是这样。尤其是像我们这样人多且穷的国家，由于农业的比重很大，自然灾害时常发生，要求国民经济年年都毫无起伏地按照同样的速度向前发展，这是一种不切实际的想法。[①]

这就是说，1956年的跃进式发展，不可避免地存在着一些不容忽视的问题。尽管周恩来等一线领导人曾对过高的基本建设计划和预算指标有所抑制（如毛泽东自己所说，他并不反对纠正不切实际的做法，事实上如我们曾经提到的，在年初的一次会议上和4月份听取34个部委汇报时，他都提醒过要注意这一苗头），实际工作中还是出现了这样那样的缺点和错误。适当压缩1957年的计划指标，在全国开展一个增产节约运动，就是在这种情况下采取的必要的重大举措。1957年的主动调节情况及其结果，前节已有专述。正如1956年指标安排过满一样，1957年则是相反的情况，指标低了一些。这正应了中国的一句成语："过犹不及"。然而，恰到好处的情况一般是很少的，甚至是不可能的。在主要意义上，1956年和1957年两年互有其必要性和重要性这一点，应

[①] 学习杂志编辑部编：《社会主义教育课程的阅读文件汇编》（第一编），人民出版社1958年版，第228—229页。

是可以肯定的。

第二节 还是要具体问题具体分析

对于1956年的加速发展的看法,在现今的研究中似又复归到原点。这是否与下述情况有某种关联,即以1958年"大跃进"中有的失误为判断的逻辑前提,姑且不论。凡事贵在具体问题具体分析。在这一点上,经济史学家吴群敢排除反倾向因素的研究,既不认同1955年是右倾保守,也不赞成1956年冒进的说法,更不存在发生"中国波兹南事件"的问题,反而在很大程度上印证了上述周恩来的新认识。

"一五"计划从1955年到1957年,经济发展的起伏幅度比较大。其间先后经历了"反保守"和"反冒进"。现在一些当代史论著在这一问题上,往往对1956的发展采取批判的态度而忽视1957年的不足。吴群敢首先从经济事实出发,具体分析。他说:

1955年12月,毛泽东在农业合作化高潮中提出要批判工农业生产等方面"确实存在的右倾保守思想",这对于加快1956年计划的发展速度确实有很大的推动作用。但下列一些情况,似可供进一步分析参考。

第一,1955年增长速度偏低及其原因。一是工业生产,1955年只增长5.6%,是"一五"期间增长速度最低的一年。究其原因,主要是由于1954年农业灾害严重。以棉纱为例,1954年原产459.8万件,1955年因棉花上年歉收计划定为400万件,后又因棉花收购不足削减为392万件,比1954年减产近68万件,仅此一项就减少产值17亿元,影响1955年工业增长速度少了4.1%。卷烟、麻袋生产也有类似情况。这是客观制约,不是什么"右倾保守思想"。二是基本建设,1955年全国投资虽只增长1.3%,但其中国家投资部分增长12.26%。而且,1955年下半年由于开展节约运动,纠正了非生产建设标准过高等错误,节省国家基建投资约7亿元,相当当年增长速度8.4%。这样节俭是件好事,也不是什么"右倾保守思想"。当然,另一方面,当时对形势、需求的估计、安排,也有某些失误。如在1955年下半年,只看到一些暂时的因素,钢材要出口,水泥要减产,木材要贱卖,甚至棉布也纷纷反映积压多了。1955年10月4日,中央批发的国家计委关于1956年计划控制数字的报告,虽然看到1956年经济建设的任务很重,对生产、基建等都提出了较高的增长指标,但仍很忧虑1955年年底将积压水泥100万吨、玻璃100万箱、木材1300万立方米。这些估计不足属于暂时、局部性质，似也不一定上纲为"右倾保守思想"。

第二，在毛泽东提出要批判工农业生产等方面"确实存在的右倾保守思想"后，1956年的计划指标确实有了很大的提高。如将1956年1月全国计划会议上提出的1956年计划草案，同上述1955年10月的控制数字相比较，1956年全国工业总产值增长速度为22%，比控制数字提高了10.7%；粮食产量比控制数字提高了6.6%，棉花产量比控制数字提高了18.7%；全国基本建设投资148.5亿元，比控制数字增加了31.9%；全国全民所有制职工要增加93万人左右，平均工资增长8%，工资总额约需增加13亿元，也比控制数字中规定平均工资增长6.2%为高。这无疑是毛泽东的上述批评直接促成的。

第三，从实践结果检验，这个增长幅度极大提高了的1956年计划草案（后经审批为正式计划），除农业因灾没有全部完成，基建、工业都已基本或超额完成，劳动、工资突破计划太多。1956年农田成灾面积达2.28亿亩，是"一五"时期最严重的一年，农业总产值、粮食总产都只完成计划数的96%，但仍比上年增长4.8%；棉花只完成计划81.3%，比上年减产5.1%。这是由于特大灾害的影响。1956年全国基本建设完成投资155.28亿元，超过原计划4.6%，比上年增长达54.7%。当年施工的大中型项目达919个，固定资产交付使用率仍达75.4%。由于前三年基本建设只完成五年计划工作量的一半，1956年基本建设的大规模推进，使四年累计完成基建工作量80%以上，对保证如期完成"一五"计划的基本建设具有决定性的意义。1956年工业总产值达703.6亿元，超额7.4%完成计划，比上年增长28.2%，提前一年超额完成"一五"计划规定的1957年指标。其中钢产量虽只完成当年计划的98.9%，但比上年增长56.8%，也接近完成当年计划。所以，1956年基本建设、工业生产的计划指标虽然订得很高，但毕竟还是完成了；问题可能出在超计划完成分别达4.6%和7.4%的部分。就计划指标本身而论，似也不一定就是超逾了客观的实际可能性。至于全民所有制的职工人数，原计划增加93万人，实际增加515万人，超过计划4.5倍，比上年增长27%；工资总额计划增加13亿元，实际增加37亿元，超过计划1.8倍。这种劳动工资超计划成倍增长，极不正常，带来严重后果，但主要是由于审批权限下放后控制不严所致，似非原计划中的指导思想问题。

　　第四，对于1956年市场紧张的起因和严重程度，应作进一步的分析。据当时的一些看法，认为是"计划总的说打冒了"，基建投资增加幅度太大，多支15亿元以上，农贷、工资也各多支5亿元至7亿元，"三管齐下"导致出现财政赤字18.3亿元；票子发多了，市场供应紧张，物资库存锐减约20亿元。当时这样大规模的基本建设，加上工作中安排不周，包括上年时预见不够，肯定会造成生产资料供应紧张。1956年盲目增产双轮双铧犁和锅驼机一项，又多占了钢材20万吨，约占当年国内钢材消费量5%，结果导致有些企业因缺少钢材、木材，而停工、窝工，有些手工业者抬价抢购废钢铁、哄抢供销社竹子等。但是，所说的基建投资多花了15亿元，只占当年基建投资总额的10%左右。如果剔去超计划投资部分，多花的比例更要小些。可见绝大部分基建投资所需用的生产资料，是必要的，是用得其所的。它所挤掉的工业、手工业需用的生产资料，数量并不大，也是不难调剂解决的。至于当时赤字18.3亿元，按照联邦德国汉堡经济研究所古托夫斯基教授1981年来华访问时的意见："光看赤字不足以说明问题，关键是看钱花在什么地方了。如果投到基建，而基建又是必须的，能够导致盈利，则这种赤字不一定是坏事。"当时市场上影响最大又难解决的问题，恰恰就是工资基金、人民购买力增加过猛，而农产品供应又遭到特大自然灾害的影响。如上所述，1956年工资总额比上年增加了37亿元，这个数字远比基建多花的15亿元为大。同上年相比，粮食多销了61亿斤，其中农村占22亿斤；棉布多销了23亿元，库存减少2300万匹，占上年库存41.8%；牛皮多销近300万张，吃了多年来的库存。但是，根据后来国家统计局的资料，1956年库存下降并没有当时估计那么严重，特别是不少生产资料的库存反有增加。例如：钢材，并不像当时估计那样挖了库存70万吨，而是消费增加47.9%，库存增加5.5%；铜，消费增加63.9%，库存增加37.7%；水泥，消费增加30.5%，库存增加73.2%；只有原煤消费增加26%、库存减少17.4%，木材消费增加22.2%、库存仅减少6.5%，其中消费品库存仅减少3.3%，棉布库存减少11.8%。可见当时市场紧张的程度并不可怕，有些消费品出现黑市、"黄牛"也没有什么了不起。在广大人民生活消费普遍提高的情况下担心会出现"中国的波兹南事件"是没有根据的。

对于上述情况，吴群敢认为，还应进一步冷静分析。他说，从事后来看，如果1956年计划指标略低一些，1957年计划安排更积极一些，整个经济发展可能会更稳妥、协调一些。但是，经济建设受到各方面因素可变量的相互影响，在具体估计、安排中，出现一时性的、局部性的失误是难免的。特别是在"一五"时期，农业丰歉的影响十分突出，我们缺少经验，更是如此。当时出现这种失误，贵在及时察觉、具体分析、对症下药、迅速调整，问题并不难解决。只要不是全局性指导方针的错误，不宜轻率地断定就是"右倾保守"或者"急躁冒进"。①

第三节　互补的两种经济思想

　　经过历史的沉淀，1956年的问题究竟有多大，应该看得比较清楚了。1956年基建投资虽然增加较多，当年积累率仅比上年提高1.5个百分点，为24.4%，并不显得过高。不仅低于1954年，也低于1957年。所有问题的集中反映，表现在两个失衡：一个是财政收支失衡，出现18.3亿元赤字；一个是货币发行与商品可供量失衡，当年财政向银行透支，迫使货币超发。其中两大因素，即职工增加过多和工资增加过快，同加快发展并无必然联系，很难算在反对右倾保守的账上，纳入急躁冒进的框框；此外，1956年农业贷款增加，换来一个合作化，算大账，是值得的。反映到财政上18.3亿元赤字，也不是不可控。

　　对于1957年的评价，离开1956年大发展这一前提，仅以当年部分经济效益指标同某一参照系比较的方法，值得商榷。就一般情况说，经济调整年份的部分经济指标特别是经济效益指标，往往好于经济扩张期的年份；这同经济扩张期数量化的指标往往好于调整年份，效益指标相对逊色一些的情况一样，都是经济规律使然，不应该孤立地看待。

　　经济史上难以找到理想状态的平衡发展。对于社会主义计划经济来说，众多经济关系的协调，比例关系的安排，即综合平衡，理论上被认为是必须遵循的原则，应该达到的要求。然而，在经济实践中，很难完全让它受计划控制，保持在人们预想的范围里。所以，一些经济学家便把平衡视为一个区域、而不是一个点。经济学家张培刚在他的发展经济学奠基之

---

① 吴群敢：《试论我国第一个五年建设计划的几个问题》，《党的文献》1989年第4期。

作里，在谈到所使用的农业概念及工业概念时，不无感慨地说："如以理论上的逻辑一致性来判断，是不够精确的和不够纯一的。我们之所以采用这种概念，第一，因为经济学是一种'人文'科学或'社会'科学，既然是一种人文科学，所以还不能如大多数'纯粹'科学或'自然'科学那样精确。其次，正如我们在导论中已经指出的，本书不仅是理论的分析，同时也是经验的和历史的研究。我们认为，正因为是经验的和历史的研究，概念中和分类时的'含糊范围'或'未决地带'一定更会扩大。为此，也只有承认比较宽广的未决地带，理论与经验的结合研究才可能完成。不过这样又会发生一个问题，那就是如何为连接的两个'未决地带'划分界限。要回答这个问题，我们就得面对在未决地带之间存在有空隙或重叠的现实情况。这种情况使我们不能达到基于'连续性'和'流畅性'的那种理论上的完善境界。但是，在这一方面，我们究竟应该牺牲理论上的完善性到什么程度，以使我们的分析符合现实情况，在经济研究的现阶段，我们对于这个问题尚无圆满的解答，有待于今后继续探讨。"[①]

在这里，他还特意加注说明："作者多年来就抱有一种想法，认为若要将'自然科学'中所用的科学研究方法应用于'人文科学'，我们最好是能以'范围'或'地带'的概念来代替'点'的概念。例如，在研究一个生产单位的成本曲线或一种工业的供需曲线时，我们可以用'带'来代替'一系列点'，这种带可以称为'一系列地带'。当作者三年前学习于哈佛大学工商管理学院时，在'案例教学'中，曾发现许多公司或厂家都使用'实际地带'的方法，为产量及成本作种种不同的流动预算，而在实际地带以内，则无变化或调整，因之使作者更相信此种调和方法的合理与适用。这种商业上的实际地带相当于我们理论上的'未决地带'，在此种地带内有许多可能调整的点；至于在此种地带内，应该以何处为最适当点或均衡点，却不能决定。"[②] 该注释还说：熊彼特对于这一问题也持有相同的看法。例如在讨论到均衡和不完整竞争时，认为"我们唯一可做的事情，就是用'均衡地带'代替'均衡点'。"在讨论均衡概念对于研究经济波动的功效时，认为"因为实际上经济制度从未真正达到那

---

① 张培刚：《农业与工业化》上卷，华中工学院出版社1984年版，第251—252页。
② 同上书，第251页注。

种情况（如果达到，就能满足一切均衡的条件），我们将考虑放弃'均衡点'的概念，而代以'范围'，在这种范围内，整个经济制度要比它在范围之外，更接近均衡一些"。①

张氏的见解，在我们所讨论的范围内，不无参考价值。工程技术科学尚且讲公差，例如金属加工即使精密度要求很高，也总允许一定的误差；何况情况复杂、变化不居的经济运行。此外，以今天的眼光看，1956年赤字占当年财政收入的6.37%、国民收入的2.07%、社会总产值的1.12%。赤字占国民生产总值的5%为国际公认的警戒线。按以上几个指标作类比，应无多大危险。财政赤字和货币超发应该都在可控范围，无须过分看待。

但经济运行的延续性的特性，注定1956年好、坏两方面都将留给后续年份。1957年在经济指标相对较低的安排下，一方面能够较为从容地完成和超额完成五年计划规定的任务，同时又为解决经济发展中的突出矛盾预留下充裕的空间，实现了一次基本成功的宏观调节。

在中国工业化的历史进程中，1956年和1957年两年各具迥异特点的发展实践，具有宝贵的认识价值和研究价值。它提供了国民经济波浪式发展规律的一定范例。

1956年的跃进式发展，意味着国民经济的急剧扩张，显示出前进中的一个波峰；经济处于扩张状态、尤其是急剧扩张的情况，其本身就是某种平衡的被打破，国家计划也难免有顾及不到的时候，造成局部失衡是不可避免的，至少不可能完全避免。资本主义市场经济国家，经济扩张时期出现这种情况，通常需要通过经济发展的暂时中断，即程度不同的经济危机的强制调整，才能恢复常态。中国则是另一种情况。

1957年的适当收缩，国民经济在依旧维持一定增长率的同时，主动进行的必要调节，所付的代价要小得多。这是社会主义经济制度及其上层建筑的国家实施宏观经济管理的优势，是1957年的基本方面。但也不能因此看不到它存在的不足的方面，甚或有意无意地把它的缺点当成优点。例如，部分经济指标的安排不够积极。应该说，这是第二位的问题。如同1956年跃进的方面是主要的，过快一面造成的局部失衡是次要的一样。

---

① 张培刚：《农业与工业化》上卷，华中工学院出版社1984年版，第251—252页。

两者互有长短，相辅相成。遗憾的是，这个有益的经验，在第二个五年计划时期发动的"大跃进"运动中，没有很好地汲取过来，成为酿成大错的因素之一。

"一五"时期经济实践的发展，已经较为清晰地显示了一个重要事实：在决策层中，存在着两种经济指导思想。一种侧重于较快地发展，比较强调速度的重要性，类似于西方经济学中的非均衡发展思想；一种侧重于宁可慢一点发展，比较强调稳健以利于协调经济的比例关系，类似于西方经济学中的均衡发展思想。这样的概括未必准确，因为都不是绝对地排斥与之对立的方面，而且在一定的条件下还互相兼容。作这样的概括，主要是考虑到其不同的大致倾向。西方经济学中有不同的学派，马克思主义经济学也应该承认有不同经济思想和经济学派存在的客观事实。它们在不同的情况下，各有自己的适用性，可以起互相补充的作用。

1956年和1957年的情况，就是初步的证明。表11-1、表11-2，可资参考：

表11-1　　　　1953—1957年工业基本建设投资完成情况

年份	计划投资额（亿元）	完成投资额（亿元）	指数（以五年计划数为100）
1953—1957	248.5	250.26	100.71
1953	—	28.34	11.40
1954	—	38.37	15.44
1955	—	42.95	17.28
前三年合计		109.66	44.13
1956		68.2	27.44
1957		72.4	29.13

资料来源：根据国家统计局固定资产投资统计司编《中国固定资产投资统计资料（1950—1985）》，中国统计出版社1987年版，第79页相关数据计算。

表 11-2　　1953—1957 年农轻重产值增长速度和比重的变化　　单位:%

	工农业合计	农业	工业		
			小计	轻工业	重工业
平均增长速度	10.9	4.5	18.0	12.8	25.4
环比增长速度（以上年为100）					
1953 年	114.4	103.1	130.2	126.7	136.5
1954 年	109.4	103.3	116.3	114.1	119.8
1955 年	106.6	107.7	105.6	100.0	114.5
1956 年	116.5	105.0	128.2	119.8	140.4
1957 年	107.8	103.5	111.4	105.6	118.4
农轻重比重变化					
1953 年	100	52.8	47.2	29.6	17.6
1954 年	100	49.8	50.2	30.9	19.3
1955 年	100	50.3	49.7	29.0	20.7
1956 年	100	45.3	54.7	29.8	24.9
1957 年	100	43.5	56.5	29.2	27.3

资料来源：中国社会科学院、中共档案馆编：《1953—1957 中华人民共和国经济档案资料选编·工业卷》，中国物价出版社 1998 年版，第 1147 页。

第十二章

辉煌的 156 项重点工程建设

规模空前的工业基本建设，构成第一个五年计划时期最为辉煌壮丽的篇章，在中国这片一穷二白的土地上勾勒着最美最好的画图。在苏联援助下建设的 156 项大型工业骨干项目，尤为激动人心。一座座现代化的工厂拔地而起，一个个新兴的工业基地和工业城市茁壮成长。人们说，第一个五年计划的胜利完成为中国工业化宏伟大业打下了一个初步基础，也主要是就它而言。新中国建立时，中国工业比日美等国落后 60 年到 100 多年；156 项工程的建成投产，大大缩短了同他们的差距。

156 项工程最后实际确定并施工建设的为 150 项。其中，前"一五"时期即三年经济恢复时期开工的 13 项，"一五"计划期间开工的 134 项，剩下 3 项在后"一五"时期即"二五"时期施工。截至 1959 年年底，绝大部分项目都已竣工投产，1962 年基本结项。156 项工程建设自 1950 年算起，时间跨度前后逾 10 年。中国工业化的奠基时期，确切说，不完全限于第一个五年。

我们就 156 项工程的建设专章叙述，借以反映这一时期大规模经济建设的概貌。

第一节　156 项工程的立项

早在毛泽东第一次访苏前，斯大林就答应给予中国以经济技术援助。不久，着手编制"一五"计划。从编制计划，到确定苏联援建哪些项目，都得到了苏联的帮助。中国深知自己的工业基础十分薄弱，又正值抗美援朝战争，必须首先建立重工业和国防工业。但究竟应当先搞什么，后搞什么，怎样做到各部门之间的互相配合，保持大体合理的比例，还缺乏经验。因此，苏联援建的项目，有的是中国提出的，有的是苏方提出的，经过多次商谈才确定下来。

第一次，1950年商定50项；

第二次，1953年商定增加91项；

第三次，1954年商定增加15项，达到156项；

第四次，1955年商定再增加16项；

第五次，口头商定再增加两项，共确定174项。

后经反复核查调整，有取消的，有推迟建设的，有的项目合并，有的项目一分为几，还有的存在统计差错，例如赣南电站改为成都电站；航空部陕西422厂统计了两次，造成两项重复计算，或不再列入限额以上项目，最后确定为154项。在154个项目中，第二汽车制造厂和第二拖拉机制造厂由于厂址未定，山西潞安一号立井和山西大同白土窑立井又因地质问题未建，所以，实际正式施工的项目为150个。考虑计划公布156项在先，习惯仍称"156项工程"。最后实际施工的150项中，截至"一五"期末施工的147项，其余3项安排在"二五"时期施工（项目明细见附录）。

实际施工的150项，按产业结构可区分为以下几类：

（1）国防工业44项，其中，航空工业12项，电子工业10项，兵器工业16项，航天工业2项，船舶工业4项；

（2）能源工业52项，其中，煤炭工业和电力工业各25项，石油工业2项；

（3）冶金工业20项，其中，钢铁工业7项，有色金属工业13项；

（4）机械工业24项；

（5）化学工业7项；

（6）轻工业和医药工业3项。

按投资额说，除去国防工业以外，其他各项全部建成约需投资191亿元，其中"一五"时期约需投资112亿元，占期内全部工业投资的45.07%。可见上述项目的安排，充分体现了尽快建立新中国基础工业体系特别是国防工业体系骨架的政策意图，反映了中华人民共和国建立初期国内外情势的客观需求。

苏联援建的这些项目，苏方不仅提供必要的机器设备和低息贷款，而且从资源和地质勘察，厂址选择，技术设计，建筑安装，直到人员的培训和试车生产，都给予指导和帮助；尤为难能可贵的是，它不仅提供属于硬件的机器设备，而且无偿提供包括属于软件范围的图纸资料、知识产权。这显然超出了一般商业惯例。这对中国是极为有利的，是西方国家不可能做到的。

即使如此，中国仍然坚持自力更生为主、争取外援为辅的建设方针，要求自己的干部和人民，凡是自己能解决的决不依赖别人。

它主要依靠有效的政治动员，振奋人民的艰苦创业精神，大力开展劳动竞赛和技术革新活动，保证建设任务的顺利完成。例如，国外贷款仅占财政总收入的2.7%，其余都是自己负责筹集。

156项工程中，除大型而又技术复杂的主要设备以外，整个机器设备中国负责制造的部分占30%到50%；其他配套用的或辅助性的半制品、成品以及材料等都是自己负担。在技术引进工作上，要求"一学，二用，三改，四创"。不但要做到"建成学会"，而且在消化、掌握国外的先进技术中力求创新，培养出自己的技术人才。第二个五年计划时期，中苏交恶，苏联背信弃义，撕毁合同，撤走所有专家，中国并未因此停止自己的发展，反而逐步建立起自己独立的比较完整的工业体系，足以证明它从一开始，就不是醉心于依靠购买设备，跟在别人后面过日子。

156项厂址的选择，同样体现了"以我为主"，没有照搬苏方的建议，而是主要依据以下几个原则确定：

（1）接近资源产地。钢铁厂、有色金属冶炼厂和化工厂一类的项目，主要摆在矿产资源丰富、能源供应较为充足的地区；机械制造主要摆在原材料生产基地附近，在建设鞍山钢铁公司的同时，一大批机械加工企业被安排在东北地区，建设起来的长春汽车城、沈阳飞机城和富拉尔基重型机械加工基地，就是如此。

（2）着眼于逐步改变旧中国现代工业过分集中于沿海几个大城市的畸形布局，有利于经济落后地区改变面貌。

（3）国防安全和经济安全的考虑。开始编制计划时，朝鲜战争还在进行，蒋介石集团在东南沿海一带不时骚扰，不能不将新建骨干工业项目特别是国防工业项目放在内陆地区。除造船厂必须摆在海边外，其他项目都没有摆在敌人飞机可以轰炸到的沿海地区。

按此原则，44个国防工业项目中，安排在中西部地区35个，其中21个安排在四川、陕西两省；其余106个民用工业项目中，东北地区50个，中部地区32个，工业配置明显向内地推移。1952年，内地投资占全国投资总额的比重为39.3%，沿海地区占43.4%（两项相加不等于100，是扣除了全国统一购置的机车车辆、船舶、飞机的费用。下同）。到1957年，内地所占比重上升为49.7%，沿海地区下降为41.6%。内地投资比重的提高，一些新项目建成投产，工业产值占全国工业总产值的比重也有所上升。1952年占29.2%，1957年上升到32.1%。

经过几年的建设实践，中国自己有了一些经验，这时开始感到156项工程项目的产业结构安排，项目规模的确定以及设计的标准，厂址的选择和布局，都有一些不足。其中有的问题，前面已经或多或少提到。这主要是开始缺乏经验，也与当时的国际环境有关。有的问题，例如主要厂房的建筑设计除必须满足现代化设备的要求以外，一般建筑特别是办公楼和宿舍等非生产性建筑的设计标准过高，厂区布局往往安排一个过大的厂前区，脱离中国发展水平一类的问题，主要是中国方面对于工业化和现代化的认识有一定的盲目性，又没有向苏方设计人员做必要的宣传，让他们了解中国的实际情况所造成。应该主要责备自己，不能诿过于人。

第二节　156项工程的建设

这150个施工项目中，前"一五"时期即三年经济恢复时期开工建设的17个，"一五"计划期间先后开始施工的130个，剩下3个在后"一五"时期即二五计划期间动工。施工高峰期主要集中在1955年至1959年的几年。

为了保证基本建设繁重任务特别是艰巨的156项工程建设任务的完成，党和政府主要采取了以下几项重要举措：

一　强调把工业基本建设放在经济工作的重要地位

前面说到，156项工程的第一批项目中，已经有13项在国民经恢复时期即先后开工。为迎接将要到来的大规模建设，1952年10月22日，中财委专门举行关于基本建设问题的会议。陈云在会上指出，1953年将是大规模建设的一年，基本建设工作将在整个国家建设中占头等重要的地位。目前，我们基本建设中的主要矛盾是任务十分繁重，而力量十分薄弱。无论地质勘探、设计和施工能力，都不能满足大规模建设的需要，有的相差一倍、二倍甚至几十倍，个别地方连基本建设机构还没建立。因此，必须迅速加强这方面的力量，建立和充实设计和施工机构，配备坚强的领导骨干、先进的技术人员和技术工人。他指出，工交部门必须清除等待人事部门分配人员或依赖建筑工程部门设计、施工的思想，确立自力更生的方针，下决心调集人员建立各部的专业设计和施工组织。根据上述精神，中财委于11月9日发出了关于迅速准备基本建设的指示[①]。

为了加强基本建设的具体组织领导工作，1952年11月15日，中央人民政府成立了建筑工程部。1954年11月8日，又专门成立主管基本建设的国家建设委员会。主要任务是："根据党中央规定的方针政策，国家批准的计划，组织以工业为重点的基本建设计划的实现，从政治上、组织上、经济上、技术上采取措施，保证国家基本建设，特别是156个单位工程建设的进度、质量，并力求经济节省。"[②]

二　工业基本建设又首先是保证156项重点工程建设

这是在国家财力、物力、技术力量和管理干部等建设资源紧张的情况下，保证"一五"建设目标如期完成的关键一环。在这一方面，集权型的计划经济体制的历史作用功不可没。

拿财力说，"一五"期间，国家财政收入总计为1354.88亿元，约占同期国民收入的1/3；其中，基本建设拨款占同期财政收入的40%。这样巨额资金的集中过程，依靠了计划经济体制的渠道，把国有企业创造的剩余产品价值乃至基本折旧基金都集中起来。仅国营企业上缴国家的利润等项收入总额就达到566.68亿元，占同期国家财政收入总额的41.8%；再加上来自这些企业的税收，两项合计为914.56亿元，占同期国家财政收入总额的69.4%。

需要说明，在914.56亿元里，其中包含了通过工农业产品价格剪刀差的形式转化的几亿农民创造的一部分价值。在这里，计划经济体制也发挥着作用，尤其是实行主要农产品统购统销政策以后，农业经济很大程度上已被纳入计划经济的体系中。

[①]《当代中国的计划工作》办公室编：《中华人民共和国国民经济和社会发展计划大事辑要（1945—1985）》，红旗出版社1987年版，第30页。

[②]《当代中国》丛书编辑部编辑：《当代中国的基本建设》上卷，中国社会科学出版社1989年版，第59页。

有了钱，还要有相应的物资和机器设备。这就牵涉到物力条件。

一般说，钢材、水泥、木材等建筑材料一般要占建筑安装工程成本的60%，加上机器设备的价值，所占比重更大。我们在前面曾谈到，在资源分配上，基本建设同当年生产有矛盾；同是基本建设，重点建设项目与其他建设项目也存在矛盾。在解决这些矛盾的过程中，计划经济体制本身也被逐步强化。苏联有关管理经验和管理办法的引入，起了促进的作用。

"一五"时期，国家对于企业生产的生产资料产品，依其对国民经济的重要程度的不同，划分为三类：一类为国家统一分配物资即统配物资，如钢材、木材、水泥、煤炭、汽车、金属切削机床、工业锅炉等；二类为国务院各部门统一分配物资即部管物资；三类为地方管理物资即地管物资也称三类物资。一、二类物资，一律纳入国家物资分配计划，在全国范围内统一平衡。1953年统配和部管物资共227种，其中统配物资112种，部管物资115种。为首先保证当年生产特别是人民生活必需品生产的需要和基本建设重点项目的需要，纳入一、二类的物资分配目录逐年扩大，1957年达到532种，其中，统配物资231种，部管物资301种。苏联援建的156项工程需要的主要建筑材料和由国内承担制造的设备、器材等，均由国家有关部门直接供应，以便获得切实的保证。

1953—1957年的五年中，基本建设总共消耗钢材560万吨、木材39,400万立方米、水泥1989万吨，分别占五年内国家生产总量和总消耗量的44.3%和38.0%，36.0%和37.8%，75.8%和86.3%。同期内，国家集中掌握的统配和部管物资占这些物资总资源的比重，逐步达到70%—90%，从而保证了国家有限的物力能够集中用于重点建设方面。[①]

技术力量不足，尤其是"一五"时期的一个严重问题。国家计委在向中共中央提出的报告说，1952年全国工业、运输及地质、建筑工程系统共有职工330万人，其中见习技术员以上的技术人员为148200人，仅占4.5%。按五年建设需要计算，共需工业、运输、地质及建筑方面各级技术人员约30万人，需要增加技术工人102万人。据新中国建立前国民党政府教育部统计，我国自1932年至1947年只培养大学、专科毕业的工科学生仅29600人，且大部分未参加技术工作。解放后的三年，本科、专

---

① 《当代中国》丛书编辑部编辑：《当代中国的基本建设》上卷，中国社会科学出版社1989年版，第60—61页。

科毕业学生 21000 人，远不敷需要。而更为严重的是，工业方面高级技术人员不仅数量不够，解决问题的实际能力也不高。这是一个极大的矛盾。党和政府为解决这个矛盾，一如第一章所述，采取了多方面的措施。一方面，整合现有技术力量，使分散的技术力量（包括改行从事其他工作的工程技术人员归队）集中用于最急需的重点生产建设单位；另一方面，有计划地充实和加强全国已有的各种工业高等学校和各种中等技术学校、技工学校，大批培养新的技术干部和技术工人。现有高等学校 48 所，五年本科毕业 6 万人、专科毕业 5.5 万人，各有 5 万人可供分配。现有中等技术学校 180 所，五年毕业 19.5 万人，有 17 万人可供分配。三项合计共有 27 万人，与需求接近平衡。再从现有技术工人中提拔 2.5 万名初级技术人员，组织分散在各种非技术工作岗位的工科学生约 6000—8000 人归队，大体可以满足需要。[①]

在解决这一矛盾的过程中，老工业基地发挥了重要作用。1953—1957年，辽宁向外输送技术人员和管理干部共计 80321 人。其中，工程技术人员 7445 人，熟练技术工人 56479 人，管理干部 16397 人。上海从 1950 年到 1956 年，向全国各地重点建设单位输送技术工人 63000 余人，工程技术人员 5400 余人，还代为培训了 8000 余名艺徒。

三　156 项工程建设坚持按基建程序办事确保质量

"一五"时期基本建设队伍的建设与管理，基本建设工作的健全和加强，既有苏联的经验，也有自己的传统。例如，为准备即将到来的大规模经济建设的需要，1952 年 8 月，中央人民政府政务院和中央军委决定，将中国人民解放军 8 个陆军师集体转业为建筑师，承担国家重点工程和工业基地的建设任务。这支兵改工的队伍，为完成"一五"时期许多重要或重大工程建设，做出了出色贡献，也经受了锻炼，成为中国施工战线上的重要骨干力量。又例如，为适应建筑施工流动、分散的特点，国家决定建筑队伍实行固定工、合同工、临时工相结合的劳动制度。1952年"中财委"在一项决定中规定：在建筑工人中招收固定工人，应尽量限于技术工人，固定工人的比例只能占 40%—50%，其他工人可以

[①] 《当代中国的计划工作》办公室编：《中华人民共和国国民经济和社会发展计划大事辑要（1949—1985）》，红旗出版社 1987 年版，第 38 页。

采取定期合同制工人和临时工人解决。这对于建筑施工队伍建设具有重要意义。

基本建设要满足现代化的156项工程的要求，按符合科学原则的基建程序办事，保证工程质量十分重要。这就需要有自己的专业技术力量。经过五年的工作，1957年全国独立勘察设计机构发展到198个，拥有职工15万人，比1952年增加5倍多；全国建筑业和从事资源勘探的职工达到271.4万人，比1952年增加1.6倍。

156项工程中，许多项目从选址到建设，中央一线领导人都亲自过问。重要项目的厂址，要有几个甚至十几个方案，经过反复踏勘比较后才能确定下来。国家计委主任李富春往往亲自率工作组下去选择厂址。周恩来和陈云还要亲自过问，并下去看过一些厂址[1]。例如，当时在洛阳、西安、兰州等地选择厂址，就是由中央人民政府领导人带队，国家计委、一机部、二机部、铁道部、电力部、卫生部、纺织部、冶金部等有关部门和有关地区的负责人参加，组成联合小组。实地考察，综合考虑行业、企业配套，轻重工业关系，原材料供应，供水、供电、铁路枢纽站以及职工生活福利设施、学校等因素，结合城市规划，再由各部在指定的地区具体确定各厂的厂址。第一汽车制造厂厂址的确定，比较了最初提出的北京、石家庄、太原、西安等几个方案，综合考虑年产3万辆汽车的工厂不仅需要大量电力，还需要大量钢材、木材，需要相关的配套项目和相应的运输能力，认为这些条件这几个地方都不具备，即使新建，也来不及。比较结果，放在东北比较合理。最后，确定在长春市建设。

项目的前期准备看起来时间长一点，一旦开工，基本上都能保质、保量，按期建成投产，迅速达到设计能力。"一五"期间，90万—150万吨的煤矿矿井，建设工期一般为4年至4年半；100万吨炼油厂2年半；3万辆汽车制造厂和5万吨合成氨厂3年左右；5万—10万千瓦容量的电厂2年一期；鞍山大规模的大型改扩建工程，时间最长也就8年。在当时设计、施工、设备材料配套水平都还比较低，组织管理尚缺乏经验的情况下，能有这样的速度，是很了不起的。撇开政治动员因素，这同重视按基本建设程序办事，又有一个强有力的领导班子，并严格各环节上的责任

---

[1] 薄一波：《若干重大决策与事件的回顾（修订本）》上卷，人民出版社1997年版，第307页。

制，有着密切的关系。①

截至1957年年底，已经开始施工的156项工程项目中，全部竣工投产的共50个，大部分将在后续期继续施工。1957年、1958年和1959年三年共计98个项目建成投产，是投产最多的年份。到1962年，除个别项目外，156项工程全部结项，时间跨度长达十年有余。可见，中国工业化的奠基不完全在"一五"计划时期。

据104个民用项目的统计，建成累计投资合计为155,0661万元。这应该是以较小花费获得较大经济效果——为中国工业化建立起初步基础——的经济行为。

例如，第一批项目中，辽宁阜新海州露天煤矿，1950年开工，经过两年多紧张施工，1953年7月1日即中国共产党生日开始投入生产。这是中国新建的第一座大型露天煤矿。重庆电厂1952年开工，1954年投产，用了两年时间，投资3561万元，建成2.4万千瓦的发电能力。建设速度都比较快。

1953年正式执行第一个五年计划，全国各族人民建设热情十分高涨，工程建设速度快，经济效益好。

以机器制造工业来说，通常被认为是工业的心脏，而在旧中国基本上是空白。156项工程的引进，建立起了包括飞机、汽车、发电设备、重型机械、新式机床、精密仪表、无线电和有线电的制造等工业部门。例如：

哈尔滨量具刃具厂，1953年开工，1954年就建成投产，仅用一年时间。

中国第一家3万辆载重汽车的长春汽车制造厂，1953年7月15日破土动工，毛泽东特地为开工奠基题词。建设者们响应党和政府的号召，以饱满的热情和充沛的干劲，按期于1956年7月12日生产出国产第一辆解放牌汽车，结束了中国不能制造汽车的历史。

中国首家拖拉机制造厂洛阳拖拉机制造厂，经过四年紧张施工，1959年11月建成投产，结束了中国不能生产拖拉机的历史。

设计规模为年产轴承1000万套、总投资1.13亿元的洛阳滚珠轴承厂，1954年开工，1958年建成投产，1959年即为国家生产出300多种型

---

① 《当代中国》丛书编辑部编辑：《当代中国的基本建设》上卷，中国社会科学出版社1989年版，第63—65页。

号，1100多万套的轴承，提前两年达到设计水平，占当年全国轴承总产量的1/4以上。

沈阳第一机床厂，哈尔滨锅炉厂也分别于1955年、1960年竣工投产。

第一座飞机制造厂于1956年9月9日试制成功中国第一架喷气式飞机。

第一座电子管厂北京电子管厂1956年10月建成投产后，试制成功十几种电子管。

为现代工业提供动力的煤炭、石油、电力等工业部门，是重要的基础工业，在156项重点工程中占有相当大的比重。仅在"一五"期间施工并建成投产的，煤炭方面就有辽宁抚顺老虎台矿和胜利矿、阜新海州露天矿和平安立井、辽源中央立井、黑龙江鹤岗东山一号立井、兴安台十号立井等。电力方面有：辽宁抚顺、大连，黑龙江富拉尔基、佳木斯，山西太原，湖南株洲，河南郑州，陕西西安等电站。不仅大大加强了东北工业基地的能源供应，而且为新工业基地的建设创造了一定的条件。

石油工业是156项重点工程中的弱项。这是为那时的资源条件所限的缘故。旧中国缺乏地质工作的基础，新中国建立后，尚无可能展开大规模的地质调查工作。长春第一汽车制造厂和洛阳第一拖拉机制造厂一旦大量生产，石油需求的急剧增加必将遇到极大的矛盾。周恩来1957年曾反思说，苏联援助项目中，有的项目不该提早却提早了，不该搞得太大却搞大了，其中就特别包括了长春汽车厂。这是一个值得思考的问题。1960年代初，苏联曾用石油卡中国的脖子，只是在发现了大庆地区的石油构造并在十分困难的条件下，用革命加拼命的精神拿下大庆油田后，才克服了这一困难。

冶金工业和化学工业是重要的原材料工业，特别是作为黑色冶金的钢铁工业，在现代工业尤其是在现代国防建设方面占有极为重要的地位。"第二次世界大战打的是钢铁"的说法曾广为人们所接受。在156项工程建设中，有鞍钢、武钢和包钢等大型和特大型项目。鞍山钢铁公司的改扩建项目和新建项目又是重中之重的项目。其中被称为三大工程的无缝钢管厂、大型轧钢厂和第七号炼铁炉已先期动工并于1953年12月25日提前竣工生产，并向毛泽东主席报捷。毛泽东曾复电祝贺。六号、八号炼铁炉和薄板厂、第二初轧厂及本溪钢铁公司，分别于1954年和1957年竣工投产，其他工程延至1960年完成。

武汉钢铁公司及包头钢铁公司第一期工程分别与1955年、1956年正式施工。武钢的建设得到全国人民的支持，先后有18个省（自治区）、48个城市、1000多家工厂为武钢制造设备和配件。铁道部专门改造车皮，为武钢运输直径为4.8米的高炉炉锭大钟；人民解放军派13架军用运输机为武钢运输建设物资，1962年全部建成投产。至此，不但以鞍钢为中心的东北老钢铁工业基地得到极大的充实和加强，内地新的钢铁工业基地的建设也翻开新的一页。

有色冶金工业方面，"一五"期间白银有色金属公司、大吉山钨矿、云南锡业公司、杨家杖子钼矿等重点工程陆续上马，开始改变解放前有色金属依赖进口的局面。特别是哈尔滨铝加工厂、抚顺铝厂（二期）的建设，中国建立起了从原料采掘到加工的完整的铝加工工业，为发展航空工业创造了有利的条件。

156项中的三个化学工业项目吉林染料厂、吉林氮肥厂和吉林电石厂，组成了全国最大的化学工业基地吉林化工区。1954年和1955年先后开始施工，全国各地3万多建设者被调集到这里参加会战。这里原来几乎是一片荒野，松花江阻隔着南北两岸，靠小船摆渡，施工条件困难。为了把长达100米、重达100吨的硝酸排气筒安装就位，他们打破常规，在地面上逐节焊接，单凭卷扬机和推土机一次整体吊装成功并安装就位。建设者们就是凭着这股不畏艰难的精神，在短短的三年多时间里，挖掘土方300多万立方米，用砖2.3亿块，建起40多万平方米的厂房和民用建筑，安装1万多台设备和1万多吨高中压管道和管件，铺设150公里上下水管线，全部工程一次试车成功，1957年10月25日正式投入生产，当年生产品种达37个。[①]

第三节　156项工程建设的技术经济意义

156项工程从开工建设到全部竣工投产，基本工业新增一批可观的生

---

① 《现代中国的一百项建设》编辑组编：《现代中国的一百项建设》，转引自刘国光主编，张卓元、董志凯、武力副主编《中国十个五年计划研究报告》，人民出版社2006年版，第79—80页。

产能力。其中：

煤炭工业累计投资 11.997 亿元，新增采煤生产能力 2895 万吨，洗煤生产能力 950 万吨。

电力工业累计投资 22.449 亿元，新增：发电机组容量 298.65 万千瓦。

钢铁工业累计投资 56.634 亿元，新增生铁生产能力 670 万吨，钢的生产能力 620 万吨，钢材生产能力 360 万吨，铁合金及特种钢等的生产能力 21.65 万吨。

机械工业累计投资 28.359 亿元，新增汽车生产能力 3 万辆，拖拉机生产能力 1.5 万台，各类机床生产能力 8877 台，矿山、石油化工等重型设备生产能力 12.4 万吨，汽轮机、汽轮发电机等 131 万千瓦，各种仪器仪表等 587 万只（套），滚珠轴承 655 万套，以及各种电瓷、高压开关、绝缘材料等生产能力。

事实表明，156 项工程的全部竣工投产，初步改变了近代以来中国现代工业极为落后的状况，一系列重要工业部门从无到有的建立了起来。包括飞机和汽车制造业、农用机器制造业、机床和工具制造业、发电设备制造业、冶金和矿山等重型设备制造业、高级合金钢和有色金属冶炼业等；尤为重要的是，在建设过程中，培养和锻炼了中国的科学技术队伍，为后来实现独立自主基础上的发展奠定了一个良好的物质技术基础。

第四节　并非多余的分析

历史表明，156 项工程是一次成功的技术设备引进。它的建设，为年轻的共和国树立起现代工业和国防工业的根基，比完全依靠自己的努力去干节省了时间，也极大地缩小了同西方发达国家的经济技术差距。

后发国家在发展经济，致力于追赶先进国家的过程中，开展对外经济技术交流，引进需要的资金和技术，是完全必要的。但是，像 156 项工程那样的引进，能从一个农业大国的工业化统筹考虑，在资金、设备、技术资料和知识产权以及人才培养等诸多方面少有保留地提供给对方，这确实是罕有的。从这一侧面也证明，毛泽东当年确定"一边倒"的方针，倒向以苏联为首的社会主义阵营一边，是很正确的。关于这一问题，在第一章第二节已有较为详尽的分析，不再赘述。这里要说的是，指望从资本主义发达国家得到这一切恐怕是要落空的；即使在苏联，到了赫鲁晓夫时代也不再有这种可能。

据史料记载，苏联给予中国的援助，主要是在斯大林时期。毛泽东在一次会议上曾说：斯大林给我们办交涉只有三年时间，（19）50、（19）51、（19）52，一共给了156个项目。而赫鲁晓夫（给我们办交涉）是7年时间，（19）53、（19）54、（19）55、（19）56、（19）57、（19）58、（19）59，到现在只给80个项目。这时，邓小平插话说：不止80个，是120个，一共280个（连同斯大林时期——引者注）。但是交货情况不好。李富春插话说：斯大林的货基本交齐了，他（赫鲁晓夫）的货只是协议而已。李先念插话说：斯大林给的（东西）比较好，有武钢、包钢、坦克厂等。① 这就是说，斯大林在对中国的援助的问题上，是由疑虑到真诚；赫鲁晓夫则是出于实用口惠而实不至，且往往包藏祸心。

几十年后，陈云等当年的经济工作领导人，晚年回忆起那段往事，总是想到不要忘记斯大林，不要忘记苏联人民，不要忘记那些来华帮助过我们的苏联专家。

"新中国建立前，我们打了22年仗，把日本侵略势力、美国侵略势力和蒋介石统治集团赶出了大陆。新中国建立后，又打了3年仗，同朝鲜人民一道把美国侵略势力打退到'三八线'。中国人民亟须休养生息，中国的经济亟须发展，迫切需要建立强大的工业，建立强大的空军、强大的海军和用现代化的常规武器装备军队，以加强国防，保卫国家不受外敌的侵略。正是在这个时候，以斯大林为首的苏联政府作出了援助我国经济建设和国防建设的决定。1950年2月，苏联政府确定给我国政府优惠贷款。斯大林说：'借款3亿美元，分五年付款，每年6000万，年息1分；对东南欧各新民主主义国家贷款利息均为2分，中国因战争及经济破坏，利息轻一点。'之后，苏联政府又给予我国5亿卢布长期贷款，年息也只有2分。

"在短短的五年中，苏联政府之所以能动员那么大的人力、物力，帮助我们编制计划、援建项目、供应设备、传授技术、代培人才、提供低息贷款，并且派出3000多名专家和顾问来华帮助我们建设，是同斯大林的支持分不开的。我以为，只有具有无产阶级国际主义思想的领导人，才能

---

① 中央政治局常委扩大会议记录（1960年7月5日）。

作出如此决定。

"当时，苏联政府提供给我们的帮助，虽不是无偿的，却是真诚的。陈云同志曾经说过：'苏联是社会主义国家，那时他们对我们的援助是真心诚意的。比方说，苏联造了两台机器，他们一台，我们一台。'能做到这样，确实是尽到了他们的国际主义义务。当然，国与国之间的经济关系，应当是互利的。1953年5月15日中苏两国签订的协定中，就规定在1954年至1959年间，中方向苏方提供钨砂16万吨、铜11万吨、锑3万吨、橡胶9万吨等战略物资，作为苏联援建项目的部分补偿。我们认为，向苏联提供战略物资，不仅是偿还，也是尽我们的国际主义义务。"[①]

156项工程的引进和建设，其间中苏两国的经济技术交流活动，不纯粹是商业行为，是在无产阶级国际主义的前提下进行的。离开这一前提，是不可想象的。

即使如此，有一点，是非常明确的，这就是毛泽东和中共中央强调必须立足于独立自主、自力更生的原则，坚持爱国主义和国际主义的统一，从中华民族的最大利益出发观察和处理两国间的问题。作为重要的例证，有二：

一是要不要建立中国自己独立完整的工业体系的问题；

二是中国要不要拥有自己的热核武器制造能力的问题。

这是从根本上关系新生共和国经济独立，进而影响政治独立的大是大非问题。1959年，毛泽东在读苏联《政治经济学（教科书）》的谈话里，提到了这一情况。

教科书说，"中华人民共和国的情况就不同了。它是一个大国，人口居世界第一，拥有丰富的种类繁多的自然资源，因此它自然给自己提出建立完整的工业体系的任务。同时，中华人民共和国也参加社会主义的国际分工的体系，并享有这个体系的一切好处。"读到这里，毛泽东说：这段写法可以。要知道这是经过我们同他们争论才这样写下来的。过去，他们和东欧的一些国家都曾经要我们不搞完整的工业体系。[②]

具体情况是怎样的，毛泽东没有细说。笔者没有查到其他的有关资

---

① 薄一波：《若干重大决策与事件的回顾（修订本）》上卷，人民出版社1997年版，第308—309页。

② 中共中央文献研究室编：《毛泽东年谱（1949—1976）》第四卷，中央文献出版社2013年版，第320—321页。

料。我们在前面引用过的经济学家吴群敢的一篇论文,如下的一段话提供的线索,间接证明了这一问题的存在。

吴群敢说:"1956年中国就提出逐步建立独立完整工业体系,反对'国际分工论'和'核保护伞'。"[①]

赫鲁晓夫从一开始就反对中国发展自己独立的核力量,这是肯定无疑的。中国与之进行的斗争,已为人们所知。但就更多的情况说,特别是毛泽东所说的情况,在当代经济史的研究中,应是有待搜集资料,深入研究的问题。在笔者看来,从第一个五年计划中期提出"以苏为鉴",走中国工业化道路,在为工业化奠定初步基础的同时,即启动国防尖端科学技术的研制,中间虽然遭遇过挫折,但是,在20世纪70年代还是实现了这一目标,建立起了独立的比较完整的现代化的工业体系和国防工业体系,从而有力地保障着自己的经济独立和政治独立。20世纪90年代"苏东剧变",而中国依然岿然屹立于世界,上述因素无疑是极为重要的一个原因,至少也是重要远因之一。

---

① 吴群敢:《试论我国第一个五年建设计划的几个问题》,《党的文献》1989年第4期。

第十三章

第一个五年计划巡礼

新中国发展国民经济的第一个五计划,是中华民族历史上第一次有计划地进行的大规模的经济建设。万事开头难。"一五"计划就是新中国的工业化宏伟事业的开篇之作。它奠定了中国工业化的最初基础。在旧中国废墟上国民经济刚刚恢复起来,战争幽灵依然徘徊在头顶的时候,党和国家的领导人就率领那一代的建设者们,含辛茹苦,顽强奋斗,完成了七万万两黄金价值的经济建设和文化教育建设的艰巨任务,迈出建设伟大社会主义强国的重要一步。令人可佩!可敬!

到1957年年底,列入"一五"计划的各项任务,均已完满实现;经济和社会发展的主要指标,除个别指标外也都完成和超额完成。中国工业化初战告捷。

在社会变革方面:"一五"时期,继没收官僚买办资本和改革封建土地制度之后,中国社会经历了又一次广泛而深刻的制度变革。到1957年年底,农村参加生产合作社的农户占全国农户总数的98%,其中参加高级社的户数达96%。城镇个体手工业劳动者参加手工业合作组织的人数达到589万人,占个体手工业者总数的90%左右。全国绝大部分民族工商业者也走上社会主义道路,剩余部分中,工业仅占全国工业总产值的0.04%,商业为全国商品零售总额的3%,而且主要是小商小贩。社会经济结构发生根本性变化。

在国民收入中,1957年同1952年相比,全民所有制经济所占比重由19%提高到33%,集体所有制经济由1.5%提高到56%,公私合营经济由0.7%提高到8%,个体经济则由72%降低到3%,资本主义经济由6.9%

降低到 0.1% 以下。① 在国民经济的各个部门，社会主义公有制经济的两种形式——全民所有制国营经济和集体所有制经济，基本上取代了先前的五种经济成分并存的格局，构成人民民主专政国家政治制度的经济基础。

列入五年计划的各项生产建设指标，除个别项目以外也都完成和超额完成，国民经济保持了较高的增长速度。详见表 13-1：

表 13-1 "一五"期间各年工农业总产值指数（按可比价格计算）
（以 1952 年为 100）

年份	工农业总产值	农业总产值	工业总产值	在工业总产值中	
				轻工业	重工业
1952	100.0	100.0	100.0	100.0	100.0
1953	114.4	103.1	130.3	126.7	136.9
1954	125.2	106.6	151.6	144.8	163.9
1955	133.5	114.7	160.0	144.8	187.7
1956	155.5	120.5	204.9	173.3	262.3
1957	167.8	124.8	228.6	183.3	310.7
"一五"平均每年增长（%）	10.9	4.5	18.0	12.9	25.4

资料来源：中国国家统计局《中国统计年鉴（1984）》，中国统计出版社 1984 年版，第 24、26 页。

经过五年建设，中国经济出现两个可喜变化。一是产业结构和工业结构向高度化演进的速度很快，国家工业化迈上一个新的阶梯；二是资源配置向中西部的倾斜，现代工业偏集东部沿海一隅的不合理状况开始改变。

产业结构和工业结构的变化情况，参看表 13-2：

---

① 柳随年、吴群敢主编：《第一个五年计划时期的国民经济》，黑龙江人民出版社 1984 年版，第 106 页。

表 13-2　"一五"期间各年工农业总产值构成（按当年价格计算）

年份	占工农业总产值（%） 农业	占工农业总产值（%） 工业	占工农业总产值（%） 轻工业	占工业总产值（%） 重工业	占工业总产值（%） 轻工业	占工业总产值（%） 重工业
1952	56.9	43.1	27.8	15.3	64.5	35.5
1953	53.1	46.9	29.4	17.5	62.7	37.3
1954	50.9	49.1	30.2	18.9	61.6	38.4
1955	51.8	48.2	28.5	19.7	59.2	40.8
1956	48.7	51.3	29.6	21.7	57.6	42.4
1957	43.3	56.7	31.2	25.5	55.0	45.0

资料来源：中国国家统计局《中国统计年鉴（1984）》，中国统计出版社1984年版，第27页。

同1952年相比，1957年工农业总产值增长67.8%，平均每年增长10.9%；在工农业总产值中，1957年工业总产值所占比重由1952年的43.1%提高到56.7%。其中，重工业增长2.1倍，平均每年增长25.4%；在工业总产值中的比重由1952年的35.5%提高到45.0%。

农、轻、重工业的比例关系由1952年的56.9∶27.8∶15.3，变化为43.3∶31.2∶25.5。它们的增长速度明显不同，农业的相对份额下降13.6个百分点，轻工业和重工业的相对份额分别提升3.4和10.2个百分点。

区域经济的变化情况，参看表13-3：

表 13-3　　1952—1957年沿海和内地工业总产值变化情况

年份	工业总产值 沿海	工业总产值 内地	轻工业 沿海	轻工业 内地	重工业 沿海	重工业 内地
一、绝对数（亿元）						
1952	238.1	105.2	158.1	63.0	80.0	42.2
1957	516.7	267.2	268.0	136.5	248.7	130.7
二、比重（%）						
1952	69.4	30.6	71.5	28.5	65.5	34.5
1957	65.9	34.1	66.3	33.7	65.6	34.4

注：（1）沿海指北京、天津、河北、辽宁、上海、江苏、浙江、福建、山东、广东、广西等11个省、自治区、直辖市（暂不包括台湾省），其他省、自治区、直辖市为内地。

（2）总产值按1952年不变价格计算。

资料来源：国家统计局工业交通物资统计司编《中国工业经济统计资料（1949—1984）》，中国统计出版社1985年版，第139页。

旧中国仅有的一点现代工业主要集中在东部一隅。以鞍钢为中心的辽宁省占有重工业的很大一部分；上海、天津、青岛等几个城市几乎垄断了轻纺工业。1952年，沿海11省市区的工业总产值仍占全国工业总产值的70%以上。"一五"计划包括156个重点项目在内的工业基本建设投资，开始向经济比较落后的中西部适度倾斜，走逐步缩小历史遗留的区域发展差异的路径，而不是相反。作为计划核心部分的苏联援建项目，并没有按有人主张的都放在东部沿海，而是较为均衡的配置在东北地区、中部地区和西部地区。随着"一五"计划的实施，工业布局初步展开，大大促进了内地经济的发展。1952年内地投资占全国投资总额39.3%，沿海地区占43.4%，到1957年内地上升为49.7%，沿海地区下降为41.6%。内地投资比重的提高，一些新建项目建成投产，工业产值占全国工业总产值的比重也有所上升，1952年占29.2%，1957年上升到32.1%。根本改变旧中国遗留下来的生产力的畸形配置状况，当然不是一朝一夕所能做到，有了良好的开端，就大有希望。

五年间，全国完成基本建设投资总额550亿元，其中，国家对经济和文教部门的基本建设投资总额达到493亿元，超过原定计划427.4亿元的15.3%。

在实际完成的国家基本建设投资总额中，工业部门占56%，农林水利部门占8.2%，运输邮电部门占18.7%。按原计划检查，工业部门绝对额略有超过，相对份额降低2.2个百分点；农林水利部门相对份额则提高了0.6个百分点。

在工业部门完成的基本建设投资中，作为"一五"计划中心的重工业投资占85%，轻工业占15%。同原计划相比，它们的投资比例有一定幅度的调整。重工业降低了3.8个百分点，两者的比值由计划的7.93∶1变为5.67∶1。

五年内，施工的工业建设项目达1万个以上，其中：黑色金属312个，电力599个，煤炭600个，石油22个，金属加工1921个，化工637个，建筑材料831个，造纸253个，纺织613个，食品和其他约5000个。在这1万多个工矿建设单位中，限额以上的有921个，比计划规定单位数增加227个。到1957年年底，建成投产的428个，部分投产的109个。

苏联援建的156骨干建设项目，施工建设的有147个，其中52个竣工投产、16个部分建成投产。德意志民主共和国等东欧几个民主国家帮助建设的68个工程项目，有64个施工建设，27个建成投产。

五年中，新增固定资产接近500亿元，固定资产交付使用率为83.6%。详情见表13-4：

表13-4　　　　"一五"基本建设新增固定资产及交付使用率　　　单位：亿元

年份	投资额	新增固定资产	固定资产交付使用率（%）
1953	90.44	74.14	80.2
1954	99.07	80.54	81.3
1955	100.36	86.47	86.2
1956	155.28	117.11	75.4
1957	143.32	133.92	93.4
合计	588.47	492.18	83.6

资料来源：国家统计局固定资产统计司编：《中国固定资产投资统计资料（1950—1985）》，中国统计出版社1987年版，第121页。

五年里，工业新增固定资产200.64亿元，固定资产交付使用率为80.2%。据第一机械工业部调查，"一五"时期的大中型项目，建成投产后投资收回期平均为三年半。同期，日本为三年，美国为四年，苏联为五年。[①] 与发达国家相比，"一五"时期的投资效果是相当好的。

五年里，建立起了包括飞机、汽车、发电设备、重型机器、新式机床、精密仪表、无线和有线电的制造、无缝钢管、合金钢、电解铝、塑料等一系列过去没有的工业部门，改变了旧中国工业残缺不全的状况。经济落后的中西部地区出现一批新兴工业城市和工业基地，薄弱的现代工业过于偏集东部一隅的状况开始改变。

五年计划规定的新增工业生产能力指标，大都超额完成。主要工业产品新增生产能力为：炼铁339万吨，炼钢282万吨，轧钢159万吨，采煤6376万吨，发电（以发电机容量计算）246.9万千瓦，天然石油131.2万吨，人造石油52.2万吨，合成氨13.7万吨，水泥261万吨，金属切削机床8704台，载重汽车3万辆，纱锭201万枚，织布机5.5万台，机制糖

[①] 林森木：《论我国基本建设的宏观投资效果》，《浙江学刊》1981年第4期。

62万吨，机制纸25万吨。①

由于原有企业生产潜力的发挥和部分新建改扩建企业新增生产能力的投产，五年中工业产品产量的增长极为迅速。详情见表13-5：

表13-5　　　　"一五"期间主要工业产品产量增长情况

产品名称	单位	1952年产量	1957年产量	1957年比1952年增长（%）
原煤	万吨	6649.0	13,000.0	96
原油	万吨	43.6	146.0	235
发电量	亿度	72.6	193.0	166
钢	万吨	135.0	535.0	296
生铁	万吨	193.0	594.0	208
水泥	万吨	286.0	686.0	140
木材	万立方米	1120.0	2787.0	149
硫酸	万吨	19.0	63.2	233
纯碱	万吨	19.2	50.6	164
烧碱	万吨	7.9	19.8	150
化学肥料	万吨	18.1	63.1	249
金属切削机床	万台	1.37	2.8	104
机车	台	20.0	167.0	735
内燃机	万马力	2.76	60.9	2100
棉纱	万吨	65.6	84.4	28
棉布	亿米	38.3	50.5	32
纸	万吨	54.0	122.0	126
食用植物油	万吨	98.0	110.0	12
糖	万吨	45.1	86.4	92
原盐	万吨	494.5	827.7	67
卷烟	万箱	265.0	446.0	68

资料来源：中华人民共和国国家统计局《关于发展国民经济的第一个五年（1953年到1957年）计划执行结果的公报》，中国统计出版社1959年版，第6—7页。

列入五年计划的46种工业产品产量指标，除原油、机车、食用植物油、食糖、卷烟、火柴等6种没有完成计划以外，其余都完成和超额完成

---

① 中华人民共和国国家统计局《关于发展国民经济的第一个五年计划（1953年至1957年）计划执行结果的公报》，中国统计出版社1959年版，第4—5页。

计划。其中：钢产量达到535万吨，比1952年增长将近2倍，为计划的137%；煤炭产量达到1.31亿吨，比1952年增长将近1倍，为计划的110%。"一五"期间，中国工业总产值增长速度，远超过主要资本主义国家。详情见表13-6：

表13-6　"一五"期间中国工业总产值增长速度与主要国家比较　　单位:%

年度	中国	苏联	美国	英国	西德	法国	日本
平均增长速度							
1953—1957	18.0	11.6	3.6	3.8	10.1	7.9	15.0
环比增长速度（以上年为100）							
1953	130.2	111.9	108.1	105.7	108.7	101.0	122.5
1954	116.3	113.2	93.3	106.0	112.0	110.0	108.0
1955	105.6	112.4	112.9	105.1	115.1	109.1	108.1
1956	128.2	110.6	103.1	100.5	107.7	110.8	123.3
1957	111.4	110.0	100.0	101.8	105.8	109.0	116.1

资料来源：中国社会科学院、中央档案馆：《1953—1957中华人民共和国经济档案资料选编·工业卷》，中国物价出版社1998年版，第1147页。

1953—1957年，中国几种主要工业产品的每年平均增长速度，同美国和英国两个发达国家比较，都更高一些。例如：钢，中国为31.7%，英国为5.7%，美国为3.9%；原煤，中国为14.4%，英国呈下降状态，美国仅为0.4%；发电量，中国21.6%，英国7.8%，美国9.1%。中国几种重要工业产品的世界位次，明显提升。如表13-7所示：

表13-7　　　　1949—1957年中国钢产量等世界位次变化

产品名称	1949年	1957年
钢	—	9
原煤	26	5
发电量	9	13
原油	25	23
布	271	3

资料来源：中国国家统计局《中国统计年鉴（1984）》，中国统计出版社1984年版，第543页。

第一个五年计划时期取得的成就，是近代中国百年来望尘莫及的。旧中国从19世纪末开始创办现代工业，到1949年钢的年产量仅为15.8万吨，加日本帝国主义侵占东北大肆掠夺开采在内，最高年产量不过92.3万吨；新中国到1957年钢产量即达到535万吨，为1949年的33.9倍，为解放前最高年产量的5.8倍。不但产品产量增长迅速，产品品种更有大量增加，填补了许多空白。工业材料和设备自给率大幅提高，1957年钢材自给率达86%，机械设备自给率达60%以上。

经过"一五"时期的努力，中国工业的装备水平和技术水平有了飞跃的进步，技术力量迅速生长起来。前面提到，旧中国工业比日、美等国工业发达国家至少落后60年到100多年，新中国在前三年的基础上又用五年时间的建设，随着一批以苏联帮助建设的156项工程为中心的新建和改扩建工业企业的投产，就使自己的工业提升到世界20世纪40年代后半期的水平。1957年，全国工程技术人员达到17.5万人，比1952年增长2倍。[①] 他们已经能够设计一些比较大型的、技术复杂的工程。如年产：240万吨的煤矿，100万千瓦的水电站（1952年为1.2万千瓦），65万千瓦的大电站（1952年为1万千瓦），年产150万吨的钢铁联合企业，年产7.4万吨的重型机器厂，日产120万吨的造纸厂，日处理2000吨甘蔗的制糖厂。按每一个工人平均计算，同1952年相比，1957年生产用固定资产提高49.1%，使用的动力机械总能力提高79.2%，使用的电力提高了80.4%[②]。

作为生物性产业的农业，不完全取决于人的努力，天时的因素占有很大的比重。1953—1957年，为改善农业生产条件，除农户和农业生产互助合作组织自筹的农业建设资金以外，国家投入农林水利建设的资金为41.8亿元，其中水利方面25.51亿元。发放农业贷款76亿元。尽管多数年份都是平年或歉收（仅1955年为丰收年），五年内农业生产还是得到较大发展。1957年农业总产值完成计划101%，比1952年增长25%，年均增长率为4.5%。主要农作物产量，粮食1957年比

[①] 中华人民共和国国家统计局：《关于发展国民经济的第一个五年（1953年到1957年）计划执行结果的公报》，中国统计出版社1959年版，第8页。

[②] 国家统计局编：《伟大的十年》，人民出版社1959年版，第67、98页。

1952年增加19%，比旧中国最高年产量增加33%，平均每年增加3.7%；棉花1957年比1952年增加26%，比旧中国最高年产量增加93%，平均每年增加4.7%。其他农作物产量也都比1952年有较多增加。

在此期间，农业基本建设也取得辉煌的成就。截至1957年，耕地面积扩大5867万亩，全国耕地面积达到167745万亩，完成计划101%。五年新增灌溉面积21810万亩，相当于1952年全部灌溉面积的69%。1957年农作物播种面积达到235866万亩，完成计划104%；复耕面积由1952年的131%提高到1957年141%；水土保持初步控制面积达到20.3万多平方公里。

大江大河的治理继续获得巨大进展。国家五年投入水利建设的资金共计25.51亿元，除对全国绝大部分河流堤防进行培修以外，重点对水患严重的各大水系进行治理。大型水利工程主要由国家投资兴建，小型农田水利工程则主要依靠广大农民的劳动投入解决。这是在防洪蓄水、减轻水旱灾害的斗争中积累的一条宝贵经验，发挥了巨大的作用。

这期间，随着农业基本实现高级合作化，在选育优良品种，推广新的栽培方法，改良农具，增加机械作业等方面，也获得一批成绩，为传统耕作方式注入了现代因素，拉开了农业技术改造的序幕。1957年全国农用机械总动力由1952年的25万马力增加到165万马力，增长5.6倍。其中农用大中型拖拉机由1952年的1307混合台增加到14,674混合台，增长10倍以上。详情见表13-8和表13-9：

表13-8　　　　　1952—1957年农业机械拥有量增长情况（一）

年份	农用机械总动力（万马力）	农用大中型拖拉机（混合台）	农用小型及手扶拖拉机（台）	大中型机引农具（万部）	农用排灌动力机械（万台）	万马力
1952	25	1307	—	—		12.8
1957	165	14674	—	—		56.4

资料来源：中国国家统计局：《中国统计年鉴（1984）》，中国统计出版社1984年版，第69页。大中型拖拉机包括20马力及以上的。

表13-9　　　1952—1957年农业机械拥有量增长情况（二）

年份	联合收割机（台）	农用载重汽车（辆）	畜力胶轮大车（万辆）	手推、拉胶轮车（万辆）	渔业机动船 艘	渔业机动船 万马力
1952	284	284	—	—	—	—
1957	1789	4084	—	—	1485	10.3

资料来源：中国国家统计局《中国统计年鉴（1984）》，中国统计出版社1984年版，第69页。

交通运输建设方面，到1957年年底，全国铁路通车里程达到29,862公里，比1952年增加22%。五年新建铁路33条，恢复铁路3条。新建、修复的铁路干线、复线、支线和企业专用线共计约1万公里。[1] 具有重要经济政治意义的宝成铁路和黎湛铁路、鹰潭铁路，飞架天堑的武汉长江大桥，都是在这一时期先后建成。

跨越高山峻岭，穿过大河深谷的宝鸡至成都的宝成铁路，1952年7月1日动工兴建，全长668公里，沟通陕西、甘肃、四川三省，施工难度极高，全线共修筑隧道280多座，大、小桥梁900多座，历时4年，1956年7月13日全线通车，千百年来"蜀道之难难于上青天"（【唐】李白诗句）的历史从此宣告结束，内地与大西南有了一条重要的钢铁通道。

黎湛铁路和鹰潭铁路先后在1954年、1955年修建。它们是在与时间赛跑的情况下，争分夺秒完成的。当时的背景是：美国第七舰队在我台湾海峡蓄意捣乱，为新中国对外贸易设置障碍。毛泽东要求赶快修建这两条铁路。其中黎湛铁路要过一条江，困难很大，需费时二三年才能修通。毛泽东说太慢，不行！他在中央政治局会议上点名铁道兵司令员王震，在一年内修通。王震受命立下"军令状"。后来只用九个月就修通了。鹰潭铁路也是铁道兵修建。[2] 黎湛铁路自湘桂铁路上的广西省黎塘站至雷州半岛的湛江港，全长317公里，是中国南方出海的又一通道。1954年9月开工，1955年7月1日通车，1956年元旦交付运营。鹰厦铁路从江西省的鹰潭到福建省的厦门市，全长732.4公里，全线46条隧道、1900多座桥

---

[1] 柳随年、吴群敢主编：《中国社会主义经济简史》，黑龙江人民出版社1985年版，第185页。
[2] 邓力群：《国史写作不应忽略的若干基本内容》，《当代中国史研究》1994年第1期。

涵和建筑在厦门海峡上的两座长5公里多的海上长堤。1955年2月正式动工，1957年12月交付使用。它的建成，对于巩固海防也具有重要作用。

在公路建设方面，同1952年相比，1957年全国公路通车里程增长1倍，达到25.46万公里。其中，穿越世界屋脊的康藏公路、青藏公路和新藏公路的修筑，在共和国历史上十分耀眼。康藏公路1954年12月25日通车，全长2255公里。青藏公路自青海西宁到西藏拉萨，全长2100公里，平均海拔高达4000米。1954年春动工，当年即建成通车。几千年来，西藏和祖国内地被重重高山、滔滔激流阻挡，近代以来境外势力更插手藏区，不断从事阴谋分裂活动。三条公路的建成通车，将密切各族人民之间的往来，加强西藏和祖国内地的联系，对于巩固国家统一和民族团结，对于落后地区的经济发展，都具有重要的意义。

"一五"时期，文化教育、科学研究、体育卫生事业等各个方面，都取得了显著的成就。市场物价基本稳定，在建设规模很大的情况下，人民生活仍然获得较大的改善。据统计，1952年全国居民消费水平为76元，1957年提高到102元，增长22.9%。其中，农民增长17.1%，非农业居民增长26.3%。1957年全国职工人数由1952年的1603万人增加到3101万人，增加近1倍，比1949年的809万人增加2.8倍，旧中国遗留下来的大批失业人员基本得到安置。全民所有制单位职工平均工资由1952年的446元增加到637元，增加42.8%。详情见表13-10：

表13-10　　1952—1957年全民所有制单位职工平均工资增长情况

年份	职工平均工资（元）	以1952年为100	
		货币工资	实际工资
1952	446	100.0	100.0
1953	496	111.2	105.8
1954	519	116.4	109.2
1955	534	119.7	112.1
1956	610	136.8	128.0
1957	637	142.8	130.3
1953—1957年均增长（%）	8.56	7.4	5.4

资料来源：中国国家统计局：《中国统计年鉴（1984）》，中国统计出版社1984年版，第460页。

新中国成立以来，党和政府从中国当时的情况出发，一直实行低工资、多就业的劳动工资工作方针。与此同时，辅以有效的集体福利政策，体现国家对职工的深切关怀。"一五"期间，国家投资新建职工住宅共计9454万平方米、医疗机构583万平方米。其中，1957年竣工职工住宅2816万平方米，这一年比恢复时期合计1462万平方米还多1354万平方米。为职工支付的劳动保险金、医药费、福利费五年共达103亿元。其中，劳保福利支出一项由1952年的9.5亿元增加到27.9亿元，1952年相当工资总额的14%，1957年提高到17.9%，增加3.9个百分点。1957年享受劳动保险的职工人数为1150万人、享受公费医疗的职工人数为657.2万人，分别比1952年增长近3倍半和64.3%。[①]

在农业生产发展的基础上，农民生活也有很大的改善。1957年全国农民收入比1952年增加近30%。五年内，农业税的征收额一直稳定在1953年的水平上。由于生产不断增长，相对减轻了农民负担。又由于农产品收购价格有所提高，工业品的零售价格基本上没有变动，从而大大缩小了工农业产品交换比价的差额，增加了农民的收入。据计算，五年间，由于农产品收购价格的提高，农民多增加收入110亿元。农村医疗卫生条件也有一定改善。1957年已做到县县有医院，大量的乡都有诊所。

中国是一个多民族国家。为了改变少数民族地区的落后状况，"一五"期间，少数民族自治区基本建设投资达39.3亿元，占全国投资总额的7.1%。随着经济建设的发展，少数民族地区的经济发生显著变化，1957年工业总产值由1952年的11.4亿元增加到29.5亿元，增长1.3倍。粮食产量和牲畜头数也有较大增加。铁路通车里程1957年达5486公里，比1952年3787公里增长44.9%；同期，公路通车里程增长1.6倍，邮路长度（公里）增长2倍，大大促进了少数民族地区与经济文化比较发达地区之间的交流。[②]

第一个五年计划期间取得的伟大成就，显示了社会主义制度的优越性。这一点，《剑桥中华人民共和国史》的作者也看到了。该书在评论

[①] 中国国家统计局：《中国统计年鉴（1984）》，中国统计出版社1984年版，第331、461页；柳随年、吴群敢主编：《中国社会主义经济简史》，黑龙江人民出版社1985年版，第190页。

[②] 柳随年、吴群敢主编：《中国社会主义经济简史》，黑龙江人民出版社1985年版，第190—191页。

"一五"计划期间的成就时指出:"从经济增长的数字看,'一五'计划相当成功。国民收入年均增长率为8.9%(按不变价格计算),农业产出和工业产出每年分别以3.8%和18.7%的速度递增。由于人口年增长率为2.4%,而人均产出增长率为6.5%,这就意味着每隔11年国民收入就可翻一番。与20世纪前半叶中国经济的增长格局相比——当时产出增长速度仅和人口增长速度相当(两者年增长率均为1%左右)——第一个五年计划具有决定性的加速作用。就是同20世纪50年代大多数新独立的、人均年增长率为2.5%左右的发展中国家相比,中国的经验也是成功的。例如印度,也是大陆型的农业经济国,最初的经济状况和中国相似,但它在20世纪50年代的人均产出增长率还不到2%。"该书作者接着指出:"以国民收入作为衡量一国发展状况的标准,其局限性是显而易见的,对低收入国家来说尤其如此。但中国经济发展的成功还有其他标准加以证实。人均寿命——唯一能显示一国健康状况的最佳数字,从1950年的36岁延长到1957年的57岁,比当时低收入国家人均寿命长15岁。同期,小学学生占全体学龄儿童的比例从25%猛增到50%,中学和大学在校学生人数也有较大增加。国家新建职工住宅面积近1亿平方米,城市住房条件得到改善。按不变价格计算,个人消费支出也有大幅度提高。现代经济部门的名义工资提高了40%以上,而这些工人的生活必需费用仅提高了10%,因此工资实际提高了30%。通过增加生产和适当提高农产品和工业品的交换比价,农民收入也提高了20%。"作者特别提到,"中国的成就是在有限的国外财政援助下取得的"。"苏联提供的工业生产资料对迅速建立某些重要的工业部门是至关重要的,但苏联提供的大多数机器设备都是以现金或短期信贷的方式支付,而不是单方面的馈赠或以长期优惠贷款支付的。因此,这些进口货物对控制日常消费的增长助益不大。"[①]

[①] 费正清、罗德里克·麦克法夸尔主编:《剑桥中华人民共和国史(1949—1965)》,王建朗等译、陶文钊等校,上海人民出版社1990年版,第164—165、166页。

结　语

一、"一五"时期，完成了中国社会从新民主主义到社会主义的过渡，确立了全民所有制为主体、集体所有制为基础的社会主义基本经济制度；奠定了未来新中国作为伟大社会主义强国的最初的物质技术基础。"一五"时期以其两大贡献，彪炳史册。

二、向社会主义过渡的加速和提前，一个重要因素是重工业高强度发展的矛盾的推动。历史上举凡重大的社会变革，其极终原因总是存在于一定的社会经济条件中，主要不是任何个人的主观偏好。

三、重工业高强度发展的主要体现，是过大的重工业和国防工业基本建设规模。它一方面急剧推进着经济结构演进的速度，产业结构的升级；又一方面严重挤压农业和轻工业，加重人民特别是农民的负担。这既表示了"一五"计划的成功，也暴露出它的缺陷与不足。

四、新生共和国仍不免走上斯大林的重工业高强度发展战略的道路，严峻的外部环境，抗美援朝战争的经验，占有特殊的分量。中国经济落后通常被认为是重要制约因素；反过来又成为决心大力兴办重工业的驱动力。人们只能在既定的社会历史条件下计划自己的行动，即使杰出的领袖人物也不能不受一定的局限。

五、"一五"时期的发展，一再证明了农业和农民问题的极端重要性。"一五"计划很大程度上得益于它；中间出现的许多问题，又无不与它的滞后有直接间接的关联。合作化的提速，由此而来；毛泽东探索加快发展的中国工业化道路，也聚焦于此。迄今尚无大农业国工业化的先例。积累经验，认识规律，可能需要一个相当长的过程。

六、"一五"时期从学习苏联到"以苏为鉴"，反映了认识的规律。但毛泽东和中共中央自始就置苏联和东欧一些国家的劝阻于不顾，强调立足独立自主、自力更生，坚持建立中国自己独立完整的工业体系，拥有自己的热核武器制造能力。在为工业化奠定初步基础的同时，即启动国防尖端研制。20世纪90年代"苏东剧变"，中国岿然屹立，不能忽视这一重要原因。

七、在一定意义上，"一五"时期是一个学习的时期，甚至是初学的时期。毛泽东和其他领导人时有反思。"基本建设投资太多"，就是重要反思之一。一种径直主张不妨适当放慢一点经济发展速度；另一种则别开生面，探索加快发展的新途径。

八、决策层的两种经济思想，即一种比较强调发展（速度）的重要性，一种比较强调稳健（综合平衡）的重要性。两者不是绝对对立的。西方经济学中有不同学派，马克思主义经济学似也应该承认有不同经济思想和经济学派存在的客观事实。它们在不同的情况下，各有自己的适用性，可以起互相补充的作用。1956年和1957年的情况，就是初步证明。

附录一

156个重点项目中民用项目建设情况

"一五"时期156个重点项目中民用项目建设情况（一）

项目名称	建设地址	始建年份	建成投产年份	累计投资（万元）	新增生产能力 名称	新增生产能力 单位	新增生产能力 数量
煤炭工业							
河北							
峰峰中央洗煤厂	峰峰	1957	1959	2486	洗煤	万吨	200
峰峰通顺三号立井	峰峰	1957	1961	6640	采煤	万吨	120
山西							
大同鹅毛口立井	大同	1957	1961	5840	采煤	万吨	120
潞安洗煤厂	潞南	1956	1958	3254	洗煤	万吨	200
辽宁							
燎原中央立井	辽源	1950	1955	5770	采煤	万吨	90
阜新平安立井	阜新	1952	1957	8334	采煤	万吨	150
阜新新邱一号立井	阜新	1954	1958	4056	采煤	万吨	60
阜新海州露天矿	阜新	1950	1957	19472	采煤	万吨	300
抚顺西露天矿	抚顺	1953	1959	19091	采煤	万吨	300
抚顺龙凤矿	抚顺	1953	1958	2860	采煤	万吨	90
抚顺老虎台矿	抚顺	1953	1957	3862	采煤	万吨	80

续表

项目名称	建设地址	始建年份	建成投产年份	累计投资（万元）	新增生产能力 名称	新增生产能力 单位	新增生产能力 数量
抚顺胜利矿	抚顺	1953	1957	4200	采煤	万吨	90
抚顺东露天矿	抚顺	1956	1961	12807	油母页岩	万立方米	700
吉林							
通化弯钩立井	通化	1955	1958	2587	采煤	万吨	60
煤炭工业							
黑龙江							
兴安台二号立井	鹤岗	1956	1961	7178	采煤	万吨	150
鹤岗东山一号立井	鹤岗	1950	1955	6512	采煤	万吨	90
鹤岗兴安台10号立井	鹤岗	1952	1956	7178	采煤	万吨	150
兴安台洗煤厂	鹤岗	1957	1959	1204	洗煤	万吨	150
城子河洗煤厂	鸡西	1957	1959	1480	洗煤	万吨	150
城子河9号立井	鸡西	1955	1959	3184	采煤	万吨	75
双鸭山洗煤厂	双鸭山	1954	1958	3113	洗煤	万吨	150
安徽							
淮南谢家集中央洗煤厂	淮南	1957	1959	1486	洗煤	万吨	100
河南							
平顶山二号立井	平顶山	1957	1960	3156	采煤	万吨	90
焦作中马村立井	焦作	1955	1959	1682	采煤	万吨	60
陕西							
铜川王石凹立井	铜川	1957	1961	8372	采煤	万吨	120

资料来源：国家统计局固定资产投资统计司编：《中国固定资产投资统计资料（1950—1985）》，中国统计出版社1987年版，第196—197页。

"一五"时期156个重点项目中民用项目建设情况（二）

项目名称	建设地址	始建年份	建成投产年份	累计投资（万元）	新增生产能力 名称	单位	数量
石油工业							
辽宁							
抚顺第二制油厂	抚顺	1957	1959	2486	洗煤	万吨	200
甘肃							
兰州炼油厂	兰州						
电力工业							
北京							
北京热电站	北京	1956	1959	9380	发电机组容量	万千瓦	10
河北							
石家庄热电站一、二期	石家庄	1955	1959	6872	发电机组容量	万千瓦	4.9
山西							
太原第二热电站	太原	1955	1958	6180	发电机组容量	万千瓦	5
太原第一热电站	太原	1953	1957	8871	发电机组容量	万千瓦	7.4
内蒙古							
包头四道沙河热电站	包头	1953	1958	6120	发电机组容量	万千瓦	5
包头宋家壕热电站	包头	1957	1960	5538	发电机组容量	万千瓦	6.2
辽宁							
阜新热电站	阜新	1951	1958	7450	发电机组容量	万千瓦	15
抚顺电站	抚顺	1952	1957	8734	发电机组容量	万千瓦	15
大连热电站	大连	1954	1955	2538	发电机组容量	万千瓦	2.5
吉林							
丰满水电站	丰满	1951	1959	9634	发电机组容量	万千瓦	42.25
吉林热电站	吉林	1955	1958	11200	发电机组容量	万千瓦	10
黑龙江							
富拉尔基热电站	富拉尔基	1952	1955	6870	发电机组容量	万千瓦	5
佳木斯纸厂热电站	佳木斯	1955	1957	2975	发电机组容量	万千瓦	2.4
河南							
郑州第二热电站	郑州	1952	1953	1971	发电机组容量	万千瓦	1.2
洛阳热电站	洛阳	1955	1958	6797	发电机组容量	万千瓦	7.5
三门峡水利枢纽	峡县	1956	1969	69324	发电机组容量	万千瓦	110

续表

项目名称	建设地址	始建年份	建成投产年份	累计投资（万元）	新增生产能力		
					名称	单位	数量
湖北							
青山热电站	武汉	1955	1959	8987	发电机组容量	万千瓦	11.2
湖南							
株洲热电站	株洲	1955	1957	2165	发电机组容量	万千瓦	1.2

资料来源：国家统计局固定资产投资统计局编：《中国固定资产投资统计资料（1950—1985）》，中国统计出版社1987年版，第198—199页。

"一五"时期156个重点项目中民用项目建设情况（三）

项目名称	建设地址	始建年份	建成投产年份	累计投资（万元）	新增生产能力		
					名称	单位	数量
四川							
重庆电站	重庆	1952	1954	3561	发电机组容量	万千瓦	2.4
成都热电站	城都	1956	1958	5033	发电机组容量	万千瓦	5
云南							
个旧电站一、二期	个旧	1954	1958	4534	发电机组容量	万千瓦	2.8
陕西							
西安热电站一、二期	西安	1952	1957	6449	发电机组容量	万千瓦	4.8
鄂县热电站一、二期	鄂县	1956	1960	9188	发电机组容量	万千瓦	10
甘肃							
兰州热电站	兰州	1955	1958	10850	发电机组容量	万千瓦	10
新疆							
乌鲁木齐热电站	乌鲁木齐	1952	1959	3275	发电机组容量	万千瓦	1.9
钢铁工业							
河北							
热河钒钛矿	承德	1955	1958	4640	钛镁	吨	7000
					钒铁	吨	1000
内蒙古							
包头钢铁公司	包头	1956	1962	91877	生铁	万吨	160

续表

项目名称	建设地址	始建年份	建成投产年份	累计投资（万元）	新增生产能力 名称	单位	数量
辽宁 鞍山钢铁公司	鞍山	1952	1960	268500	钢	万吨	150
					生铁	万吨	250
					钢	万吨	320
					钢材	万吨	250
本溪钢铁公司	本溪	1953	1957	32137	生铁	万吨	110
吉林 吉林铁合金厂	吉林	1953	1956	6300	铁合金	万吨	4.35
黑龙江 富拉尔基特钢厂一、二期	富拉尔基	1953	1958	31684	特钢	万吨	16.6
湖北 武汉钢铁公司	武汉	1955	1962	131206	生铁	万吨	150
					钢	万吨	150
					钢材	万吨	110

资料来源：国家统计局固定资产投资统计局编：《中国固定资产投资统计资料（1950—1985）》，中国统计出版社1987年版，第200—201页。

"一五"时期156项重点项目中民用项目建设情况（四）

项目名称	建设地址	始建年份	建成投产年份	累计投资（万元）	新增生产能力 名称	单位	数量
有色金属工业 辽宁 抚顺铝厂一、二期	抚顺	1952	1957	15619	铝锭	万吨	3.9
					镁	万吨	0，12
杨家杖子钼矿	杨家杖子	1956	1958	11387	钼精矿	吨	4700
吉林 吉林电极厂	吉林	1953	1955	6976	石墨制品	万吨	2.23
黑龙江 哈尔滨铝加工厂一、二期	哈尔滨	1952	1958	32681	铝材	万吨	3

续表

项目名称	建设地址	始建年份	建成投产年份	累计投资（万元）	新增生产能力 名称	单位	数量
江西							
大吉山钨矿	虔南	1955	1959	6723	采选	吨/日	1600
西华山钨矿	大余	1956	1959	4782	采选	吨/日	1856
岿美山钨矿	定南	1956	1959	4691	采选	吨/日	1570
河南							
洛阳有色金属加工厂	洛阳	1957	1962	17550	铜材	万吨	6
湖南							
株洲硬质合金厂	株洲	1955	1957	4695	硬质合金	吨	500
云南							
锡业公司	个旧	1954	1958	25883	锡	万吨	3
甘肃							
白银有色金属公司	白银	1955	1962	44697	电铜	万吨	3
					硫酸	万吨	25
化学工业							
山西							
太原化工厂	太原	1954	1958	11670	硫酸	万吨	4
					烧碱	万吨	1.5
太原氮肥厂	太原	1957	1960	19500	合成氨	万吨	5.2
					硝酸铵	万吨	9.8
吉林							
吉林染料厂	吉林	1955	1958	11461	合成染料及中间体	吨	7.385
吉林氮肥厂	吉林	1954	1957	25722	合成氨	万吨	5
					硝酸铵	万吨	9
吉林电石厂	吉林	1955	1957	4989	电石	万吨	6
甘肃							
兰州合成橡胶厂	兰州	1956	1960	11664	合成橡胶	万吨	1.5
兰州氮肥厂	兰州	1956	1959	23317	合成氨	万吨	5.2
					硝酸铵	万吨	9.8
机械工业							

续表

项目名称	建设地址	始建年份	建成投产年份	累计投资（万元）	新增生产能力 名称	单位	数量
辽宁							
沈阳第一机床厂	沈阳	1953	1955	6043	车床	台	4000
沈阳风动工具厂	沈阳	1952	1954	1893	各种风动工具	万台/吨	2/554
沈阳电缆厂	沈阳	1954	1957	9031	各种电缆	万吨	3
沈阳第二机床厂	沈阳	1955	1958	3188	各种机床	台/万吨	4497/16
吉林							
长春第一汽车厂	长春	53	56	60,871	汽车	万辆	3

资料来源：国家统计局固定资产投资统计局编：《中国固定资产投资统计资料（1950—1985）》，中国统计出版社1987年版，第202—203页。

"一五"时期156个重点项目中民用项目建设情况（五）

项目名称	建设地址	始建年份	建成投产年份	累计投资（万元）	新增生产能力 名称	单位	数量
黑龙江							
哈尔滨锅炉厂一、二期	哈尔滨	1954	1960	14981	高中压锅炉	吨	4080
哈尔滨量具刃具厂	哈尔滨	1953	1954	5565	量刃具	万副	512
哈尔滨仪表厂	哈尔滨	1953	1956	2494	电气仪表	万只	10
					汽车仪表	万套	5
					电度表	万只	60
哈尔滨汽轮机厂一、二期	哈尔滨	1954	1960	12042	汽轮机	万千瓦	60
哈尔滨电机厂汽轮发电机车间	哈尔滨	1954	1960	4356	汽轮发电	万千瓦	60
富拉尔基重机厂	富拉尔基	1955	1959	45849	轧机、炼钢铁设备	万吨	6
哈尔滨炭刷厂	哈尔滨	1956	1958	1662	电刷碳素制品	吨	100
哈尔滨滚珠轴承厂	哈尔滨	1957	1959	3869	滚珠轴承	万套	655
河南							
洛阳拖拉机厂	洛阳	1956	1959	34788	拖拉机	万台	1.5
洛阳滚珠轴承厂	洛阳	1954	1958	11306	滚珠轴承	万套	1000
洛阳矿山机械厂	洛阳	1955	1958	8793	矿山机械设备	万吨	2

续表

项目名称	建设地址	始建年份	建成投产年份	累计投资（万元）	新增生产能力 名称	单位	数量
湖北							
武汉重型机床厂	武汉	1955	1959	14612	机床	台	380
湖南							
湘潭船用电机厂	湘潭	1957	1959	1502	电机	万千瓦	11
西安高压电瓷厂	西安	1956	1962	3228	各种电瓷	万吨	1.5
西安开关整流器厂	西安	1956	1961	12164	高压开关	万套	1.3
西安绝缘材料厂	西安	1956	1960	2455	各种绝缘材料	吨	6000
西安电力电容器厂	西安	1956	1958	1510	电容器百千伏安	万只	61
甘肃							
兰州石油机械厂	兰州	1956	1959	14381	石油设备	万吨	1.5
兰州炼油化工机械厂	兰州	1956	1959	7005	化工设备	万吨	2.5
轻工业							
黑龙江							
佳木斯造纸厂	佳木斯	1953	1957	10199	水泥纸袋	万吨	5
					铜网	万平方米	6
医药工业							
河北							
华北制药厂	石家庄	1954	1958	7626	青霉素、链霉素等	吨	1.15
					淀粉	万吨	1.5
山西							
太原制药厂	太原	1954	1958	1916	磺胺	吨	1200

资料来源：国家统计局固定资产投资统计局编：《中国固定资产投资统计资料（1950—1985）》，中国统计出版社1987年版，第204—205页。

"二五"时期156个重点项目中民用项目建设情况

项目名称	建设地址	始建年份	建成投产年份	累计投资（万元）	新增生产能力		
					名称	单位	数量
云南 昆明东川矿务局 曲靖会泽铅锌矿	昆明 曲靖	1958 1958	1961 1962	—	采矿 铅 锌	万吨/日 万吨 万吨	2 1.5 3

资料来源：国家计委基本建设综合局编：《"一五"156项建设情况（实际正式施工项目为150项）》，1983年6月8日。转引自陈东林《20世纪50—70年代中国的对外经济引进》，原载《上海行政学院学报》2004年第6期。

附录二

156个重点项目中军工项目建设情况

"一五"时期施工43项：

航空部12项

112厂（代号，下同）：沈阳飞机工业集团（现今名称，下同），改建（建设性质，下同），1953—1957年（始建及完成时间，下同）

113厂：西安航空动力控制工程有限公司，新建，1955—1957年

114厂：西安庆安集团，新建，1955—1957年

115厂：陕西兴平秦岭航空电气公司，新建，1955—1957年

120厂：哈尔滨东安发动机集团，改建，1953—1955年

122厂：哈尔滨飞机工业集团，改建，1953—1955年

212厂：宝鸡宝成通用电子公司，新建，1955—1962年

320厂：南昌航空工业集团，改建，1953—1957年

331厂：株洲南方航空动力机械公司，改建，1955—1956年

410厂：沈阳黎明发动机制造公司，改建，1953—1957年

422厂：陕西422厂统计了两次，造成两项重复计算

514厂：陕西兴平华兴航空机轮公司，新建，1955—1962年

电子部10项

715厂：四川成都宏明无线电器材厂，新建，1955—1957年

719厂：四川成都新兴仪器厂，新建，1955—1957年

738厂：北京有线电厂，新建，1955—1957年

774厂：北京电子管厂，改建，1954—1956年

782厂：陕西宝鸡长岭机器厂，新建，1956—1957年

784厂：四川成都锦江电机厂，新建，1957—1960年

785厂：山西太原无线电厂，新建，1956—1959年

786 厂：陕西西安黄河机器制造厂，新建，1955—1958 年
788 厂：四川新建，1957—1960 年
853 厂：陕西华达无线电器材厂，新建，1955—1958 年

兵器部 16 项
245 厂：太原北方兴安化学工业有限公司，新建，1953—1959 年
248 厂：西安北方光电有限公司，新建，1955—1957 年
447 厂：内蒙古包头第二机械制造厂，新建，1955—1959 年
617 厂：包头第一机械制造集团有限公司，新建，1956—1958 年
616 厂：山西柴油机工业有限责任公司，新建，1956—1958 年
748 厂：山西新建，1953—1958 年
768 厂：北京大华无线电器材厂，新建，1955—1958 年
803 厂：西安北方华山机电有限公司，新建，1956—1957 年
804 厂：西安北方庆华机电集团有限公司，新建，1955—1959 年
806 厂：甘肃天水新建，1956—1960 年
843 厂：西安北方秦川集团有限公司，新建，1955—1959 年
844 厂：西安东方集团有限公司，新建，1955—1959 年
845 厂：西安北方惠安化学工业有限公司，新建，1955—1958 年
847 厂：西安昆仑（集团）有限责任公司，新建，1955—1957 年
884 厂：山西太原汾西机器厂，新建，1955—1959 年
908 厂：山西太原新华化工有限责任公司，新建，1955—1958 年

航天部 2 项
111 厂：沈阳航天新光集团，改建，1953—1956 年
211 厂：首都航空机械公司（属航天一院）新建，1954—1957 年

船舶公司 3 项
407 厂：河南洛阳柴油机集团有限公司，新建，1956—1960 年
408 厂：陕西兴平柴油机厂，新建，1956—1960 年
431 厂：渤海船舶重工有限公司（葫芦岛）新建，1956—1960 年

"二五"时期施工 1 项：
874 厂：山西侯马平阳机械厂，新建，1958—1966 年

资料来源：《"一五"156 项建设情况（实际正式施工项目为 150 项）》，国家计委基本建设综合局编，1983 年 6 月 8 日。转引自陈东林《20 世纪 50—70 年代中国的对外经济引进》，原载《上海行政学院学报》2004 年第 6 期。

参引文献

（部分，以引用先后为序）

许涤新、吴承明主编：《中国资本主义发展史》第 2 卷，人民出版社 1990 年版。

《中华人民共和国发展国民经济的第一个五年计划（1953—1957）》，人民出版社 1955 年版。

［法］米歇尔·博德：《资本主义史（1500—1980）》，吴艾美等译，东方出版社 1986 年版。

《马克思恩格斯全集》中文版第一版，人民出版社 1972 年版，第 23 卷。

张培刚主编：《新发展经济学》，河南人民出版社 1993 年版。

当代中国研究所：《中华人民共和国史稿》序卷及 1—2 卷，人民出版社、当代中国出版社 2012 年版。

《毛泽东文集》第三卷，人民出版社 1996 年版。

《毛泽东选集》第四卷，人民出版社 1960 年版。

《毛泽东著作选读》下册，人民出版社 1986 年版。

《胡乔木回忆毛泽东》，人民出版社 1994 年版。

《毛泽东文集》第六卷，人民出版社 1999 年版。

周彦瑜、吴美潮编著：《毛泽东与周世钊》，吉林人民出版社 1993 年版。

中共中央文献研究室编：《毛泽东年谱（1949—1976）》，中央文献出版社 2013 年版。

中共中央文献研究室编：《毛泽东传（1949—1976）》，中央文献出版社 2003 年版。

孙瑞鸢、滕文藻、席宣、郭德宏：《新中国史略》，陕西人民出版社 1991 年版。

《李富春关于我国五年计划的方针任务的意见——在苏联商谈五年计划问题的几点体会（提纲草案的第一部分），1953年6月23日（?）》，《党的文献》（北京）1989年第4期。

刘国光主编，张卓元、董志凯、武力副主编：《中国十个五年计划研究报告》，人民出版社2006年版。

中央工商行政管理局、中国科学院经济研究所资本主义经济改造研究室：《中国资本主义工商业的社会主义改造》，人民出版社1962年版。

林蕴晖、范守信、张弓：《凯歌行进的时期》，河南人民出版社1989年版。

中华人民共和国国家农业委员会办公厅编：《集体化重要文件汇编（1949—1957）》上册，中共中央党校出版社1981年版。

薄一波：《若干重大决策与事件的回顾（修订本）》上卷，人民出版社1997年版。

学习杂志编辑部编：《社会主义教育课程的阅读文件汇编》（第一编），人民出版社1958年版。

《当代中国的计划工作》办公室编：《中华人民共和国国民经济和社会发展计划大事辑要》（1949—1985），红旗出版社1987年版。

中国社会科学院、中央档案馆编：《中华人民共和国档案资料选编·基本建设投资和建筑业卷》（1949—1952），中国城市经济社会出版社1989年版。

董志凯主编：《1949—1952年中国经济分析》，中国社会科学出版社1996年版。

国家统计局编：《中国统计年鉴》（历年），中国统计出版社出版。

国家统计局编：《建国30年全国农业统计资料》，中国统计出版社1980年版。

《当代中国》丛书编辑部编：《当代中国的辽宁》上册，当代中国出版社1994年版。

《毛泽东选集》第五卷，人民出版社1977年版。

《斯大林文集》，人民出版社1973年版。

王梦奎：《两大部类对比关系研究》，中国财政经济出版社1983年版。

《陈云文选（1949—1956）》，人民出版社1984年版。

中共中央文献研究室编：《周恩来年谱（1949—1976）》上卷，中央文献出版社 1997 版。

中国人民解放军国防大学党史党建政工教研室编：《中共党史教学参考资料》第 20 册，国防大学出版社 1986 年内部出版发行。

国家统计局国民经济平衡统计司编：《国民收入统计资料汇编（1949—1985)》，中国统计出版社 1987 年版。

《当代中国的经济管理》编辑部编：《中华人民共和国经济管理大事记》，中国经济出版社 1987 年版。

《缅怀毛泽东》编辑组编：《缅怀毛泽东》下册，中央文献出版社 1993 年版。

马社香：《中国合作化运动口述史》，中央文献出版社 2012 年版。

中共中央办公厅编：《中国农村的社会主义高潮》上册，人民出版社 1956 年版。

黄如桐：《毛泽东对国家资本主义和赎买政策思想的重大贡献》，环球视野编辑部。网址：www.docing.com

《邓小平文选》第 2 卷，人民出版社 1994 年版。

《刘少奇选集》下卷，人民出版社 1985 年版。

《周恩来选集》下卷，人民出版社 1984 年版。

《周恩来经济文选》，中央文献出版社 1993 年版。

《李先念论财政金融贸易》编辑组编：《李先念论财政金融贸易》（上下卷），中国财政经济出版社 1992 年版。

中国社会科学院、中央档案馆编：《1953—1957 中华人民共和国经济档案资料选编·工业卷》，中国物价出版社 1998 年版。

《毛泽东读苏联〈政治经济学（教科书）〉谈话记录选载（四）》，《党的文献》1993 年第 4 期。

柳随年、吴群敢主编：《中国社会主义经济简史》，黑龙江人民出版社 1985 年版。

张一凡：《苏联的计划配给》，中华书局 1947 年 7 月初版。

李薇、冯海发：《农业剩余与工业化的资本积累》，《中国农村经济》1993 年第 3 期。

严瑞珍、龚道广、周志祥、毕宝德：《中国工农业产品价格剪刀差的现状、发展趋势及对策》，《经济研究》1990 年第 2 期。

周太和主编：《当代中国的经济体制改革》，中国社会科学出版社 1984

年版。

《陈云文选（1956—1985）》，人民出版社1986年版。

董志凯：《毛泽东与中国科学技术的自主研发》，《当代中国史研究》2006年第5期。

《毛泽东文集》第七卷，人民出版社1999年版。

中共中央文献研究室编：《陈云年谱》中卷，中央文献出版社2000年版。

《李富春选集》，中国计划出版社1992年版。

中共中央文献研究室编：《周恩来传》（三），中央文献出版社1998年版。

吴冷西：《忆毛主席》，新华出版社1995年版。

《周恩来反冒进文献五篇》（1950年4月10日—6月12日），《党的文献》1988年第2期。

中共中央办公厅编：《中国共产党第八次代表大会文献》，人民出版社1957年版。

柳随年、吴群敢主编：《第一个五年计划时期的国民经济》，黑龙江人民出版社1984年版。

吴冷西：《十年论战》，中央文献出版社1999年版。

《邓小平文选（1975—1982）》，人民出版社1983年版。

国家统计局工业交通物资统计司编：《中国工业经济统计资料（1949—1984）》，中国统计出版社1985年版。

吴群敢：《试论我国第一个五年建设计划的几个问题》，《党的文献》1989年第4期。

张培刚：《农业与工业化》上卷，华中工学院出版社1984年版。

国家统计局固定资产投资统计司编：《中国固定资产投资统计资料（1950—1985）》，中国统计出版社1987年版。

《当代中国》丛书编辑部编：《当代中国的基本建设》上卷，中国社会科学出版社1989年版。

林森木：《论我国基本建设的宏观投资效果》，《浙江学刊》1981年第4期。

中华人民共和国国家统计局：《关于发展国民经济的第一个五年计划（1953年至1957年）计划执行结果的公报》，中国统计出版社1959年版。

邓力群：《国史写作不应忽略的若干基本内容》，《当代中国史研究》1994

年第 1 期。

国家统计局编：《伟大的十年》，人民出版社 1959 年版。

费正清、罗德里克·麦克法夸尔主编：《剑桥中华人民共和国史（1949~1965）》，王建朗等译，陶文钊等校，上海人民出版社 1990 年版。

后　记

在这个书稿付印的时候，我首先要感谢中国社会科学院的资助。感谢院老干部局的领导、诸位同志和有关专家的大力支持。感谢工业经济研究所领导和专家的有力支持。感谢陈耀研究员、谢晓霞研究员的热情推荐。感谢王宇航女士从中协调、操劳。没有他们的热心帮助，本书难以面世。本书的写作，借鉴了已有的研究成果，使用了其中的部分资料，有的作了说明，有的可能遗漏，这里谨向这些著作家们表示衷心感谢。我的好朋友、经济学家王空先生曾挤出时间通看过书稿，提出不少宝贵意见和建议。中国社会科学出版社的同人尤其是责任编辑张林副编审、吴连生特约编辑以及不知姓名的各位校对为本书的出版付出辛勤的劳动，在此一并表示诚挚的敬意和谢意。

马泉山

2014 年 12 月 20 日